16 世界で一番やさしい照明 改訂版

安齋哲＝著

はじめに

「世界でいちばんやさしい照明」の出版から十数年以上が過ぎ、現在はＬＥＤが主流の照明器具として定着している。旧版を見返すと、人と社会の安全や快適のための照明デザインについて、考え方や基本となる手法、基本的な知識や演出手法は、今とほぼ変わらない。一方で、計画時にＬＥＤを念頭にスタートするという現状に対し、情報が古くまた不足していることを実感した。そこで改訂版出版にあたり、ＬＥＤに関連するページは全面的に書き直した。ＬＥＤは器具として洗練されてきているが、各メーカーの努力により今度も改善が見込まれる。調光調色、ＩｏＴに加え、今後はＡＩとも関わりながらさらに進化し、技術に関して次の10年で全く様相が変わっているかもしれない。引き続き状況のフォローは必要である。

インテリアや屋外の照明デザインは、設計者も、一般の方々も、空間や生活のクオリティへの照明効果が認識され、よりよい状況を生み出す流れがあるように感じる。ＬＥＤのさらなる普及がその流れに大いにプラスに作用することを期待したい。省エネは、地球温暖化抑制や二酸化炭素削減の社会的要請における重要性は変わらず、旧型のランプからＬＥＤへの置き換えが進むにつれ、照明の世界では着実に改善していくであろう。

一方で旧型のランプも省エネ以外のよさはあり、割合は少なくともそれらの活躍の場はあり続ける。照明や空間のデザインに関わる人は今後も白熱電球などの旧型ランプについて、きちんとした知識をもつ必要がある。そのため各種ランプの特性の解説はほぼそのままにしている。

本書は、若手設計者や照明に関心のある一般の方々を読者と想定し、照明を計画する際に必要な基礎知識から、住宅やオフィス、店舗などの設計に即して使えるノウハウまで解説している。照明演出の手法について、ワンランク上のテクニックも紹介している。自ら照明に直接触れ、空間をつくる当事者となることで空間に愛着を抱くことは、今後より快適な環境をつくる下地となろう。ＬＥＤは自分好みの空間づくりをするにあたって、気楽に遊びながら扱えるよさがある。

本書が、読者にとって照明と戯れるきっかけになってくれれば、筆者としてこれ以上の幸せはない。

安齋　哲

本書は『世界で一番やさしい照明（2018年10月刊）』を大幅に加筆・修正し、改訂したものです。

Chapter

1

照明計画を はじめる前に

001

照明計画とは?

point 照明計画とは、光や照明器具を利用し、「快適で魅力的な視環境」をつくりだすこと

空間の快適さや魅力を高める

照明計画とは、照明器具を利用して光と影をコントロールし、空間の快適さや魅力をより高めるように設計上の工夫を行うことである。

かつては「明るさ」が最優先

照明計画は長らく、生活に支障のない明るさを確保することが目的であった。明るさが唯一の基準であり、最低限の照明器具の台数で、なるべく安く済ますことがよしとされていた。そのため、蛍光灯を多く用いることが好まれていた。

贅沢な雰囲気を演出するとき、照明器具を複数設置することはあったが、明るさをより求めることは変わらず、また明るすぎるということの不快感に対しても無頓着だった。

建築やインテリアへのこだわりに比べて、照明器具の種類や台数、設置方法、光環境の質などに無関心だったといえる。

これからは「あかりの質」を高める

しかし、人々の生活レベルが上がり、くつろぎや癒し、快適性などが求められていくなかで、それを実現する方法の一つとして、照明による演出が注目されている。今後はますます照明計画によって光と影をコントロールし、あかりの質を高め、同時に生活の質も高めることが重要になる。こうした照明計画の目的や意図を理解すると、明るさや経済性などの価値観だけではなく、次のような提案ができる。

- **空間ごとの特徴に合わせた、多様で豊かな光環境**
- **建築やインテリアのデザインの意図に合わせた、見栄えのよい照明器具の選定や配置計画**
- **より上質な空間に見せるための、照明器具の納め方**

また、照明計画を通じて、日々進歩している照明の技術的な点に敏感になり、新たな空間デザインの発想やアイデアを得ることもできる。

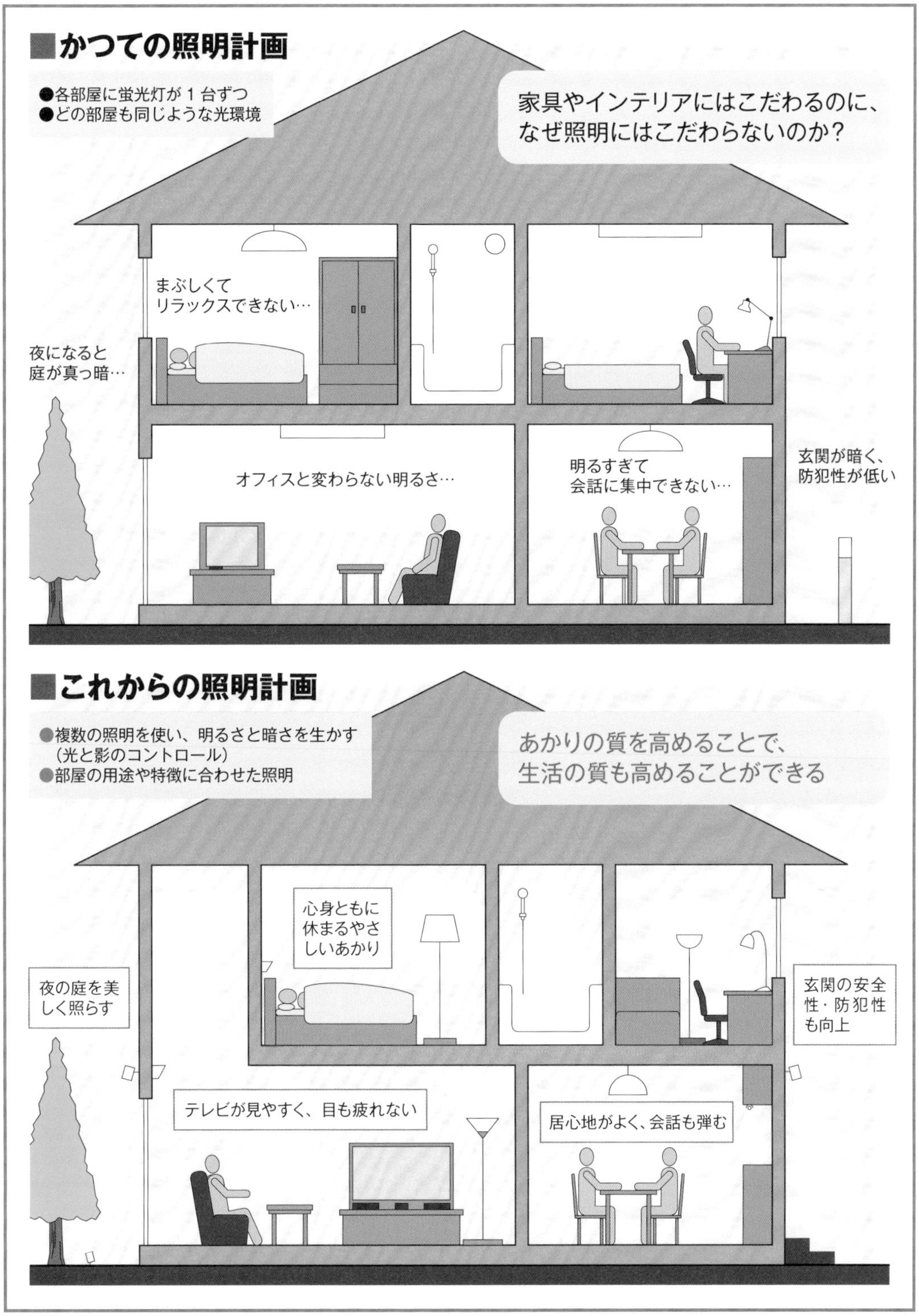
■かつての照明計画
●各部屋に蛍光灯が１台ずつ
●どの部屋も同じような光環境
家具やインテリアにはこだわるのに、
なぜ照明にはこだわらないのか？
まぶしくて
リラックスできない…
夜になると
庭が真っ暗…
オフィスと変わらない明るさ…
明るすぎて
会話に集中できない…
玄関が暗く、
防犯性が低い
■これからの照明計画
●複数の照明を使い、明るさと暗さを生かす
（光と影のコントロール）
●部屋の用途や特徴に合わせた照明
あかりの質を高めることで、
生活の質も高めることができる
心身ともに
休まるやさ
しいあかり
夜の庭を美
しく照らす
玄関の安全
性・防犯性
も向上
テレビが見やすく、目も疲れない
居心地がよく、会話も弾む

あかりと人

point あかりは夜の暗がりの「不安をやわらげる」「防犯性を高める」。ただし、夜の休息時間には「適度な暗さ」も重要

自然界のあかりと人

私たちのまわりにはさまざまなあかりがある。たとえば、昼間は太陽の光があかりの基本となる。居住空間では窓から室内に太陽光を採り込み、自然の明るさのなかで活動する。一方、夜間は月や星の自然光がある。しかし、生活するための明るさとしては不十分だ。かつては火があかりとして利用されていたが、明治時代以降、人工照明が登場し、夜間の活動のためのあかりとなっている。

しかしながら、現代の都市空間では、ショッピング施設など昼間でもほとんど外光を内部に採り入れることのない、一日中人工照明に頼った空間が少なくない。昼も夜も同じ光環境が続き、そこには自然光を浴びたり、太陽の高さの変化によって時間の経過を感じ取ったりする場面はない。

消費目的の施設であれば、不必要なことかもしれないが、これでは時間の感覚が混乱してしまう。人は本来あかりの変化によって、体を動かしたり、休めたりする感覚が備わっていることを覚えておきたい。

あかりの効果と役割

あかりがもたらす効果には、暗がりの不安を取り除く、すなわち安心感を与えてくれることがある。同時にあかりがあることによって、防犯性も高まる。また、夜に安心して心と体を休め、翌日の活動に備える空間をつくるのもあかりの役割だ。休息には、昼間のオフィスや学校のような、隅々まで明るい空間は必要ない。一日を振り返り、食事やお酒を楽しみ、リラックスするには、むしろ眠りの世界に近い、薄暗がりのほうが心地よい。適度な暗さも、人の生活には重要なのである。

反対に、勉強や料理などの作業には、必要な範囲に必要なだけの明るさが求められる。このように、あかりが人にもたらす効果とその役割を考えれば、おのずと照明計画の勘所が見えてくるはずである。

■自然のあかり

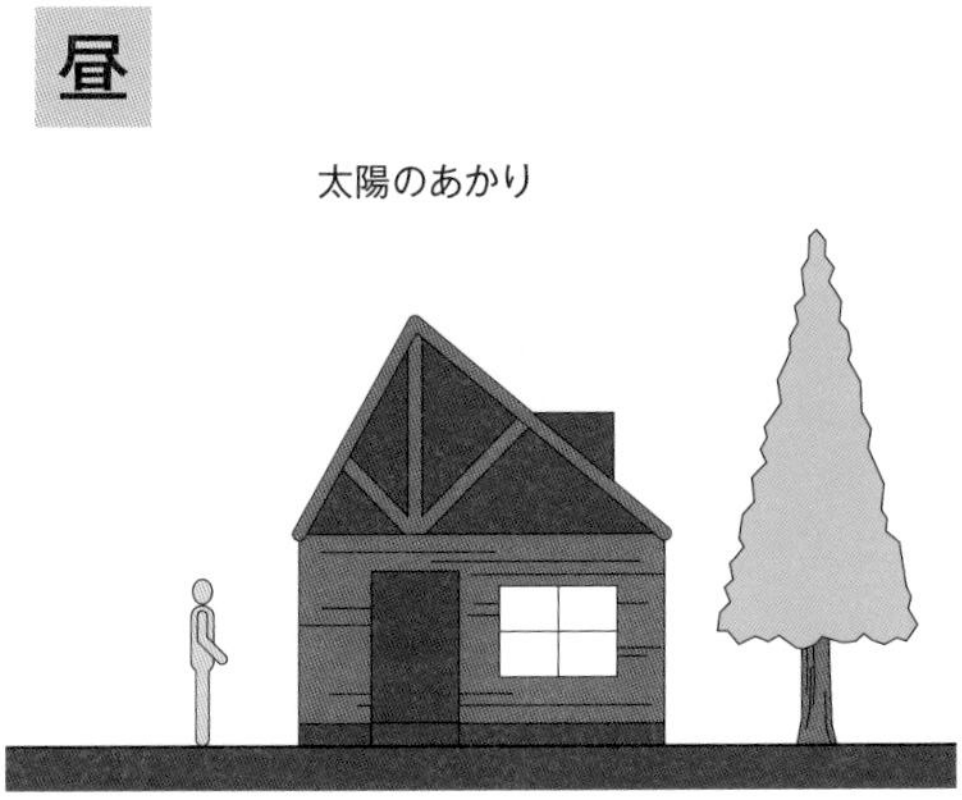

■室内のあかり

●太陽のあかり

昼は太陽光を利用して快適に過ごせる

●くつろぎのあかり

夜は照明をともし、心身を休める。くつろぐときに、オフィスのような明るさは必要なく、薄暗がりが適している

●作業のあかり

作業する空間には、必要な範囲に十分な明るさを与えられる照明を配置

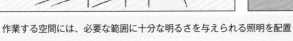

Chapter 1
照明計画をはじめる前に
003

照明計画の流れ

point 照明計画は「調査・研究・コンセプト」「基本設計」「実施設計」「制作・監理・施工」「完了時の最終調整」の順序で進める

建築計画と同時に進行

照明計画は、建築設計やインテリアデザインなどの仕事の流れと同時に進行する。プロセスは、調査・研究・コンセプト、基本設計、実施設計、制作・監理・施工、完了時の最終調整という順序で進められる。照明に関する検討は、建築設計やインテリアデザインの各段階では後半に行われることが多い。

光のイメージを伝える

照明計画では、まずどのような光の環境にしたいか・するべきかという、その後の方針を決定づけるコンセプトを十分に検討する。そのためには、普段から光環境に対する感覚を養っておくと同時に、クライアントや施工会社ともコミュニケーションをとるために、光のイメージを伝える言葉や表現方法を準備しておく必要がある。

最終調整が空間の完成度を高める

照明デザイナーという立場でプロジェクトにかかわる場合は、比較的初期のコンセプトから基本計画の作成までを中心とした、コンサルティングとも呼ばれる業務のみで終わることもある。しかしコンサルティングだけでなく、現場の進行に合わせ、建築やインテリアとの取合いの詳細な調整もきっちりと行うことで、空間と照明との相互のよさがより高まる。実際の作業としては、最終段階での可能な範囲の微調整や、引渡し直前の調光コントロール、フォーカシングと呼ばれる光の当て込みの精度調整などを行う。

意匠設計者やインテリアデザイナーが自ら照明計画を行う場合でも、照明計画という言葉でくくられる業務においては、照明器具の配置計画や器具の選定という基本的な作業だけでなく、照明器具の取付け方法や、間接照明と建築やインテリアとの取合いなども含めて検討する。

現場作業の最終段階まで気を抜かず行うことが、最終的な空間の完成度を高めることに結び付く。

■照明計画の流れ

照明計画

調査・研究・コンセプト

- 事業計画・建築計画の理解
- 周辺環境の調査・理解
- 類似例の研究
- 照明コンセプトの立案 ▶36頁

基本設計

- 建築空間を正確に理解
- 光のイメージをプレゼンテーション ▶44頁
- 照明手法の検討
- 器具の検討・選定 ▶216頁
- 器具リスト・配置図の作成 ▶234・236頁
- 回路・スイッチの検討 ▶46頁
- 配線計画図の作成 ▶238頁
- コストチェック ▶50・52頁
- 照度・電気容量のチェック ▶30頁

実施設計

- 器具の決定
- 器具配置の決定
- ディテール・納まりの決定
- 各図面の見直し修正
- コストチェック ▶50・52頁
- 照度・電気容量のチェック ▶30頁

制作・監理・施工～完了時の最終調整

- モックアップの確認
- 器具の承認図・制作図の確認
- 発注確認
- フォーカシング ▶42頁
- 調光バランスとシーンの設定 ▶48頁
- 照度チェック ▶30頁
- 記録

建築計画

企画

基本設計

完了

実施設計

完了

施工・監理

竣工・引渡し

004

カタログの使い方

point カタログの情報は、器具選定の際にすべてチェックする

器具選定に必要不可欠

毎年多くの新しい器具が各照明メーカーから発売され、同時に多くの器具が廃番になっている。技術の進歩に伴い、LEDにおいても新しいタイプの光源や、より高性能の光源が現れるため、設計者は常に最新の情報をチェックする必要がある。器具を選定する際、まずは照明メーカーのウェブや冊子のカタログから情報を取得し、その情報を丁寧に読み取る必要がある。

カタログには、器具本体の情報、ランプの種類、消費電力、電圧数、取付け可能な別のランプの情報、色温度のバリエーション、調光の可否、操作方法、オプションで取り付けられるパーツ、安定器などの必要な別売り部品、取付けの際に必要な器具の寸法や天井の開口寸法、点灯したときの光束や照度、そして金額などが掲載されている。

これらは器具を選定する際に必要不可欠な情報であり、照明計画を行うには、情報の読み方を理解しておかなければならない。

読みこなすポイントを理解

カタログの情報のなかには、照明計画で頻繁に使われる重要な用語や単位もあり、その知識なしでは正しく器具を選択するのは難しい。ただし、用語や単位を概念として理解することは確かに重要だが、まずカタログを読みこなし、使いこなすためのポイントを理解しておけば、照明計画を実際に行う作業に即して知識を習得することができる。また、カタログによっては、照明の基礎知識を紹介する頁を設けているものもあるので参考にするとよい。

設計者にとって、カタログは優れた教材であり、読み込むことは照明計画の第一歩ともいえる。しかし、最も大切なのは実際に光を見て、体験して記憶することである。カタログを読むだけで満足せず、常に現物を見ようとする姿勢を忘れてはならない。また、カタログにない器具を物件に合わせて特注でつくれることも覚えておきたい。

■カタログの見方

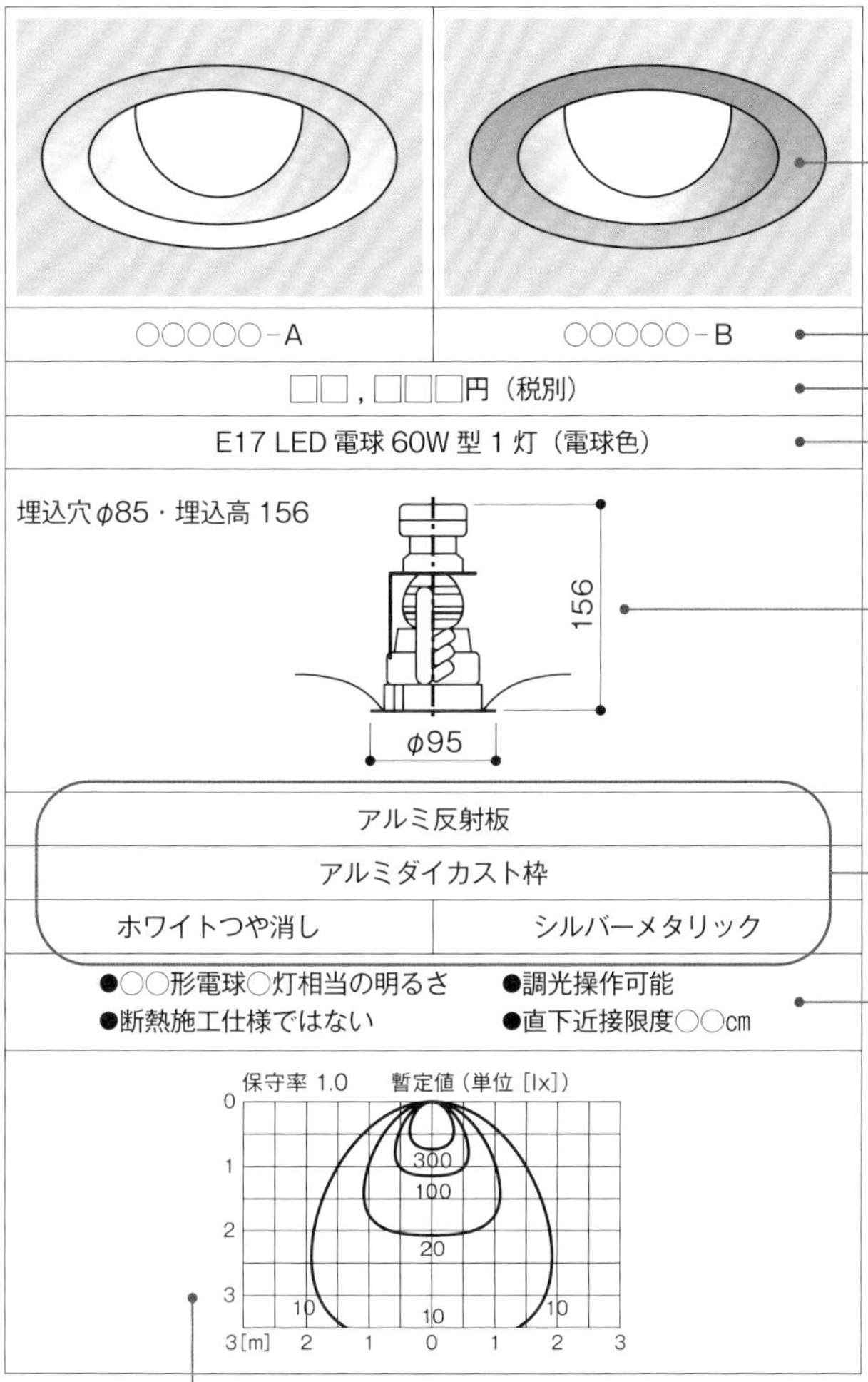

器具の外見

●形状や色を確認

品番

●発注するときに必要

金額

●税込か税別かも確認

ランプの種類・名称

●口金、色温度などの情報も重要。さらに詳しくは、カタログの巻末などにあるランプリストを参照

器具の姿図

●天井内に納まるかなど、寸法を確認。ダウンライトの場合、見付寸法と開口寸法が違うので注意

●器具内部での電球の取付け方を確認。実際の器具の見え方やグレアも想像できる

素材・仕上げ

●品質や器具のグレード感を確認

照度データ・ランプデータ

●配光曲線で、光の広がり方、照度を確認（216 頁参照）

備考・注意書

●内容をチェックし、目的と矛盾しないかを確認

その他のポイント

●別売りのランプや安定器、トランス、オプションパーツがある場合、その情報も確認
●スポットライトなど可動するパーツがある場合、可動部分や範囲も確認
●ランプによっては、照度や色温度だけでなく、ランプ寿命、全光束も押さえておく
●カタログによっては、写真で光の様子が分かるものもある

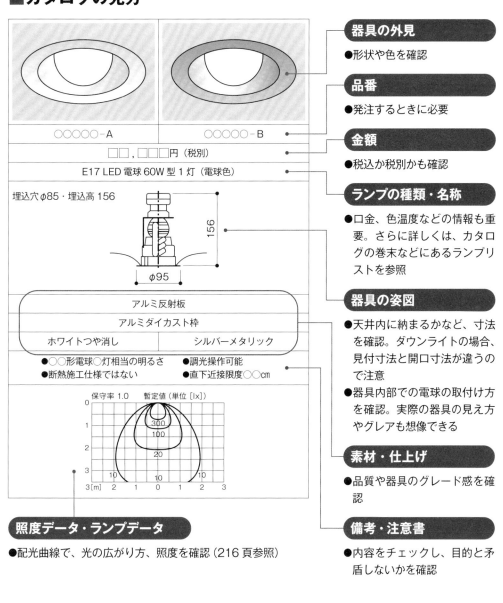

光の基本特性

point 光とは、電磁波のなかで人間の目に見える波長の範囲のものを指す。この波長域を「可視光線」という

人間の目に見える光

光は一般に、電磁波のなかで人間の目の網膜を刺激して色や形を感じさせる波長の範囲のものを指し、この波長域を可視光線という。可視光線は波長の長い順に「赤・橙・黄・緑・青・紫」と並んでいる。これらより一段階長い波長を赤外線といい、一段階短い波長を紫外線という。

可視光線は赤から紫までの成分の混合でできており、成分のバランスにより、対象物にその光が当たったときの色の印象が変わる。このバランスをスペクトル分布と呼ぶ。太陽光はスペクトル分布で赤から紫までバランスよく色をもっているため、白色に見える。これを加法混色といい、同じ明るさの赤・緑・青の三原色を混ぜると白色になるという光の現象である。

■電磁波の種類

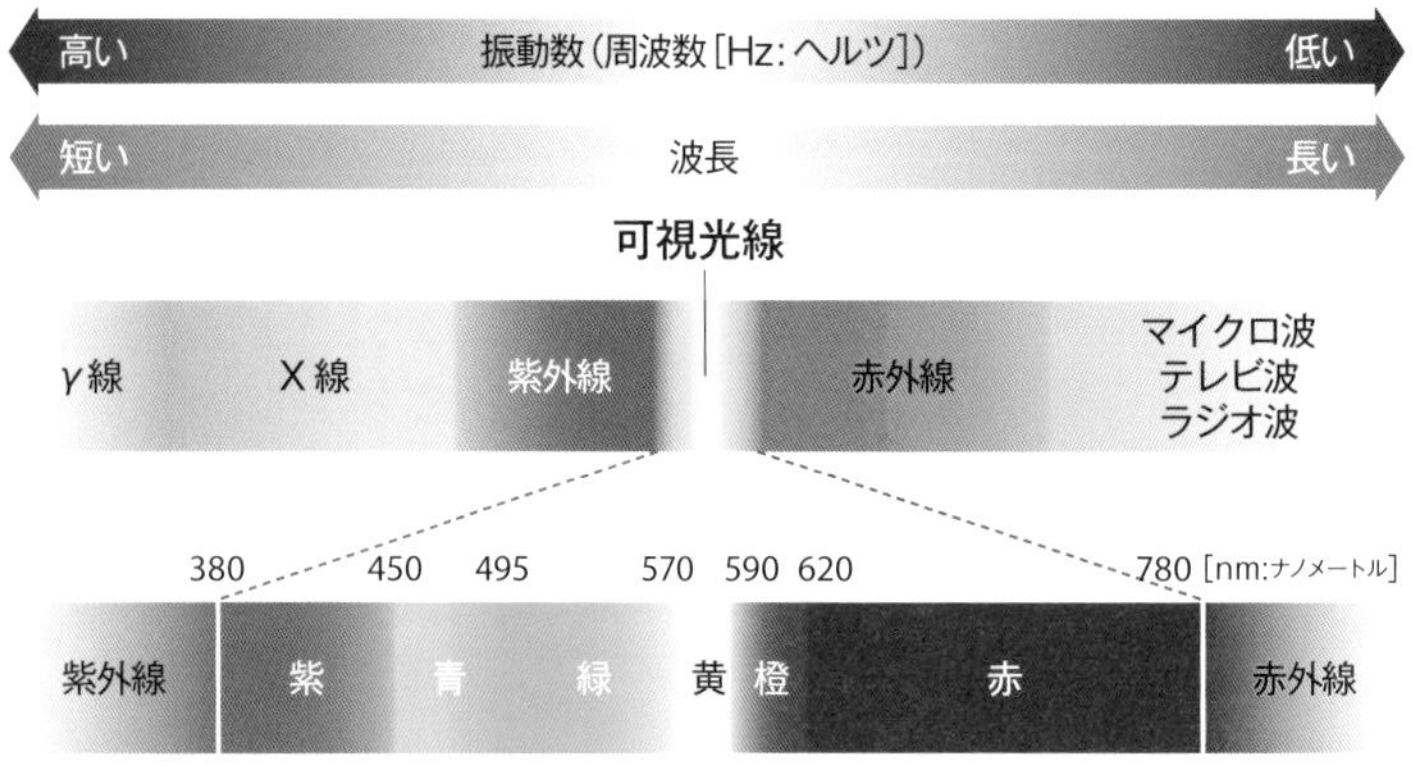

赤外線、紫外線はカット

光源からは可視光線だけでなく、多かれ少なかれ赤外線や紫外線も発生している。照明で対象物を照らすとき、対象物が美術品や高級品などデリケートなものの場合は、LEDを採用するか余計な波長をなるべくカットできるよう、必要に応じて照明器具に特別なフィルタを設置するなど、悪い影響を軽減するように配慮する。

Chapter 2

照明計画の基本

Chapter 2
照明計画の基本

006

グレア

point グレアは「人を不快な気持ちにさせる」ので、照明計画では常にグレアを抑えることを考える

グレアとは

太陽光や車のヘッドライトなどの強い輝きが視界のなかに入ると、まぶしさを感じたりほかのものが見えにくくなったりする。この状態をグレアという。グレアは人を不快な気持ちにさせるので、照明計画で器具の配置や見え方をコントロールする際は、その不快感を軽減させるように気をつける。

ただし、光るものの輝きのすべてが不快なわけではない。小さく、強すぎないあかりが多数きらめいている様子は、キラキラと美しく感じられる場合もある。イルミネーションなどでは、その効果を演出に取り入れている。

グレアの種類

グレアは、直接グレアと間接グレア（反射グレア）の2つに分類される。直接グレアは、さらに減能グレア（不能グレア）と不快グレアに分けられる。

減能グレア（不能グレア）は、太陽光やランプなどの光源が直接目に入った際、ものが見えにくくなることである。夜間に車を運転すると、対向車のヘッドライトが目に入り周囲が見えにくくなることが、まさにそれである。

不快グレアは、心理的な不快感から生まれる。ランプが露出した照明器具が多数ある部屋で、ランプが直接目に入らなくても、まぶしいという不快感を覚えることがあり、一般には減能グレアと相互に影響し合っている。この不快グレアを防ぐには、ルーバー付きの器具などを使うとよい。

間接グレア（反射グレア）は、見る対象物に光源の光や輝きが映り、文字などが読みにくくなることである。テレビやパソコンのモニター画面、スマホ画面に光源部などが映り込み、モニター内の文字や画像が見えにくくなることが例として挙げられる。このグレアは、モニターと視点、光源の位置関係によって生じるので、その位置関係を適切に改善するか、光源の輝きがコントロールされた照明器具を選んで対応する。

■グレアの種類

●減能グレア（不能グレア）

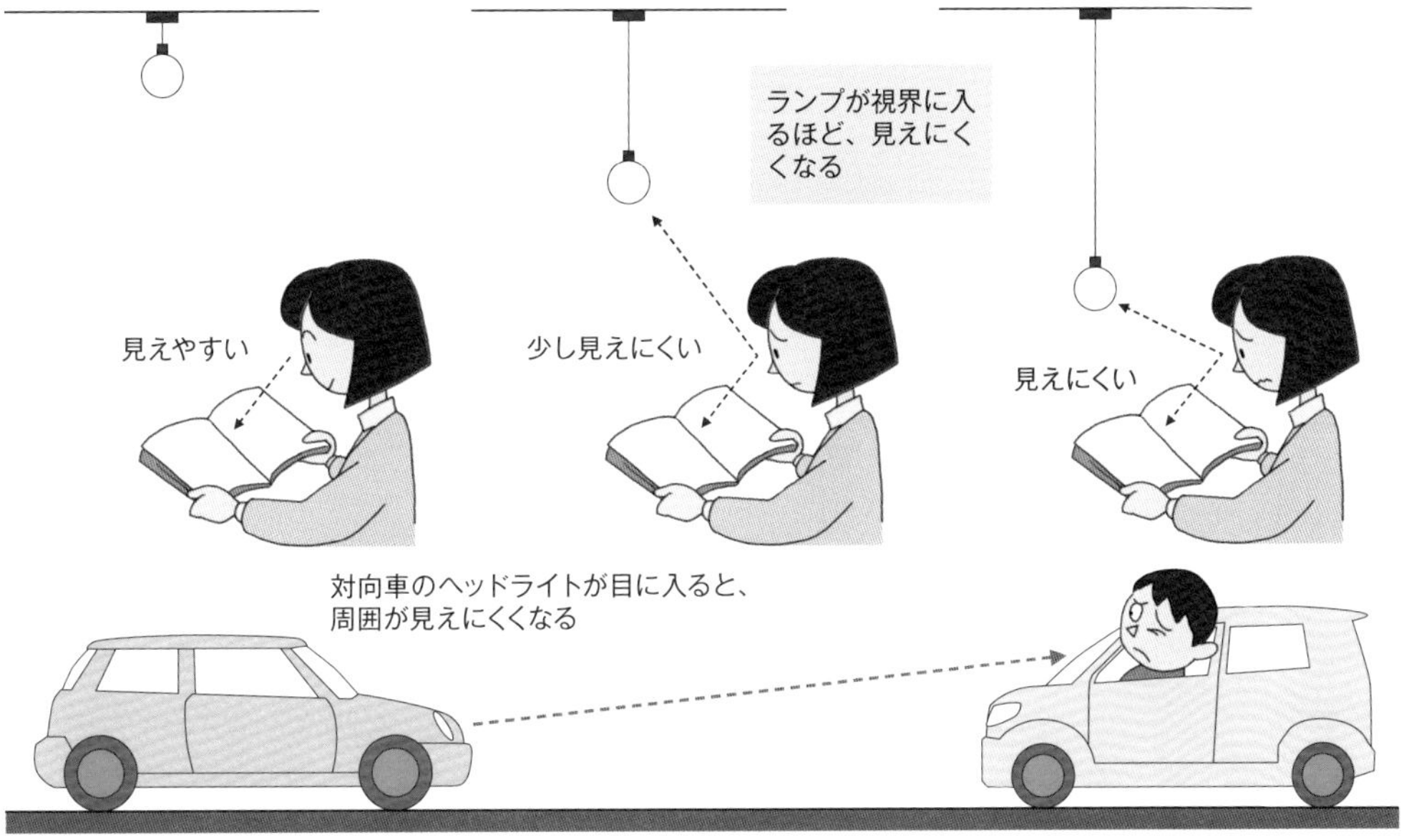
ランプが視界に入るほど、見えにくくなる
見えやすい
少し見えにくい
見えにくい
対向車のヘッドライトが目に入ると、周囲が見えにくくなる

●不快グレア

まぶしい

●ランプが直接目に入らなくても、心理的にまぶしいと感じる

まぶしくない

●ルーバー付きの器具などを使えば、まぶしさを感じない

●間接グレア（反射グレア）

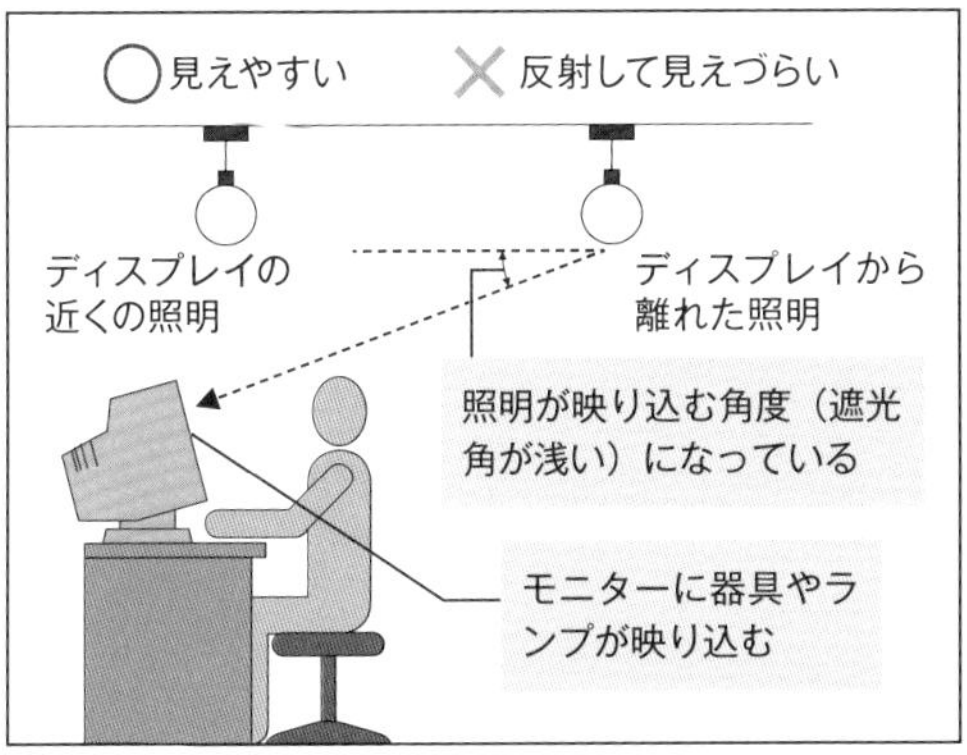
○見えやすい
×反射して見えづらい
ディスプレイの近くの照明
ディスプレイから離れた照明
照明が映り込む角度（遮光角が浅い）になっている
モニターに器具やランプが映り込む

■グレアが強くなる4つの条件

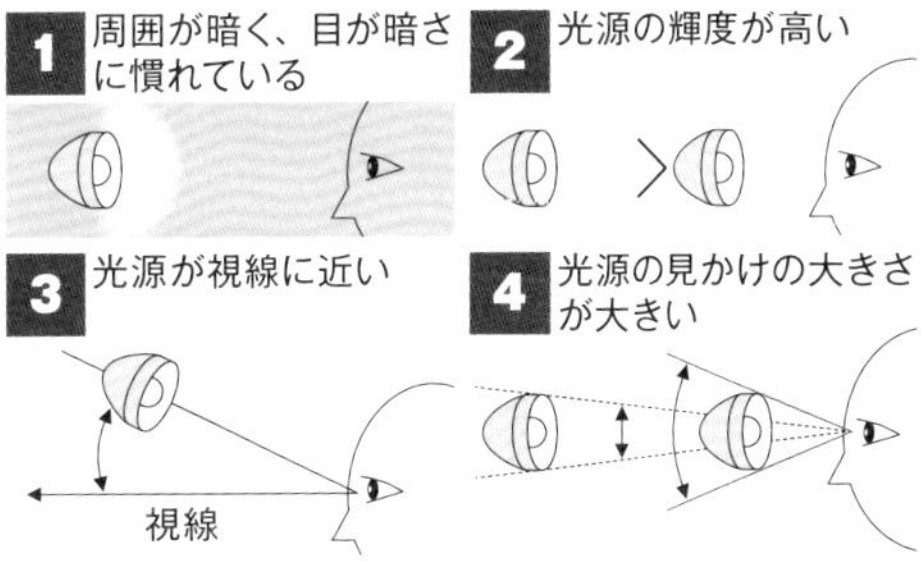
1 周囲が暗く、目が暗さに慣れている
2 光源の輝度が高い
3 光源が視線に近い
視線
4 光源の見かけの大きさが大きい

このような状況をつくらないように、器具の選び方と配置に気をつける

色温度

point 電球色の2,800Kは「落ち着いた雰囲気」をつくり、昼光色の6,700Kは「爽やかな雰囲気」をつくる

色温度とは

色温度とは、光色の違いを数値で表したもので、単位はK（ケルビン）。夜、住宅の窓あかりを見ると、オレンジ色に光る部屋と、白っぽく光る部屋がある。これは、室内のあかりの色温度の違いによるものである。かつて、オレンジ色の光を発するものといえば白熱電球で、白色の光を発するものといえば蛍光灯だったが、現在主流のＬＥＤは、オレンジ色から白色まで、さまざまな色温度を表現できる。

基準となる色温度を覚える

ＬＥＤ器具では色温度のバリエーションが多数ある。オレンジ色の電球色は２７００Ｋから２８００Ｋ、黄色から白っぽい温白色は３０００Ｋ、オフィスなどで使用されることの多い柔らかい白色は４２００Ｋ、それよりやや青みが買った昼白色は５０００Ｋ程度、青白い昼光色は６７００Ｋ程度であり、それらから選ぶことができる製品がメーカー各社から販売されている。

色温度は自然界の光色を表す際にも使用する。たとえば、ろうそくあかりは１９２０Ｋ、日の出後や日没前の空は２７００Ｋ、平均的な正午の太陽は５２００Ｋ、曇天の空は７０００Ｋ、青空は1万２０００Ｋである。

これらの数値をすべて覚える必要はないが、ろうそくあかり、白熱電球の２７００Ｋ、平均的な正午の太陽くらいは基準として覚えておくと、それらと比較して照明の色味を計画しやすい。

色温度は空間に与える印象を左右する重要な要素である。色温度の低い電球色のあかりは、暖かい、落ち着いた雰囲気をつくる。一方、色温度の高い昼光色のあかりは、涼しげな、クールで爽やかな雰囲気をつくる。

色温度と照度の関係

一般的に、同じ照度（24頁参照）でも色温度が高いほうが明るく感じる。また、色温度が変わっても照度が同じであれば、まぶしさは変わらない。

■色温度

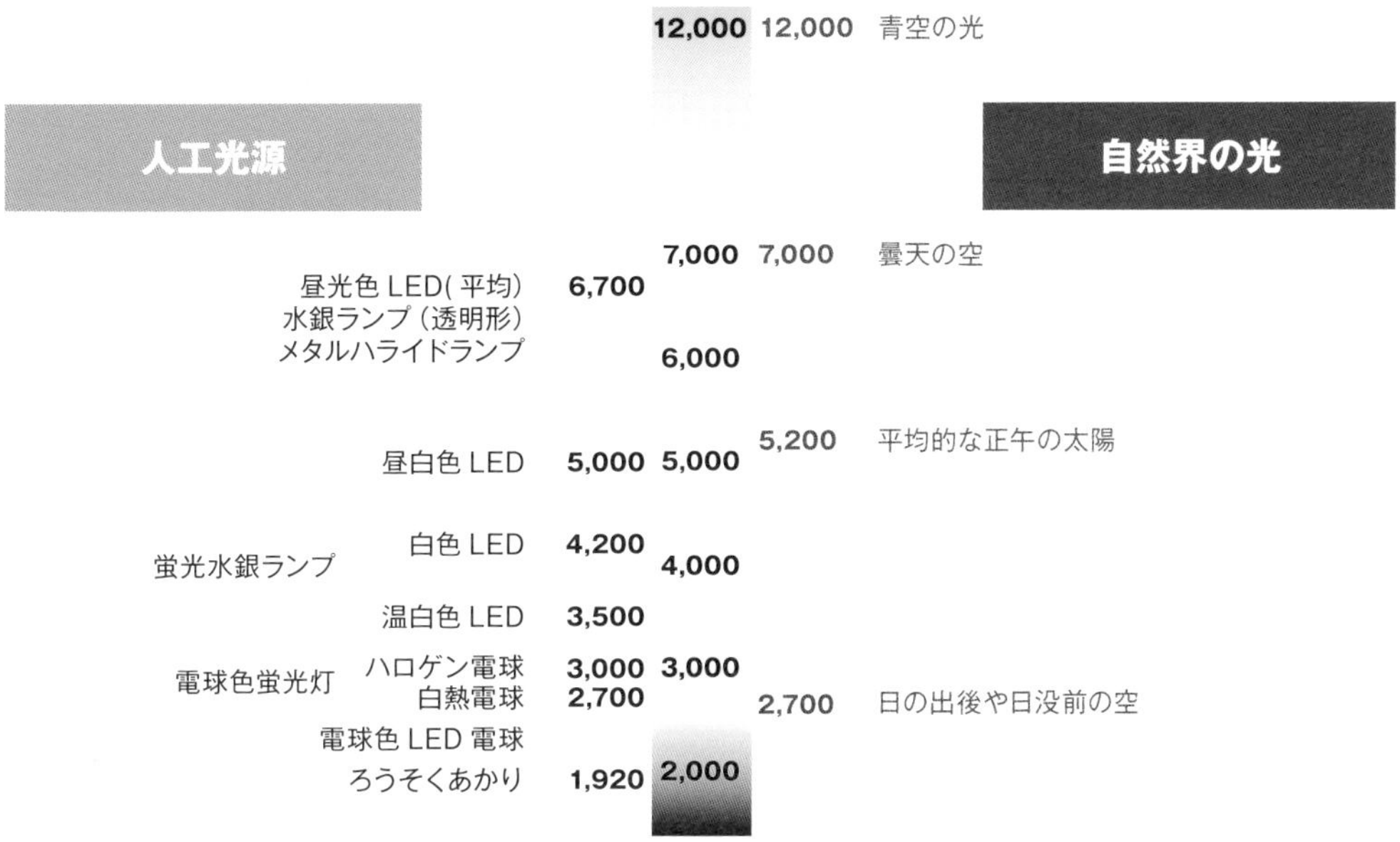

12,000
12,000 青空の光
人工光源
自然界の光
7,000
7,000 曇天の空
昼光色 LED(平均) 6,700
水銀ランプ(透明形)
メタルハライドランプ
6,000
5,200 平均的な正午の太陽
昼白色 LED 5,000 5,000
白色 LED 4,200
蛍光水銀ランプ
4,000
温白色 LED 3,500
ハロゲン電球 3,000 3,000
電球色蛍光灯
白熱電球 2,700
2,700 日の出後や日没前の空
電球色 LED 電球
ろうそくあかり 1,920
2,000

■色温度と空間の雰囲気

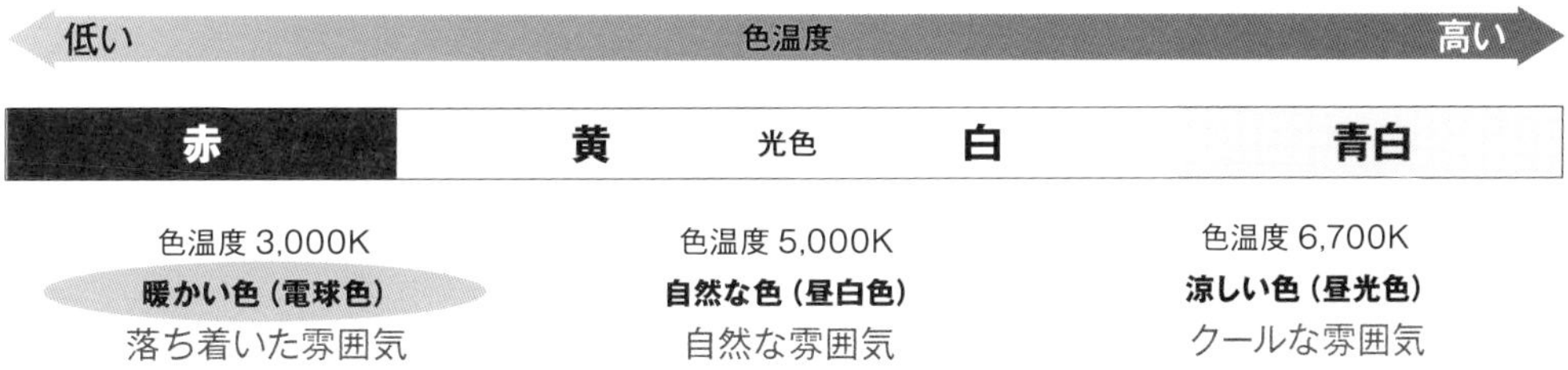

低い
色温度
高い
赤
黄
光色
白
青白
色温度 3,000K
暖かい色(電球色)
落ち着いた雰囲気
色温度 5,000K
自然な色(昼白色)
自然な雰囲気
色温度 6,700K
涼しい色(昼光色)
クールな雰囲気

■色温度と照度の関係

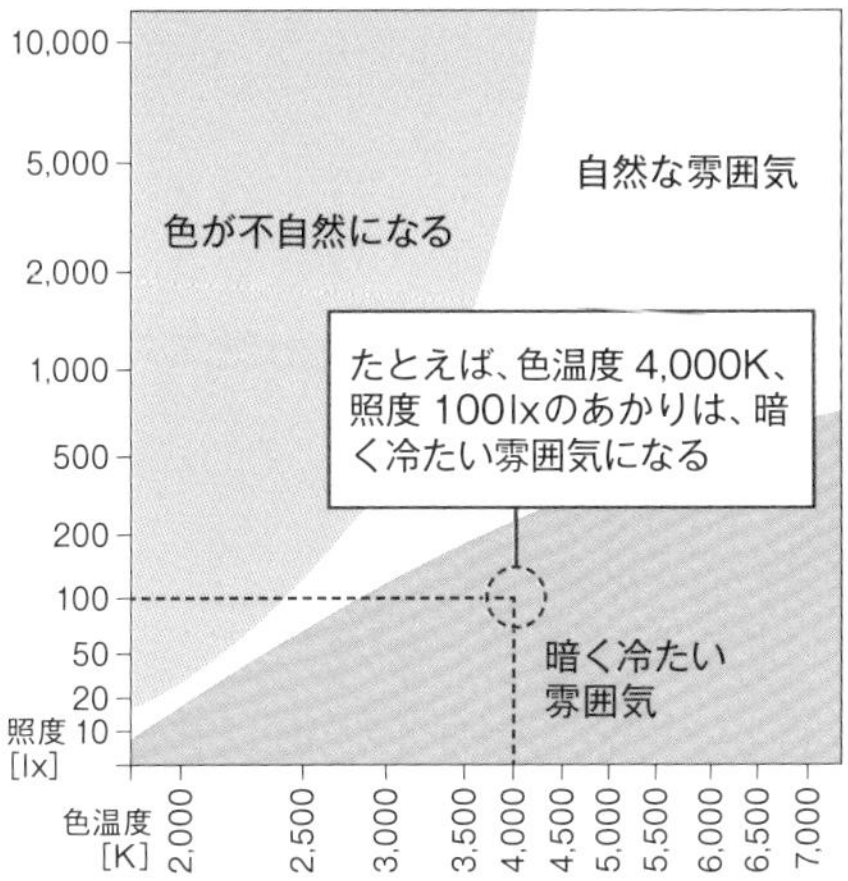

10,000
5,000
2,000
1,000
500
200
100
50
20
照度 10
[lx]
色が不自然になる
自然な雰囲気
たとえば、色温度 4,000K、照度 100lxのあかりは、暗く冷たい雰囲気になる
暗く冷たい雰囲気
色温度
[K]
2,000
2,500
3,000
3,500
4,000
4,500
5,000
5,500
6,000
6,500
7,000

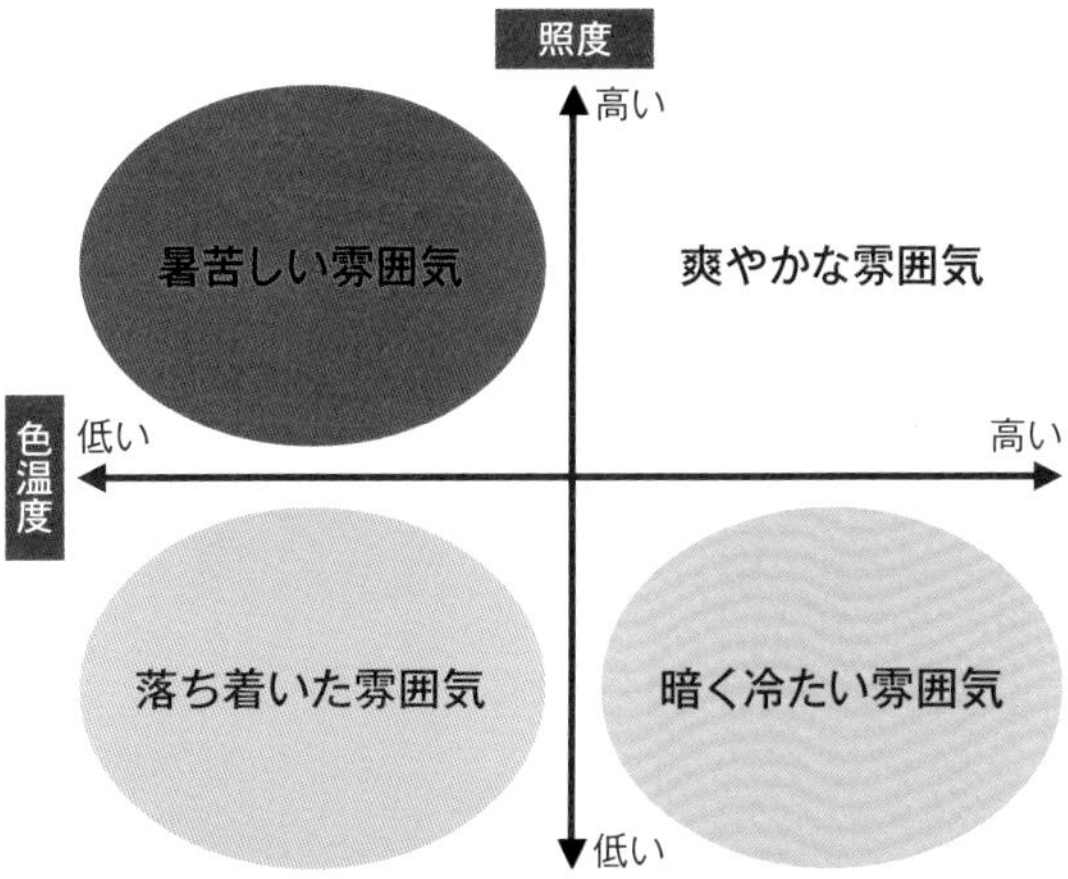

照度
高い
暑苦しい雰囲気
爽やかな雰囲気
色温度
低い
高い
落ち着いた雰囲気
暗く冷たい雰囲気
低い

演色性

point 「演色性が劣っている＝性能が低いランプ」ではなく、対象物や用途など、必要に応じて演色性を判断する

演色性とは

一般に物の色とは、物そのものの色のことで、私たちには常にそれが見えていると考えがちである。しかし実際は、物を照らす光によって色が変わって見える。たとえば、白いボールに青い光を当てれば青く見え、赤い光を当てれば赤く見える。これらは極端な例だが、日常的なあかりであるＬＥＤや蛍光灯、街路灯なども、決して物の色を正確に表現しているわけではない。

このように、光による物の色の再現性を、演色性という。これを数値化したものを平均演色評価数Ra（アールエー）という。

平均演色評価数とは

平均演色評価数は、基準光で照らした場合と、その光源で照らした場合とを比べて、どのくらいの色ズレがあったかで示される。基準光で見たときをRa100とし、色ズレが大きいほど数値は小さくなり、数値が高いほど色の再現性が優れていることを表す。

ここで注意したいのは、平均演色評価数は、人の感覚にとって好ましい色かどうかを表しているわけではないということだ。演色性が劣っているからといって、性能が低いランプというわけではなく、対象物や用途など、必要に応じて演色性を判断することが重要である。

演色性が必要な場所

一般に色が正しく見える必要がある場所では、演色性が大切になる。たとえば、食品や料理は食べ物本来の色が正しく表現されていたほうが食欲や購買欲がわく。洋服などもショップのあかりの演色性が劣っていると、購入後に色の違いに気づくことがある。一方、オフィスや工場などでは、それほど繊細な演色性は必要とされない。

また、街路や公園など屋外の空間でも、効率の高さや、光が遠くまで届くことが重視され、演色性の優先度は低くなる。

■演色性とは

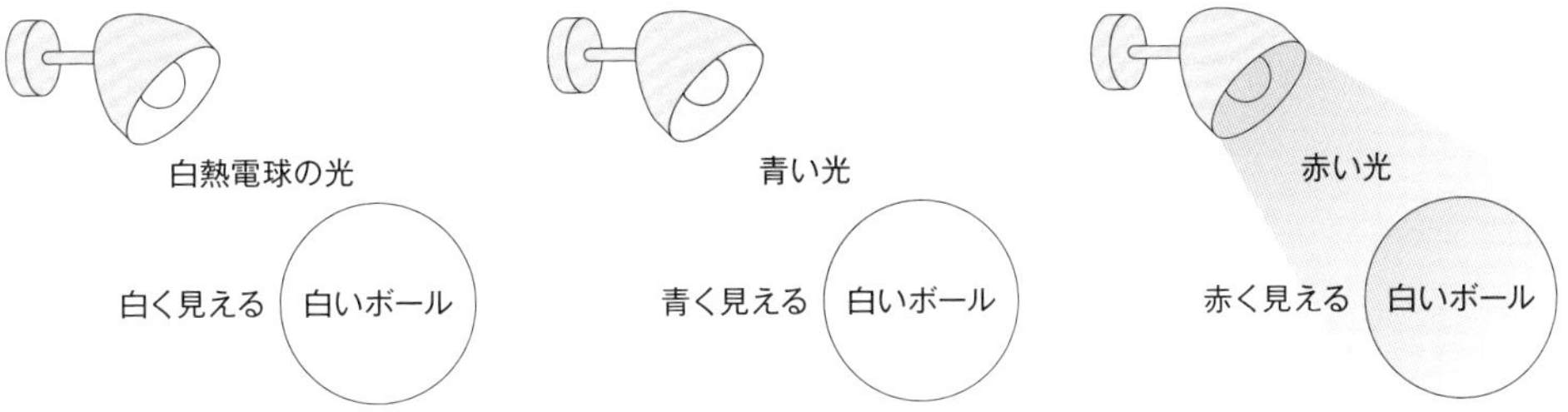

■物販店での演色性

■ランプの平均演色評価数

	種類		平均演色評価数［Ra］
LED	E26 電球形、2,700K（電球色）	4.8W	**83**
	E17 電球形、5,000K（昼白色）	4.9W	**83**
	E11 ダイクロハロゲン形、JDR65W 相当、3,000K	5.4W	**82**
	GX16t-5 直管形、5,000K	17.4W	**83**
	ランプ一体形ダウンライト 高演色、3,000K	17W	**92**
	ランプ一体形ダウンライト 超高演色、2,800K	14.4W	**98**
白熱電球	普通電球	100W	**100**
	クリプトン電球	90W	**100**
	ハロゲン電球	500W	**100**
蛍光ランプ	蛍光ランプ	白色 40W	**64**
	高演色形蛍光ランプ	白色 40W	**92**
	省電力形３波長域発光形 蛍光ランプ	白色 38W	**84**
高圧放電ランプ	水銀ランプ	透明 400W	**23**
	メタルハライドランプ	400W	**65**
	メタルハライドランプ（高演色形）	400W	**92**
	高圧ナトリウムランプ	400W	**28**

■演色性と用途の関係

光源の種類	演色性グループ	平均演色評価数の範囲	用途	
			適している	許容できる
高演色形蛍光ランプ メタルハライドランプ（高演色形） 高演色型 LED	1A	**Ra≧90**	色検査、美術館	—
３波長形蛍光ランプ 高演色高圧ナトリウムランプ LED ランプ	1B	**80≦Ra<90**	住宅、ホテル、物販店、オフィス、病院、印刷・塗装・織物作業	—
一般蛍光ランプ メタルハライドランプ（高効率形） 演色改善形高圧ナトリウムランプ	2	**60≦Ra<80**	一般的な工場	オフィス、学校
蛍光水銀ランプ（蛍光形）	3	**40≦Ra<60**	荒い作業の工場	一般的な工場
高圧ナトリウムランプ 水銀ランプ（透明形）	4	**20≦Ra<40**		荒い作業の工場

光束・光度・照度・輝度

point 「光の明るさ」に関する代表的な用語であり、それぞれ数値で表すことができる

光束とは

光束とは、光源から出る光の量のことであり、単位はlm（ルーメン）で表す。数値が大きいほど、明るいことを示す。ランプの種類によって異なり、消費電力が同じ40Wでも、白熱電球が485lm、細長い管型白色蛍光灯が３０００lmと、その差は6倍以上にもなる。

光度とは

光度とは、光源からある方向に出る光の強さであり、単位はcd（カンデラ）で表す。光源から光が出るとき、すべての方向に同じように光が出るわけではなく、方向によって光の強さが異なる。これは各方向に出る光束の量が違うためである。

照度とは

照度とは、光源から出た光がある面にどの程度降り注いでいるかを表すもので、単位面積当たりに入射する光束で定義される。単位はlx（ルクス）で表し、直射日光の下での照度は約10万lx、室内の窓際は約２０００lxである。これに比べ、オフィスの事務室の照度は300〜750lxであり、太陽の光と人工照明の違いは明らかだ。

輝度とは

輝度とは、光源自体や照らされた面の輝き（明るさの加減）のことで、単位はcd／㎡（カンデラ／平方メートル）で表す。見る方向や角度によって異なり、また照明の条件が同じでも、物体によって輝度は異なってくる。

たとえば、シェード付きの器具のランプを、丸見えになる角度で見た場合と、ほぼ隠れる角度で見た場合とでは、感じる明るさの度合いがまったく異なる。また、同じ光を当てても反射率の低い黒色面の輝度は、白色面よりも低くなる。

光束・光度・照度・輝度は、光の明るさに関する代表的な用語である。それぞれの数値を確認することで、光源の特徴をつかむことができる。

■光束

●主な光源の光束

光源		光束 [lm]
太陽		**3.6×10^{28}**
白熱電球	40W	**485**
E26 電球形 LED	4.8W	—
白色蛍光ランプ	40W	**3,000**
GX16t-5 直管 LED ランプ	17.4W	—
蛍光水銀ランプ	40W	**1,400**
蛍光水銀ランプ	400W	**22,000**

■照度の目安

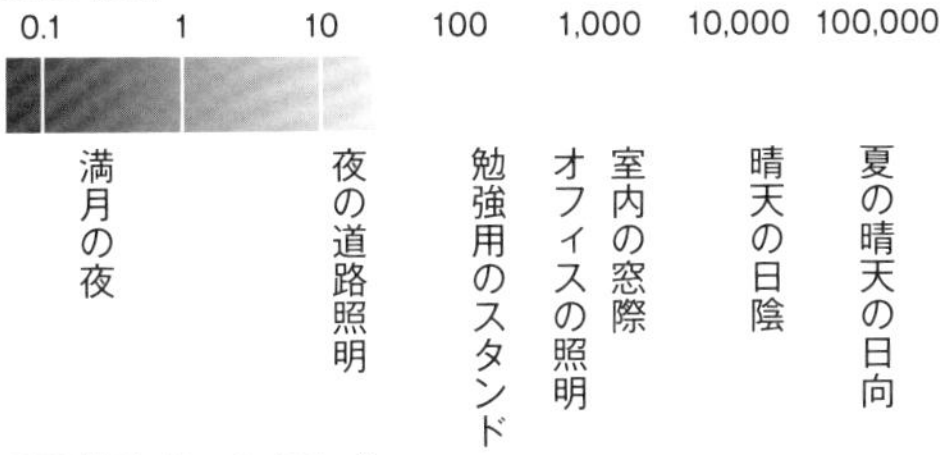

■輝度の目安

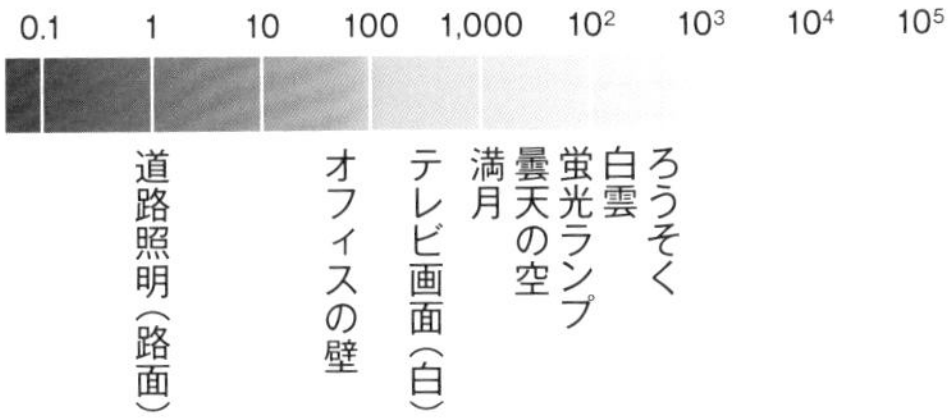

■光度のイメージ

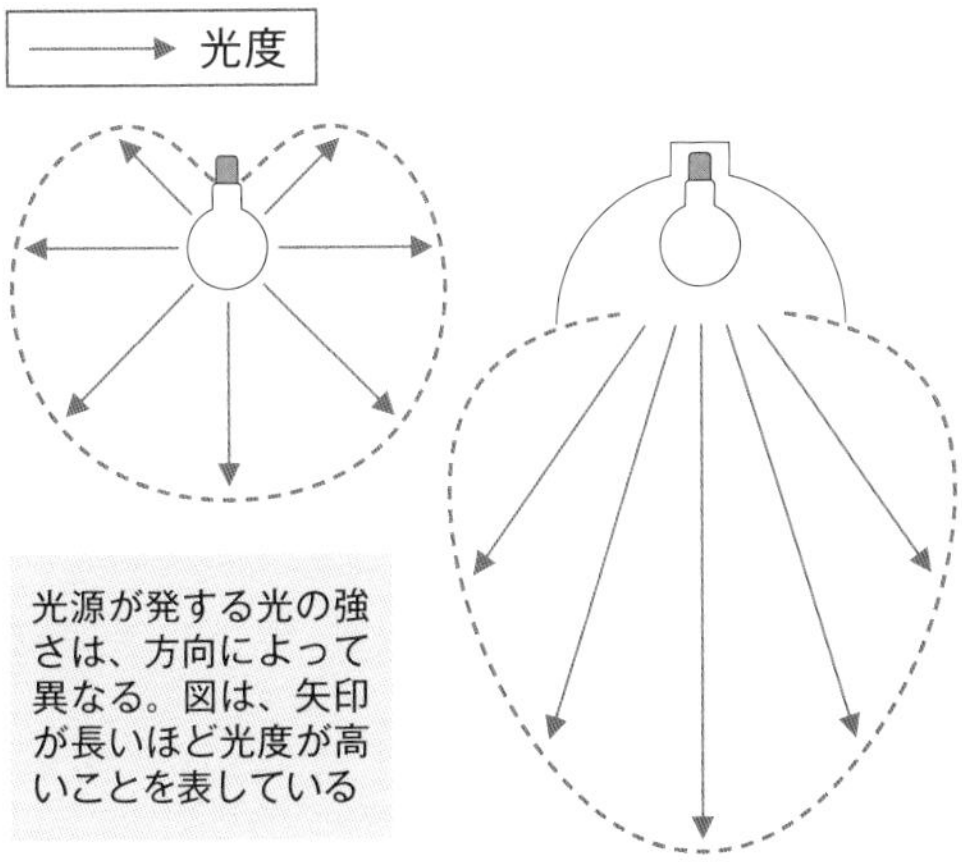

光源が発する光の強さは、方向によって異なる。図は、矢印が長いほど光度が高いことを表している

●主な光源の光度

光源		光度 [cd]
太陽		**2.8×10^{27}**
白熱電球	40W	**40**
E26 電球形 LED	4.8W	**485**
白色蛍光ランプ	40W	**330**
GX16t-5 直管 LED ランプ	17.4W	**2,500**
蛍光水銀ランプ	40W	**110**
蛍光水銀ランプ	400W	**1,800**

■光束・光度・照度・輝度の関係

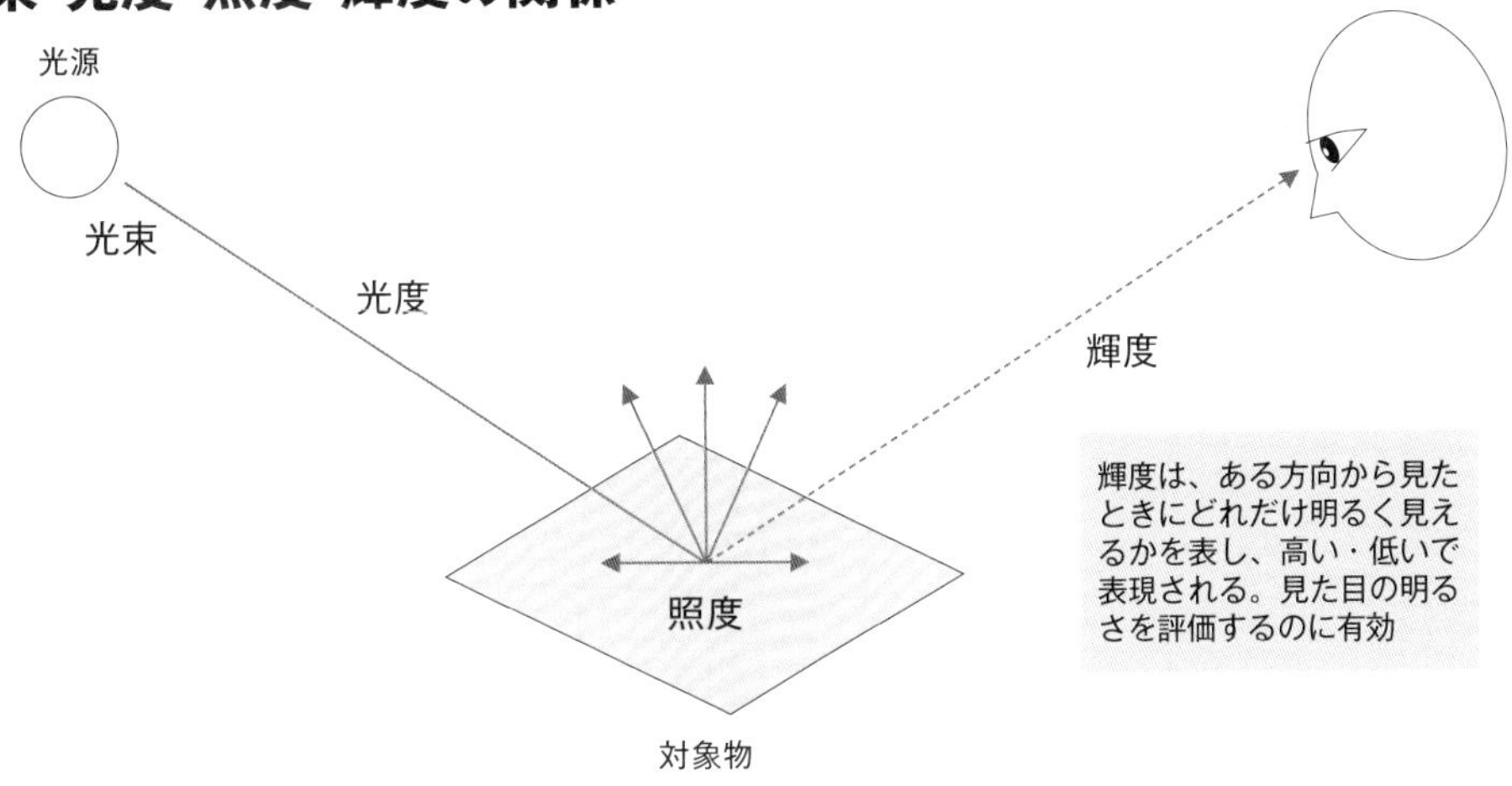

輝度は、ある方向から見たときにどれだけ明るく見えるかを表し、高い・低いで表現される。見た目の明るさを評価するのに有効

照度基準

point 照度は屋内外の施設における「人工照明の設置基準」として使われ、JISで推奨照度が規定されている

ＪＩＳの照度基準

照度は屋内外の施設における人工照明の設置基準として使われ、ＪＩＳ（日本工業規格）で推奨照度が規定されている。特に、作業上、一定の明るさ以上が求められるオフィス空間や学校の教室などでは、この基準を目安にして器具の配置や台数を決める。また、照度計で簡単に計測できることもあり、あらゆるスペースの明るさを確認する場合に照度が用いられている。

基本的には、照度が上がれば物がよく見えるので、高めにしておけば安心だと考えられる。しかし、照度を上げるには器具の台数を増やす必要があり、器具の費用とともに消費電力も上がるため、コストも高くなる。また、人は常に明るさだけを求めているわけではないので、心理的な面からも、施設ごとや部屋ごと、状況ごとに適切な明るさを設定したほうがよい。

なお、ＪＩＳの照度基準は、経年による器具やランプの照度低下が見込まれており、初期照度より20～30％落とした値が設定されている。数値は社会情勢や経済状況などの影響を受けて、時々改正される。

室内の色で照度が変わる

照度は計測する面の明るさを示すので、光源の明るさのみに左右されるわけではない。同じ部屋に同じ照明が設置されていても、室内の色によって照度が変わることがある。

たとえば、床・壁・天井が白い仕上げの部屋と、黒い仕上げの部屋で床面の照度を計った場合、白い部屋のほうが照度は高くなる。これは、白い仕上げのほうが光の反射率が高く、床・壁・天井に反射する光が計測点に影響を与えるためである。

また、照度は床面や机上面などの水平面を基準にすることが最も多く、これを水平面照度という。一方、壁面や黒板面など垂直面の照度を鉛直面照度という。このほか、光源に対して直角になる面の照度を法線《のりせん》照度という。

■JISの照度基準（物販店）

出典：JIS Z9110-1979（抜粋）

照度 [lx]	3,000～2,000	2,000～1,500	1,500～1,000	1,000～750	750～500	500～300	300～200	200～150	150～100	100～75
物販店の一般的な共通事項	●陳列の最重点	—		●重要陳列部 ●重要陳列部レジスタ ●エスカレーターなどの乗降口 ●包装台	●エレベーターホール ●エスカレーター	●アトリウム・モール ●商談室	●応接室、洗面所、トイレ	●階段	●休憩室 ●廊下	—
日用品店（雑貨・食品など）	—			●重要陳列部	●重点部分 ●店頭	●店内全般	—			
スーパーマーケット（セルフサービスなど）	●特別陳列部	—		●店頭	●店内全般		—			
大型店（デパート・量販店など）	●ショーウインドウの重要部 ●デモンストレーション ●重要陳列部		●案内コーナー ●一般陳列部	●重要階の全般 ●特売会場の全般 ●コンサルタントコーナー	●店内全般	—				
ファッション店（衣料装身具・メガネ・時計など）	●ショーウインドウの重要部		—	●重要陳列部 ●デザインコーナー ●着装コーナー	●スペシャル部陳列 ●店内全般（スペシャル部を除く）	—		●スペシャル部の全般	—	
文化品店（家電・楽器・書籍など）	●ショーウインドウの重要部 ●店頭の陳列部		●ステージ商品の重要部	●一般陳列部 ●コンサルタントコーナー ●テスト室 ●ショーウインドウの全般	●店内全般 ●ドラマチックなねらいの陳列	—		●ドラマチックな陳列部の全般	—	
趣味・レジャー店（カメラ・手芸・花・コレクションなど）	—			●重要陳列部 ●モデル実演 ●ショーウインドウの全般部	●一般陳列部 ●スペシャル陳列 ●コンサルタントコーナー	●店内全般		—	●スペシャル部の全般	—
生活別専門店（日曜大工・育児・料理など）	—	●ショーウインドウの重要部	●デモンストレーション		●コンサルタントコーナー ●店内全般		—			
高級専門店（貴金属・衣服・芸術品など）	●ショーウインドウの重要部	●重要陳列部	●一般陳列部	—	●コンサルタントコーナー ●デザインコーナー ●装着コーナー	●接客コーナー	●店内全般	—		

■環境による照度の違い

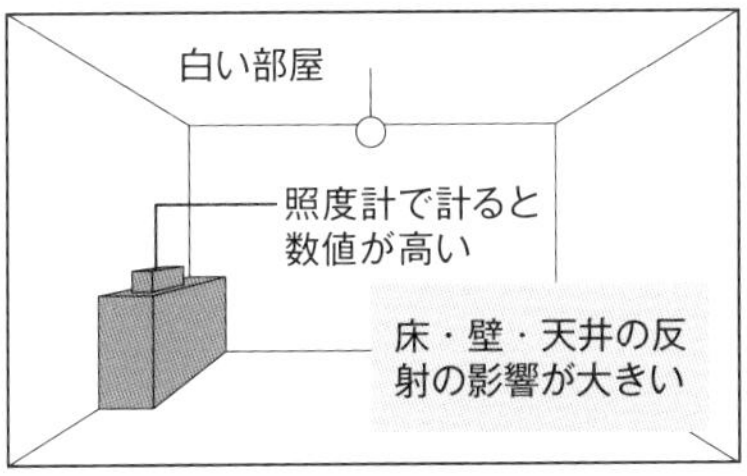
白い部屋
照度計で計ると数値が高い
床・壁・天井の反射の影響が大きい

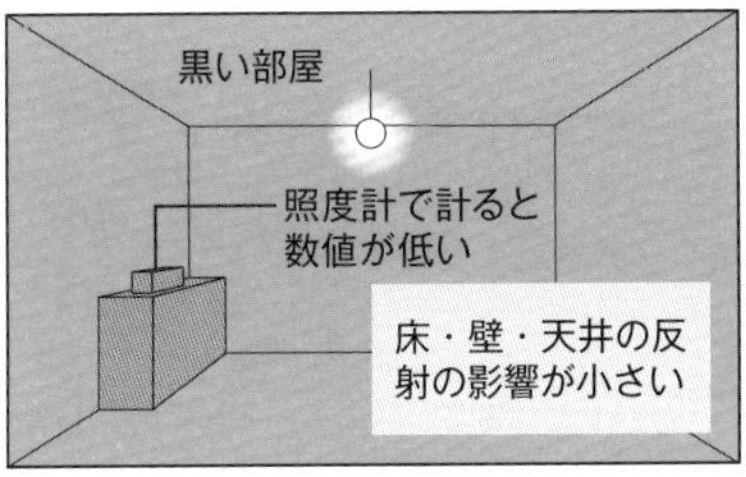
黒い部屋
照度計で計ると数値が低い
床・壁・天井の反射の影響が小さい

大きさ、形、ランプ、器具がまったく同じ2つの部屋でも照度が異なる

■照度を計測する面

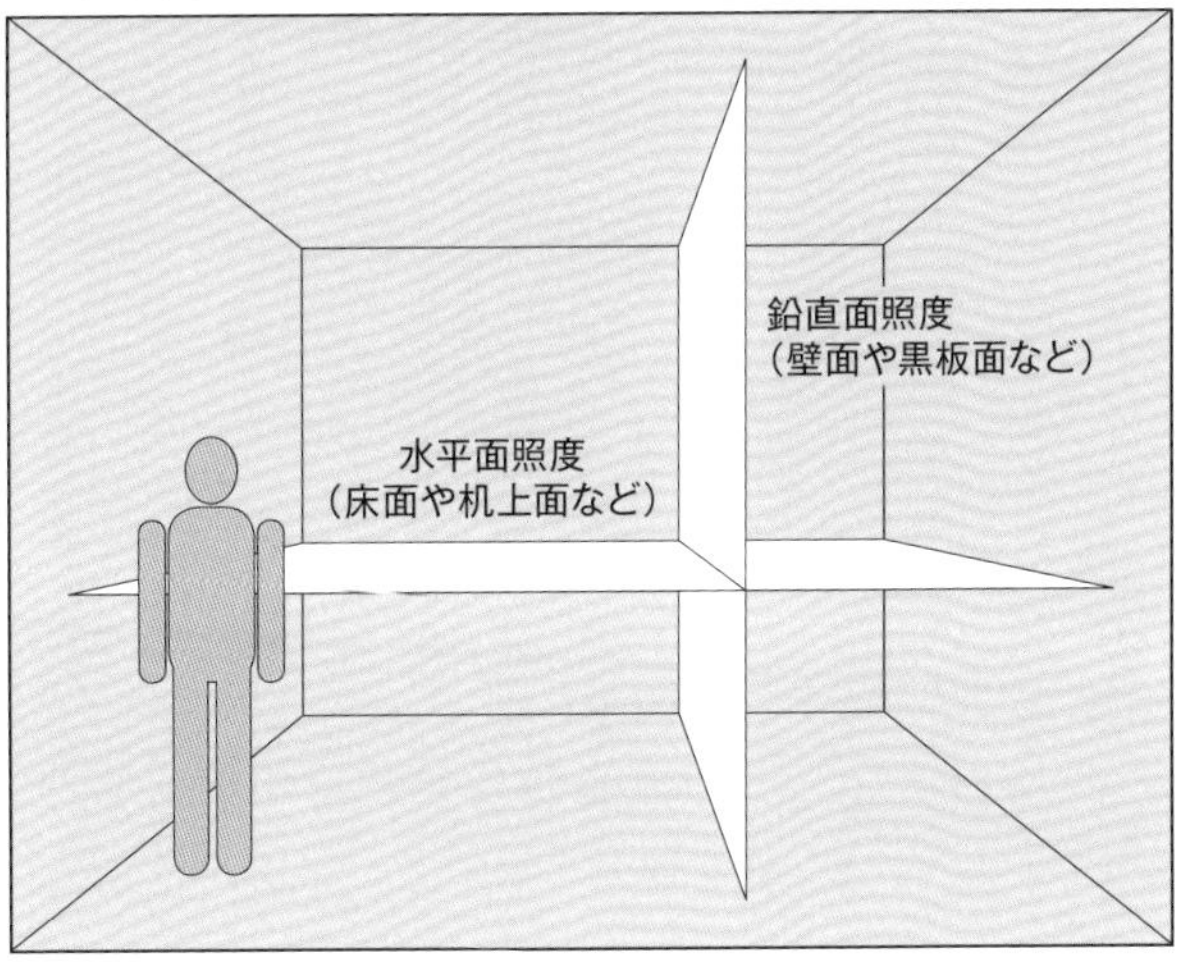
鉛直面照度（壁面や黒板面など）
水平面照度（床面や机上面など）

水平面照度は、視作業面高さを示している。特に指定がないときは床上85㎝、座業のときは床上40㎝、廊下・屋外などは床面・地面が対象面となる

照度分布と照度の測定

point
「光の均整度」や「光の配置のメリハリ」は照度分布図で確認。実際の照度は、ハンディタイプの照度計で測定する

照度分布図の作成

器具の照度がどのように分布しているかは、配光の様子を地図の等高線のような線で表した、照度分布図で表される。この図からは、明るさの程度や、空間内の光の均整度、光の配置のメリハリなどを確認することができる。

通常、照度分布図は専門家が専用のソフトを使ってパソコンで作成するが、簡易的なものであれば、照明メーカーのホームページから照度計算ソフトをダウンロードできるので、自分で作成してもよい。また、照明メーカーに作成を依頼することもできる。

いずれにしても、各器具の配光特性などがデータ化されていないと、照度分布図を作成することができない。使用する器具のデータが入手できない場合は、近い性能をもつ製品の配光特性などを仮データとして使用し、参考値とする。また、カタログなどに配光曲線と一緒に記載されている1／2ビーム角などを使って、手書きで簡易的な照度分布図を作成することも可能だ。これも参考データとして十分に使用できる。

照明計画のなかで照度分布図を作成するのは、基本設計がひと通りできあがり、器具の候補や台数の方針が決まった段階であり、その器具の機能性を確認するために行う。

照度計による照度測定

実際の照度を測定するときは、ハンディタイプの照度計を使う。器具を設置したとき、必要な照度が確保できているかどうかを手軽に確認できるので便利である。

照明計画の完了時はもちろん、検討段階でさまざまな実験を行う際にも活用できるほか、普段の照明体験を数値で確認したいときや、建築主などから明るさの相談を受けた際、そのリサーチとして照度確認を行うときにも役立つ。測定した照度を図面上にも記録しておくと、その後の設計の資料として活用することができる。

■照度分布図

●天井の器具配置のピッチが大きい場合

●天井の器具配置のピッチが小さい場合

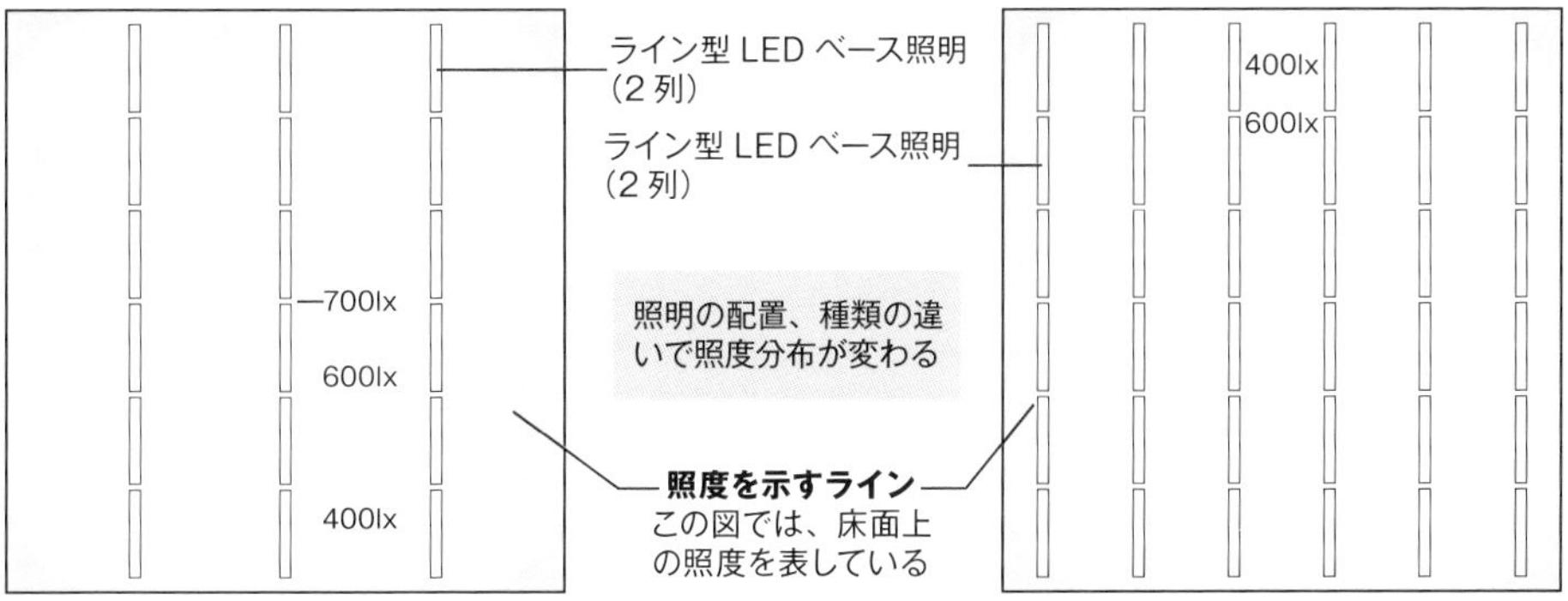

●照度分布にムラが出る

●ムラが出にくい

■資料から配光を見る

ベースダウンライト D1（ダイクロハロゲン型 LED ランプ）

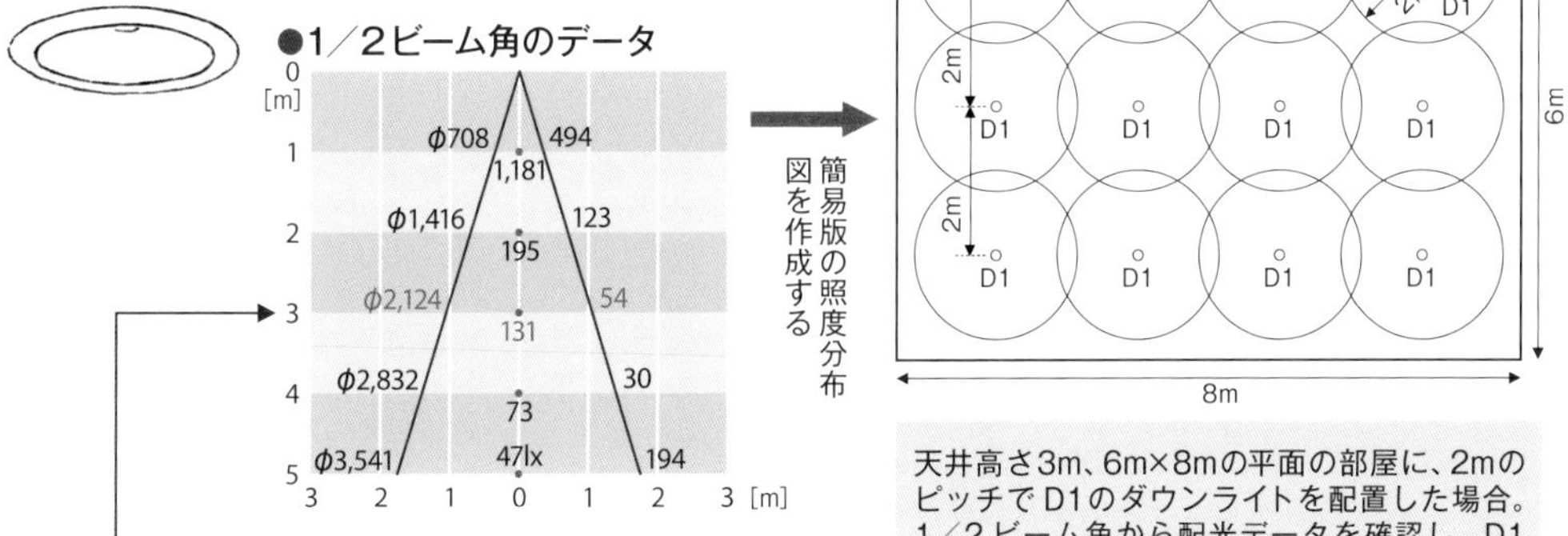

3m 地点で、直径 2,124 ㎜の光の広がりは、中心部 131lx、周辺部 54lx であることが読み取れる

天井高さ3m、6m×8mの平面の部屋に、2mのピッチで D1のダウンライトを配置した場合。1／2 ビーム角から配光データを確認し、D1の配置を中心に、コンパスやテンプレートで直径 2,124 ㎜の円を描く。この図からは、器具配置のピッチの目安を確認できる（床・壁・天井の反射率は考慮されないので概略値）

■照度計での計測法

●デジタル照度計

●水平面照度を計るとき

●鉛直面照度を計るとき

●照度の向き

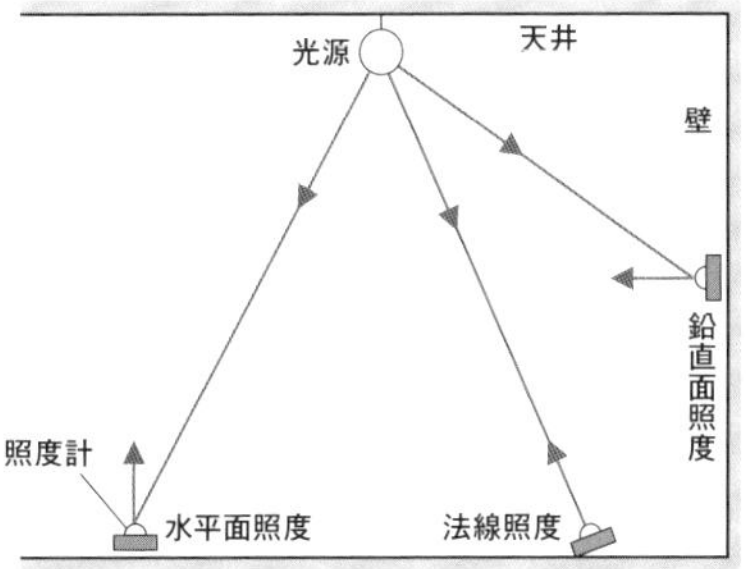

照度計算

point 照度計算による予測は「参考値」であり、実際には間接照明や外部からの光の影響があるため、必ずしも正確ではない

光束法による照度計算

照度計算は、選んだ器具の台数・配置によって、機能的に必要な照度が得られるかどうかを確認するために行う。反対に、平均照度から必要な器具の台数を求めることもできる。代表的なのは光束法で、器具を等間隔に配置し、空間全体を均一に照らす全般照明の場合は、次の計算式で比較的簡単に平均照度を求めることができる。

$$E = \frac{N \cdot \phi \cdot U \cdot M}{A}$$

E：平均照度［lx］
N：器具の台数
φ：光源１灯当たりの光束［lm］
U：照明率
M：保守率
A：作業面の面積［m2］

光源１灯当たりの光束（φ）は、照明器具メーカーのカタログに載っている数値を参考にする。保守率（M）は、公表されている標準的な保守率表を参考に、器具の種類や使用環境などから判断する。照明率（U）は、まず室指数（K）を求めてから、器具ごとの照明率表で読み取る。

光束法による照度計算は、全般照明以外の方式では誤差が大きくなるので有効ではない。ただし、部屋の一部でも全般照明と同じような環境があるときは参考値になる。

また、照度計算による照度の予測はあくまでも参考値であり、実際には間接照明や外部から入る光の影響があるため、必ずしも正確ではない。ただし、予測しておくと安心感が得られる。

点光源の場合

ダウンライトやスポットライトなど、点光源の場合は、照明器具カタログの配光曲線や、１／２ビーム角の配光データから、ある程度の照度を読み取ることができる。簡単な方法だが、これも参考値になる。

■平均照度の計算方法

例題

間口8m、奥行き12m、天井高2.7mの大きさの部屋で、天井埋込型蛍光灯（下面開放型、FHF32W×2灯）16台、ランプ光束4,500lm／灯、作業面の高さ70㎝の平均照度は？

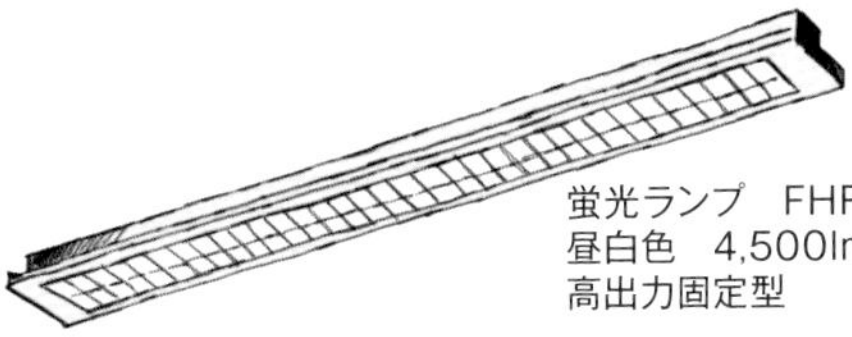

❶保守率表から、保守率を求める

●標準的な保守率表

器具＼光源	蛍光ランプ 良い	蛍光ランプ 普通	蛍光ランプ 悪い	白熱電球 良い	白熱電球 普通	白熱電球 悪い
露出系	—	—	—	0.91	0.88	0.84
露出系	0.74	0.70	0.62	—	—	—
下面開放形	0.74	**0.70**	0.62	0.84	0.79	0.70
簡易密閉形（下面カバー付）	0.70	0.66	0.62	0.79	0.74	0.70
安全密閉形（パッキン付）	0.78	0.74	0.70	0.88	0.84	0.79

注１　保守率0.70とは、照明器具をある期間使用して、照度が低下した状態を見込んだ係数

注２　「良い・普通・悪い」は、器具の使用環境と清掃状況を示す

❷照明率表から、照明率を求める

まず、室指数を求める

この例題では、平均照度を求める照明率（U）の情報がない。これを求めるには、まず次の計算式で室指数（K）を求める

●室指数を求める計算式

$$K = \frac{X \cdot Y}{H(X+Y)}$$

K：室指数
X：部屋の間口寸法［m］
Y：部屋の奥行き寸法［m］
H：作業面から照明器具までの高さ［m］

$$\frac{8 \times 12}{(2.7-0.7) \times (8+12)} = \mathbf{2.4}$$

室指数は **2.4**

室指数を求めたら、照明率表で確認する。この例題の場合は、室指数2.50で見る

照明率表は、カタログに記載されているものを使うか、メーカーに問い合わせる

次に、床・天井・壁のおおよその反射率を想定する

●照明率表

反射率 床	20%			0
反射率 天井	60%			0
反射率 壁	50%	**30%**	10%	0
室指数 0.70	0.33	0.29	0.26	0.25
1.00	0.41	0.37	0.35	0.33
1.25	0.45	0.42	0.39	0.37
1.50	0.48	0.45	0.42	0.40
2.00	0.52	0.49	0.47	0.44
2.50	0.54	**0.52**	0.50	0.46
3.00	0.56	0.54	0.52	0.48

この例題では、反射率は床20%・天井60%・壁30%とし、照明率（U）は0.52となる

❸平均照度を求める

$$E = \frac{N \cdot \phi \cdot U \cdot M}{A} = \frac{(16台 \times 2) \times 4{,}500 \times 0.52 \times 0.7}{8 \times 12} = \frac{52{,}416}{96} = \mathbf{546}\,[\mathrm{lx}]$$

この部屋の平均照度は **546**［lx］

反対に、平均照度から必要な器具の台数を求めることもできる

ランプの種類

point 使用する頻度の高いランプは、「基本的な特徴」をスペックとともに覚えておく

代表的なランプ

私たちが一般に使用している照明の起源は、1879年に発明されたエジソンの炭素電球であり、140年以上の歴史がある。その後、ランプはさまざまな開発と発展により、数多くの種類が実用化されてきた。

現在、もっとも代表的なランプは、半導体の一種である発光ダイオード（LED）を利用したLEDランプだ。さまざまな品質と形状の製品があり、ほぼあらゆる機能・目的を網羅する。

LEDランプ以外では、温度放射を利用した白熱電球と、放電を利用した蛍光ランプ・高輝度放電ランプ（HIDランプ）・低圧ナトリウムランプが主なランプとして使用される。そこからさらに、ハロゲンランプ、メタルハライドランプ、高圧ナトリウムランプなど、種類ごとに多様なランプに分かれていく。このほか、無電局放電ランプ、有機ELランプなどもある（212頁参照）。

LED以外の基本的な特徴

LEDランプの明るさの単位はlm（ルーメン）だが、カタログには「白熱電球60W相当」「蛍光灯40W型」のように旧式ランプの明るさを基準に表記されていることが多い。これはlmの単位にまだ慣れず、旧式ランプの明るさを元に参照する使用者が多いからである。既存器具をLEDランプに取り替えて使用することも多いので、LEDが普及した現在でも、旧式ランプについての知識は一通りもっておいたほうがよい。

LED以外のそれぞれのランプは、形状や大きさ、取付け部の種類などの外形的特徴をはじめ、光の性質や光色、演色性、光束、ランプ寿命、ワット数、ランプ効率、発熱量、調光の可・不可などで異なった特徴を持っている。こうした特徴を理解しておくと、リノベーションなどのケースでも自信をもって取り替え用ランプを選定できるようになる。

■ランプの種類

- 人工光源
  - 電界発光
    - エレクトロルミネセンス（EL）
    - 発光ダイオード（LED）
  - 温度放射 ―― 白熱電球
    - 一般照明用電球
    - ハロゲン電球
  - 放電
    - 蛍光ランプ ―― 蛍光ランプ
    - 高輝度放電ランプ（HIDランプ）
      - 高圧水銀ランプ
      - メタルハライドランプ
      - 高圧ナトリウムランプ
    - 低圧ナトリウムランプ

■ランプの特徴

	基本的な特徴	ランプの種類	特徴	主な用途
白熱電球	●点光源に近く、光を制御しやすい ●演色性がよく、暖かい白色光 ●点灯しやすく、瞬時点灯も可。安定器が不要 ●連続調光できる ●小形、軽量、安価 ●周囲温度の影響が小さい ●光束の低下が少ない ●ちらつきが少ない ●低効率、短寿命 ●熱線が多い ●ガラス球の温度が高い ●電源電圧変換が寿命・光束に影響を与える	一般照明用電球	ガラス球は、白色塗装拡散形と透明形がある	住宅や店頭などの一般照明など
		ボール電球	ガラス球は、白色塗装拡散形と透明形がある	住宅、店舗、飲食店など
		反射形電球	アルミ蒸着の反射膜が付き、集光性がよく、熱線もカットされている	住宅、店舗、工場、看板照明など
		小形ハロゲン電球	赤外反射膜付が中心。光源色がよく、熱線もカットされている	店舗、飲食店などのスポット照明やダウンライトなど
		ミラー付ハロゲン電球	ダイクロイックミラーと組み合わせ、シャープな配光にできる。熱線もカットされている	店舗、飲食店などのスポット照明やダウンライトなど
蛍光ランプ	●高効率、長寿命 ●光源色の種類が豊富 ●低輝度、拡散光 ●連続調光できる ●ガラス管の温度が低い ●安定器が必要 ●周囲温度の影響を受ける ●寸法当たりの光束が少ない ●光を制御しづらい ●ちらつきが少しある ●高周波雑音がある	電球形蛍光ランプ	電球代替用。安定器が内臓され、電球口金が付いている	住宅、店舗、ホテル、飲食店などのダウンライト
		スターター形蛍光ランプ	スターター（点灯管）と安定器で点灯する	住宅、店舗、事務所、工場などの一般照明。高演色形は美術館など
		ラピッドスタート形蛍光ランプ	スターターなしで即時点灯する	事務所、店舗、工場などの一般照明
		Hf（高周波点灯専用）蛍光ランプ	高周波点灯専用安定器で点灯。効率がよい	事務所、工場、店舗などの一般照明
		コンパクト形蛍光ランプ	U形、ダブルU形のコンパクトなランプ	店舗などのベース照明やダウンライトなど
高輝度放電ランプ（HIDランプ）	●高効率。高圧ナトリウムランプが最高効率 ●長寿命。メタルハライドランプはやや短い ●光束が大きい ●点光源に近く、配光を制御しやすい ●周囲温度の影響が少ない ●安定器が必要。初期価格が高い ●ガラス管の温度が高い ●始動、再始動に時間がかかる	蛍光水銀ランプ	水銀の発光と蛍光体で、赤色成分を補っている	公園、広場、商店街、道路、高天井の工場、看板照明など
		メタルハライドランプ	スカンジウムとナトリウムの発光を利用。効率がよい	スポーツ施設、商店街、高天井の工場など
		高演色形メタルハライドランプ	自然光に近い。ジスプロシウム系と錫（すず）系がある	店舗のダウンライト、スポーツ施設、玄関ロビーなど
		高圧ナトリウムランプ	透光性アルミナ発光管を使用。橙白色の光	道路、高速道路、街路、スポーツ施設、高天井の工場など
低圧ナトリウムランプ	●単色光 ●ランプ効率が最大	ナトリウムランプ	U形の発光管、ナトリウムのD線の橙黄色の光	トンネル、高速道路など

出典：『照明基礎講座テキスト』（(社)照明学会）をもとに作成

Chapter 2
照明計画の基本

014

ランプ効率

point
ランプ効率の数値が高いほど「同じ明るさを得るために必要な消費電力が少ない」(=省エネ性が高い)

ランプ効率とは

ランプ効率とは、ランプの明るさに対する消費電力の比である。正確には、ランプの光束量に対する消費電力の比であり、単位は㏐/W(ルーメン/ワット)で表す。これはランプ効率の数値が高いほど、同じ明るさを得るために必要な消費電力が少ないことを示している。すなわち、省エネ性が高いことになる。

たとえば、白熱電球40Wの光束量は485㏐なので、ランプ効率は12㏐/Wとなる。一方、同様の450㏐の光束量の電球型の電球色LEDランプは4Wなので112・5㏐/Wとなり、白熱電球に比べて9倍以上効率のよい、省エネ性能の高いランプだといえる。このようなLEDランプの商品パッケージやカタログには「白熱電球40W相当」と表記されている。

省エネが求められるなかで、白熱電球や電球型蛍光灯からランプ効率のよいLEDランプへの切り替えはますます進んでいくと思われる。

その際には、色温度に注意するとよい。オレンジ色の白熱電球から交換する場合は「電球色」や「2700K(ケルビン)」の製品を、白色の電球型蛍光灯から交換する場合は「白色」「昼白色」「4000K」「5000K」などの製品を選ぶと、もとの光環境を再現しやすい。

ランプ効率と演色性

ランプの選定において、ランプ効率は重要な項目であり、LEDランプは最も優れたランプといえる。

しかし白熱電球やハロゲンランプは、ランプ効率は劣るものの、優れた演色性や、調光をして照度を5パーセント以下に絞った際の炎の色にも似た、赤みがかった繊細な色味の美しさには捨てがたい魅力がある。暖かさや落ち着きといった、LEDランプや蛍光灯にはない、人の心理に働きかけるよさが白熱電球やハロゲンランプにあることを理解しておきたい。

■主な光源のランプ効率

ランプの種類			ランプ効率 [lm/W]	総合効率 (安定器損失を含む) [lm/W]
白熱電球		100W	15	15
ハロゲン電球		500W	21	21
蛍光ランプ（白色）		36W	83	75
蛍光ランプ（3 波長形）		36W	96	87
Hf 蛍光ランプ		45W	100	91
蛍光ランプ（白色）		100W	90	80
HIDランプ	蛍光水銀ランプ	400W	55	52
	メタルハライドランプ	400W	95	90
	高圧ナトリウムランプ	360W	132	123
電球型 LED ランプ		7.5W	108	108
ライン型 LED ベース器具		37.7W	183	183

■ランプ効率の比較

	白熱灯	電球型 LED ランプ
消費電力	54W	7.5W
光束	810lm	810lm
ランプ効率	15lm／W	108lm／W

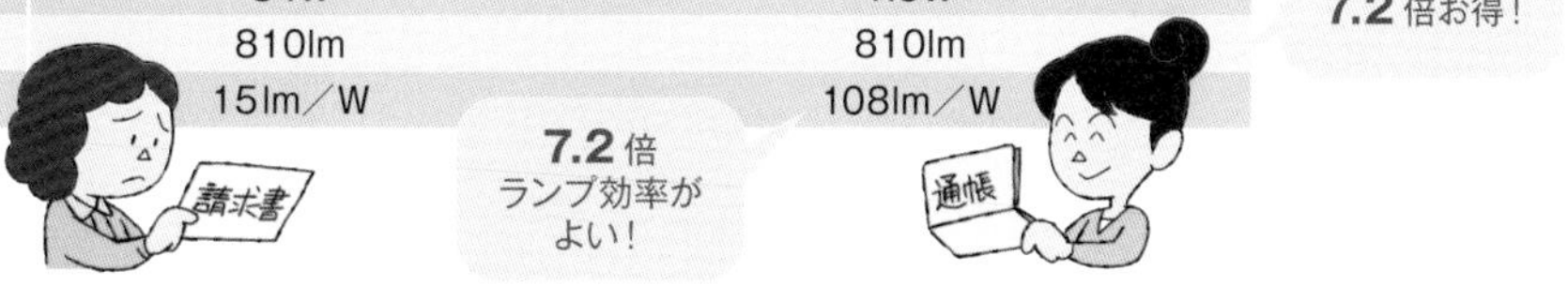

■ランプ効率と演色性

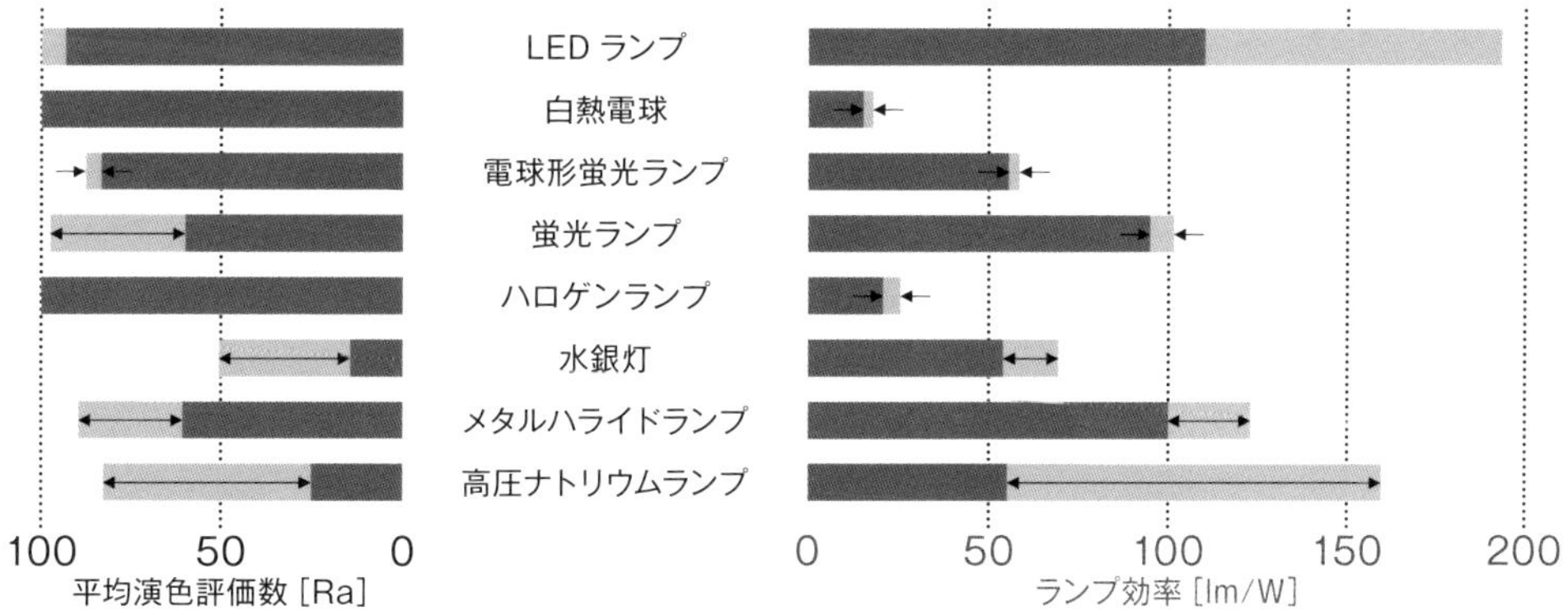

注　仕様によって数値が異なるものは、その幅を矢印で示した

- ●LED は演色性、ランプ効率とも優れている
- ●蛍光灯とメタルハライドランプは、ランプ効率と演色性の両方とも優れている
- ●白熱電球とハロゲンランプは、演色性は優れているが、ランプ効率は劣る
- ●水銀灯は両方とも劣っている

コンセプトづくり

point 光のコンセプトづくりは、絵の完成度よりも「複数のプランを提案する」ことを重視

コンセプトの考え方

照明のコンセプトをつくるとき、意匠設計者やインテリアデザイナーが設計段階であかりのイメージを抱いている場合は、そのスケッチやアイデアメモなどを核として考えていくとよい。逆にイメージが特にない場合は、意匠やインテリアのコンセプトを見直し、そこから照明のコンセプトに結び付けられる要素を拾い出す。また、照明デザイナーに相談する場合は、設計のコンセプトを説明し、相手の発想も参考にしながら、一緒にコンセプトをつくっていく。

どのようなケースでも、空間の基本設計が大まかにできあがった段階で照明のコンセプトづくりに着手する。

光のイメージを伝える

建築主などのコンセンサスを得やすくするためには、照明のコンセプトはできるだけ簡単な言葉やキーワード、文章などで表現したほうがよい。ただし、明確な言葉で表現するのが難しく、かえって分かりづらくなってしまう場合は、イメージ重視で進めてもかまわない。

光のイメージを伝える場合は、展開図や断面図、パースなどのスケッチを使うと分かりやすい。特に断面図はスケール感が分かりやすいので、空間と人と光の関係が表現しやすい。また、複数の空間や建物全体の光の様子を表現するうえで、平面図を活用することも有効である。

平面図として作成する光のレイアウト図は、設計作業の終盤まで、コンセプトの検討やコンセンサスを得るのに役立つ。コンセプトづくりの段階では手軽なスケッチを作成し、絵の完成度よりも、すばやく複数のプランを提案することを重視したほうがよい。

照明のコンセプトづくりでは、これらのビジュアル資料を使った光の検討を通じて、空間内の光の量や質、役割などを思い描き、より具体的な検討につなげていくことが重要である。

■コンセプトの考え方

照明のアイデア

↓

スケッチやメモ

↓

コンセプトのコアにする

建築の基本設計が大まかに決まるまでにコンセプトづくりに着手する

■コンセプトづくりのポイント

① 自由な発想で考える

設計やインテリアのコンセプトを照明のコンセプトに結び付けてもよい

② コストも検討する

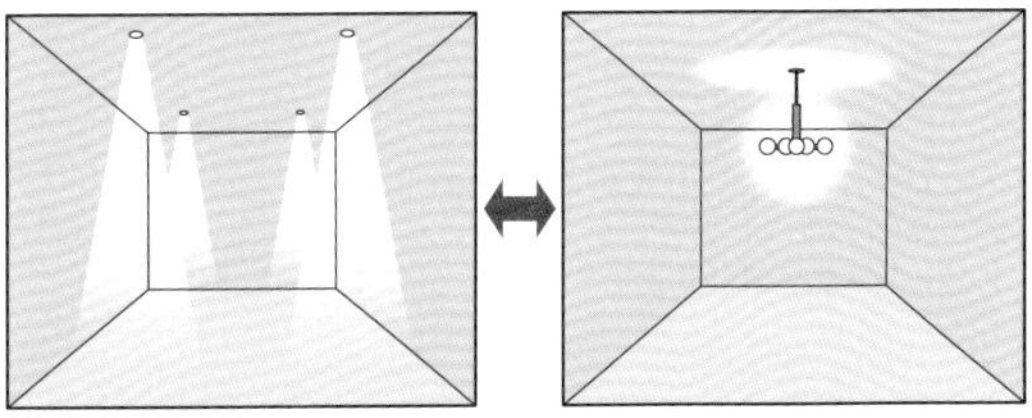

器具のイニシャルコストやランニングコストを確認

③ キーワードを考える

癒し ←→ 刺激
日常 ←→ 非日常
落ち着き ←→ 活気
シック ←→ ゴージャス

具体的なキーワードがあるとコンセンサスを得やすい

④ スケールを確認

コンセプトの検討は、断面図や展開図、パーススケッチなどを使って、スケールを確認しながら行う

⑤ 光のレイアウト図

平面図を使った光のレイアウト図は、コンセンサスを得やすい

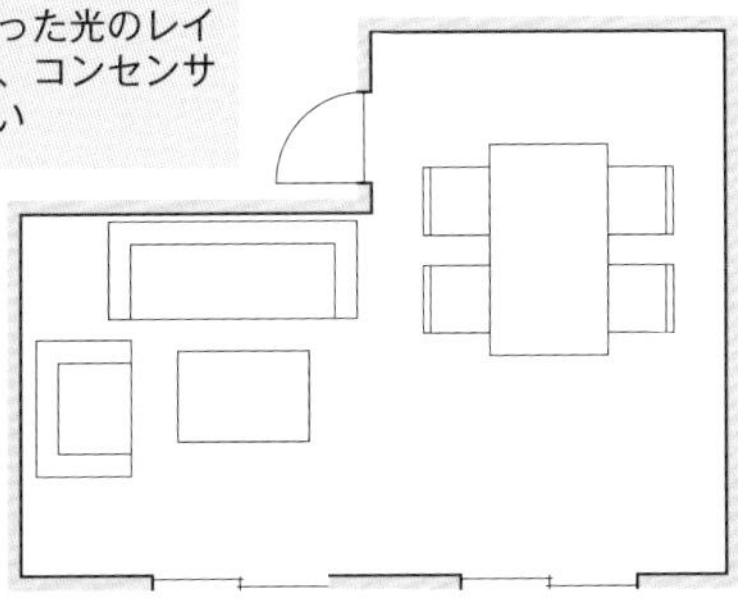

⑥ イメージをコレクション

雑誌やカタログなどのコピーで光のイメージをコレクションしておくと、コンセプトづくりに役立つ

照明の基本設計

point ランプや器具は、メーカーや品番ではなく、「性能や仕様」から先に決めて選ぶ

基本設計とは

照明の基本設計では、図面を使って空間の高さや面積、空間の連続性などを確認しながら光の配置を考え、コンセプト段階で描いた光のレイアウト図などをベースに、そのイメージを実現するための器具選定と配置について検討する。

器具選定の進め方

器具選定の際は、まず色温度や照度を設定し、配光のイメージをつくり、それを実現できる性能をもつ器具タイプを想定する。このとき、見た目だけでなく、ランプ交換の方法や熱、調光、コントロール、演色性、コストなども含め、総合的に検討する。次に、その配光を実現できる器具のタイプを選ぶ。光だけを出したいのか、器具自体もインテリアの要素として目立たせたいのかなどを勘案し、建築やインテリアの条件などもふまえて選定する。

どのような器具を選ぶとしても、基本設計で大切なのはメーカーや品番ではなく、性能や仕様を決定することである。それが決まれば、コスト調整などで器具変更の必要が出ても、コンセプトがぶれることなく調整できる。

器具配置の進め方

同時に器具配置も進める。器具配置は、スタンド照明など可動する器具も含めて検討する。床を照らす場合でも、壁や天井などに反射する光の状態を想像することが重要である。

図面化する際は、天井やその付近に設置する器具は天井伏図に描き、床やその付近に設置する器具は平面図に描くことで混乱を防ぐ。配置計画ができたら、同時に配線計画も進める。

なお、電気設備会社が実施設計時や施工時に描く電気設備図は配線関係を漏れなく記述するため、すべて天井伏図に描く場合が多い。しかし、照明配置図はあくまで別のものととらえ、照明計画の意図を間違いなく伝えるための図面であると考えて作成する。

■基本設計の進め方

基本設計はコンセプト段階で描いたスケッチなどの資料をもとに進めていく

器具選定

カタログを見ながら、性能や仕様を決定する

●ランプの種類

色温度
照度
配光
交換方法
熱
調光できる／できない
演色性
コスト　など

●器具の種類

器具自体を目立たせる
／目立たせない
コスト
ダウンライト
スポットライト
間接照明
装飾照明　など

●建築やインテリアの状態・条件

取り付け場所
天井埋込み
直付け
天井内のスペース　など

光のイメージや効果を実現できる器具は、複数見つかることが多い。初めは、好みやコストに幅をもたせて選ぶとよい

器具配置

照明手法や採用器具と照らし合わせて、設置位置を検討する

●平面図

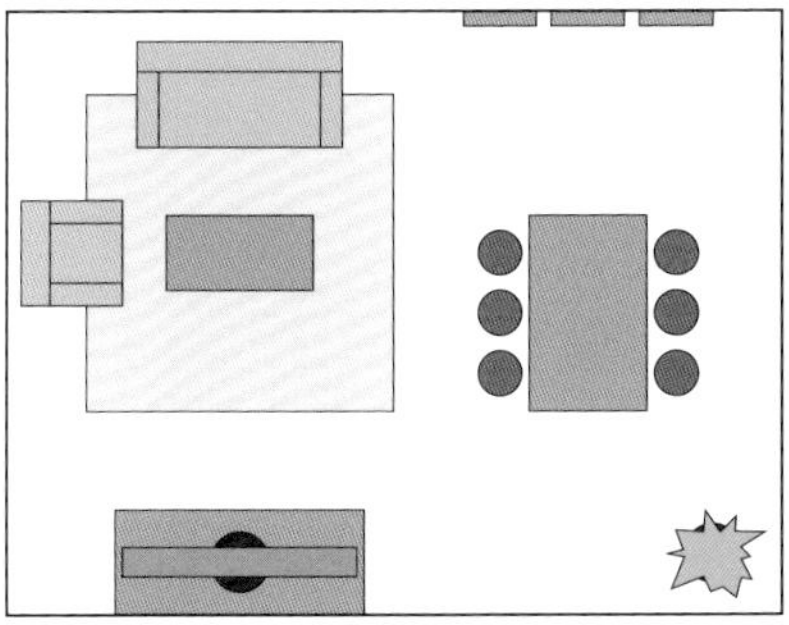

照明配置図では、器具の種類を記号で表す。実寸で描く必要はないが、近い寸法のほうが図面として間違いが少なくなる。特にライン型照明器具のような長さがある器具は、ほぼ正確な長さで描く。設置位置はなるべく正確な位置に描くが、最終的には実施設計と施工段階で調整する

●天井伏図の照明配置図

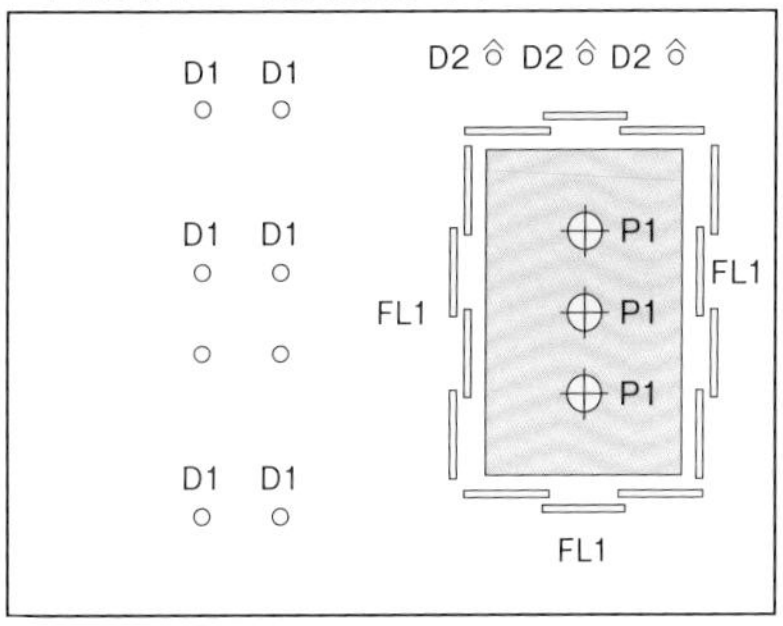

●床平面図の照明配置図

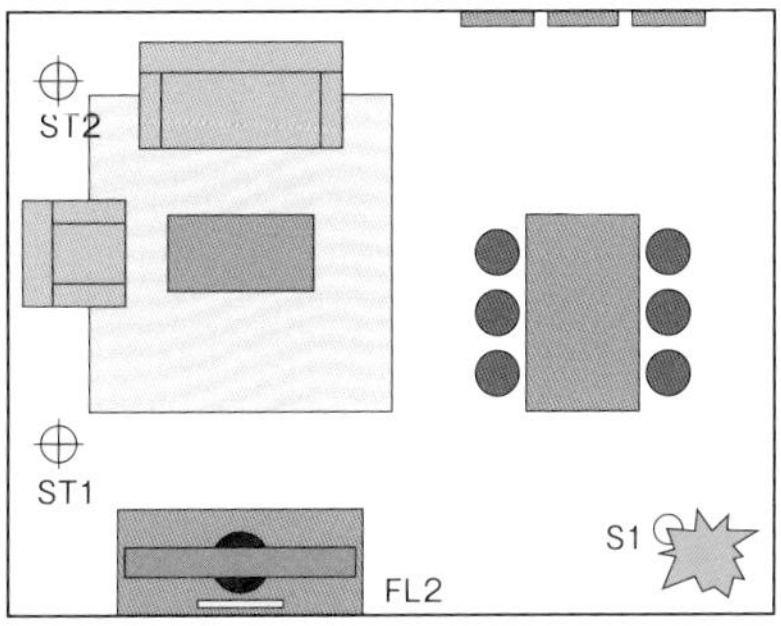

D1＝ダウンライト
D2＝ユニバーサル
　　ダウンライト
P　＝ペンダント
FL＝蛍光灯
　　（間接照明）
ST＝スタンド
S1＝スポットライト

実施設計・施工段階

point 器具のスペック資料には、ランプの「色温度」「ビーム角」などの指定も書き込み、施工時の間違いを防ぐ

実施設計の進め方

照明計画の実施設計は、建築やインテリアの実施設計の完成時に、同時に完成させることが望ましい。具体的な作業内容としては、コストの見直しや、その後の設計変更に合わせた総合的な器具の見直しなどを行う。このとき、器具リストやスペック資料も改訂し、それに合わせて配置計画も修正しておく。また、建築の構造や天井裏の様子、照明以外の設備機器との兼ね合いなどを考慮し、正確な設置位置を決定する。あわせて器具の納まり詳細図も作成する。

器具のスペック資料は、必要な情報を分かりやすくまとめておき、すべての器具の色温度や、スポットライトタイプの器具やランプのビーム角（光の広がりの程度）なども指定しておく。これらは照明のデザインとしての効果を決定づける重要なポイントであり、指示を正確に書いておくことで施工時の間違いを防ぐ。また、最終決定の図面内容に合わせて凡例を修正しておくことも忘れてはならない。

施工段階のポイント

施工段階では、現場での建築やインテリアの打ち合わせの際に、タイミングを見て照明の打ち合わせも行う。照明は微妙な位置の違いで効果が大きく異なる。特に間接照明は、器具の取付け方によって光の広がりなどに差が出やすい。これを防ぐため、納まり詳細図などを使って、設計意図を正確に伝えておくことが重要である。たとえば、部分模型（モックアップ）を使うと、器具の納め方や設置方法などについて、よりよい解決方法を施工者と一緒に考えることができる。

また、指定した器具や特注の器具は、施工段階で最終の発注確認が行われ、現場に納品される。発注前に製品の承認図をメーカーから提出される場合があるので、内容を確認し、不明点や間違いがないかをチェックして承認する。これにより正式な発注となる。

■実施設計の作業

●コスト調整のための器具リスト（凡例）の見直し

見直し前

エリア	記号	器具タイプ	ランプ	W	台数	合計容量	器具		価格	
							メーカー	品番	単価	合計
リビング	D1	ベースダウンライト	LED（ダイクロハイゲン 50W 形相当）	5.7	8	45.6	A 社	xxxxxxx	¥12,000	¥96,000
	L2	間接照明	シームレス型 LED（調光）L1200	16.3	1	16.3	B 社	xxxxxxx	¥20,000	¥20,000
	ST1	スタンド	電球型 LED　60W 形×3	6.9×3	1	20.7	C 社	xxxxxxx	¥60,000	¥60,000
	ST2	スタンド	電球型 LED　40W 形×3	4.4	1	4.4	D 社	xxxxxxx	¥40,000	¥40,000
ダイニング	D2	ユニバーサルダウンライト	LED（ダイクロハイゲン 50W 形相当）	5.7	3	17.1	A 社	xxxxxxx	¥14,000	¥42,000
	L1	間接照明	間接照明 LED（調光）L1500	20.7	18	372.6	B 社	xxxxxxx	¥18,000	¥324,000
	P1	ペンダント	電球型 LED　40W 形相当	4.4	3	13.2	E 社	xxxxxxx	¥15,000	¥45,000
	S1	スポットライト	高演色 LED（調光）Ra93	9.9	1	9.9	A 社	xxxxxxx	¥16,000	¥16,000

見直し後

エリア	記号	器具タイプ	ランプ	W	台数	合計容量［W］	器具		価格	
							メーカー	品番	単価	合計
リビング	D1	ベースダウンライト	LED（ダイクロハイゲン 50W 形相当）	5.7	8	45.6	F 社	xxxxxxx	¥8,000	¥64,000
	L2	間接照明	シームレス型 LED（調光）L1200	16.3	1	16.3	B 社	xxxxxxx	¥20,000	¥20,000
	ST1	スタンド	電球型 LED　60W 形×3	6.9×3	1	20.7	G 社	xxxxxxx	¥30,000	¥30,000
	ST2	スタンド	電球型 LED　40W 形×3	4.4	1	4.4	G 社	xxxxxxx	¥20,000	¥20,000
ダイニング	D2	ユニバーサルダウンライト	LED（ダイクロハイゲン 50W 形相当）	5.7	3	17.1	F 社	xxxxxxx	¥9,000	¥27,000
	L1	間接照明	間接照明 LED（調光）L1500	21.9	18	394.2	F 社	xxxxxxx	¥14,000	¥252,000
	P1	ペンダント	電球型 LED　40W 形相当	4.4	3	13.2	E 社	xxxxxxx	¥15,000	¥45,000
	S1	スポットライト	高演色 LED（調光）Ra85	7.3	1	7.3	F 社	xxxxxxx	¥9,000	¥9,000

基本設計の内容に変更があった場合、器具やランプの性能・仕様はなるべく変えないでコストを調整する

●設置位置の決定

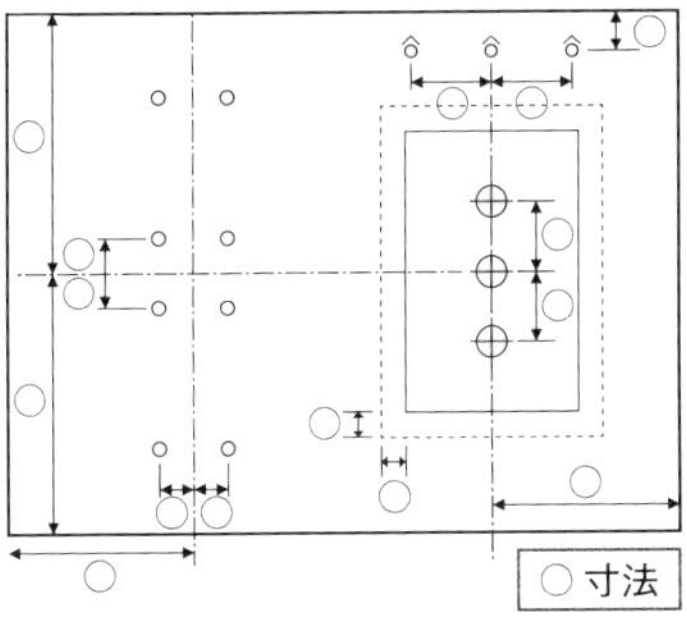
○ 寸法

基準線や器具の位置など、寸法を描き込む

●ビーム角の指定

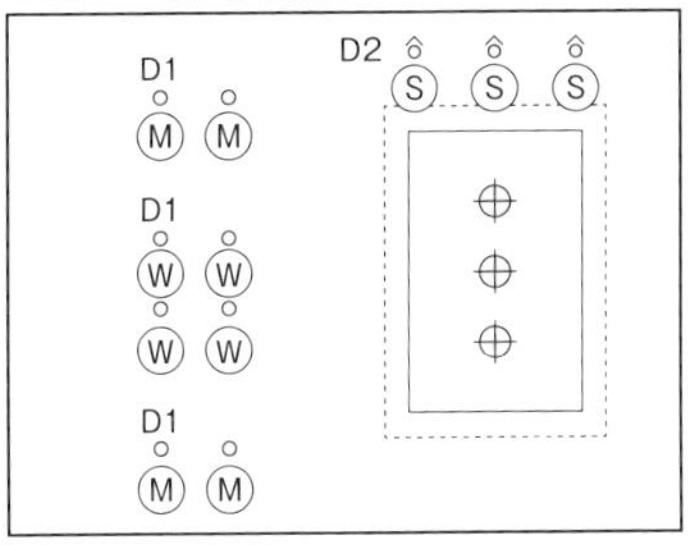
D1
D1
D1
D2

記号	ビーム角	
Ⓢ	ナロー（狭角）	10度
Ⓜ	ミディアム（中角）	20度
Ⓦ	ワイド（広角）	30度

ランプのビーム角指定があるときは、それらも図面に明記する

■施工段階のモックアップ

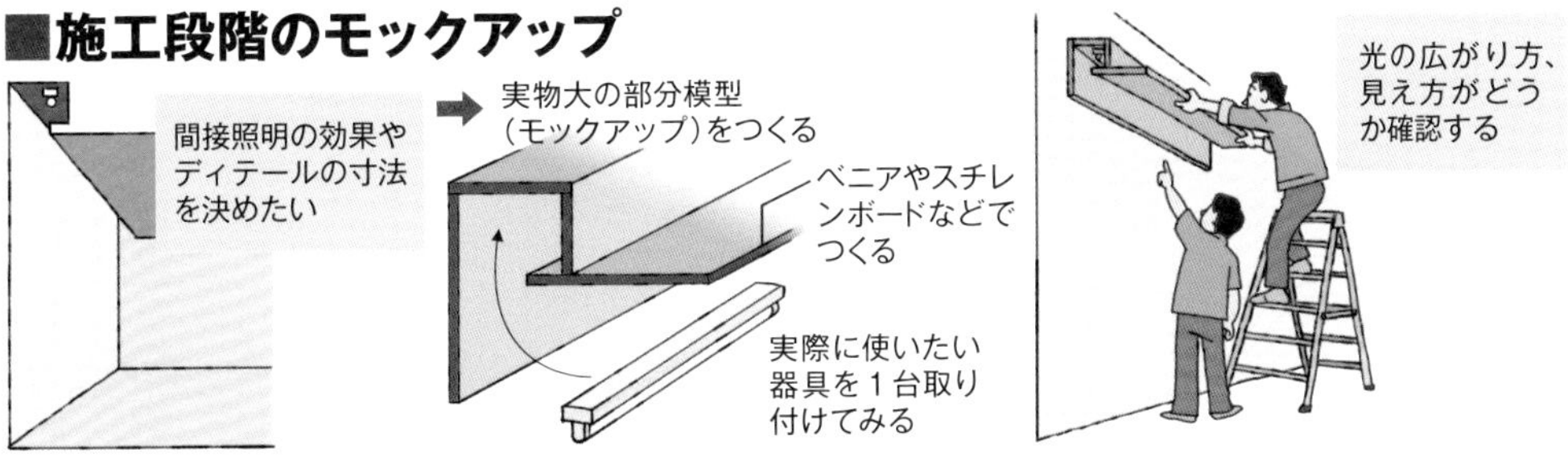
間接照明の効果やディテールの寸法を決めたい
実物大の部分模型（モックアップ）をつくる
ベニアやスチレンボードなどでつくる
実際に使いたい器具を1台取り付けてみる
光の広がり方、見え方がどうか確認する

最終調整・フォーカシング

point 設計で意図した通りの光の状態をつくるフォーカシングは、「光のデザインの完成度」を高める

最終調整の確認事項

照明器具の設置が完了したら、最終調整を行う。それぞれの器具が設計通り、あるいは打ち合わせ通りに正しく取り付けられているかを確認する。主な確認ポイントは次の通りである。

①ランプの色温度は指定通りか
②スポットライトの器具やランプのビーム角は指定通りか
③間接照明の器具やランプが適切に配置され、直接見えないようにうまく隠されているか
④必要な照度が確保できているか
⑤光の効果は予想通りか
⑥色温度や照度のバランスはよいか
⑦空間のなかでの各器具の見た目は予想通りか
⑧器具の性能は予想通りか

取付けや設定に、不具合や納得できない部分がある場合は、建築主に説明し、理解を得たうえで解決策を検討する。また、建築主から不具合などについての説明を求められたら、設計の意図と結果をふまえ、コストや期限のことも含めて話し合うことが望ましい。

フォーカシングで完成度を高める

最終調整時に行うフォーカシングは、設計で意図した通りにアートや植物、家具などの対象物に光を当てることである。スポットライトなど、光の方向を調節できる器具を設置した場合に行い、シューティングやエイミングなどと呼ぶこともある。この作業は、あらかじめ電気設備会社やメーカーに依頼しておくとよい。

物販店や飲食店などでは、スポットライトやユニバーサルダウンライトなどを用いることが多く、フォーカシングは店の演出を決定づける大切な作業となる。ダイクロハロゲンランプタイプLEDなど、ランプ自体で配光角度を選べる器具の場合は、配光や光のメリハリなどもこのときに調整できる。

また、住宅でもフォーカシングを行うことで、光のデザインの完成度を高めることができる。

■現場での最終調整

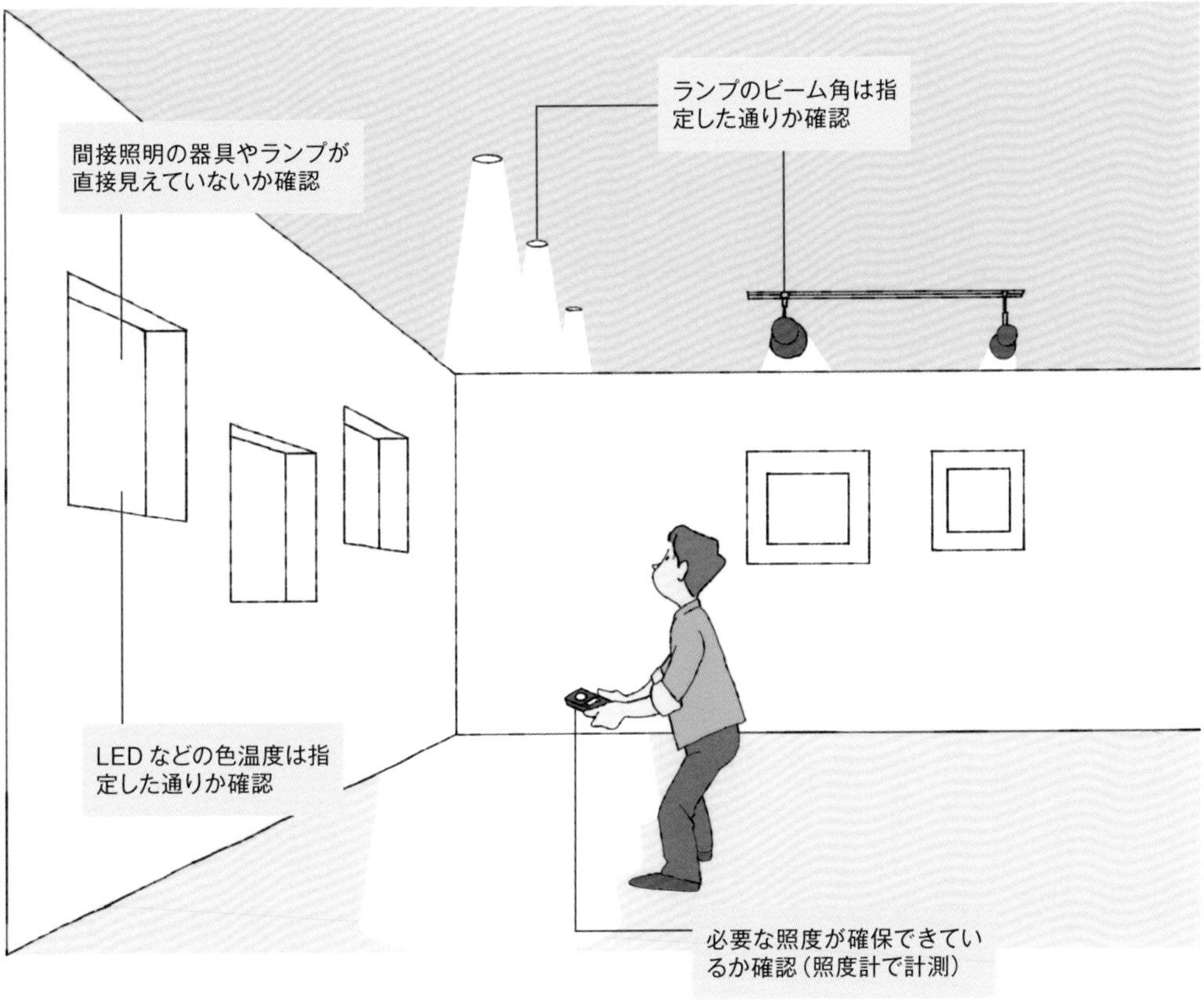
ランプのビーム角は指定した通りか確認
間接照明の器具やランプが直接見えていないか確認
LEDなどの色温度は指定した通りか確認
必要な照度が確保できているか確認（照度計で計測）

■フォーカシング

●スポットライト
●ユニバーサルダウンライト
絵
商品
設計で意図した通りに、対象物にきれいに光を当てる。このときビーム角も調整できる

Chapter 2 照明計画の基本

019

プレゼンテーション

point ビジュアル資料で「光の雰囲気」をうまく伝える。器具はなるべくショールームなどで現物確認を行う

コンセプトの段階

照明計画のプレゼンテーションは、コンセプトと基本設計を中心に、各段階で行う可能性がある。コンセプトの段階では、アイデアメモやスケッチ、イメージ写真などのキーワードやビジュアル資料を用意し、建築主の合意を得やすくする。建築やインテリアの設計の進行によっては、光のレイアウト図や立面図、パースなどのイメージを伝える図面資料も作成する。

こうした資料を使ったプレゼンテーションでは、光の雰囲気をいかにうまく伝えるかが重要である。そのための手段は多種多様で、たとえ手描きのスケッチでも、表現力があればリアルなCGより効果的な場合がある。また、実際の光の効果や完成像のイメージを共有するには、雑誌やカタログの写真を集めて提示する方法も有効である。その場合、写真で説明したいことが分かるように、タイトルやキャプションを付けておくとよい。

基本設計の段階

基本設計では、照度計算を行い、照度分布図を作成することもある。大勢の合意が必要な場合、3Dで光をシミュレーションしたCGを制作することもある。仕上げ材の種類と反射率、光源から発する光の量や配光などを、建築設計で使用されているCADソフトに設定してレンダリングを行い、CGで再現すれば、プレゼンテーションの精度は上がる。

シミュレーションの方法には、レイトレーシング法やラジオシティ法などがあり、照度や輝度を数値化して確認できる。照明メーカーが提供するシミュレーションソフトを使い、照明器具の配光データを使用することで手軽に3次元シミュレーションができる。コンピュータによるシミュレーションは建築主や意匠設計者とイメージを共有する際に有効である。また、重要な器具はメーカーのショールームなどで必ず現物確認を行う。

■プレゼンテーションの資料

コンセプト段階

●光のレイアウト図

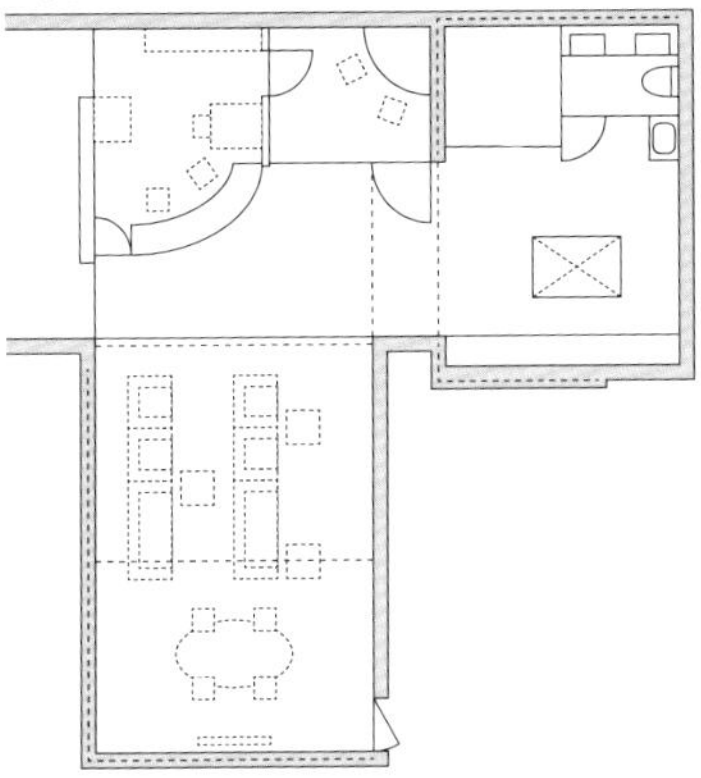

●光のイメージの写真

●光のイメージスケッチ

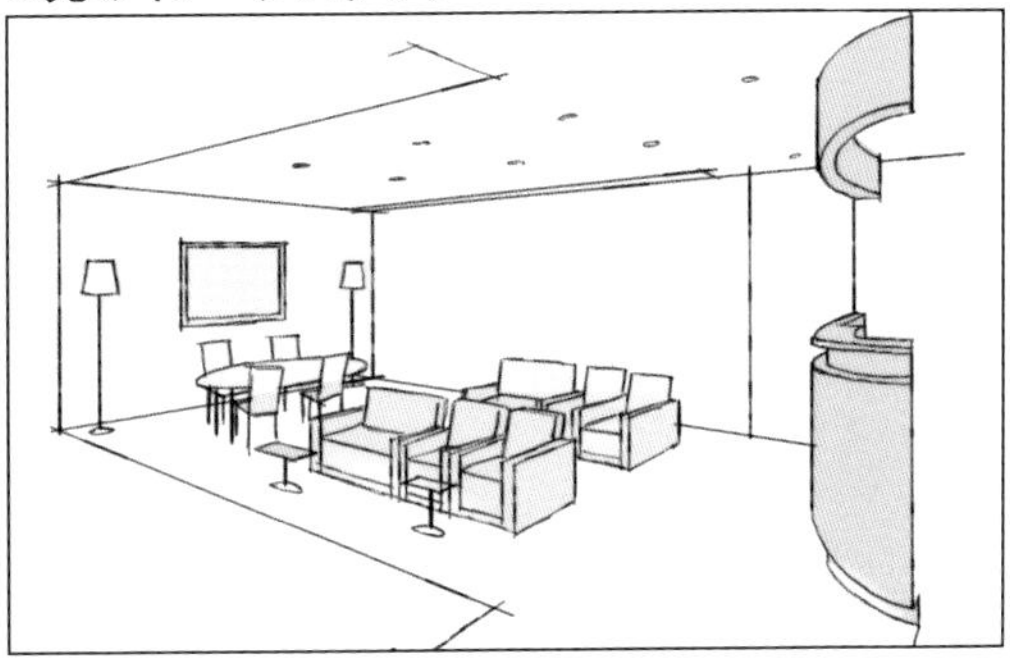

基本設計段階

●CGによる光のシミュレーション

●照度分布図

●照明器具ボード

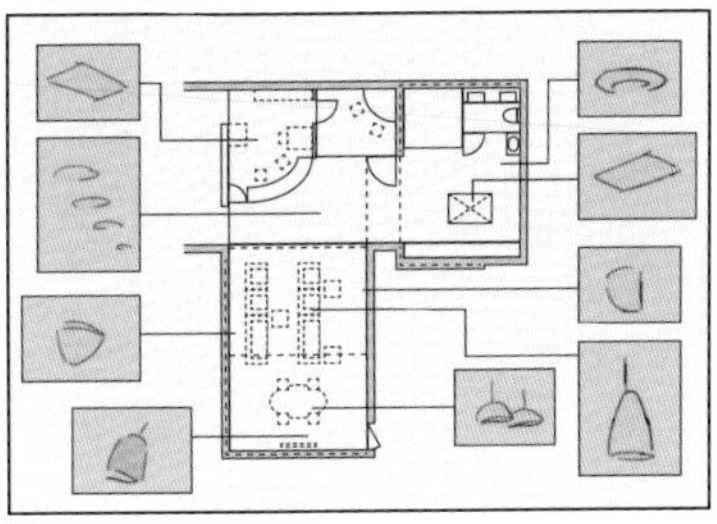

これらのビジュアル資料を作成し、光の雰囲気や効果などをできるだけ分かりやすく伝える

■器具の現物確認

重要な器具は、照明メーカーのショールームなどで現物確認を行う

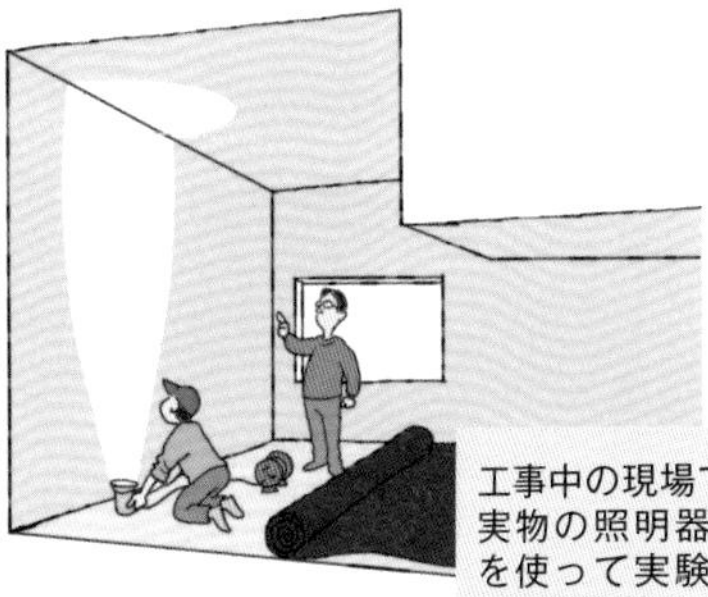

工事中の現場で、実物の照明器具を使って実験するのも有効

Chapter 2
照明計画の基本

020

配線計画とスイッチ

point 住宅の配線計画は「どのような組み合わせの回路になっていれば日常生活が便利か」を想像しながら設定する

配線計画図の作成

照明計画の基本設計で、器具の配置計画ができたとき、同時に配線計画も行う。配線計画図（238頁参照）では、照明を点滅させるスイッチの位置と、そのスイッチで点滅できる照明の組み合わせを表記する。

作図の際は、3路スイッチや調光スイッチなどの区別が分かるように描く。スイッチの位置は、ドアの開きや見た目にも関係するので、設備会社に任せるのではなく、意匠設計者が検討して描いたほうがよい。

住宅の配線計画は、基本的に手動で点滅する単純明快なしくみなので、どのような組み合わせの回路になっていれば日常生活が便利かを想像しながら設定する。大きな施設では、時間帯ごとに点灯するエリアの違いをつくり、点滅や調光の回路のグルーピングを行うところから配線計画を始める。そして、調光のバランスが同じグループごとに回路を割り振っていく。

スイッチと調光装置

LED中心の現在、スイッチはメーカーの規格に合うものを選ぶことが推奨される。海外製や特注品を使う場合は、電気回路部分を日本の規格に合うようにつくり直す必要がある。

調光装置の付いたスイッチは、住宅ではリビングやダイニング、寝室などで使用する。つまみで1回路ごとに調整できるものや、電子制御により1つのパネルで複数回路を操作できるものなどがある。高機能な製品ほど設備費用が上がるので、設計の早い段階でコストを検討しておいたほうがよい。

電子制御の調光装置は、夕食や団らん、AVシアター鑑賞、パーティーなど、さまざまな光のシーンを設定しておくことで、ボタン1つでそれを再現できる。ホテルなどの大型施設では、大掛かりな調光盤を設置し、タイマーと連動させてシーンを再現することで、時間帯やイベントなどに対応した心地よいあかりをつくりだしている。

■配線計画図の作成

●天井照明の配置計画図

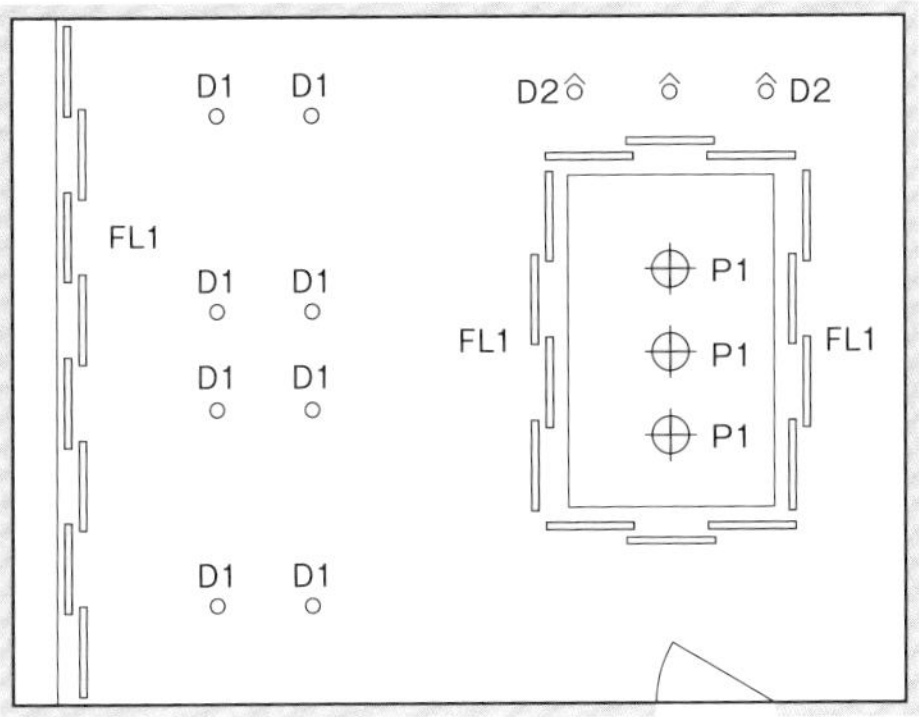
D1
D2
FL1
P1

●天井照明の配線計画図

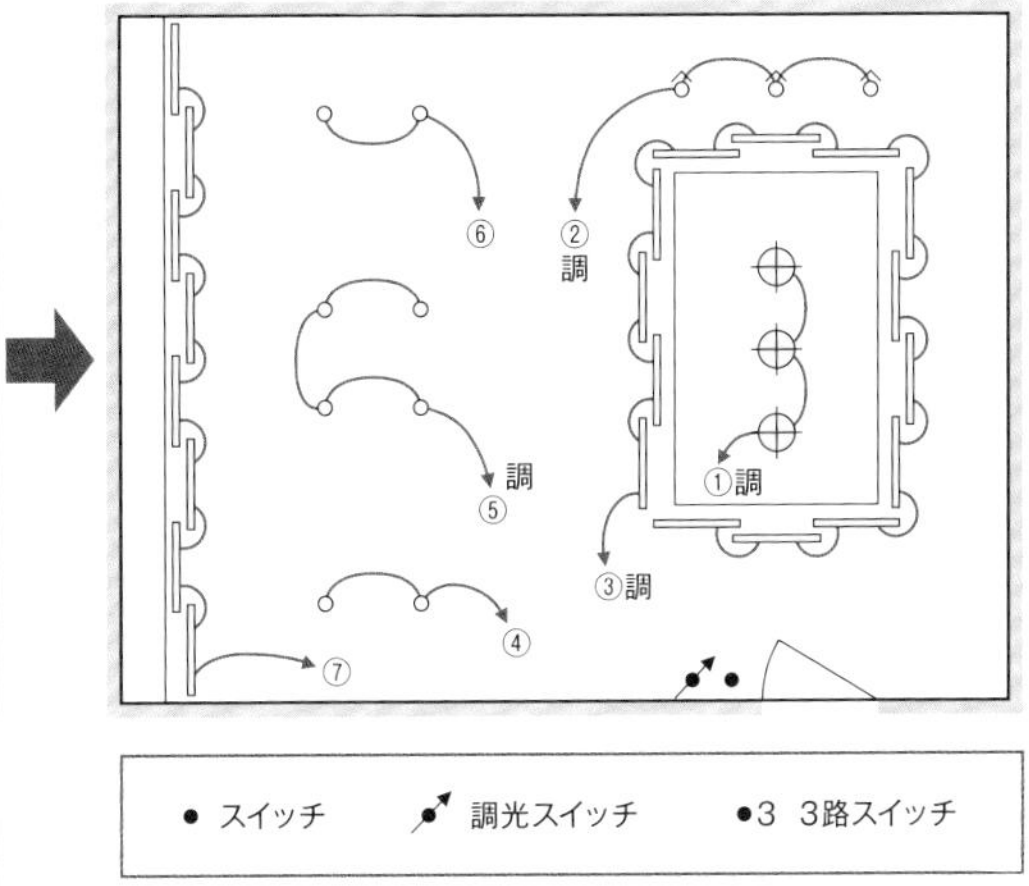
①調
②調
③調
④
⑤調
⑥
⑦
● スイッチ
調光スイッチ
●3 3路スイッチ

●3路スイッチ

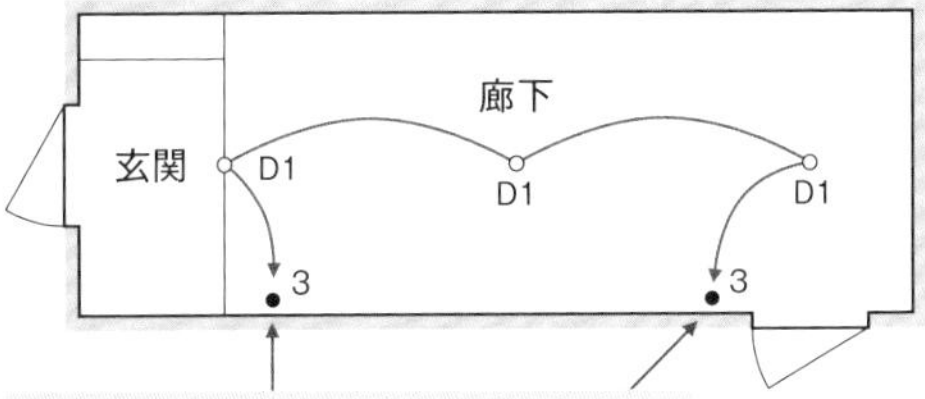
玄関
廊下
D1
3

3路スイッチは、どちらからでも点滅できる

●スイッチと調光スイッチの位置を記入する
●調光や点滅の分類で回路を割り振り、同じ回路ごとに線で結び、回路にナンバーを付ける（1回路当たりのW数に注意。調光装置やランプによって上限が異なる）
●どれが調光スイッチなのか分かるように描く

■スイッチの種類

●一般的なオン・オフスイッチ

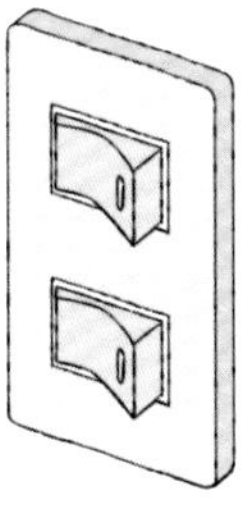

●手動調光スイッチ

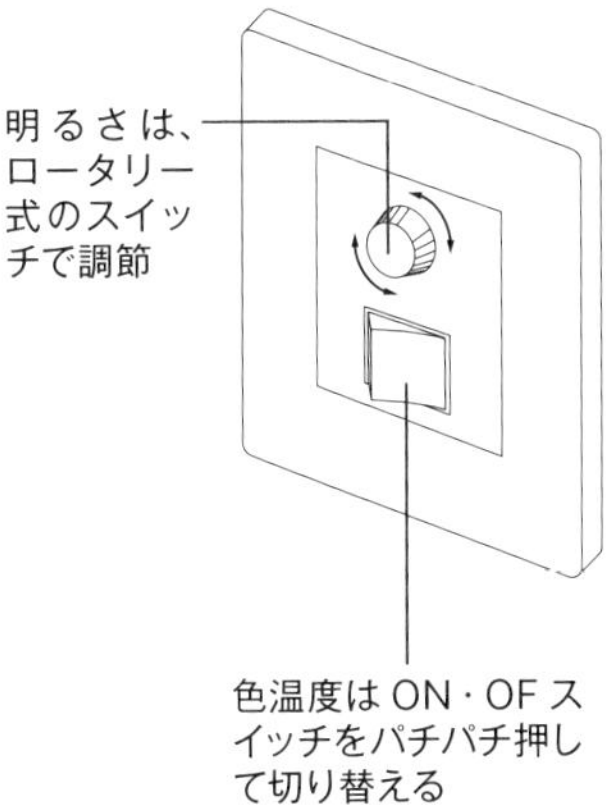
明るさは、ロータリー式のスイッチで調節
色温度はON・OFスイッチをパチパチ押して切り替える

●シーン記憶式調光スイッチ

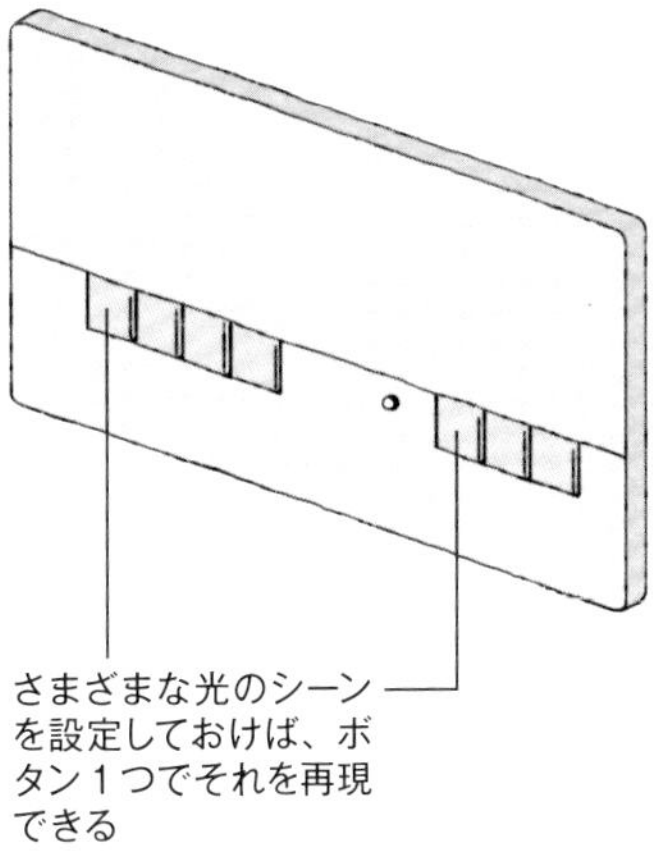
さまざまな光のシーンを設定しておけば、ボタン1つでそれを再現できる

建物の規模や予算に合わせて調光装置を選ぶ。メーカーや設備設計者、照明デザイナーに相談するとよい

調光計画・シーン設定

point 「調光する範囲によって器具の選択肢が変わる」ので、基本計画の初期段階から調光計画を気にしておく

住宅の調光計画

住宅の場合、調光はリビングやダイニング、寝室など、限られた部屋に取り入れることが多い。調光はコストアップにつながるので、基本設計の初期段階から検討したほうがよい。LED器具から選ぶのが主流である。

商業施設での調光計画

大型施設では、施設全体で調光計画を行う。広範囲で光の明るさのバランスをとり、時間とともに変化する光空間を大胆に組み立てる。器具はほぼLED器具一択だが、製品のバリエーションはコスト重視から性能重視まで幅広く十分ある。調光機能については、いくつかのコントロールのグレードから目的に合うものを選ぶ。

かつては設計時に調光回路を設定する必要があった。しかし、現在ではオン・オフ回路で設定することが可能である。コントロール回路も電気容量と距離だけで施工し、器具選定の段階で、器具個別の無線調光により回路セットを専用アプリとコントローラーで、シーンやタイマー制御も含め、設定して決めることができるようになった。

調光と省エネ

調光は消費電力を抑えることができ、省エネにつながる。ただし、調光装置は高機能なものほど設備費用がかかるので、早い段階でコストを検討しておく。器具台数が膨大になる大型施設では、調光による省エネ効果がさらに高まる。

調光シーンの設定

作業や団らん、パーティーなど、さまざまな光のシーンを設定し、ボタン1つで再現できる調光スイッチを、シーン記憶機能付調光スイッチという。目の前で視覚効果を確認しながら回路ごとの明るさのバランスをとって光の設定を行う。シーン設定の入力は専用の端末から行う方法と、アプリを使ってスマホなどから行う方法がある。

■PC やスマートフォンで指示を出して照明を一括制御

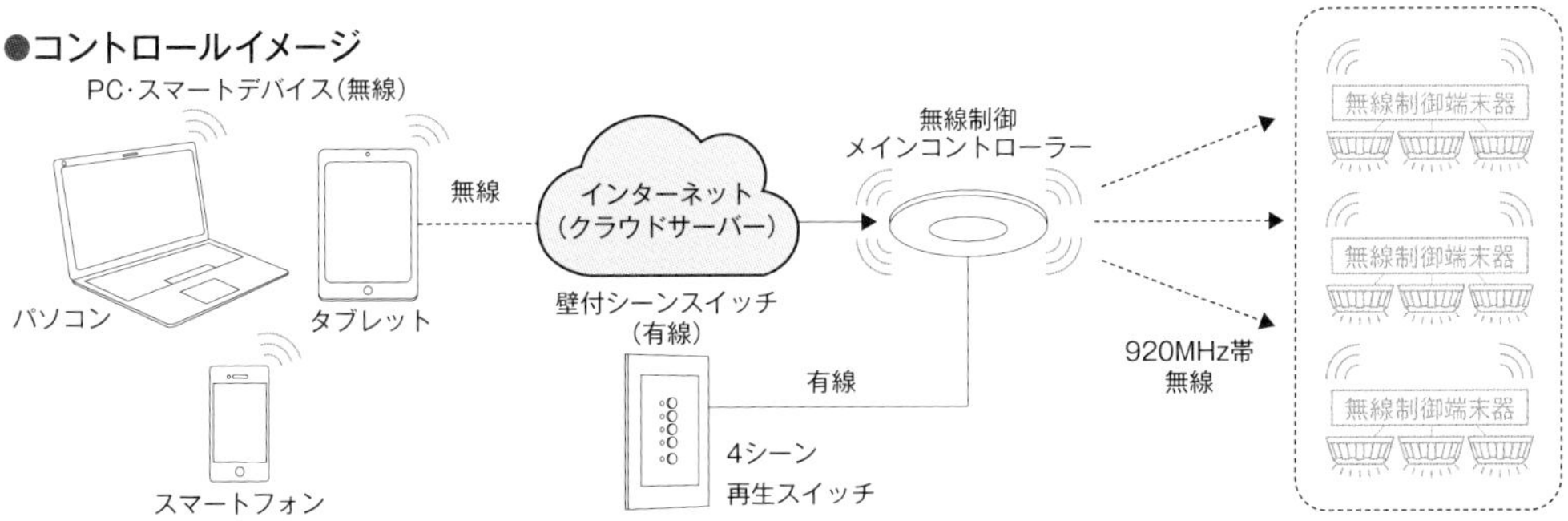

●コントロールイメージ

■シーン記憶機能付調光スイッチ

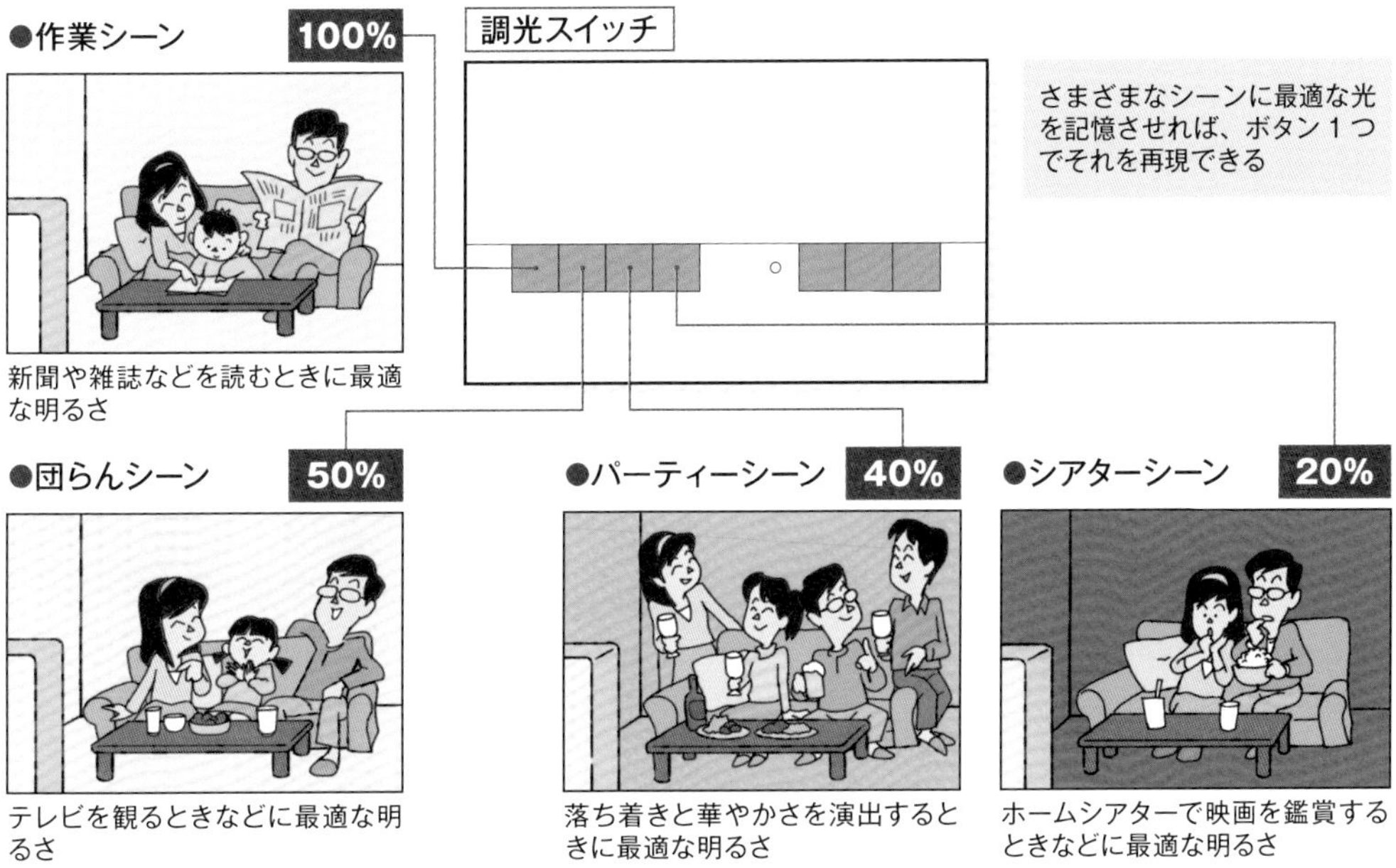

●作業シーン

●団らんシーン

テレビを観るときなどに最適な明るさ
●パーティーシーン

落ち着きと華やかさを演出するときに最適な明るさ
●シアターシーン

ホームシアターで映画を鑑賞するときなどに最適な明るさ

■明るさのバランス

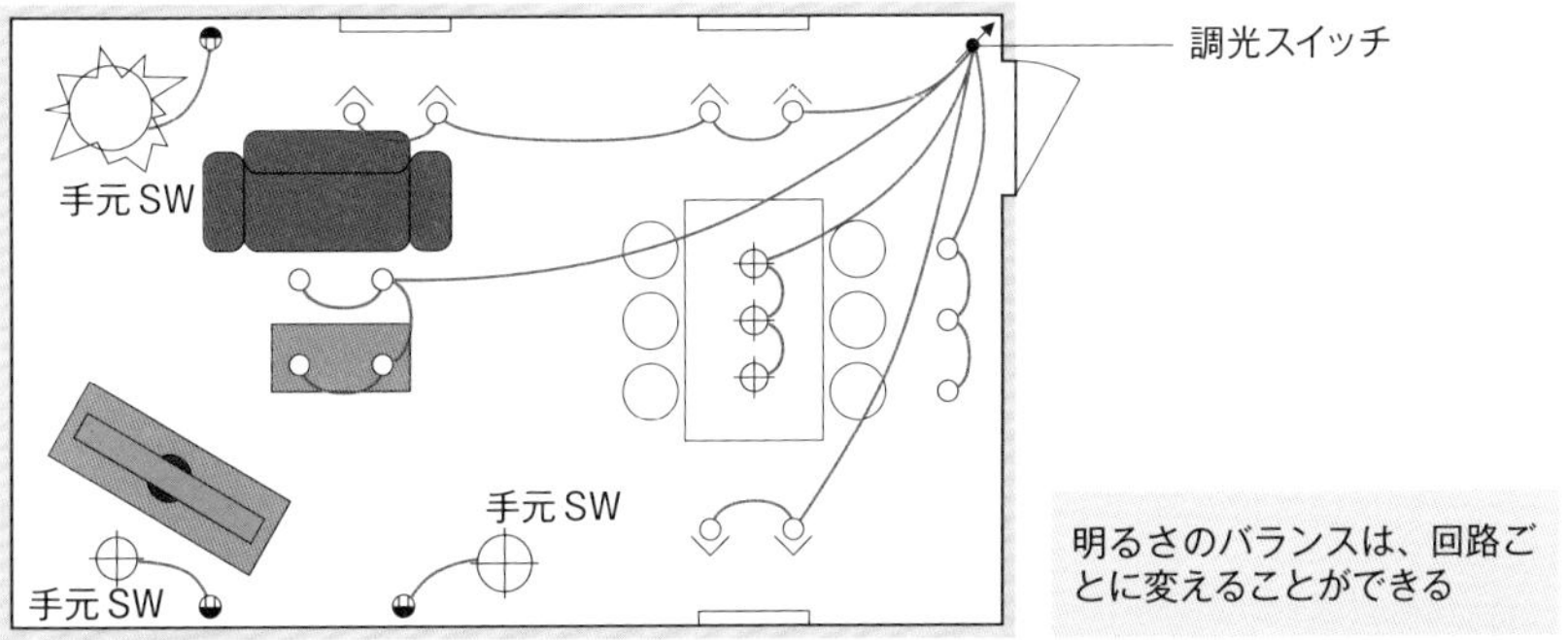

照明のイニシャルコスト

point 照明コストは、「電気設備と家具備品の両方に入る」という認識で予算を組む

照明の坪単価

照明にどのくらいのイニシャルコストをかけ、照明計画全体でどのくらいの予算を見込めばよいのか。これは、建築やインテリアの全体的なコストコントロールにおいて重要である。

一般に、照明のコストは水廻りなどの設備と比べて小さい。たとえば、住宅の設備工事費が総工事費の15%前後だとすると、照明のコストは2～4%、坪単価で1万5000～3万円程度と考えられる。ローコストにする場合や、総予算が大きい場合はこれに当てはまらないこともあるが、建築やインテリアの全体的な予算のなかで、照明にかける割合は明らかに小さいといえる。

しかし、照明にかける予算の大きさによって、完成時の視覚的な印象に大きな差が出ることがある。照明の予算を削り、必要最低限の明るさと機能のみに抑えたとしても十分に住める家にはなるが、照明の予算を少し多めに割り振るだけで、快適さや視覚的な満足度を格段に向上させることができる。

費用対効果の高い家具と考える

建築工事のなかの電気設備として照明をとらえると、予算を多くとるのは難しい。しかし、新築時に購入するカーテンやソファなどの家具と同じように考えると、予算の調整がしやすい。実際に、照明はインテリアの一部として空間を効果的に演出し、住人にくつろぎを与えることもできる。

また、空間に調和する家具やインテリアにこだわると、既製品であれ特注品であれ、数百万円の予算がかかる場合がある。これに対し、照明器具は数十万円の予算で空間の雰囲気をよくすることができる。

さらに、家具や仕上げ材などがどんなに高価なものでも、それを引き立たせる照明がきちんとデザインされていないと、期待していた見栄えが実現できないことも多い。このように、照明は費用対効果の高い家具であり、設備でもあるといえる。

■照明の予算の考え方

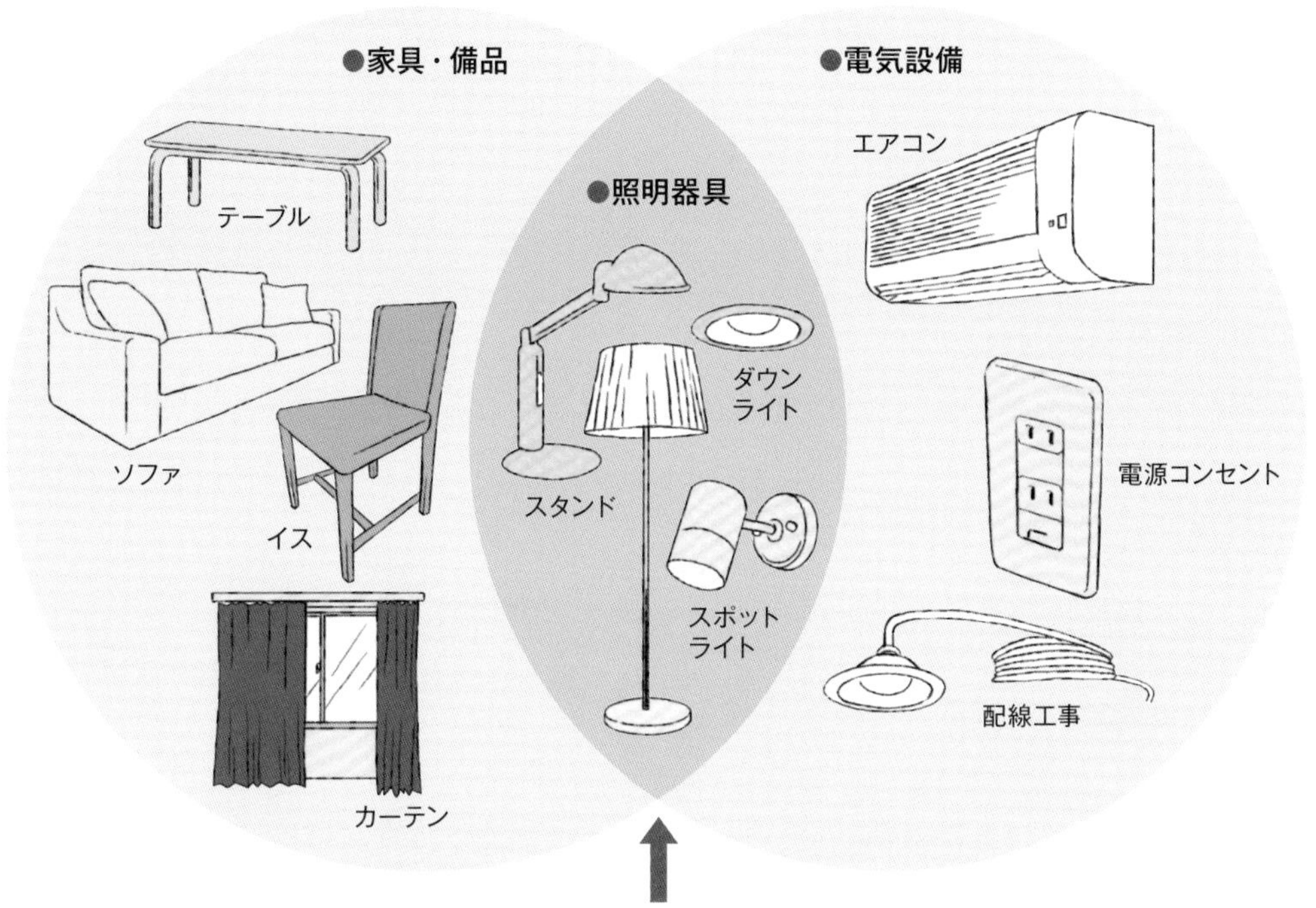

家具・備品と電気設備の両方の要素を兼ね備えている照明器具は、費用対効果が高いといえる

■照明は費用対効果の高い家具

こだわりのソファーやテーブルなどをそろえると、数百万円の予算が必要になる場合がある

予算 数十万円〜

家具はローコストでも、照明を少し工夫するだけで雰囲気をアップできる

予算 数万円!

照明のランニングコスト

point ランプ効率とランプ交換費用などを検討することにより、ランニングコストを低く抑えることができる

電気代とランプ交換費

照明のランニングコストに影響するのは、消費電力とランプ交換費用である。ランプ効率（34頁参照）がよく、少ない消費電力で明るいランプの代表は、Hf蛍光灯とＬＥＤランプ。特にＬＥＤランプは長寿命なので、ランプ交換費用も押さえられる。交換の手間が減ることも大きなメリットである。

管型のランプ交換できるタイプの製品で比較すると、Hf蛍光灯32Ｗ型２５００lmは寿命約１万２０００時間、価格は600～１０００円程度である。同様の光束量のライン型ＬＥＤランプ18Ｗ型２５００lmは寿命４万時間、価格は１０００円前後で買えるものもある。このように、ＬＥＤが最もランニングコストに優れている。

点灯時間が短くてもＬＥＤは優位

ランニングコストでもう１つ重要なのは、１日当たり、あるいは1年当たり、何時間点灯するかである。リビングなど１日当たり５～６時間使用する部屋で、54Ｗの白熱電球を7.5ＷのＬＥＤランプに交換したとする。年間当たりの点灯時間２０００時間、１kW当たりの電気代27円とすると、白熱電球の消費電力は54Ｗ×２０００時間＝108kW／年。電気代は108kW×27円＝２９１６円／年。電球代100円を足すと合計３０１６円となる。

ＬＥＤランプの消費電力は7.5×２０００＝15kW／年。電気代は15kW×27円＝405円／年。ランプ代を２０００円としても合計２４０５円となり、わずか1年で白熱電球よりもランニングコストが安くなる。蛍光灯と比較しても、やはり数年でＬＥＤのランニングコストが優位になる。

また、蛍光灯はトイレや洗面所など頻繁に点滅をする室には不向きだが、ＬＥＤは問題がなく、その点も優位といえる。白熱電球はＬＥＤに比べて発熱量も多く、個数が多くなると室内の温度を上げるため、夏場の冷房の効きが悪くなり、電気代も上がってしまう。

※　このページに表記されているすべての単価は、2023年２月現在の標準的な定価を示している

省エネ

LEDシーリングライトに換えると

消費電力→約50%減

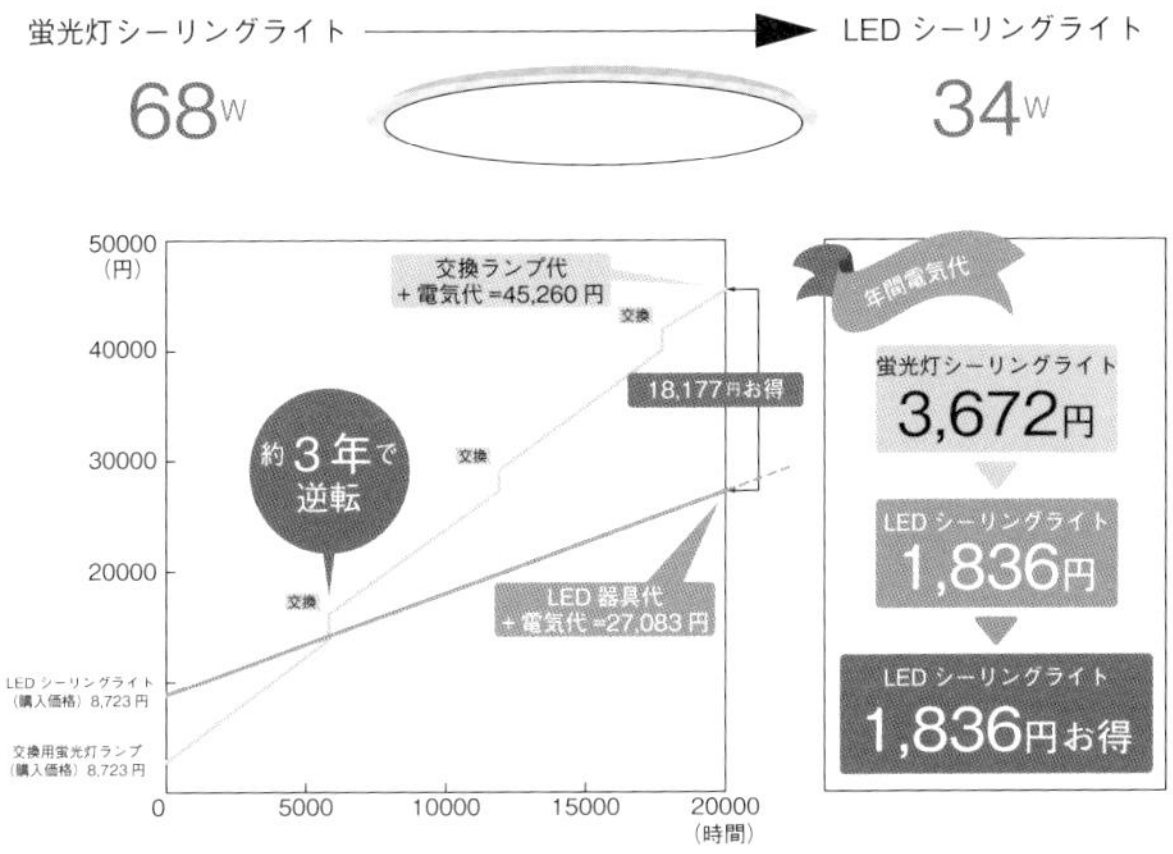

＊1）年間点灯時間：2000時間（1日5～6時間点灯した場合）
＊2）電気代:電力量1kWhあたり27円(税込）公益財団法人 全国家庭電気製品公正取引協議会 電力料金目安単価（2014年4月28日改定）
＊3）消費電力：8畳用蛍光灯用シーリングライト68W、LEDシーリングライト34W
＊4）購入価格例：8畳用蛍光灯用ランプ2135円（[環形30W＋40W 主要メーカー店頭平均価格]〈600時間で交換要〉大手家電流通協会調査データ2018年8月店頭表示価格平均)。LEDシーリングライト8723円（全国有力家電量販店の販売実績集計／Gfk JAPN調べデータ、LEDシーリングライト～8畳用、集計期間:2017年7月～2018年6月)。

備考　上記のグラフは、＊1～4を基に環境省が算出しています。2018年8月。ランプ・光源の寿命は、使用環境や条件によってばらつきが発生します。上記グラフには蛍光灯シーリングライトの器具代金は含まれません。

省エネ

電球形LEDランプに換えると

消費電力→約86%減

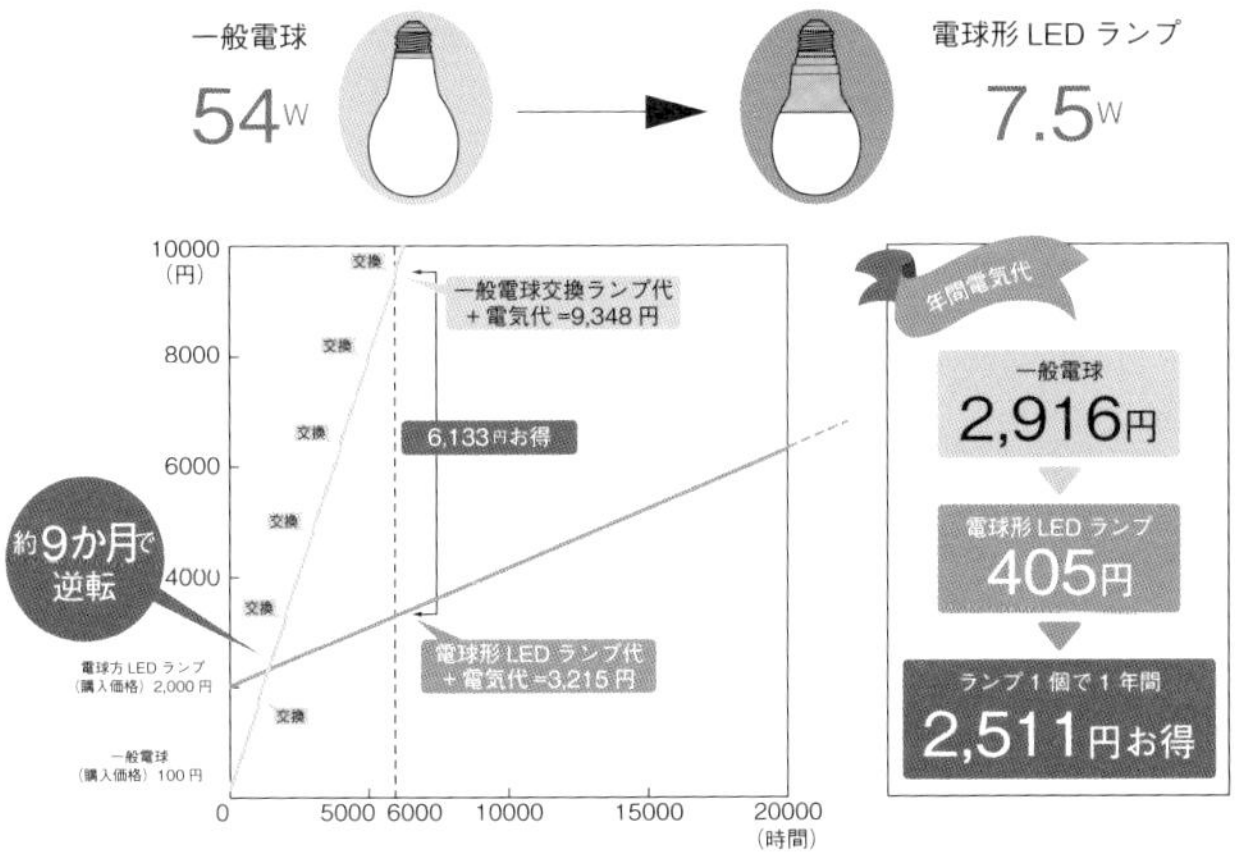

＊1）年間点灯時間：2000時間（1日5～6時間点灯した場合）
＊2）電気代:電力量1kWhあたり27円(税込）公益財団法人 全国家庭電気製品公正取引協議会 電力料金目安単価（2014年4月28日改定）
＊3）消費電力：一般電球54W、電球型LEDランプ7.5W
＊4）購入価格例:一般電球100円（1000時間で交換要）。電球形LEDランプ2000円

備考　上記のグラフは、[LED照明産業を取り巻く現状] 2012年11月29日経済産業省情報政策局 情報通信機器課の資料を基に電力料金目安単位27円、電球形LEDランプ7.5Wに変更し、コスト比較を追加して「あかりの日」委員会にて再試算しています。ランプ・光源の寿命は、使用環境や条件によってばらつきが発生します。

024

照明の保守

point 「平均寿命の70%」を経過した時期に、ランプを交換するのが経済的とされている

保守のメリット

照明は使用しているうちに、器具の汚れやランプ自体の光束量の減少などで明るさが低下するため、適切な時期に清掃とランプ交換を行う必要がある。保守をせずに放置すると、設計時の明るさが得られず物が見えにくくなるほか、電力の無駄使いにもつながる。また、器具の使用環境によって汚れや劣化の程度が異なるため、使用環境を考慮して保守の時期を決める。

適切な保守によって得られるメリットは、次の通りである。①器具の設置台数を抑えて、固定費を節減できる、②器具の容量を小さくでき、電気代を節減できる、③オフィスでは従業員の士気や活力が高まる、④明るさが増し、安全性が確保できる、⑤店舗では印象や売上げのアップにつながる、⑥施設全体の価値が高まる。

ランプの交換時期と方式

ランプの交換時期は、一般にランプの平均寿命の70%を経過した時期が経済的とされている。また、ランプ交換には、いくつかの方式がある。

●個別交換方式　暗くなったり、点滅しなくなったランプをその都度、交換する。住宅などに適している。

●個別的集団交換方式　点滅しなくなったランプをその都度交換しながら、一定の期間が過ぎた時点ですべてのランプを交換する。大規模なホテルやオフィスなど、ランプ交換にかかる人件費が高い場合は経済的である。

●集団個別交換方式　点滅しなくなったランプが一定の個数になったとき、あるいは一定の期間を決め、そのとき点滅しないランプを交換する。

●集団交換方式　点滅しなくなったランプが一定の個数になるまで、あるいは一定の時期がくるまで放置し、設定時期にすべてのランプを交換する。

集団個別交換方式と集団交換方式は、ランプ交換が困難な場所に適しているが、点灯しない器具を放置すると故障の原因にもなるため注意する。

■保守のチェックポイント

●次の項目に該当する場合は、器具やランプの保守が必要になる

分類	チェック項目
使用環境	□ 前回、掃除してから半年以上経っている □ ランプやスターターを交換してから1年以上経っている □ 電源や電圧が高い（定格電圧の103%以上） □ 取付部分に常に振動が加わっている □ 取付場所に水気や湿気が多い □ 使用場所に腐食性ガス、粉塵、潮風がある □ ランプやスターターが寿命になった後、放置している
ランプ	□ ちらつきが多い □ 交換してもきちんと点灯しない □ 点灯するまでに時間がかかる □ ほかのランプより極端に暗い □ 以前より寿命が短くなった □ ランプがすぐに黒くなる
器具本体	□ 本体や反射板が汚れていたり、変色している □ プラスチックカバーが汚れていたり、変色している □ プラスチックカバーに変形やひび割れがある □ 壁装面にひび割れ、さび、ふくれがある □ 器具内の電線にひび割れや、心線の露出がある □ こげ臭いにおいがする □ 照明器具が原因で、漏電ブレーカーが作動することがある □ 作動する部分の動きが悪い □ ランプが固定されておらず、ぐらつく □ 器具内の部品にほこりがたまっている

出典：（社）日本照明器具工業会資料より

ワンポイント 照明器具工業会では、照明器具の適正交換時期を８～11年、耐用の年限を15年と定めている。また、照明器具本体だけでなく、安定器や配線部品なども保守を怠ると劣化する。これらを劣化したまま放置すると、漏電や火災の恐れがある

高齢者と照明

point
高齢者に適した光環境をつくるには「明るさの確保」「光環境の質の向上」「不快グレアの防止」などが重要になる

高齢者の目の特性

高齢化社会の進展に伴い、照明がつくりだす光環境も、高齢者に適したものにしていく必要がある。そのために大切なのは、加齢による視覚特性の変化を知ることである。視力や焦点調節力、色識別力など、視覚特性の低下は20代後半から始まり、40代後半からは高齢者の範疇に属する。したがって、高齢者に適した照明は、高齢者の居住空間の照明というより、通常の光環境の延長としてとらえたほうがよい。

一般に視野内に輝度の高い光源がある場合、その光が眼球内で散乱するが、高齢者になるほどその散乱が大きくなる。それにより、物が見えにくくなったり、不快に感じる度合いが大きくなる。また、高齢者になるほど、低い輝度でも不快なまぶしさを感じるといわれる。

高齢者に適した光環境

高齢者に適した光環境をつくるポイントは、次の通りである。

●**明るさの確保**　住宅の照度はＪＩＳの照度基準で定められているが、高齢者の居住空間では高めに設定する。食卓や書斎はＪＩＳ基準の約2倍、居間などの全般照明は約3倍、夜間の廊下や寝室では約5倍を目安とする。

●**光環境の質の向上**　光色や演色性が優れた光源を使用し、人の顔色が明るく健康的に見え、食事がおいしそうに見えるようにする。

●**不快グレアを防止**　高輝度の光源や器具を高齢者の視界から除去し、不快グレアを防ぐ。光源の色温度が低いほうが不快と感じにくい傾向がある。

●**安全・安心の確保**　明るい場所から暗い場所へ急に移動すると、目が順応しにくく危険なため、できるだけ明暗の差が出ないようにする。

●**操作性や維持管理に配慮**　日常生活で高齢者が動きやすい位置に、照明やスイッチを設置する。また、ランプ交換や清掃などのとき、不安定な姿勢にならなくてもよい器具を選ぶ。

■若者との比較

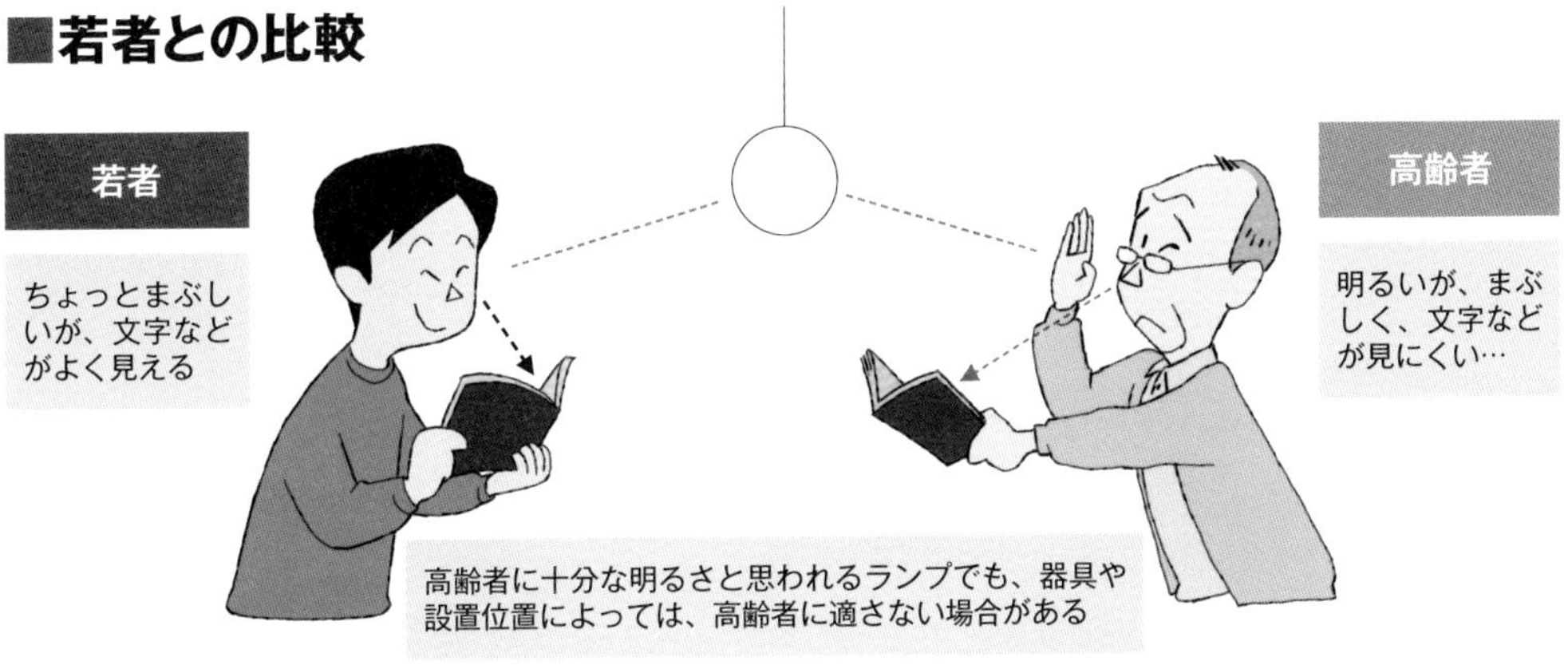
若者
ちょっとまぶしいが、文字などがよく見える
高齢者
明るいが、まぶしく、文字などが見にくい…
高齢者に十分な明るさと思われるランプでも、器具や設置位置によっては、高齢者に適さない場合がある

●照度設定

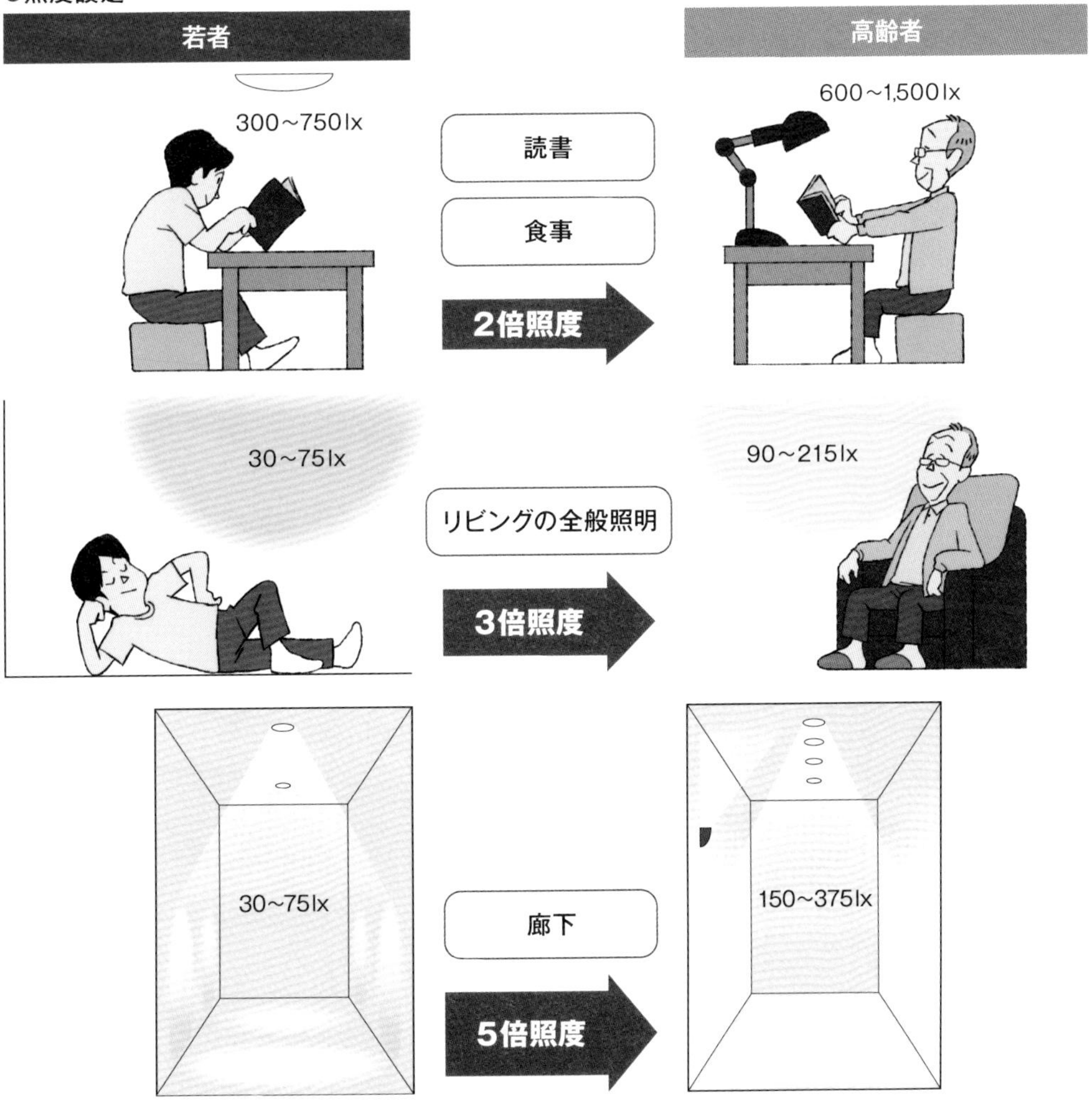
若者
高齢者
300～750lx
600～1,500lx
読書
食事
2倍照度
30～75lx
90～215lx
リビングの全般照明
3倍照度
30～75lx
150～375lx
廊下
5倍照度

026

素材と光の関係

point 表面の質感に特徴がある素材ほど、照明の演出効果が発揮される

素材と照明の相性

素材を照らす場合、その素材の特徴や照らす目的によって方法が異なる。素材の陰影やきらめきをくっきりと表現したければ点光源のスポットライトを使い、逆にフラットに照らしたいときはライン型LEDや蛍光灯、ウォールウォッシャ照明など面発光の照明を使う。表面の質感に特徴がある素材ほど、照明の演出効果が発揮される。

また、素材とランプの色の相性も大切だ。一般的に仕上材が暖色系のときには色温度の低い照明を使い、仕上材が白色系のときには色温度の高い照明を使う。素材ごとでいえば、木材など茶系の素材には電球色が合い、金属やコンクリートなどは白色やより色温度の高い光との相性がよい。石を照らす場合は、電球色に近い、暖かい色のほうが自然に見える。白い壁は電球色から昼光色までどんな光色でも合うので、ほかの部分や素材に合わせて選んでもよい。

素材の効果的な照らし方

素材の照らし方にも気を配る。表面に凹凸がある素材は、壁に対して平行に近い角度でウォールウォッシュする（=壁を上から下まで光で洗う）ように照らすと陰影が強調され、素材の特徴をうまく表現できる。また、カーテンや布のテクスチュアなどもおもしろい表情が出せる。石の場合は、同様に素材の特徴を引き立たせることができる。しかし、本磨きのような場合はランプが反射して見えてしまうことがあり、照らすのが難しい。つやのある壁や床には間接照明は避ける。このほか、布地やすりガラス、半透過のフィルムやパターンを貼ったガラス、ステンドグラスのようなカラーガラスなど、光を透過する素材は、透過の性能や光のグラデーションなどを検討しながら、光の演出を考える。

これらの照明方法は、効果だけでなく納まりや取付け、メンテナンス、コストなどもふまえて検討する。

■素材の照らし方

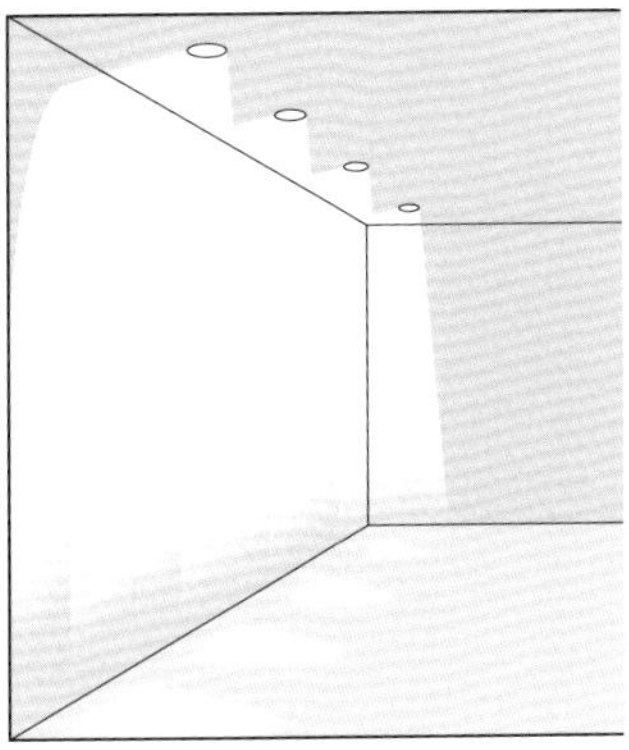

ウォールウォッシャで前面からフラットに照らすオーソドックスな演出方法

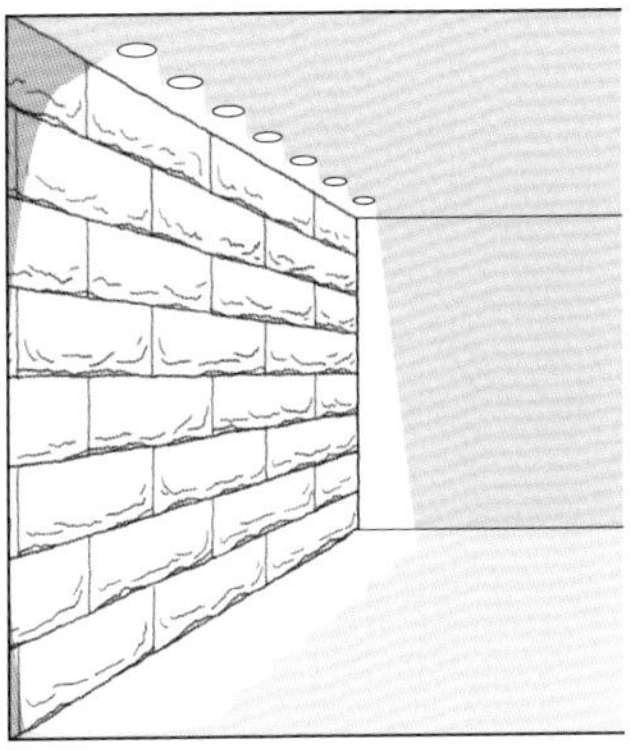

ウォールウォッシャで壁際から照らすと、明るい部分と暗い部分のメリハリが強調できる。凹凸のある素材を使うと効果的

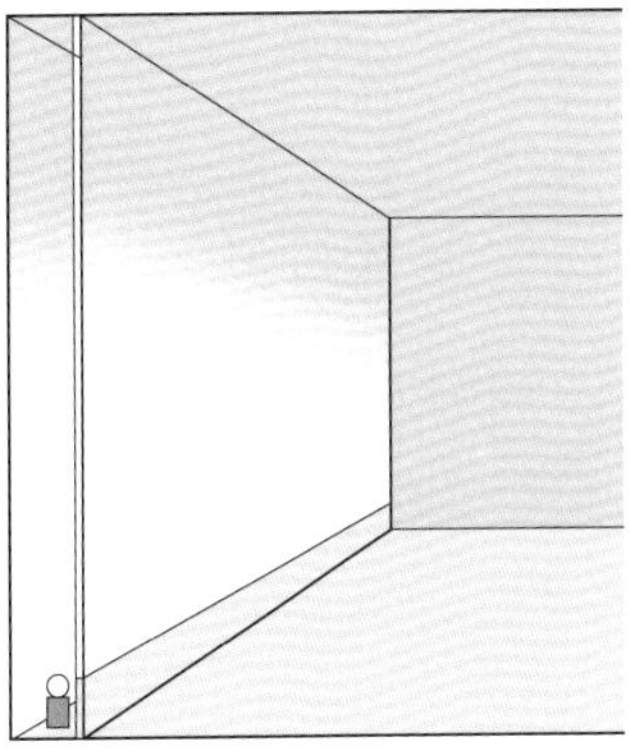

乳白色のガラスなどを使用し、背面から照らすと綺麗な光のグラデーションをつくることができる

■ランプと素材の相性

	素材	前面から照らす				背面から照らす			
		白熱灯・LED 2,700K	蛍光灯・LED 3,000K	蛍光灯 5,000K	HIDランプ 4,200K	白熱灯・LED 2,700K	蛍光灯・LED 3,000K	蛍光灯 5,000K	HIDランプ 4,200K
不透明材料	木	○	○	×	△	—	—	—	—
	石（白系）	○	○	△	○	—	—	—	—
	石（グレー系）	○	△	△	○	—	—	—	—
	石（黒系磨き）	△	△	×	△	—	—	—	—
	石（緑系）	△	×	○	○	—	—	—	—
	スチール（メタル）	△	△	○	○	—	—	—	—
	ステンレス	○	△	△	○	—	—	—	—
	アルミ	△	△	○	○	—	—	—	—
	コンクリート	△	△	○	○	—	—	—	—
	白い壁紙	○	○	○	○	—	—	—	—
透過材料	乳白ガラス	—	—	—	—	○	○	○	○
	ガラス（フィルムパターン貼り）	—	—	—	—	○	○	○	○
	カラーガラスなど	—	—	—	—	△	○	○	△
	布（カーテンなど）	○	○	△	○	○	○	△	○
	金属メッシュ	○	△	△	○	○	○	○	○

照明計画を依頼する場合

point 専門家に相談するときは、「空間のデザインコンセプト」「実現したい光のイメージ」などをしっかりと伝える

照明メーカーに相談

現在、意匠設計者やインテリアデザイナーの多くが照明計画の重要性を理解し、よりよい空間デザインを実現するため、照明計画のレベルアップを意識している。しかし、現実的には、建築やインテリアの構造や仕上げ、設備全般について総合的に検討するなかで、照明計画の知識やスキルを高め、経験を積むことはなかなか難しい。こうした状況のなか、照明の専門家に相談し、照明計画の作成を依頼するという選択肢がある。

照明の専門家として身近なのは、照明器具のメーカーであり、付き合いのあるメーカーの担当者に相談するのが一番の近道である。主要なメーカーは、内部に照明プランナーや照明デザイナー、照明コンサルタントなどを抱えており、照明計画の作成を引き受けてくれる。ただし、相談しやすい反面、照明計画で選べる器具が1社の製品に偏りがちになるというデメリットがある。

照明デザイナーに相談

さまざまなメーカーの製品を選び、自由に照明計画を考えたい場合は、独立開業している照明デザイナーに相談するとよい。照明デザイナーにはそれぞれ得意分野があるので、興味のある照明デザイナーがいれば相談し、自分の設計に合うか、付き合いやすいかなどを確認する。照明デザイナーに依頼するメリットは、特定のメーカーの利害にかかわらず、専門家の視点から照明計画を作成してもらえること。コストの見直しでも、メーカーを横並びで比較検討し、コンセプトがぶれることなく、最適なプランを提示してもらえる。これらに対し、デザイン料やコンサルタント料として費用を支払う。

メーカーの照明プランナーでも、独立開業している照明デザイナーでも、専門家に相談する際は、空間のデザインコンセプトや実現したい光のイメージなどをしっかりと伝えられるように準備しておく。

■照明計画を依頼する2つの方法

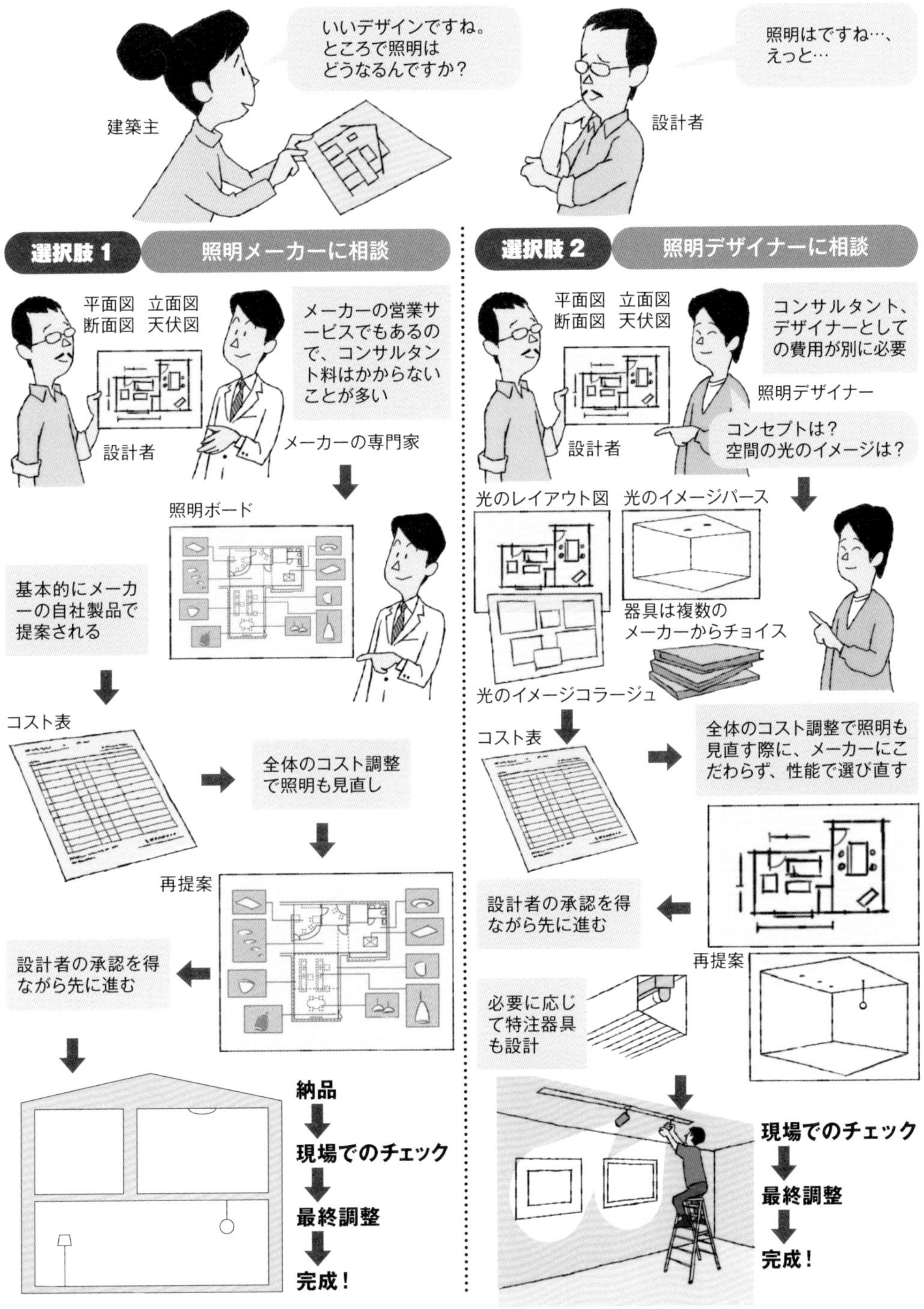

特注照明を制作する場合

point 付き合いのある照明メーカーの器具設計部門、小規模な器具制作会社、照明デザイナーなどに制作を依頼する

特注照明の魅力

建築やインテリアの特殊なデザインに合わせ、器具の見た目にもこだわりたいとき、特注で器具を制作することがある。インテリアデザインのアクセントにもなるペンダントやシャンデリア、シーリングライト、ブラケットなどに加えて、シェードなどの装飾的な部分がポイントとなるスタンドなどは、建築やインテリアのデザインの一部として、デザイナー本人やそのデザインチームが制作してもよい。名作と呼ばれ、今なお生産されているフランク・ロイド・ライトやアルヴァ・アアルトなどの器具も、そのようにして生まれている。

また、デザイン性や装飾性が高い器具だけでなく、ダウンライトやスポットライト、間接照明器具なども特注で制作することができる。

制作を依頼する相手

たとえば、家具やファブリックと同じ素材や色柄とシェードをそろえたり、既製品の色や仕上げをアレンジしたい場合に、特注する。

一般に特注照明を制作する場合は、まず付き合いのある照明メーカーの担当者に相談する。そして、器具の設計部門につないでもらい、その設計者と連携しながら制作を進める。このほか、小規模な器具制作会社や照明デザイナーに直接相談したり、依頼することもできる。どの方法で制作するとしても、既製品を使わずに特注する意図や目的、イメージなどを的確に相手に伝えることが重要である。写真やスケッチなどのビジュアル資料があると分かりやすいだろう。

コストの面では、特注照明は既製品と比べて割高になりがちである。特に住宅などの小規模な施設では、大掛かりな特注照明でなくてもコストが大きくなることが多い。一方、大規模な施設では、スケールメリットとの兼ね合いで既製品とさほどコストが変わらないこともある。

■特注照明の制作

カタログ

ショールーム

照明メーカーのカタログを見たり、ショールームに行けば、ありとあらゆる器具がそろっている。しかし、細部の見た目にこだわりたい場合や、建築やインテリアにより合わせたい場合などは、特注照明を制作するのも有効

●相談する相手

欲しいイメージの器具が
見つからない…
そんなときは

特注器具の制作は、メーカーに相談して既製品の塗装色や仕上材だけを特注にする場合や、器具制作会社や照明デザイナーなどに全面的に依頼して思い通りの器具を設計段階からつくってもらう場合などがある

●付き合いのあるメーカーの担当者
●小規模な器具制作会社
●照明デザイナー
などに特注照明の相談をする

●コスト

住宅などの小規模な施設で少量だと割高だが…

大規模な施設で大量に制作すると割安になることも

column

ダウンライトの熱対策

熱がこもりやすいダウンライトは断熱施工用の器具を選ぶ

ダウンライトを一般の住宅で採用する際には、注意が必要だ。ダウンライトは構造上、ランプから発生する熱が、天井に埋め込まれた器具本体にこもりやすい照明である。熱がこもると器具内部が高温になり、器具の破損や火災が生じる恐れもある。そのため一般用のダウンライト器具には、熱を天井内部に放出するための放熱用開口が本体上部に付いている。

ただし、住宅では、天井内に断熱材や遮音材が敷設されていることが多く、ダウンライトを設置する場合には、断熱材などをカットする必要がある。しかしこれは、施工の手間がかかるうえ、断熱や遮音の性能が落ちてしまう。

そこで、断熱材をカットせずに施工でき、加熱に対する安全性も保たれている「断熱施工用の器具（S形）」を採用するとよい。マット敷設工法の断熱材に対応したものをSG形、ブローイング工法断熱材に対応したものをSB形という。日本照明器具工業会のS形マークが目印だ。

また、断熱施工された天井に一般用ダウンライトを設置する場合は、器具の取付け部から10㎝程度あけて断熱材をカットするか、あらかじめ天井内の器具設置位置に隔壁を設けておく。

LED器具についても同じである。LEDは発光部からの放熱はなく熱に強いが、内部の電子部品は熱に弱く、ワット数が大きくなるほど発熱量は大きくなり、充分な放熱がなされないと電子部品が破損したり寿命が短くなる恐れがある。断熱材のある天井では断熱仕様の器具を選ぶ必要がある。

■断熱施工された天井への設置

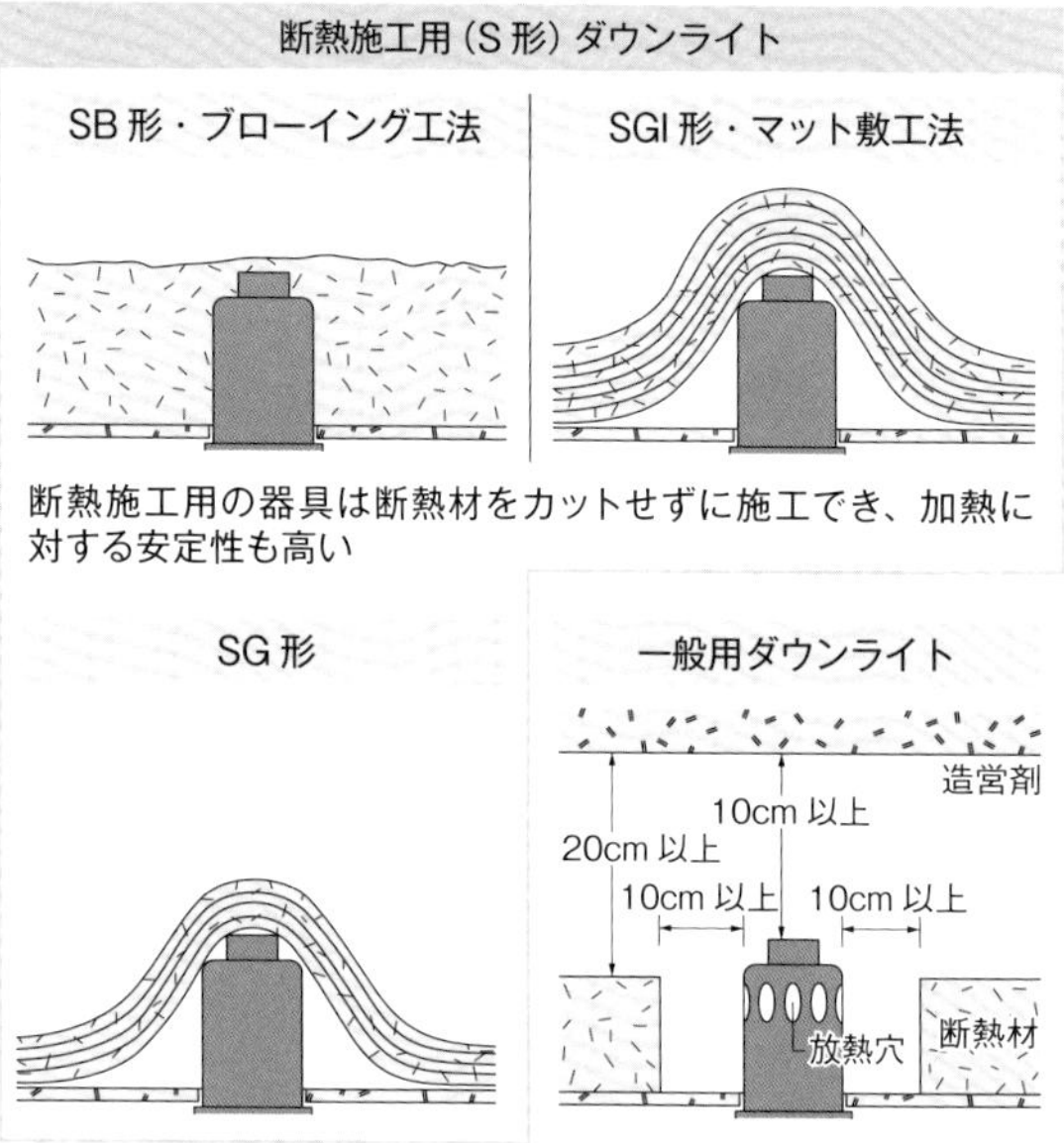

■S形マーク

出典：JIL5002-2000

●断熱施工に対応したダウンライトに付いている

Chapter

3

住空間の照明計画

事前ヒアリング

point
建築主家族の「明るさの好み」「照明の使い方」「ライフスタイル」などを幅広くヒアリングする

無難な照明計画が多い

住宅の照明計画において、設計者の独りよがりや思い込みを原因とするクレームのうち、最も明らかで言い訳のしようがないのが「暗い」というものである。このクレームは致命的であるものの、回避するのは比較的容易であり、明るすぎるくらい多めに照明器具をつけておけばよい。そのような意識が働いてできあがったと見受けられる住宅が、残念ながら非常に多い。

単に「明るい」部屋をつくることは簡単である。しかし、建築やインテリア、家具などにせっかくこだわりをもってデザインしても、照明にこだわりなく無難に済ませることは、トータルな生活空間をよりよいものにするという大きな目的に対する手抜きであり、デザインの一部放棄といえる。

家族へのヒアリングが重要

住宅の照明計画は、そこで生活する家族の好み、ライフスタイル、家族構成、年齢などによって、コンセプトや方法などが大いに左右される。照明計画を進める際は、まず建築主家族の明るさの好みや照明の使い方、照明に対する期待、経済性の考え方、機能性重視か、雰囲気重視か、ライフスタイルや物事の優先順位のつけ方など、幅広い内容についてヒアリングをする。そのうえでデザインの方針を立て、それをしっかりと説明していく。

また照明の場合、ほかの仕上げ材料とは異なり、器具の写真だけを見て光の状態や明るさなどを想像するのは難しい。仮にカタログを提示して同意を得たとしても、クライアントとともにメーカーのショールームなどに行って実物を確認し、同時にメーカーの担当者にも話を聞くほうがよい。

しかし、それでも室内の仕上げや色、広さや天井の高さなどで光の印象は違ってくる。設計者は普段から数多くの器具を見て、空間の体験として光の状態を記憶し、器具と光のストックを自分のなかにつくっておくべきである。

■照明計画ヒアリングシート

項目	目的	ヒアリング内容
家族構成	必要なあかりの見極め	■家族構成（　　　） 年齢、性格、好みなども含めて家族構成を確認する
職業	主な生活環境のあかりの把握（家族の各人について）	□青みがかった昼白色の蛍光灯で照明された環境 □温かみのある白熱電球の光色で照明された環境 □自然光が降り注ぐ環境 □その他（　　　）
趣味・好み	生活パターンの把握	■家族の趣味・好み（　　　） 建築主が居心地がよいと感じた場所や、憧れをもっている場所を具体的に聞くなど、共通認識を深められる例を探すとよい
用途	用途に適したあかりの検討	■建物全体の用途の確認（　　　） 家族のあかりの好みだけでなく、住宅なのか、住宅と職場を兼ねているのか、別荘として使用したいのかなど、建物の用途により照明の全体計画を検討する
各室の使い方	用途に適したあかりの検討	■リビング □団らん □読書 □テレビを見る □音楽を聴く □子供が遊ぶ □食事をする □パーティー □趣味 □仕事 □勉強 □飾る □その他（　　　） ■ダイニング □団らん □読書 □テレビを見る □音楽を聴く □子供が遊ぶ □食事をする □パーティー □趣味 □仕事 □勉強 □飾る □その他（　　　） ■キッチン □料理 □趣味 □仕事 □食事 □収納 □その他（　　　） ■寝室 □寝る □読書 □趣味 □仕事 □勉強 □収納 □装う □飾る □その他（　　　） ■和室 □団らん □読書 □テレビを見る □音楽を聴く □子供が遊ぶ □食事をする □趣味 □仕事 □勉強 □寝る □収納 □飾る □その他（　　　） ■その他の部屋 □寝る □読書 □趣味 □仕事 □勉強 □収納 □装う □子供が遊ぶ □飾る □テレビを見る □その他（　　　） ■バス・サニタリー □洗濯 □着替え □趣味 □その他（　　　） ■廊下・階段 □飾る □収納 □その他（　　　） ■玄関・アプローチ □飾る □収納 □駐車 □駐輪 □その他（　　　） ■庭・テラス・バルコニー □遊ぶ □趣味 □食事 □パーティー □くつろぐ □その他（　　　）
あかりの好み	あかりの好みの把握	□全体に明るい空間がよい □明暗のある空間がよい □白熱電球のような温かみのある光がよい □蛍光灯のような白っぽい（青っぽい）光がよい □その他（　　　）
照明に期待すること	優先順位の確認	□ともかく明るいこと □機能的に十分なあかりを優先し、それ以外はこだわらない □機能性とともに、雰囲気を高めてくれるあかりがよい □建築やインテリアに合っていて、デザインがよいことが優先 □その他（　　　）
照明で優先すること	優先順位の確認	□器具や電球の価格 □ランニングコスト（省エネ） □デザイン □光のもたらす雰囲気 □扱いが容易であること □その他（　　　）

照明計画のポイント

point
人の行動に合わせ、少しずつあかりの要素を足していく「足し算の照明計画」を考える

6つの基本ポイント

住宅で人はさまざまに行動し、照明計画はそれに対応する必要がある。まず、次の基本ポイントを押さえておく。

●必要な明るさ　部屋の用途や時間によって必要な明るさは異なる。生活する人の行動に則して、明るさのバランスを取るようにする（70頁参照）。

●省エネ　新築の場合、ほぼすべての照明にLEDを用いるので、省エネに関しては、調光することで消費電力を抑えたり、人感センサーなどで消し忘れを防ぐ程度でよい。改修で既存の器具を使用する場合も、ランプをLEDランプに交換できるケースが多いので、省エネ対応はしやすい。ただし、既存の器具が調光回路であるかどうかなどは注意して、適切なランプを選定する必要がある。

●雰囲気　個々の器具の配光や器具の配置、明るさのバランス、色温度により雰囲気が異なる。照明の特性を理解して工夫することで、より望ましい雰囲気をつくりだすことができる。

●メンテナンス　ランプや器具には寿命がある。交換、清掃などのメンテナンスがしやすいよう、納め方や取付け高さに注意する（72頁参照）。

●高齢者に配慮　視力の衰えのため、高齢者には若年者の2～3倍の明るさが必要になる。高齢者の部屋では、部屋全体の明るさをアップさせ、必要に応じて部分照明などを使う（56頁参照）。

●防犯　エクステリアの照明で、センサーやフラッシュ付きのものを選ぶ。留守のときでも、タイマーで照明を点灯させることで防犯性が高まる。

足し算の照明計画

住宅では各スペースにおける人の行動を丁寧にシミュレーションし、少しずつあかりの要素を足していく足し算の照明計画を考える。もし足しすぎたら優先順位を再度見直し、引いて整理する。最初からフルスペックで計画するのではなく、スタンドなどを必要に応じて追加できるようにするとよい。

6つの基本ポイント

1 必要な明るさ

●用途や時間などによって必要な明るさは異なる

2 省エネ

	白熱灯	蛍光灯	LED(ダウンライトで使用)
明るさ	60W	60W相当	60W相当
消費電力	60W	12～13W	6～8W

●省エネはランニングコストの削減にもつながる

3 雰囲気

●光の性質や器具の配置などにより、望ましい雰囲気をつくりだせる

4 メンテナンス

●交換しやすい高さに設置することが大事

5 高齢者に配慮

●若年者の2～3倍の明るさが必要

6 防犯

●センサーやフラッシュ付きの照明で防犯性が高まる

明るさの基準

point JIS照度基準の表を明るさの基準として活用する

照度基準を目安に

住宅の照明は、生活する人自身が快適であればよく、建築基準法のように集団規定的なものはない。単体でも法規制レベルの規制はなく、ガイドとなるのはＪＩＳ照度基準の表である。

設計者は、この表をある程度は基準として使うことができる。しかし、明るさは生活者自身の好みやこだわり、デザインとして見た場合も含めた空間全体の印象によっても異なる。たとえやや照度不足であっても生活者が満足する場合があり、逆に、照度としてはかなりの数値が出ていても、暗く見えて不満が生じる場合もある。

明るさは、インテリアの色や仕上げの種類によっても変わる。たとえば、白いマットな仕上げの壁・天井は一番明るく感じられ、床の色も暗いよりは明るめの色のほうが明るく感じられる。一方、ベージュや茶色などが多い部屋は、壁や天井の反射が少なくなるので、同じ種類・灯数のあかりでも暗く感じられる。これらを頭に入れて計画する必要がある。

また、ランプから出る光は新品の状態が一番明るく、初期照度という。この値は、器具のカタログなどに表記されている。一方、ＪＩＳ照度基準で示されているのは経年による照度低下を見込んだ値であり、初期照度より20〜30％落とした数値が設定されている。

演出は足し算で行う

ゲストをよく招く家や、職場と一体になっている家、建築主自身が積極的に空間を楽しみたいといった要望があるときは、リビングやダイニングなどを中心に、光によるさまざまな演出を行うとよい。

こうした場合も、単一機能の店舗とは異なるので、やはり多灯、多種類の器具、調光回路を基本とした、足し算の照明計画で設計する（74頁参照）。また、同じ部屋でも、光の数、光の広がり、光の高さによって異なる雰囲気をつくることができる。

■JIS照度基準（住宅）

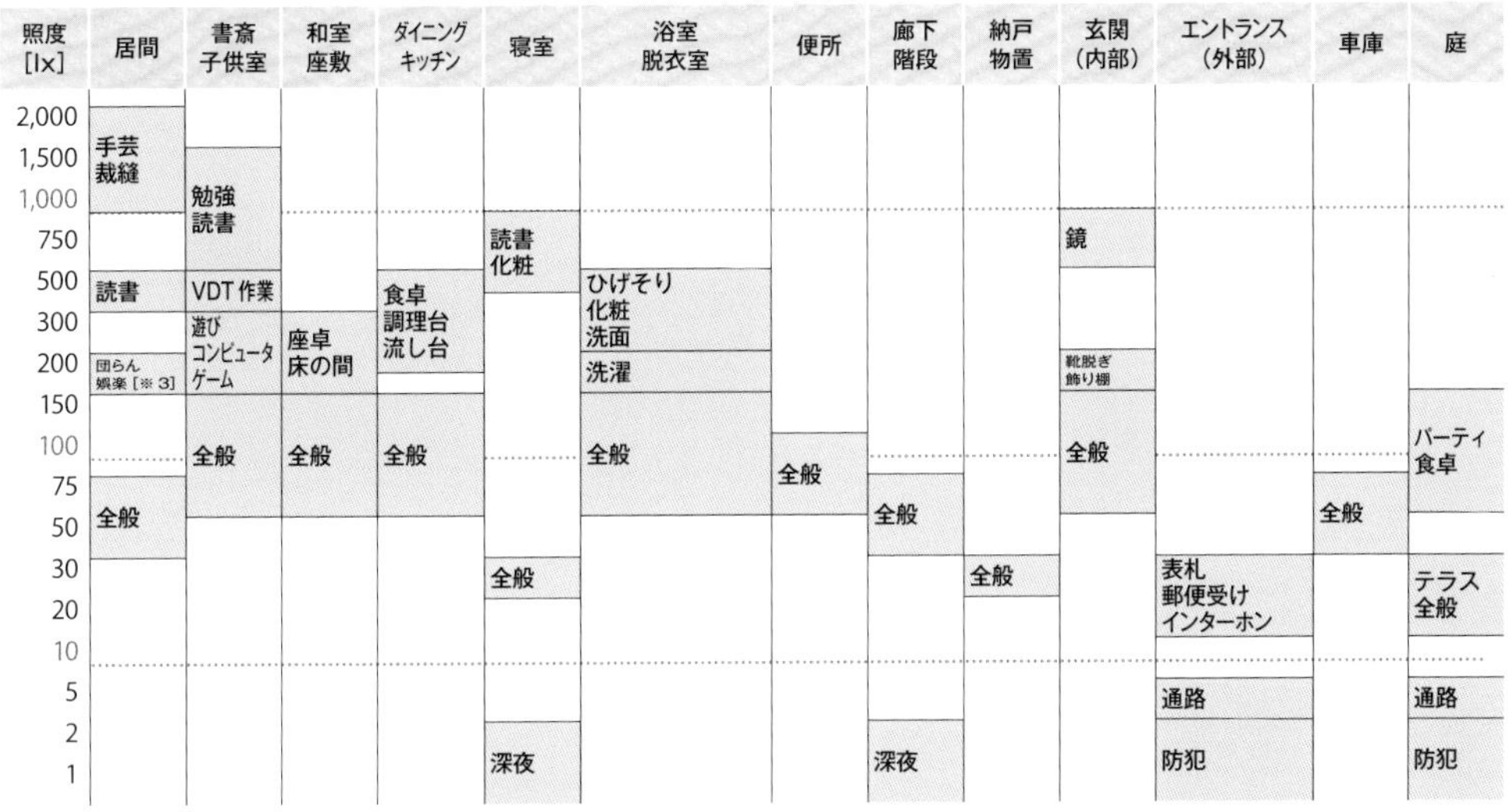

出典：JIS Z 9110-2021より抜粋

■雰囲気の演出

光の数

- 照らされた場所が際立つ
- 落ち着いた雰囲気になる

- 華やかになる

光の広がり

- コントラストが強くなり、ドラマチックな雰囲気になる

- 空間に一体感と安心感を与える

光の高さ

- リラックスした、安らぎのある雰囲気

- 上方への開放感がある
- 非日常的な雰囲気になる

住宅照明のメンテナンス

point　器具はランプ交換が容易なつくりのものを選ぶ

主照明としてのLED

住宅の主照明は長らく白熱灯と蛍光灯が基本であったが、２００９年頃からのＬＥＤの急速な品質向上と低価格化により、現在ではＬＥＤ照明が住宅照明においても主流である。

ランプ寿命が長いLED

ＬＥＤを使うメリットの１つにランプ寿命が長いことがある。多くのランプおよび器具が３万時間から４万時間程度とされている。これは白熱電球の１０００時間と比較しても圧倒的に長く、蛍光灯の１万時間と比べても３倍から４倍の長さがある。このメリットを生かして電球交換が難しく、かつては取り付けることのなかった吹抜けの天井や階段室の天井にＬＥＤを使用することも実際に行われている。ただし、ＬＥＤも故障などがないわけではないので、あまりにメンテナンスのしづらい場所の設置はやはり避けるべきである。

ランプ交換を容易にする

住宅照明の場合、ＬＥＤが主流であってもランプ交換型の器具を採用する場合は多い。その場合メンテナンスの作業として一番多いのはランプ交換である。すべての器具は、ランプ交換が容易なつくりのものを選び、取付け位置や設置高さも無理のないようにする。シェード付きの器具などは定期的な清掃が必要になるので、やはり容易に手が届く位置に取り付ける。ランプだけでなく、器具自体にも寿命がある。およそ10年が交換時期とされている。

メンテナンスの考え方は、建築主の家族構成や趣味嗜好によって変わる。高齢者中心の家であれば、なるべく脚立に上る必要がないように気を配る。また、多少メンテナンスが面倒でも、建築主がＤＩＹの作業を好んでやるタイプか、逆にそういったことは一切やらないタイプか、という点も器具選定や設置方法を決める手がかりとなるので留意したい。

■メンテナンス性を考慮した設置方法

●設置高さ

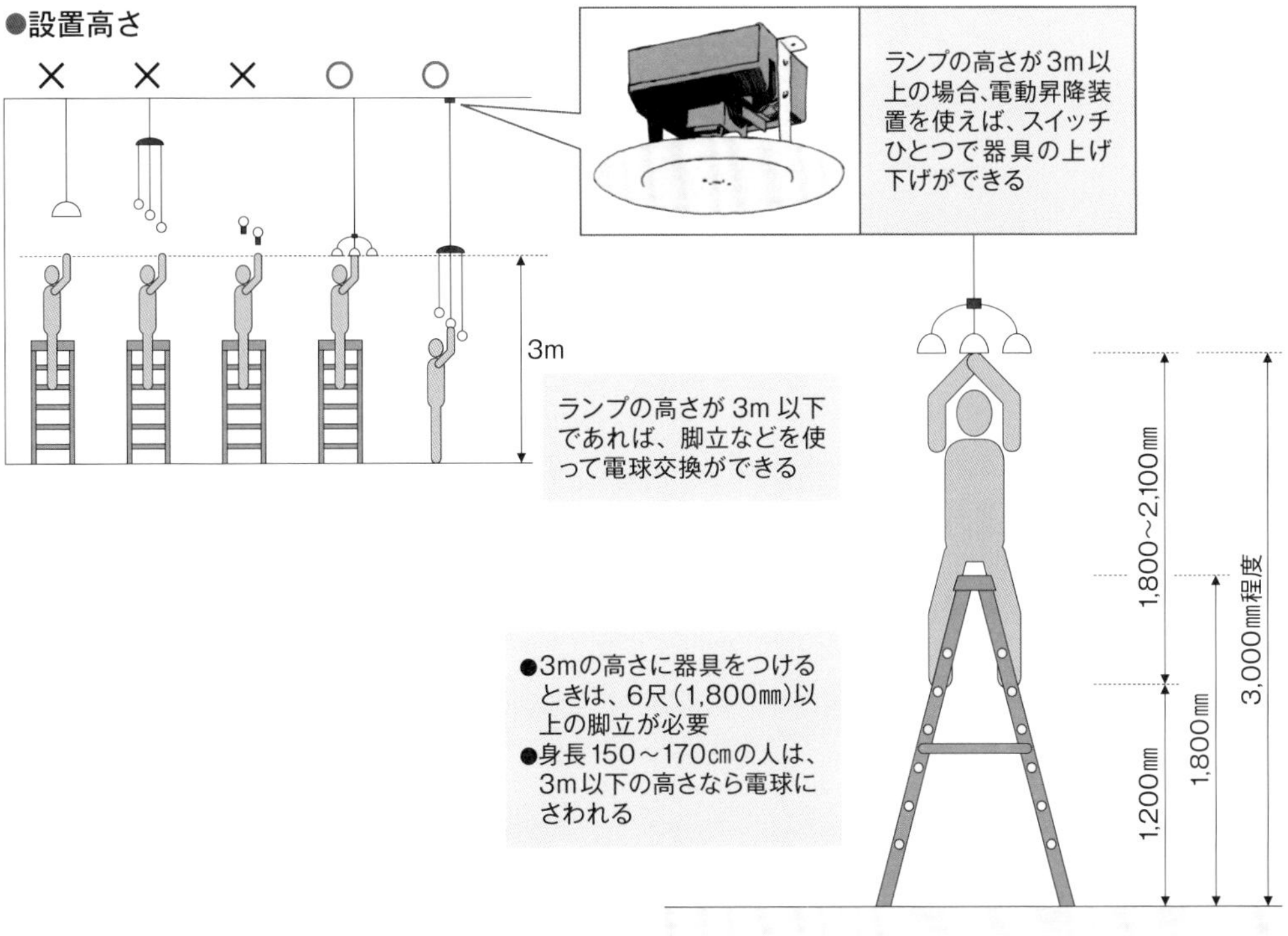

× × × ○ ○
ランプの高さが3m以上の場合、電動昇降装置を使えば、スイッチひとつで器具の上げ下げができる
3m
ランプの高さが 3m 以下であれば、脚立などを使って電球交換ができる
●3mの高さに器具をつけるときは、6尺（1,800㎜）以上の脚立が必要
●身長150～170㎝の人は、3m以下の高さなら電球にさわれる
1,800～2,100㎜
1,200㎜
1,800㎜
3,000㎜程度

■間接照明の場合

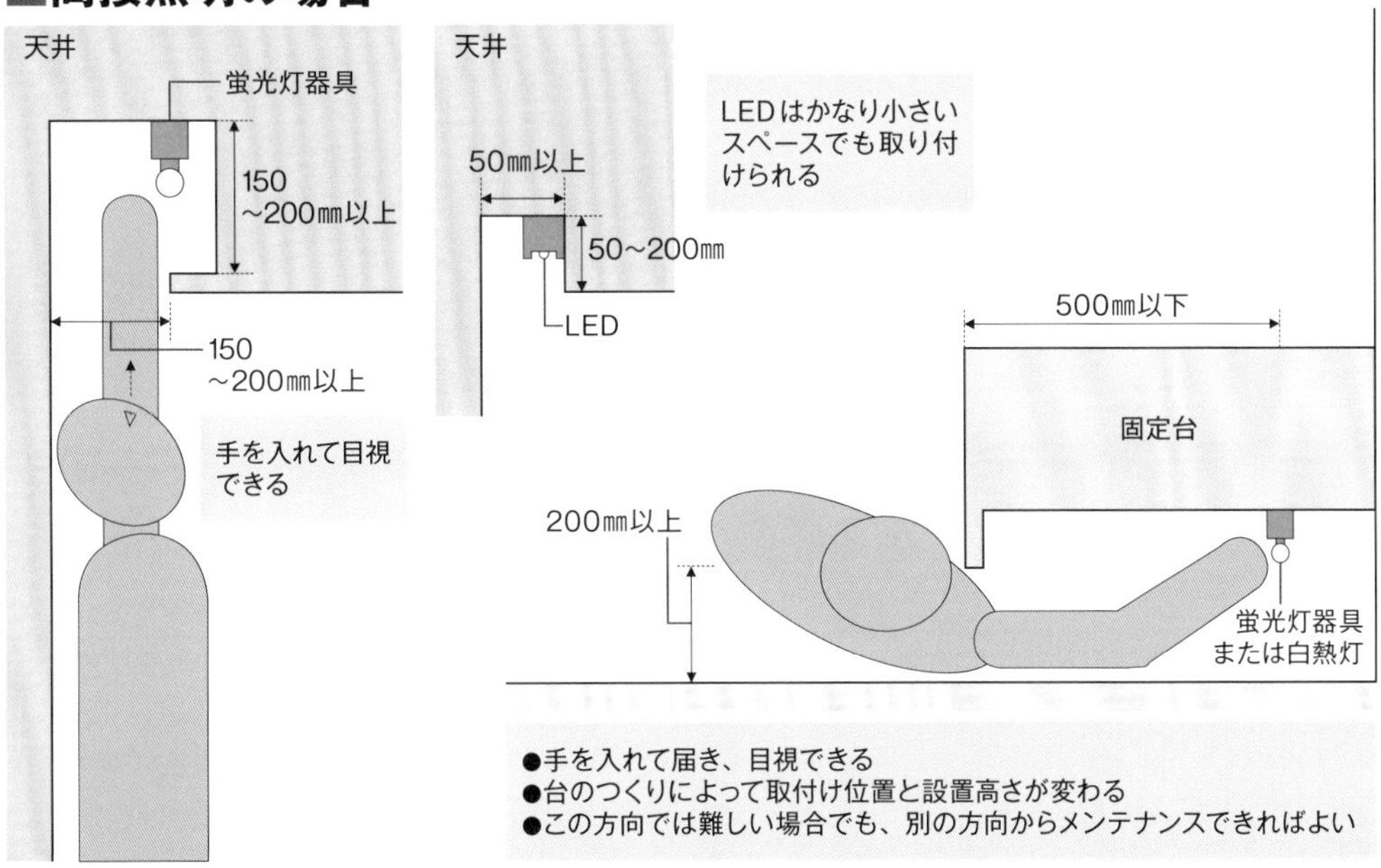

天井
蛍光灯器具
150
～200㎜以上
150
～200㎜以上
手を入れて目視できる
天井
50㎜以上
50～200㎜
LED
LEDはかなり小さいスペースでも取り付けられる
500㎜以下
固定台
200㎜以上
蛍光灯器具
または白熱灯
●手を入れて届き、目視できる
●台のつくりによって取付け位置と設置高さが変わる
●この方向では難しい場合でも、別の方向からメンテナンスできればよい

Chapter 3

033

住空間の照明計画

リビングの照明

point エリアごとに回路を分け、「点灯・消灯の組み合わせパターン」を複数つくり、調光スイッチも活用する

多様な行為・用途に対応

リビングは住宅のなかでも複数の機能や使われ方が交錯するスペースであり、照明計画が最も難しい一方、演出のやりがいもある。リビングで行われる行為は、ソファでくつろぐ、ソファで本を読む、床に横になる、テレビを見る、音楽を聴く、お茶を飲む、子供が遊ぶ、会話を楽しむ、お酒を楽しむ、パーティーなどで人を大勢招いて交流する、ヨガをする、掃除や洗濯をする、など家族によってさまざまである。

これらの行為に対して、照明計画では複数の異なったあかりを配し（多灯）、それぞれの行為や用途、シーンに対応する。器具の種類も用途に合わせて複数選び、ダウンライト、ユニバーサルダウンライト、スポットライト、ペンダント、シャンデリア、ブラケット、スタンドなどを使用する。スイッチはすべて1つでオン・オフするのではなく、エリアごとに回路を分け、複数のオン・オフの組み合わせパターンを可能とするほうがよい。また、明るさが調整できるように、エリアによっては調光を考えておきたい。

足し算の照明配置

リビングのように広くて用途の多い部屋では、人の行為に合わせた足し算の照明配置で照明計画を考える。家族の加齢と成長に伴う使い方の変化を考慮し、変化しにくい場所や要素に対しては照明も固定させ、変わっていく場所にはスタンドを配置するなど柔軟に対応する。また、狭い部屋の場合は天井や壁を照らして、空間を大きく見せる。広い部屋の場合は、家具配置に対応していくつかのコーナーに分かれるように光だまりを分けてつくり、奥行きと落ち着きをつくりだす。

リビングの照明は、LEDを選ぶ場合でも調光にも対応した高演色の電球色ランプをメインとするのがよい。生活する方の好みの光環境を作り出せるようにして心地よい居場所をつくりだせるようにしたい。

■足し算の照明配置

❶中心部にダウンライトを設置

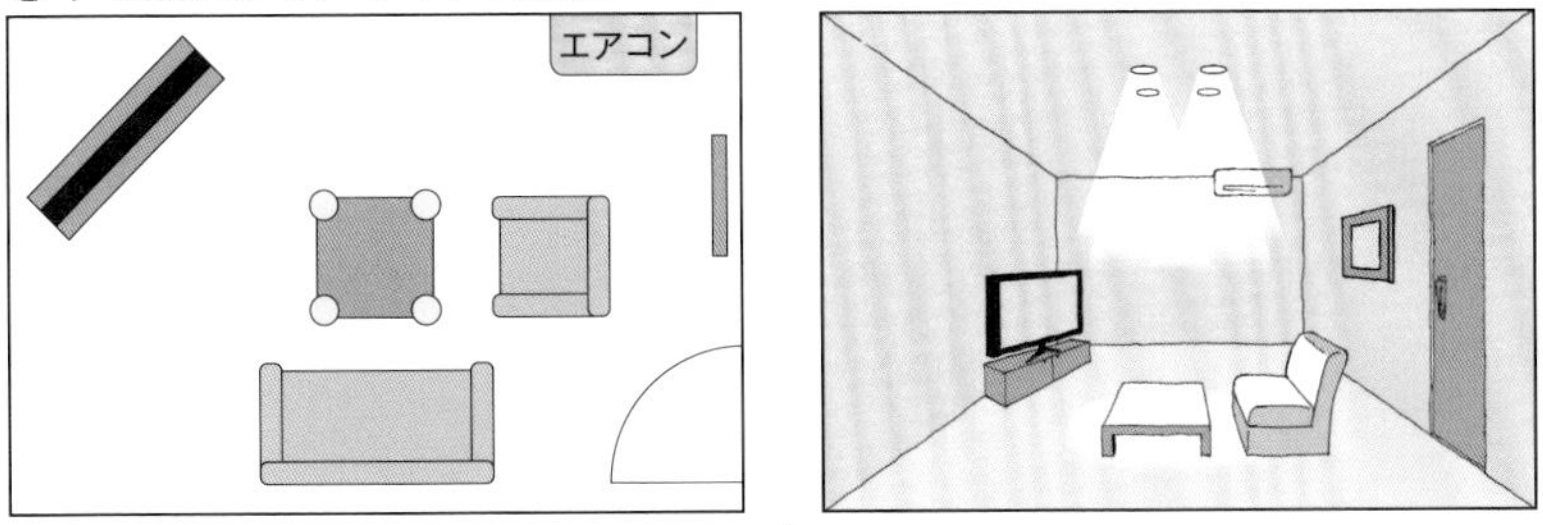

リビングの場合、家具が中心に配置されることが多いため、主照明として有効

＋

❷配線ダクトを設置

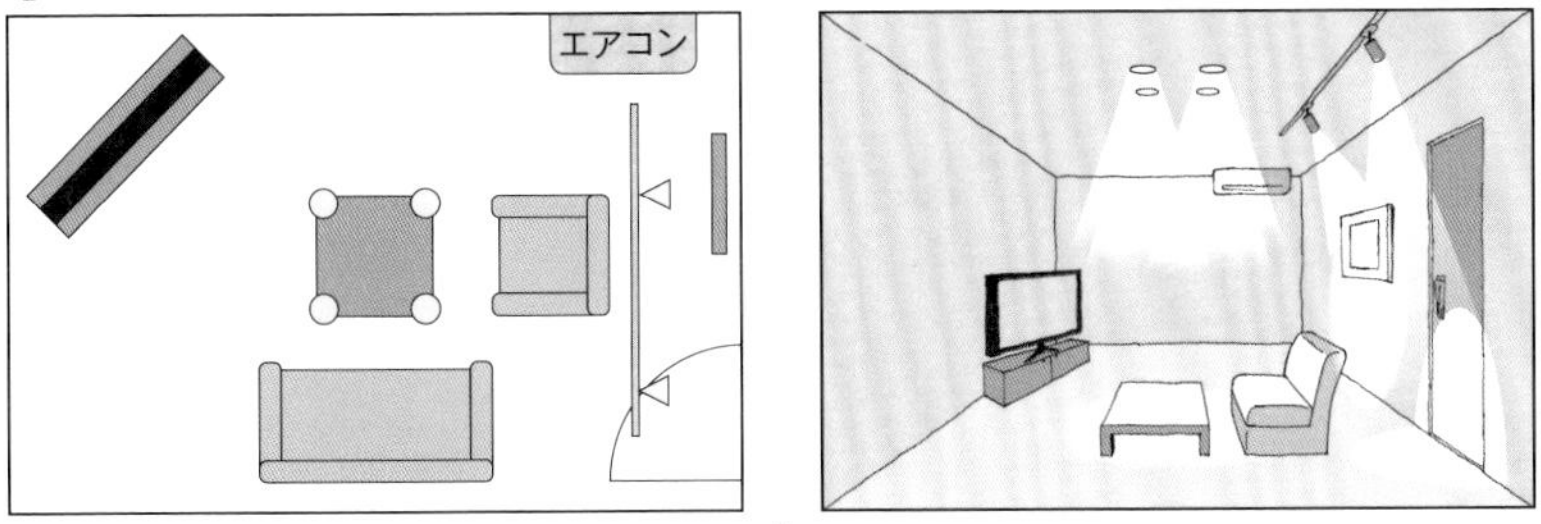

スポットライトを増減したり、移動して使える

＋

❸テレビの後ろにミニスタンドを設置

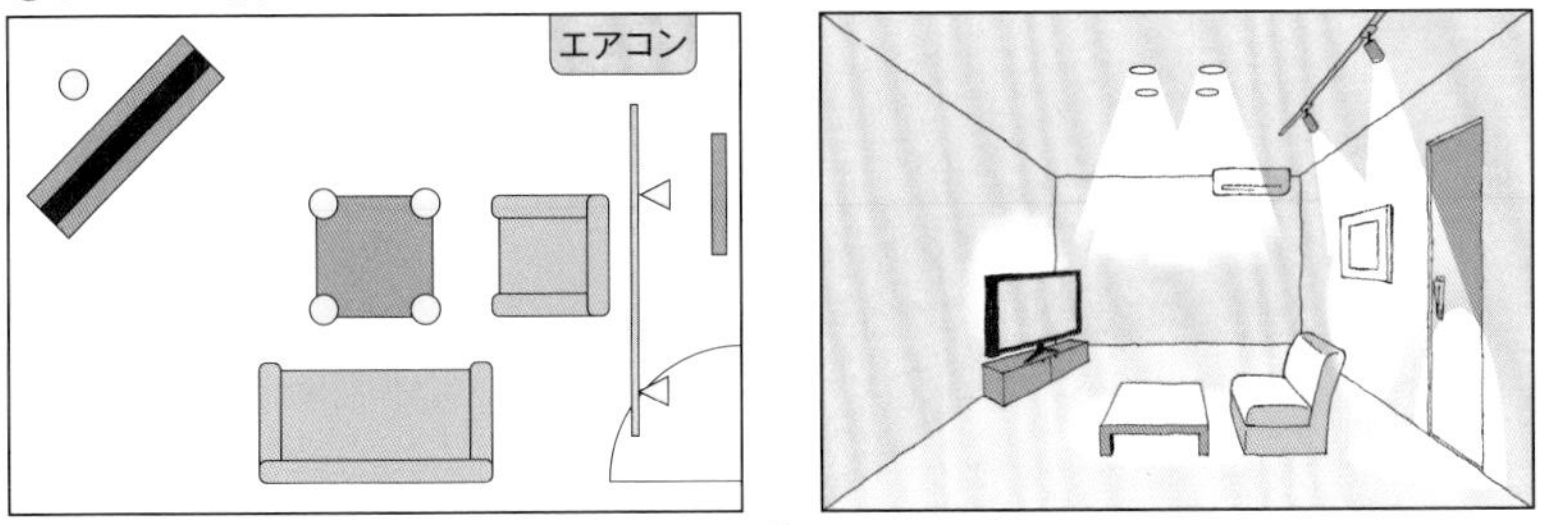

目にやさしい間接照明となる

＋

❹フロアスタンドを設置

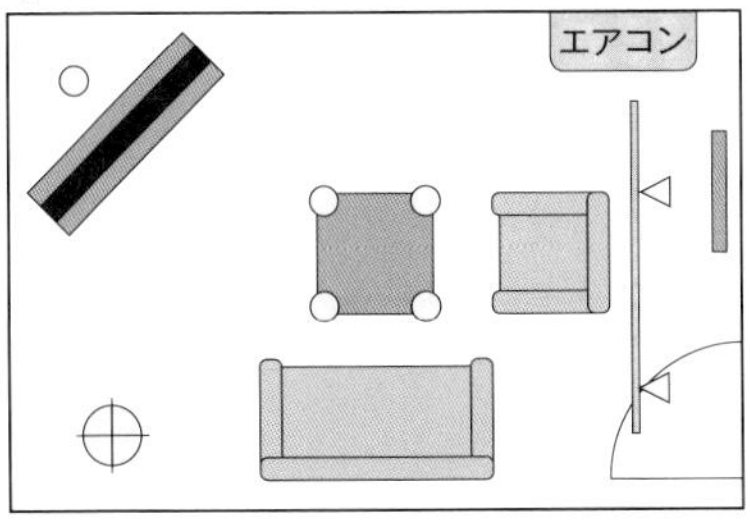

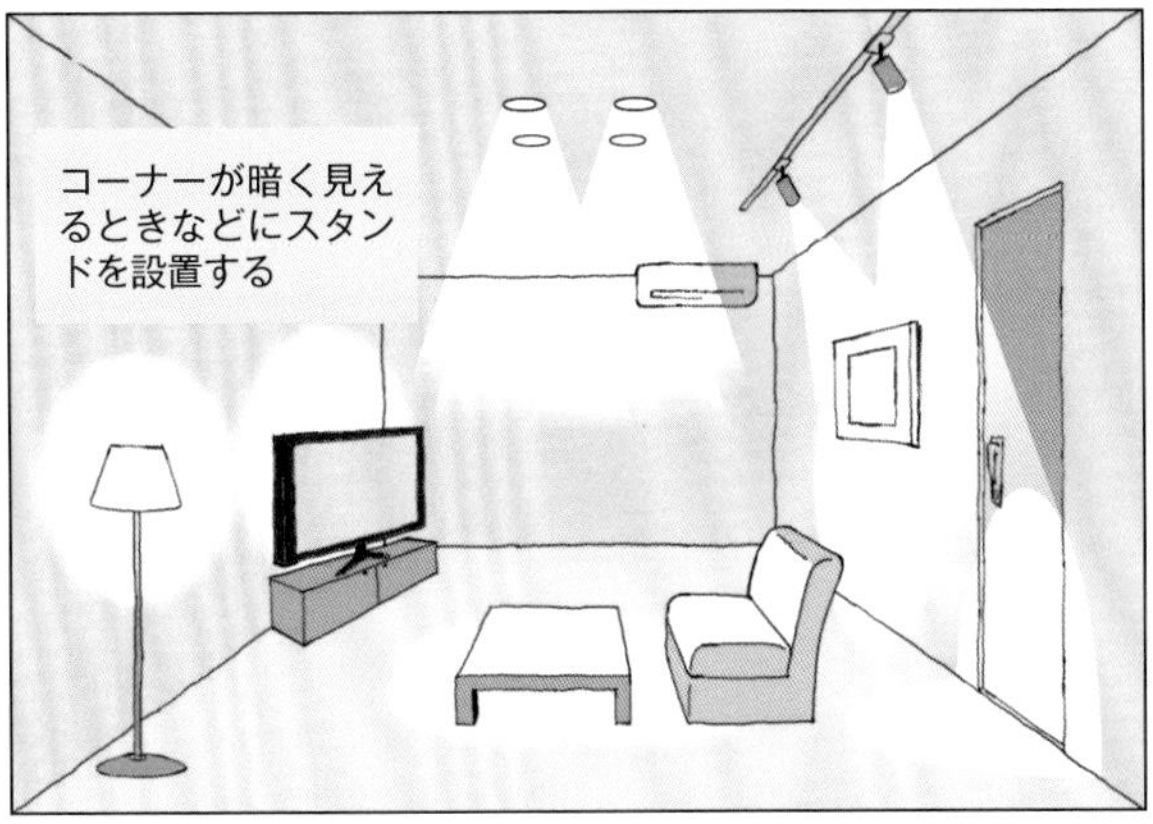

- ●固定の器具は少なめにし、増減できる器具をうまく利用する
- ●器具のまとまりごとに回路を分け、調光スイッチを付ける

リビングの吹抜け

point 吹抜け空間は、天井や壁の上方に光を配して視覚的な誘導を図り、空間の大きさを強調する

吹抜け空間の照明

リビングは、天井がフラットな四角い部屋でない場合も多い。天井が高く、形状が片流れ型や切妻型（124・126頁参照）、アーチ（ヴォールト）型などの場合もある。また、吹抜けがあり、一部2階とつながっていることもある。

吹抜けがある場合は、空間の高さによる気持ちよさを楽しめるように、吹抜け部の天井や壁の上方に光を配して視覚的な誘導を図り、空間の大きさを強調したい。方法としては、スポットライトを使ったり、ブラケット照明で上向きの光を出したりするほか、スタンドを使用することもある。また、ペンダントやシャンデリアを吊るすことで、インテリアの装飾として存在感を与えつつ、天井や空間全体へ光を与える方法もある。

明るさとメンテナンスに配慮

吹抜け空間は、生活の中心エリアとなることが多い。そのため、テーブルや床面に必要な明るさが与えられるようにする。吹抜けの天井にダウンライトやスポットライトを設置するのは、メンテナンスが難しくなるのであまりお薦めできないが、開口径の小さいLEDダウンライトで器具としての存在感を消すなどの空間演出の意図がある場合などには、吹抜けの天井面への設置も選択肢の1つとすることができる。一般的には、壁にスポットライトを設置するか、ペンダントやスタンド照明を活用するとよいだろう。

見え方とまぶしさにも注意

吹抜けが2階のスペースとつながっている場合は、器具の見え方にも配慮する必要がある。特に間接照明は、1階からの見え方に問題がなくても、2階から見てランプが視界に入ったり、配線が目につくことが多いので気をつける。

また、上向きの照明は、設置場所によっては不快なほどまぶしく見えることもあるので注意が必要である。

■リビングの吹抜けの照明

●ペンダントやシャンデリアを吊るす

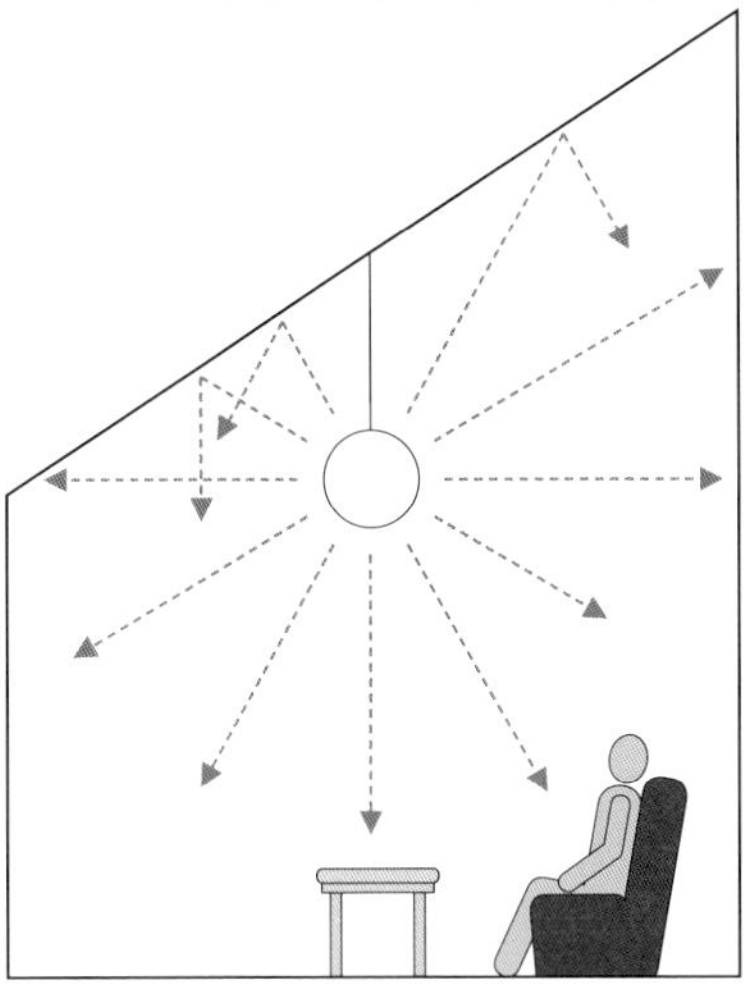

空間全体を明るくする。天井面や壁の上のほうにも光をある程度当てる

●間接照明で天井面を明るくする

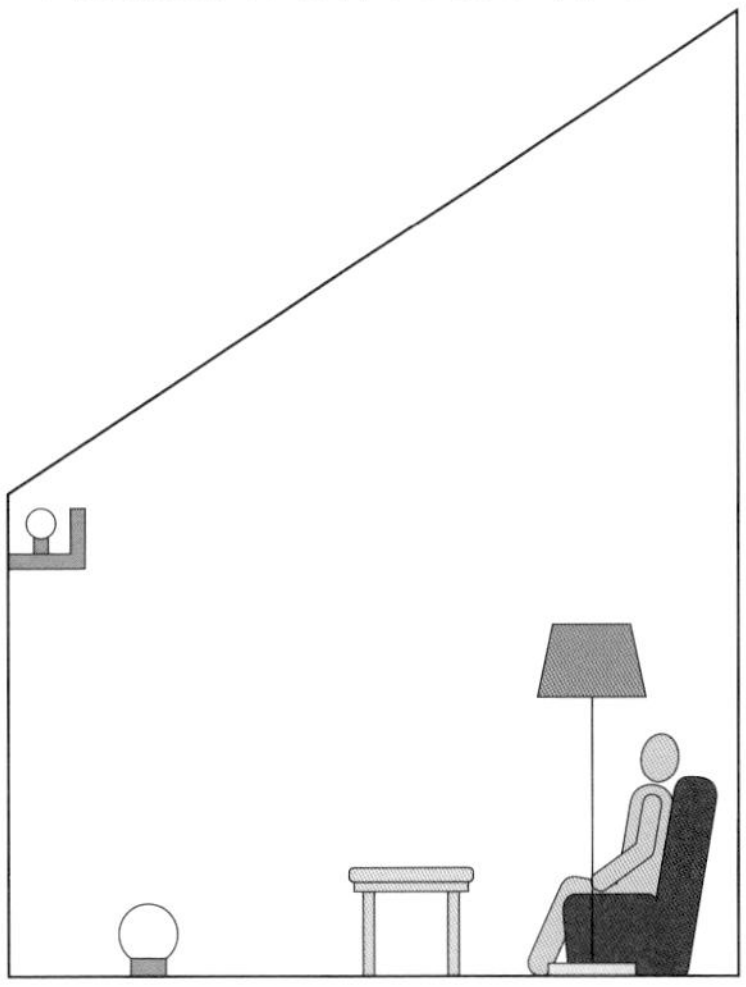

床やテーブルを照らすために、別にスタンドなどを使う

●ブラケットで
天井や壁の上部を照らす

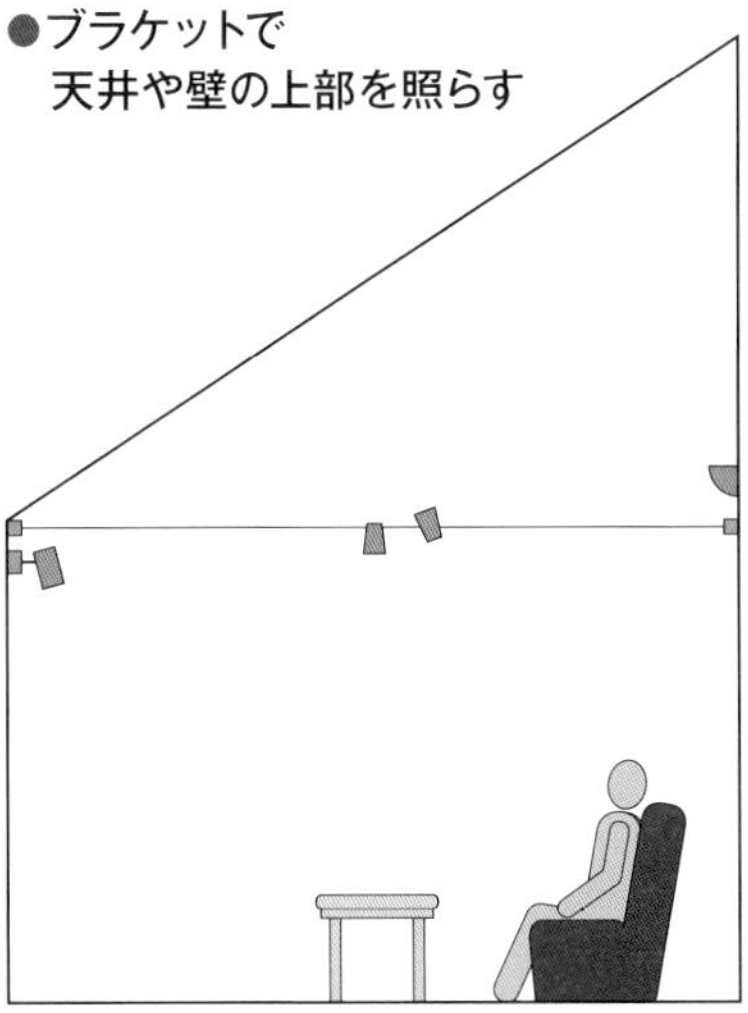

壁に近いエリアは、壁付きスポットライトを使って明るくする。吹抜け中央部の床面は、ワイヤー照明やペンダント、スタンドなどを使って照らす

これはNG!

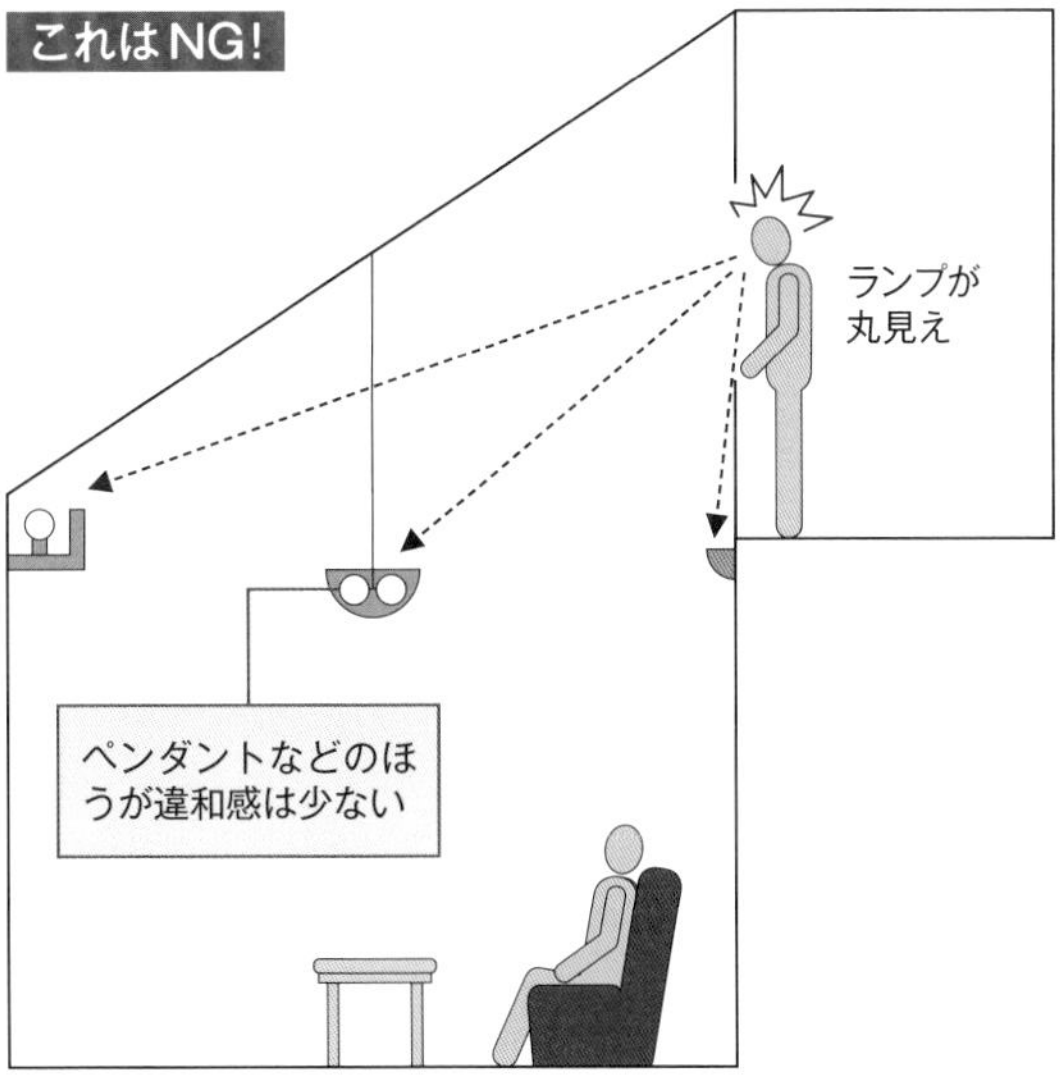
ランプが
丸見え
ペンダントなどのほ
うが違和感は少ない

2階から見下ろせる場合、2階から器具がどのように見えるかに注意し、まぶしくないか、見栄えが悪くないかを確認。特に間接照明は電球が見えると見栄えが悪いので気をつける

ダイニングの照明

point ダイニングテーブルの位置・寸法と照明とのバランスが重要

食べ物や人の顔を良く見せる

食事のための空間の照明は、食べ物や飲み物がおいしそうに見えることに加え、テーブルを囲む人々の顔がきれいに見えることが重要である。白熱電球か、それに準じる演色性の優れたLEDランプ（Raの数値が優れたもの）が適しているといえる。

ダイニングテーブルの上で新聞や本を読んだり、勉強をしたりすることもあるだろう。そのような機能的側面と団らんの場の演出を兼ね、ダイニングテーブルの上にペンダント照明を吊るす方法はたいへんポピュラーである。

調光できるとよい

ダイニングテーブルを照らすあかりは、煌々と明るい状態をつくるだけでなく、親密な雰囲気を演出することもできるように、調光による明るさの調節ができるようにしたい。ペンダントを1～3台程度、テーブルの大きさに合わせて吊るす方法のほか、ダウンライトやスポットライトで天井からテーブルを照らす方法もある。

ペンダントは、部屋の広さによっては圧迫感が出て狭苦しく感じる原因となる。その場合は、ダウンライトやスポットライトを使って空間に広がりをもたせるほうがよい。ダイニングのスペースがさほど広くない場合は、テーブルを照らすあかりだけで十分である。

テーブルとの関係も考える

ダイニングの照明で重要なのは、テーブルとの位置関係である。建築設計の段階で、テーブルの位置をある程度想定しておく必要がある。また、テーブルとシェードの大きさのバランスや、ペンダントとテーブルとの距離にも注意する。

なお、ダイニングは、空間としてリビングやキッチンと一体になっていたり、半分連続していたりする場合が多いので、ほかのエリアからのあかりの干渉も考慮し、空間全体での統一感やバランスもよく考える必要がある。

■照明とダイニングテーブルの関係

●一般的な4人掛けテーブルの場合

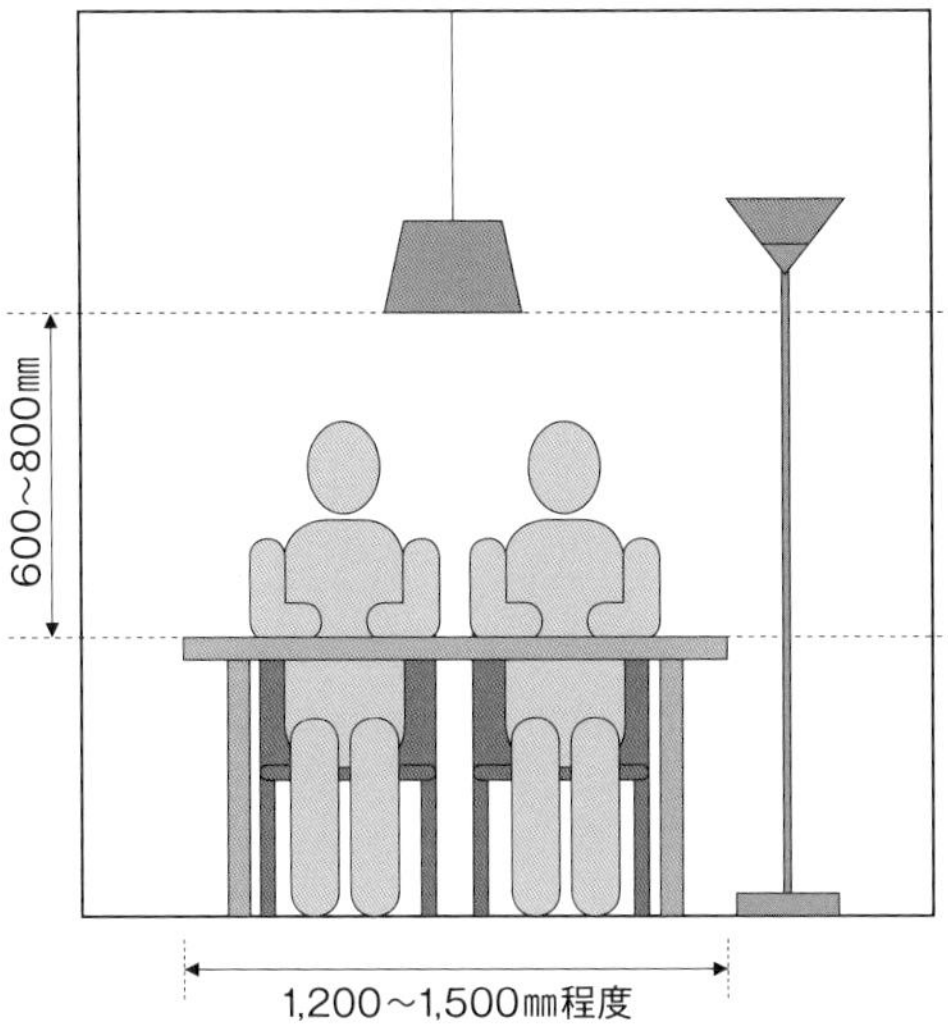

ダイニングテーブルの上にペンダントを吊るす。座った状態でお互いの顔がよく見える高さは、600～800㎜程度。中途半端な高さだと、あかりも中途半端な印象になる

●テーブルが大きい場合

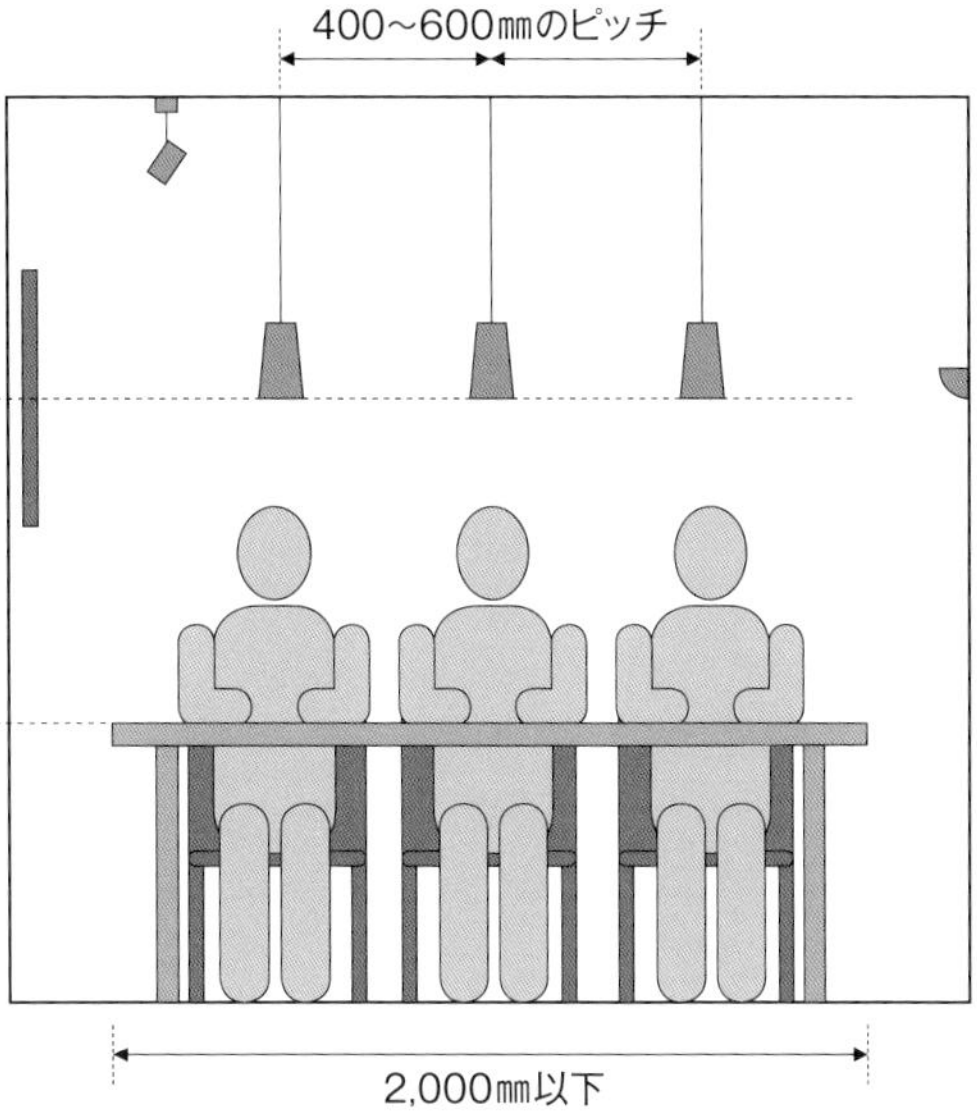

テーブルの大きさや器具の大きさに合わせて器具の台数を変えたり、スポットライトやブラケット、スタンドを併用する。部屋の明るさ感を得るために、スタンドやダウンライトを併用してもよい

●天井が低く、部屋が狭い場合

ペンダントだと圧迫感が出る場合があるので、スポットライトやダウンライトを使う

●テーブルの位置が決まっていない場合

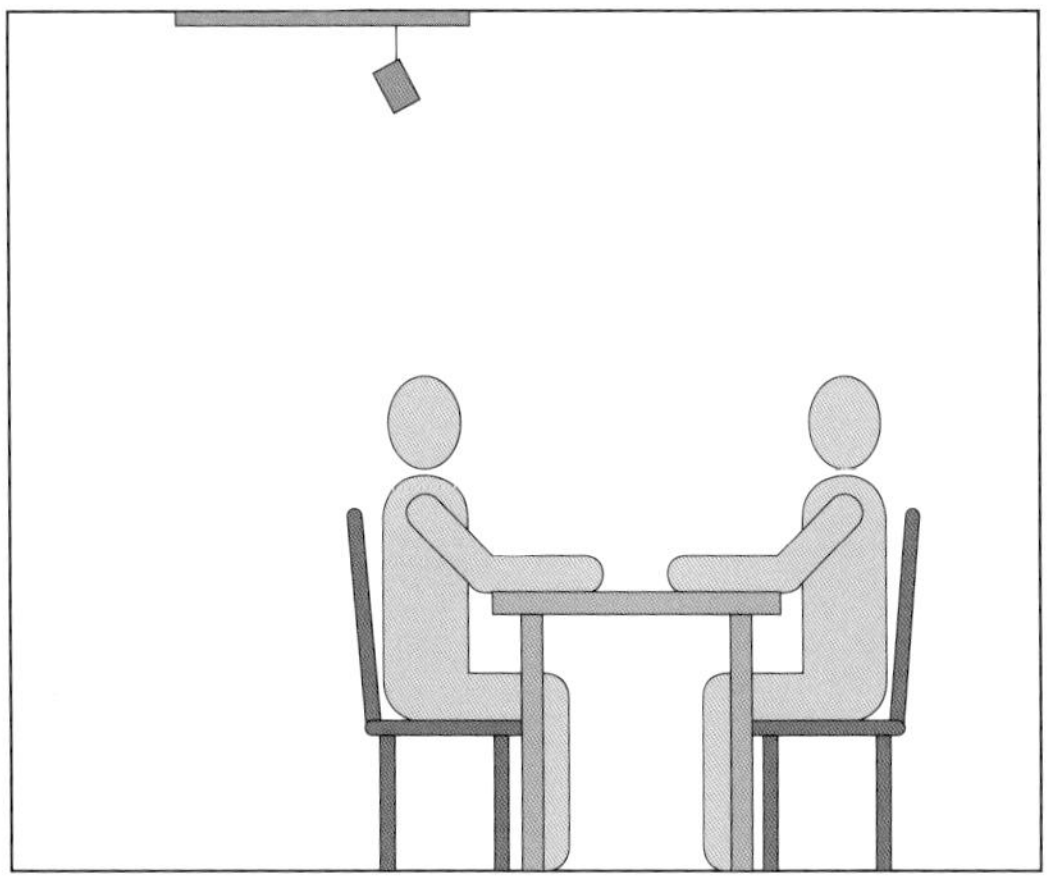

ペンダントを固定するとテーブルの位置の移動に対応しづらいので、配線ダクトレール型のスポットライトを使う

キッチンの照明

point
全般照明や作業灯を使って「十分な明るさ」と「色の見え方のよさ」を確保する

作業に十分なあかりをとる

キッチンは住宅のなかで最も作業の多い空間であり、十分な明るさと、食材や食器の色の見え方のよさ（演色性）が求められる。

部屋全体のほか、棚のなかの物が確認しやすいように、天井やその付近に全般照明を設ける。器具としては、ダウンライトや全般照明用のライン型ベース照明器具などを使う。一方、作業を行うシンクやコンロ、作業台にそれぞれ不必要な影が生じないように、ダウンライトやライン型器具を使って作業灯（キッチンライト）を設ける必要がある。全般照明、手元の作業灯ともに、明るい光源が直接視界に入るとグレアによって不快感につながることがあるので、避けるようにする。

リビング・ダイニングとの一体感

キッチンは、ダイニングやリビングといったくつろぎ・安らぎのスペースと連続していたり、一体になっている場合も多く、それらの空間とデザインの一体感があることが多い。したがって、光に関してもダイニングやリビングとある程度光源や色温度をそろえたほうがよい。ダイニングやリビングの光が電球色であれば、キッチンも電球色で統一したほうが、空間としてより一体感を出すことができる。

オープンキッチンの場合は、キッチンまわりの照明も空間の雰囲気づくりにかかわってくるので、機能性だけを満たすことで終わらず、光のデザインとしても魅力的になるように計画する。キッチンに取り付ける器具がダイニングやリビングからも見える場合は、器具自体のデザインにも気を配る。

キッチンとダイニングの間にオープンカウンターを設ける場合は、カウンタートップを明るく照らせるように、カウンター上になるべくダウンライトやペンダント器具などを設置する。

また、キッチンの照明は、ダイニングの照明とは別にスイッチを設けて点滅ができるようにしておく。

■キッチンの照明の配置例

●基本的な配置

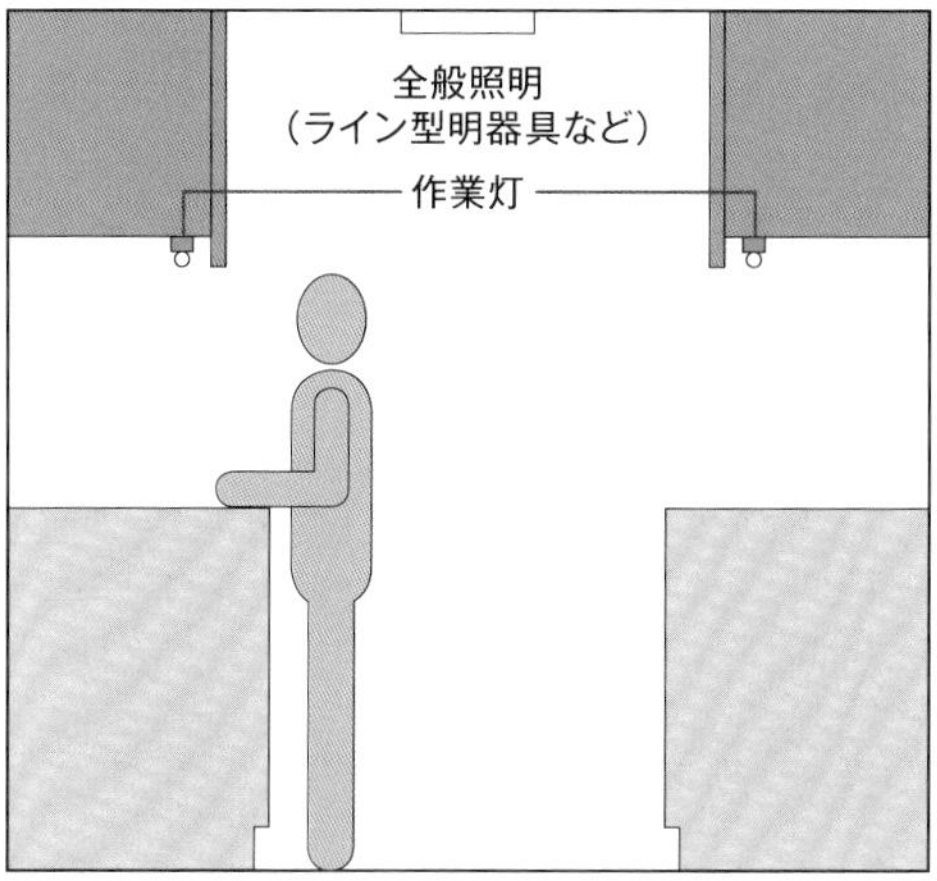
全般照明
（ライン型明器具など）
作業灯

キッチン中央の天井に全般照明を配置し、手元には作業灯を配置するのが基本

●オープンキッチンの場合

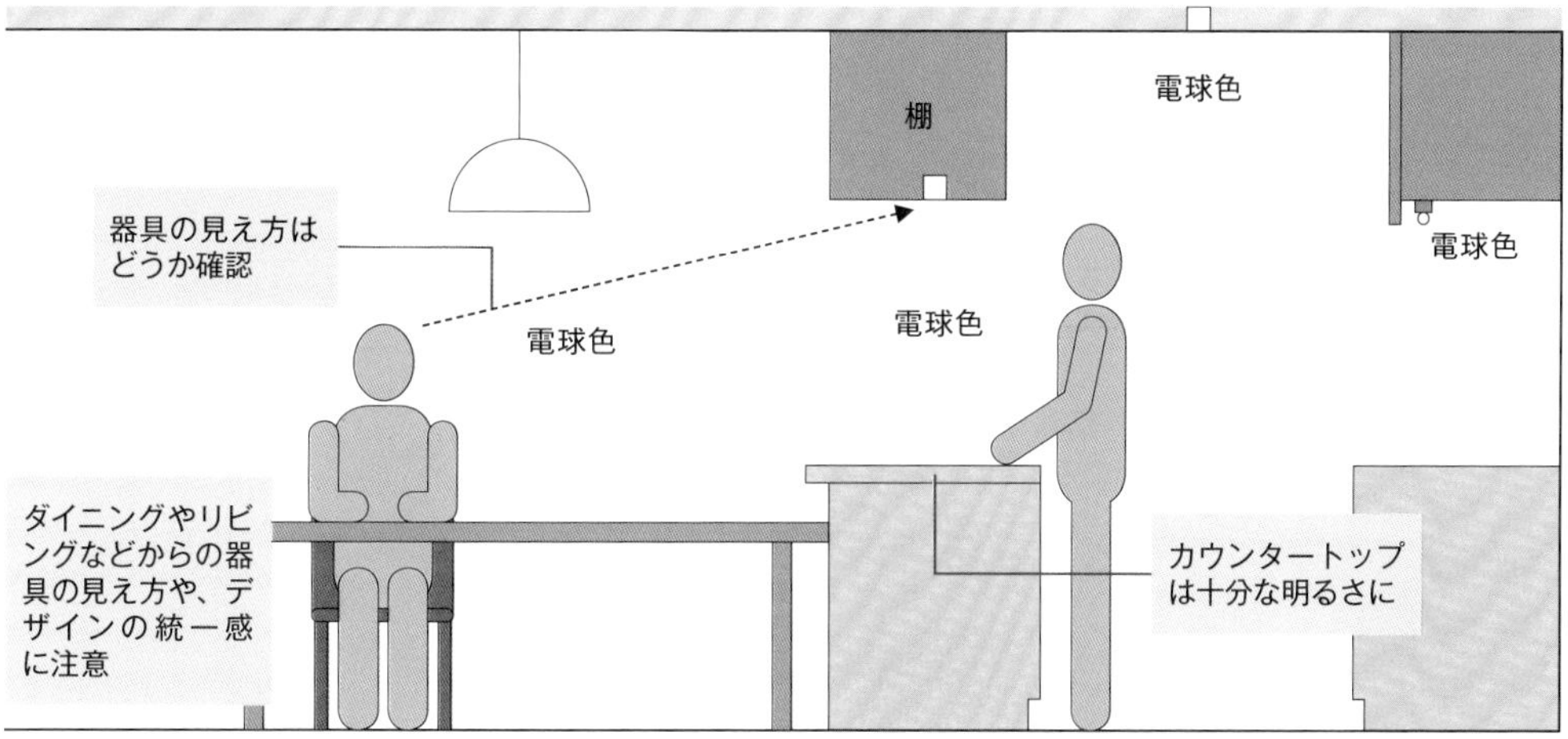
棚
電球色
器具の見え方は
どうか確認
電球色
電球色
電球色
ダイニングやリビングなどからの器具の見え方や、デザインの統一感に注意
カウンタートップ
は十分な明るさに

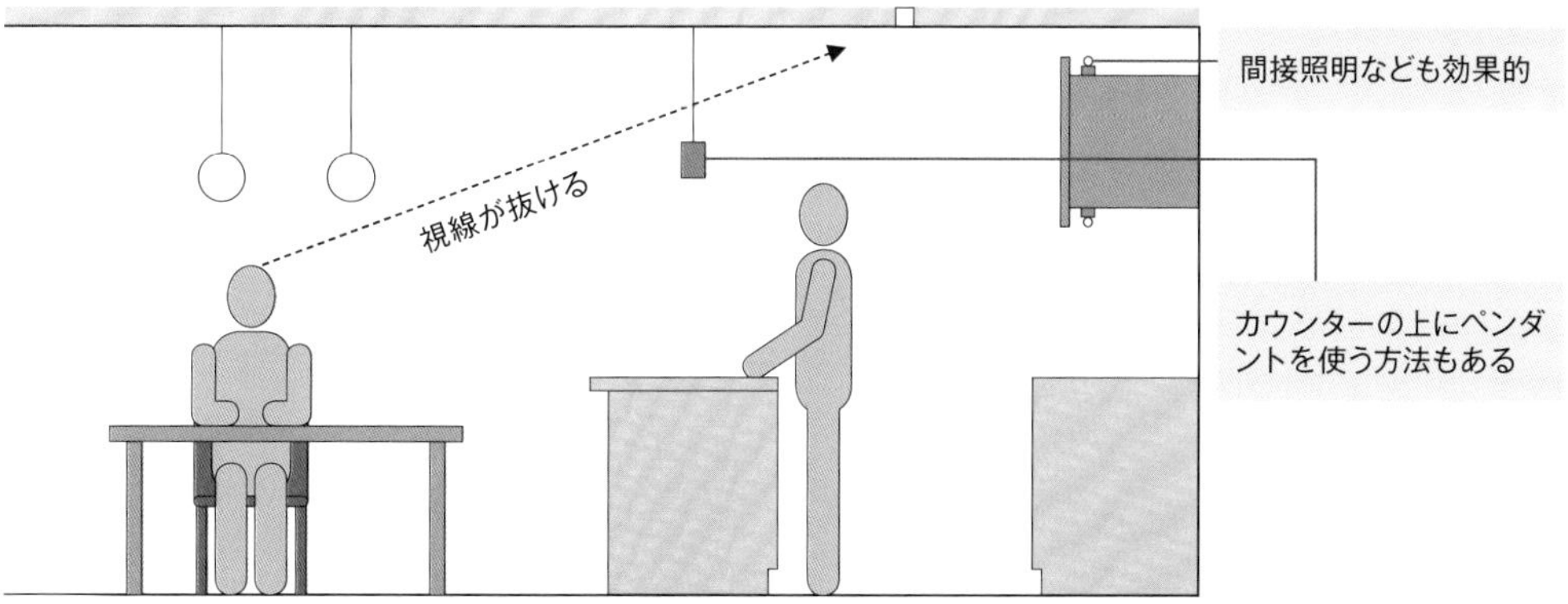
間接照明なども効果的
視線が抜ける
カウンターの上にペンダントを使う方法もある

寝室の照明

point ランプのまぶしい光源が直接目に入らないように注意する

快適な睡眠と目覚めに配慮

寝室は横になって休息するための部屋なので、照明を使ってリラックスできる雰囲気づくりをする。眠りにつく際に眠気を覚ましてしまわないように、ベッドや布団に横になったときや上半身を起こしたときに電球のまぶしい光源が直接目に入らないように、気をつけて器具や設置方法を考える。

一方で、朝の起床時に、やや暗い早朝でも快適にすっきりと目覚められるように、しっかりとした明るさが得られるようにする。特に窓からの直接の外光があまり期待できない場合などは、あかりを足すことも検討する。

調光できるようにする

寝室ではリラックスできることが大切なので、すべてのあかりが調光できるほうが望ましい。全般照明には、ダウンライトやシーリングライトだけでなく、壁付けのブラケット照明などの間接照明を使うのもよい。また、天井や壁面に固定の器具を付けずに、複数のスタンド照明のみであかりをとることも可能である。

夜中に起きてトイレなどに立つときのために、足元だけを照らせるフットライトも設置しておけば、いきなりまぶしい光にさらされるのを防げる。ＬＥＤは消費電力が少なく、明るさも弱いのでフットライトに適しており、常夜灯のように使用できる。

手元スイッチで点滅

寝室では、寝る前に読書をしたり、ベッドサイドに時計や小物を置いて寝ることもある。そのため、天井などに取り付ける全般照明以外に、ベッドサイドの照明を設置すると便利である。

ベッドサイドには、スタンドなどを置き、手元スイッチで点滅できるようにする。ベッドの上ですべての照明スイッチの点滅ができるよう、入り口脇のスイッチと3路になったスイッチをベッドサイドに付けるか、リモコン対応の器具やランプを選ぶ方法もある。

■寝室の照明の配置例

悪い例 横になったときに電球や明るい光源が視界に入ると、まぶしくて眠りを妨げてしまう

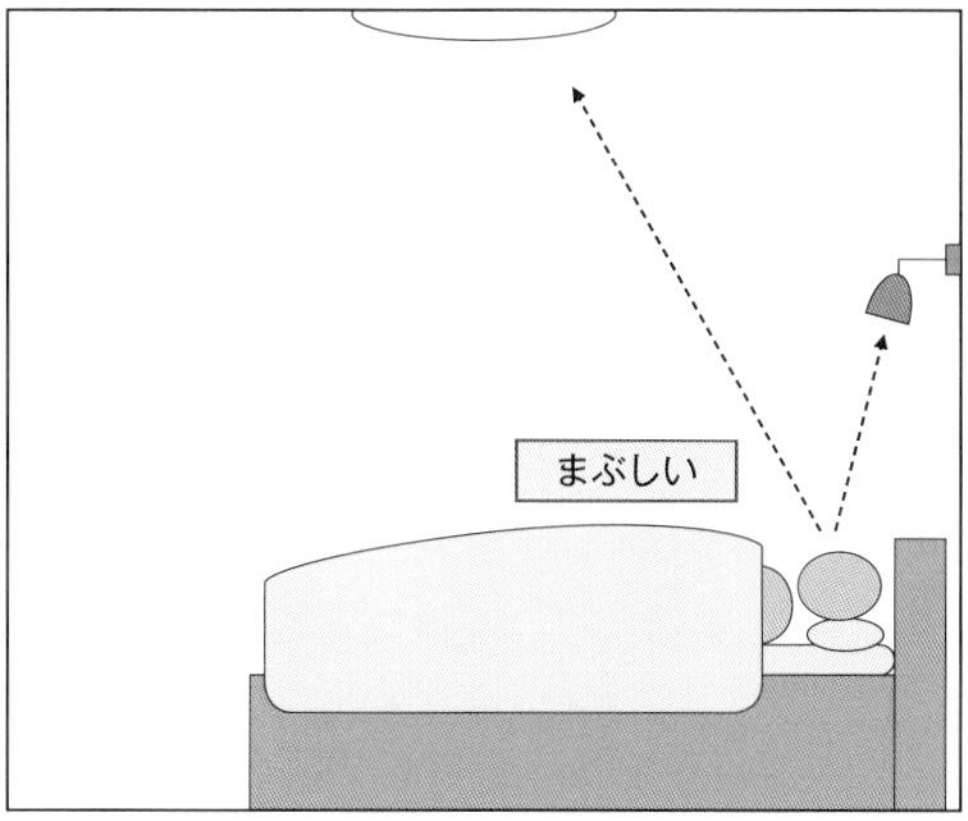
まぶしい

良い例 電球や光源が視界に入らない。ベッドからあかりの調整ができる

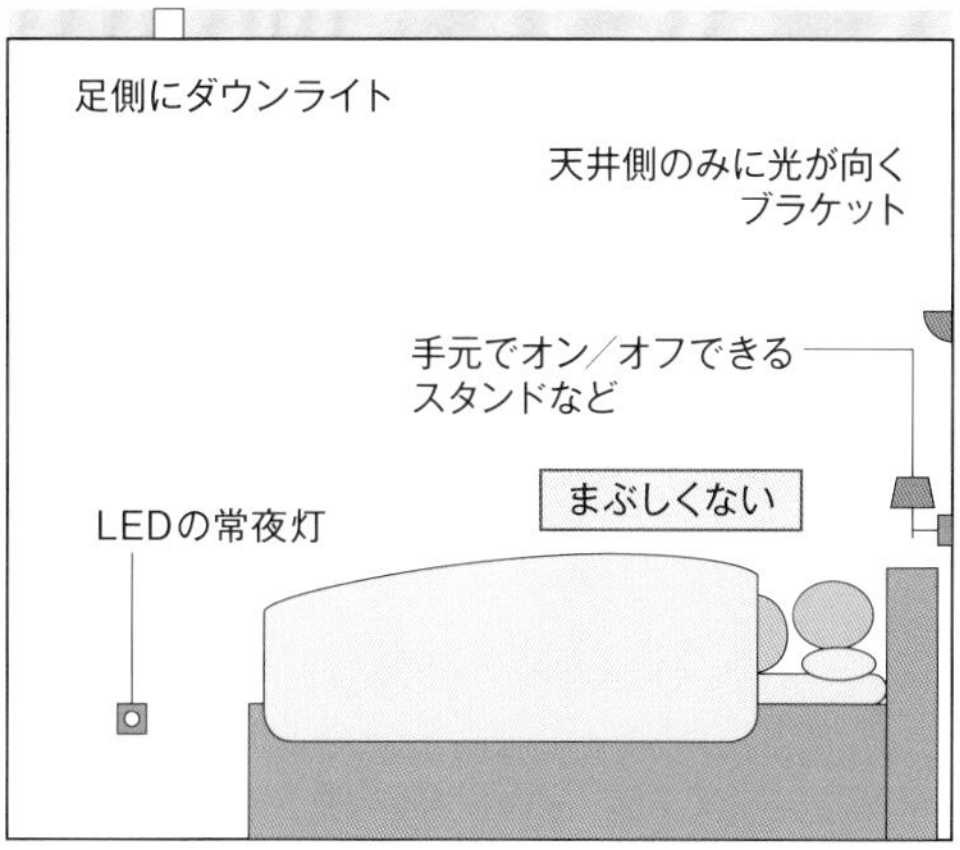
足側にダウンライト
天井側のみに光が向くブラケット
手元でオン/オフできるスタンドなど
まぶしくない
LEDの常夜灯

良い例

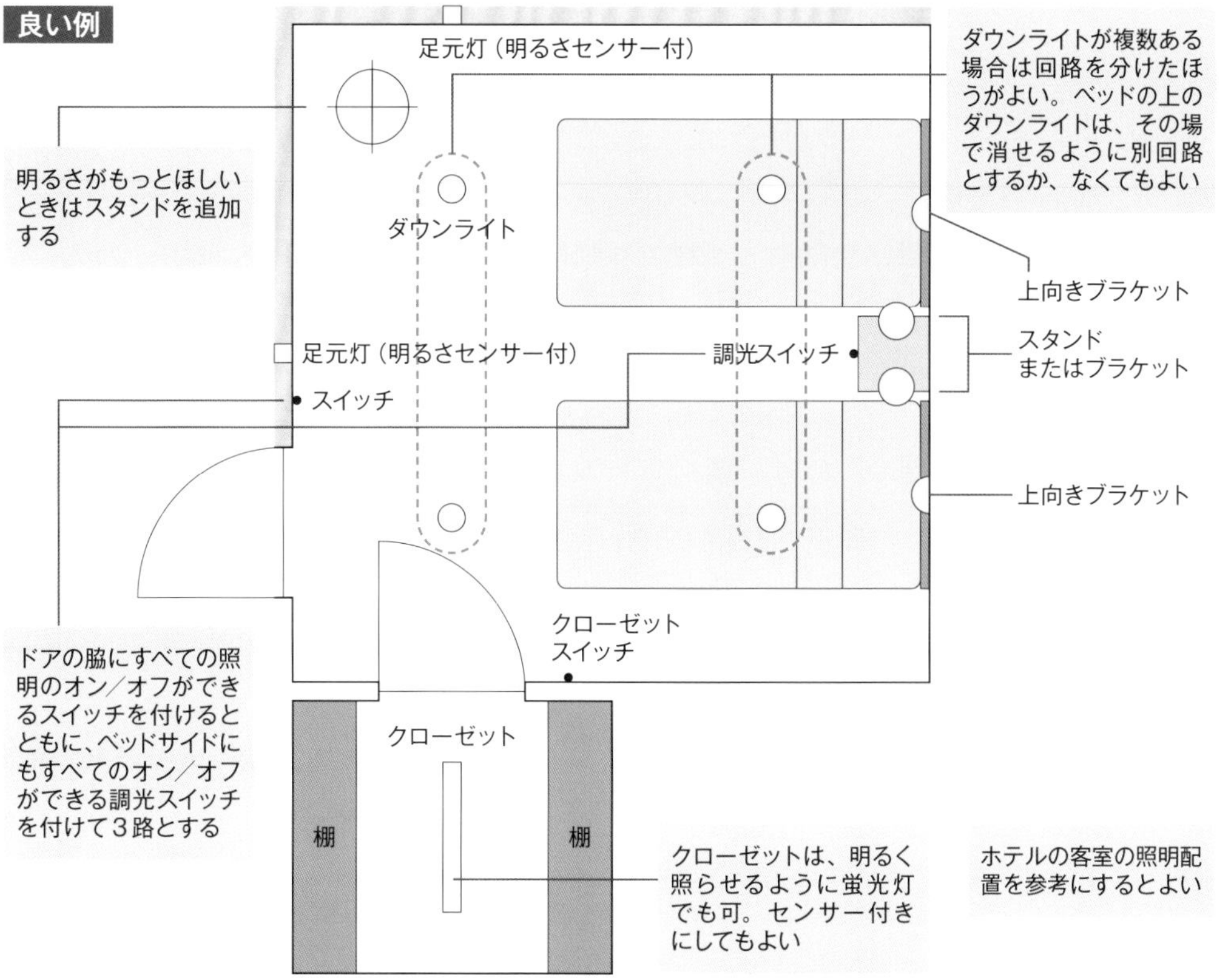
足元灯（明るさセンサー付）
明るさがもっとほしいときはスタンドを追加する
ダウンライト
足元灯（明るさセンサー付）
調光スイッチ
スイッチ
ダウンライトが複数ある場合は回路を分けたほうがよい。ベッドの上のダウンライトは、その場で消せるように別回路とするか、なくてもよい
上向きブラケット
スタンドまたはブラケット
上向きブラケット
クローゼットスイッチ
ドアの脇にすべての照明のオン/オフができるスイッチを付けるとともに、ベッドサイドにもすべてのオン/オフができる調光スイッチを付けて3路とする
クローゼット
棚
棚
クローゼットは、明るく照らせるように蛍光灯でも可。センサー付きにしてもよい
ホテルの客室の照明配置を参考にするとよい

和室の照明

point ペンダントライトにこだわらず、ダウンライトやスポットライトで演出するのもよい

部屋の位置づけを確認

和室の用途は多様であり、リビングのコーナーに団らんスペースとして設ける場合、独立した客間とする場合、高齢者の生活の中心として使用する場合、などがある。そのため、和室の照明計画は、その部屋がどのような位置づけで使用されるかによって考え方を変える。

洋風リビングのコーナーにある和室は、生活の中心的なスペースに準じると考えられるので、リビングの照明計画と同様に考え、洋風リビングと一体感が出せるようにするとよい。

和紙貼りにこだわらない

和室には、蛍光灯の入った和紙貼り調のペンダントやシーリングライトが取り付けられることが多い。しかし、和室には照明と相性のよい素材が多いので、ダウンライトやスポットライトを使って演出するのも1つの方法だ。

天井面の木目を美しく照らしたい場合は、ダウンライトやスポットライトでは天井面の明るさが得られないので、低いスタンドなどを併用するとよい。

床の間は、LEDを使った電球色の間接照明を用いて、上から下にかけてやわらかいグラデーションの光で照らす。また、床板の上に花器などが置かれている場合は、垂れ壁の背後に配光がナロータイプのLEDスポットライトを取り付け、花器だけに光を当てるとよい。こうした演出により、床の間が本来もつギャラリー的な性質を強調できる。

高齢者が使用する場合

高齢者が生活の中心として和室を使用する場合は、視力の衰えを考慮し、部屋全体が明るめになるように主照明を設置する。和室は天井や壁が白ではなく茶色やベージュの場合が多いので、白い部屋に設置する場合と同程度の照明を想定すると、反射の効率などから、どうしても暗くなってしまうので注意する。

■和室の照明の配置例

●平天井＋シーリングライト

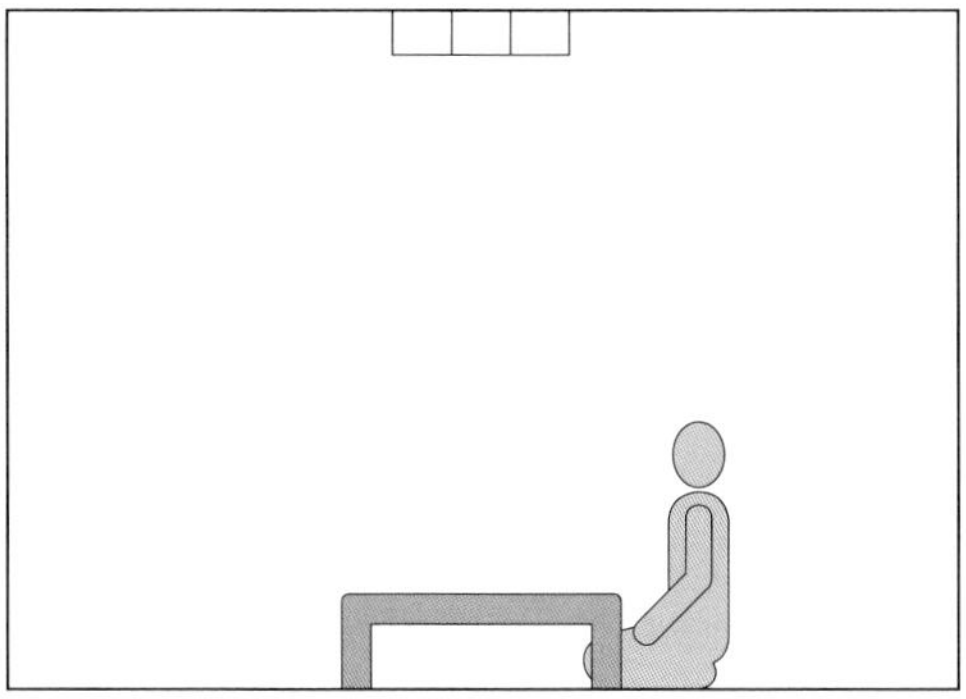

●格子天井＋ペンダント

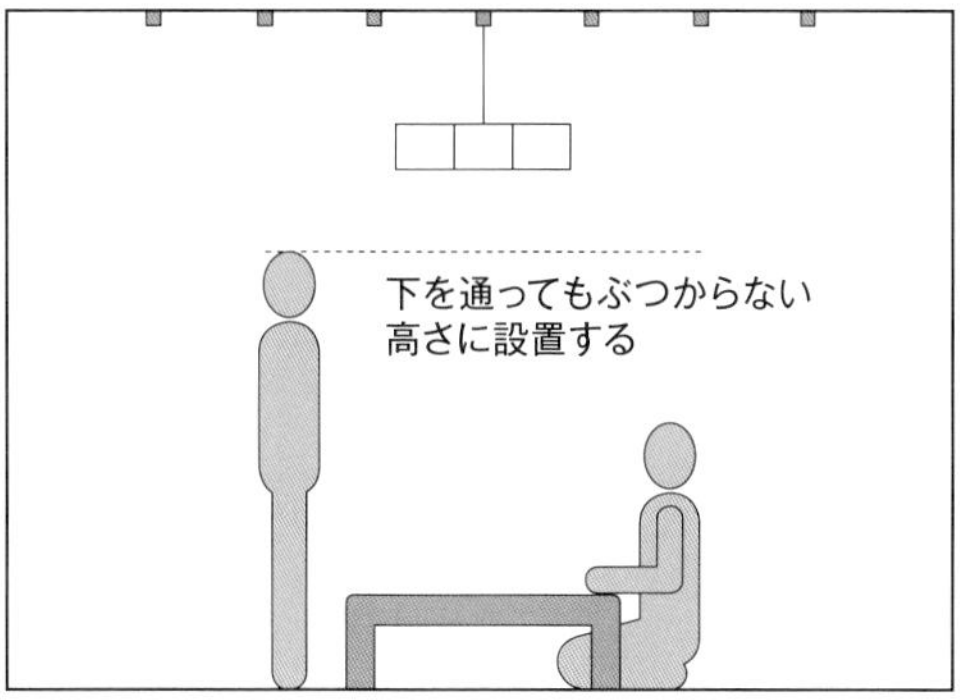
下を通ってもぶつからない
高さに設置する

●洋風の器具を使用した場合

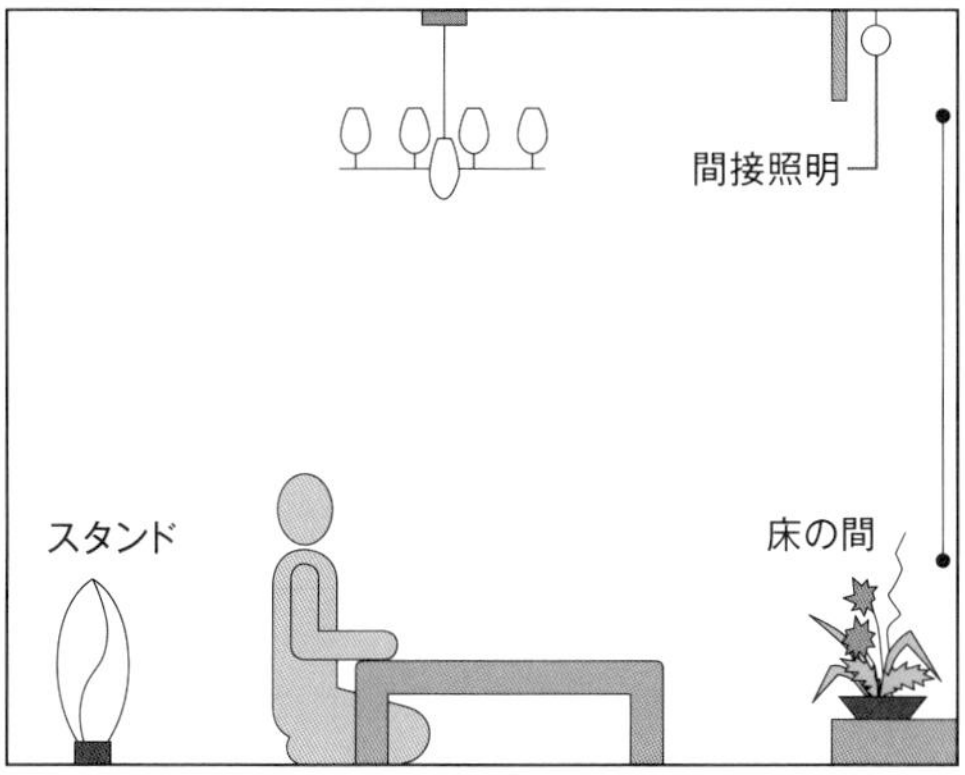
間接照明
スタンド
床の間

●ダウンライトやスポットライトを使用した場合

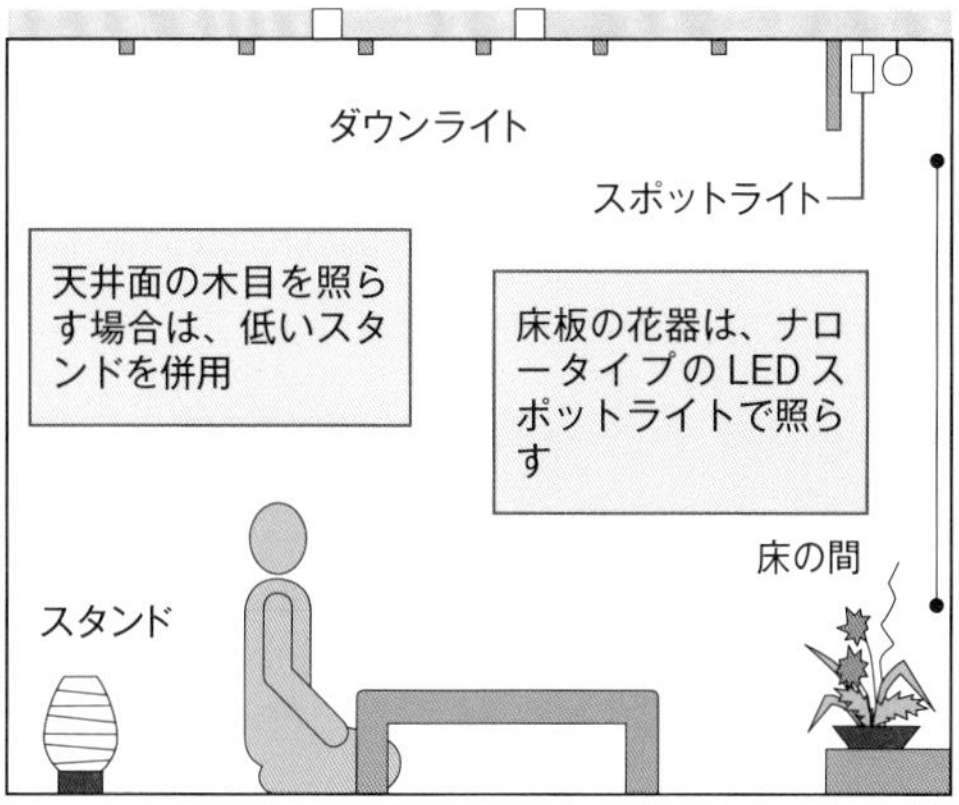
ダウンライト
スポットライト
天井面の木目を照らす場合は、低いスタンドを併用
床板の花器は、ナロータイプの LED スポットライトで照らす
スタンド
床の間

●高齢者が使用する場合

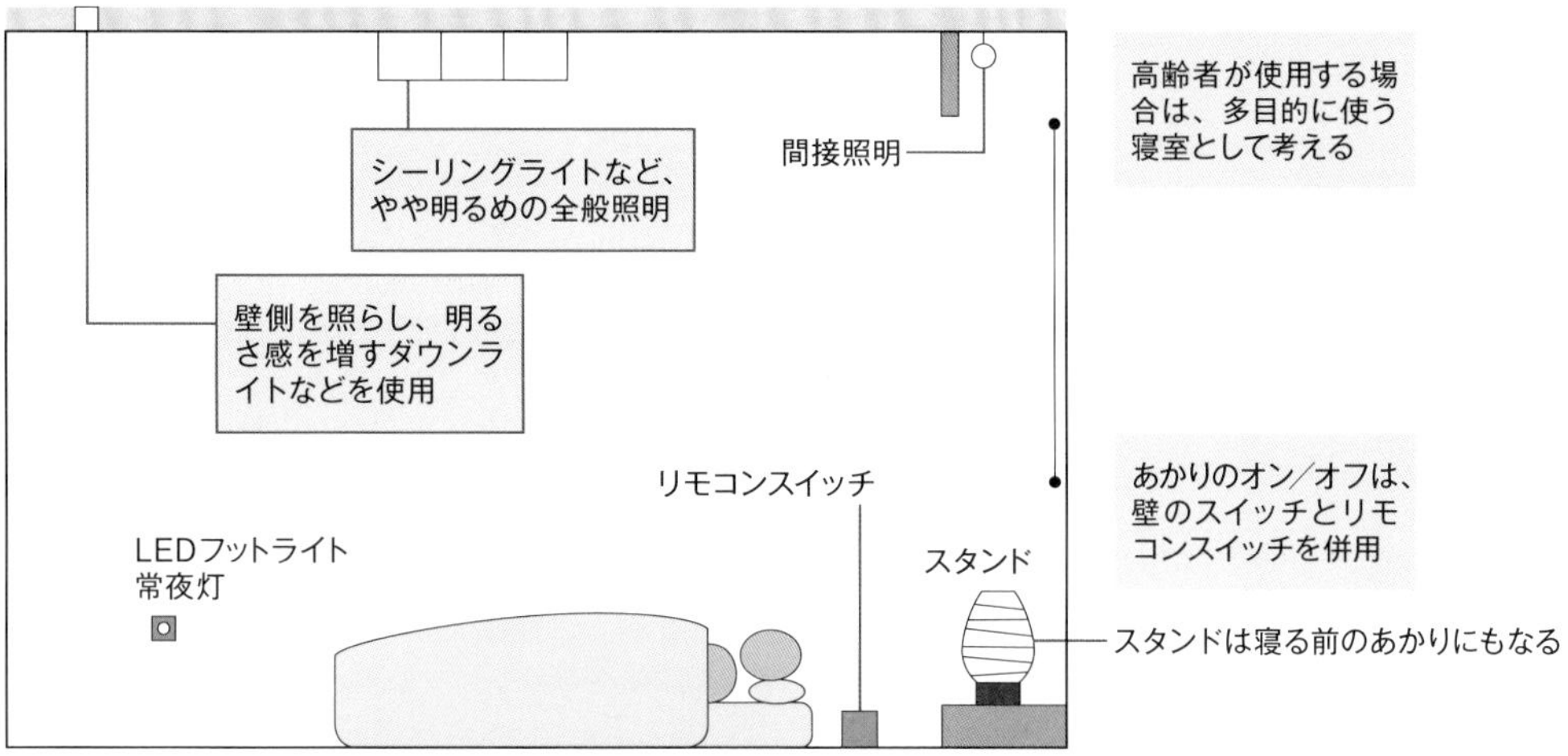
シーリングライトなど、やや明るめの全般照明
間接照明
壁側を照らし、明るさ感を増すダウンライトなどを使用
高齢者が使用する場合は、多目的に使う寝室として考える
リモコンスイッチ
あかりのオン／オフは、壁のスイッチとリモコンスイッチを併用
LEDフットライト
常夜灯
スタンド
スタンドは寝る前のあかりにもなる

書斎・子供室・納戸の照明

point 子供室は部屋全体をくまなく明るくし、納戸・クローゼットは収納物を確認しやすい明るさに

書斎の照明

書斎では、天井に全般照明を設置し、デスクでの作業用にタスク照明を設ける。タスク照明にはデスクスタンドを使うか、デスク上に棚がある場合はライン型のLED棚下照明などを使う。

設置の際は手元スイッチで点滅できるようにし、デスク上が十分明るく、かつ視界に光源が入らないつくりや納まりとする。また、パソコンを使う際に、全般照明やタスク照明の光源がモニターに反射し、モニターが見づらくなる（反射グレア）ことがあるため、器具のつくりや設置の位置関係に気をつける。

子供室の照明

子供は部屋のあちこちでさまざまな行動をとり、大人と違って行動に予測がつかないため、子供室の主照明にはダウンライトやシーリングライトを使用し、部屋全体をくまなく明るくできるようにしておく。そのうえで、勉強や読書のためにデスクスタンドを設置する。

好みのデザインのスタンド照明を用意し、光色は活気のある白色寄りにするか、くつろいだ雰囲気を重視して電球色寄りにするか、好みに応じて選ぶことができる。

納戸・クローゼットの照明

納戸・クローゼットの照明は、収納されているものがしっかりと見えるようにすることが大切。1畳～4畳半のクローゼットの場合、800lm（60W相当）の明るさ、色温度は4000K程度の白色で、高効率のLED器具がお薦めである。これだと衣服の黒と紺の違いもよく分かる。

基本は、部屋の中央部に部屋の広さに応じた台数を設置する。ダウンライトでもよいが、その場合は配光（光の広がり）が広いタイプを選ぶ。押入れのように奥まっている収納は、各棚に器具を取り付けてもよい。人感センサー付きにすれば消し忘れの防止になる。

■書斎の照明の配置例

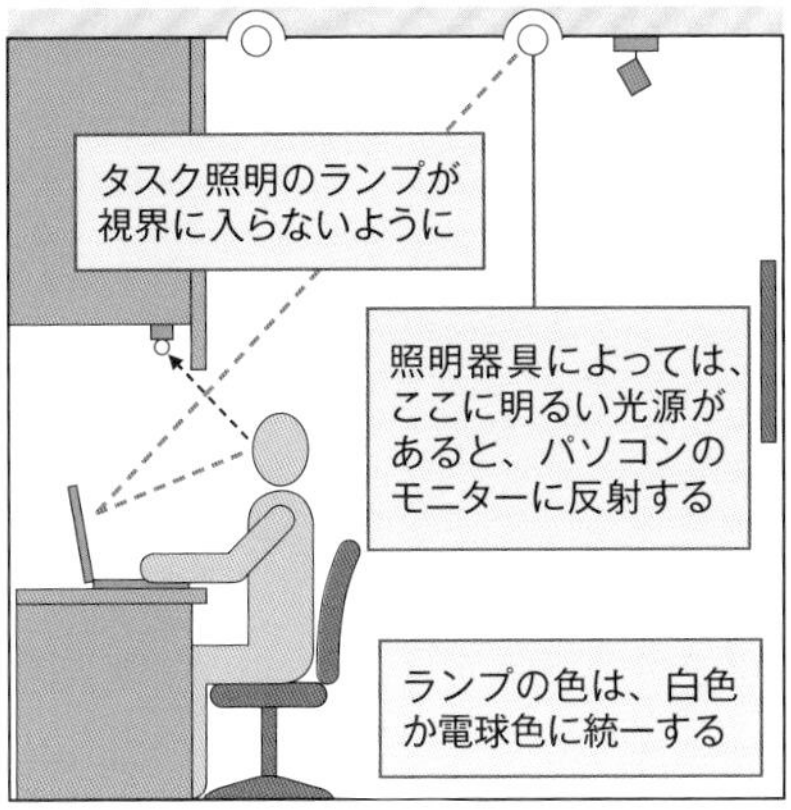
タスク照明のランプが
視界に入らないように
照明器具によっては、
ここに明るい光源が
あると、パソコンの
モニターに反射する
ランプの色は、白色
か電球色に統一する

■子供室の照明の配置例

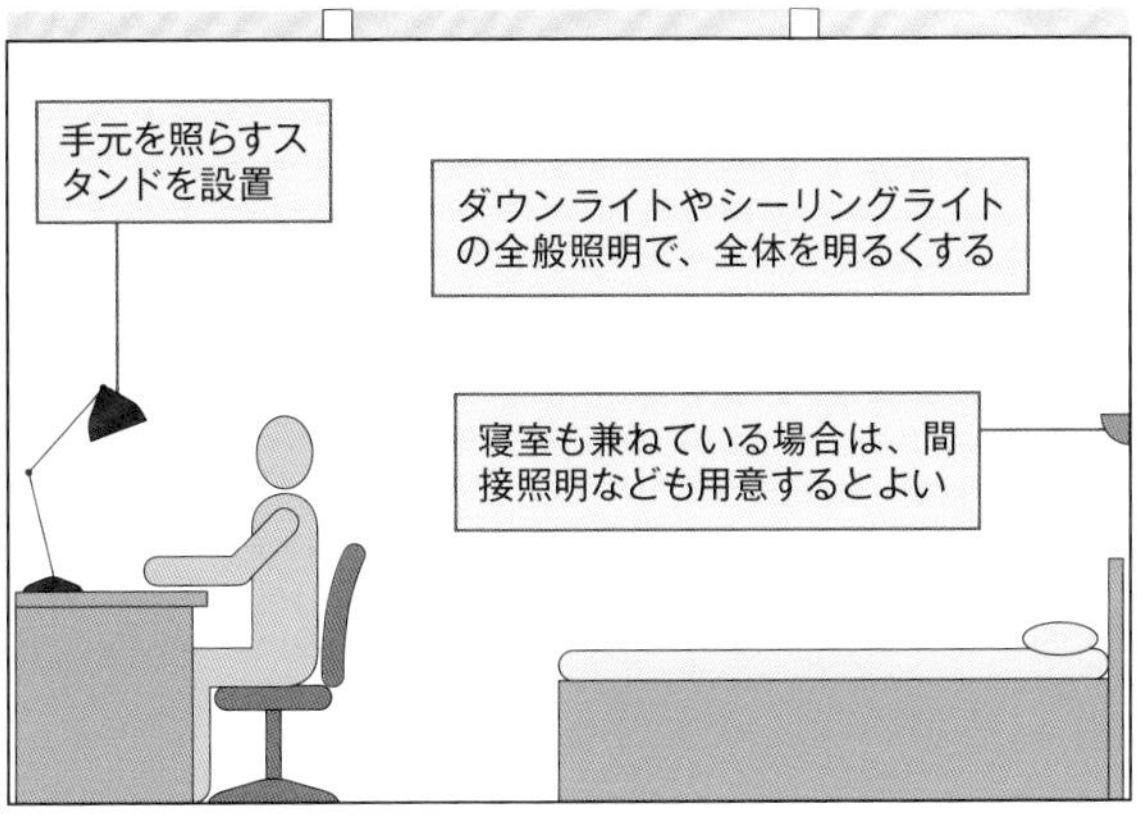
手元を照らすス
タンドを設置
ダウンライトやシーリングライト
の全般照明で、全体を明るくする
寝室も兼ねている場合は、間
接照明なども用意するとよい

■納戸・クローゼットの照明の配置例

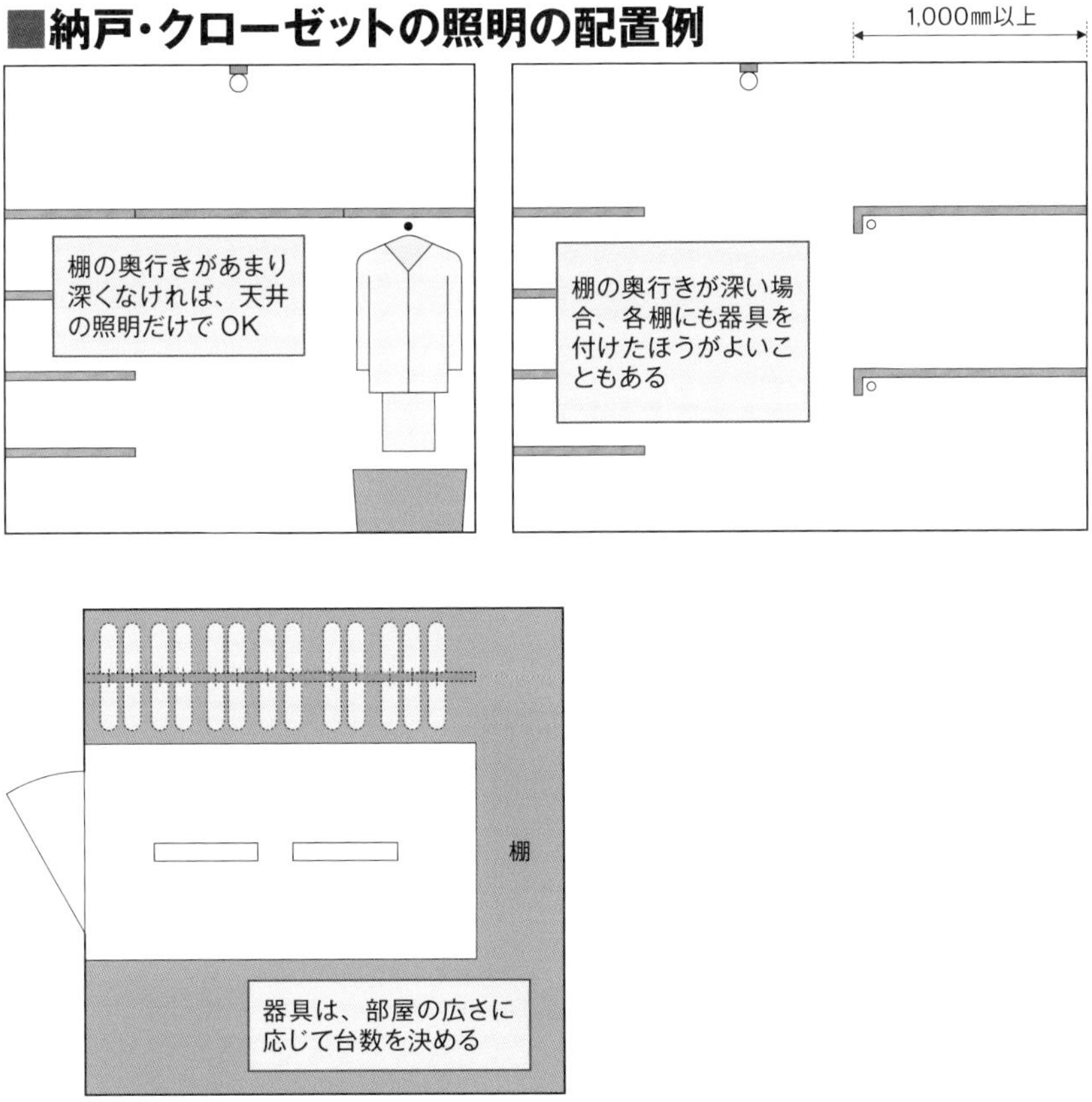
1,000㎜以上
棚の奥行きがあまり
深くなければ、天井
の照明だけで OK
棚の奥行きが深い場
合、各棚にも器具を
付けたほうがよいこ
ともある
棚
器具は、部屋の広さに
応じて台数を決める

トイレ・浴室・洗面室の照明

point トイレは人の出入りごとに点滅するので、LED が適切。洗面室のランプは、演色性の高いものを選ぶ

トイレと浴室の照明

トイレの照明は人の出入りごとに点滅を繰り返すので、LEDが適切だ。消し忘れを防ぐ人感センサー付きも有効である。器具はダウンライト、ミニシーリングライト、ブラケット照明などを使用する。通常は1台設置すれば足りる。

部屋の中心部に設置し、部屋全体が明るくなるようにする。内部に手洗い器がある場合、その上部にナロースポット配光のダウンライトなどを追加すると、演出効果をより高められる。

浴室の照明は、部屋全体を明るく清潔に見えるようにする。器具は必ず防湿型以上の耐水性をもったものを使用する。ダウンライト、シーリングライト、ブラケット照明が一般的だ。浴室内にミラーがある場合は髭剃りを考慮し、ミラー廻りが明るくなるようにする。

浴室でも間接照明を設けたり、調光スイッチを設置したりして、雰囲気のある空間をつくるとよい。

洗面室の照明

洗面室の照明は、洗面台とミラーのセットが中心となる。洗面室は日々の健康管理やメイクなどで使用されるため、顔色がよく見え、顔の陰影があまり強く出ないよう、ミラーの上部か左右に顔を照らすブラケットなどのあかりを設置するとよい。ランプは演色性の高いものを選ぶ。部屋の大きさによっては、それだけでも十分な明るさを得ることができる。

洗面台のシンクの真上に、ナロースポット配光のダウンライトかスポットライト、または同等性能のLEDダウンライトなどを設置すると、洗面器が輝き、下からの反射光も見込まれ、雰囲気がグレードアップする。洗面室には洗濯機が設置されることも多いので、洗濯槽が見えるように照明を設置したほうがよいこともある。その場合には、部屋の大きさに応じて天井に主照明としてダウンライトなどを設置するとよい。

■トイレの照明の配置例

部屋の中央、または便器の鼻先にダウンライトやシーリングライトを設置。やや広い配光にする
ナロースポット配光のダウンライト

手洗い器の真上に狭角配光のナロースポット配光のダウンライトを設置することで、雰囲気がグレードアップ。広いトイレなら間接照明などを設けてもよい

■浴室の照明の配置例

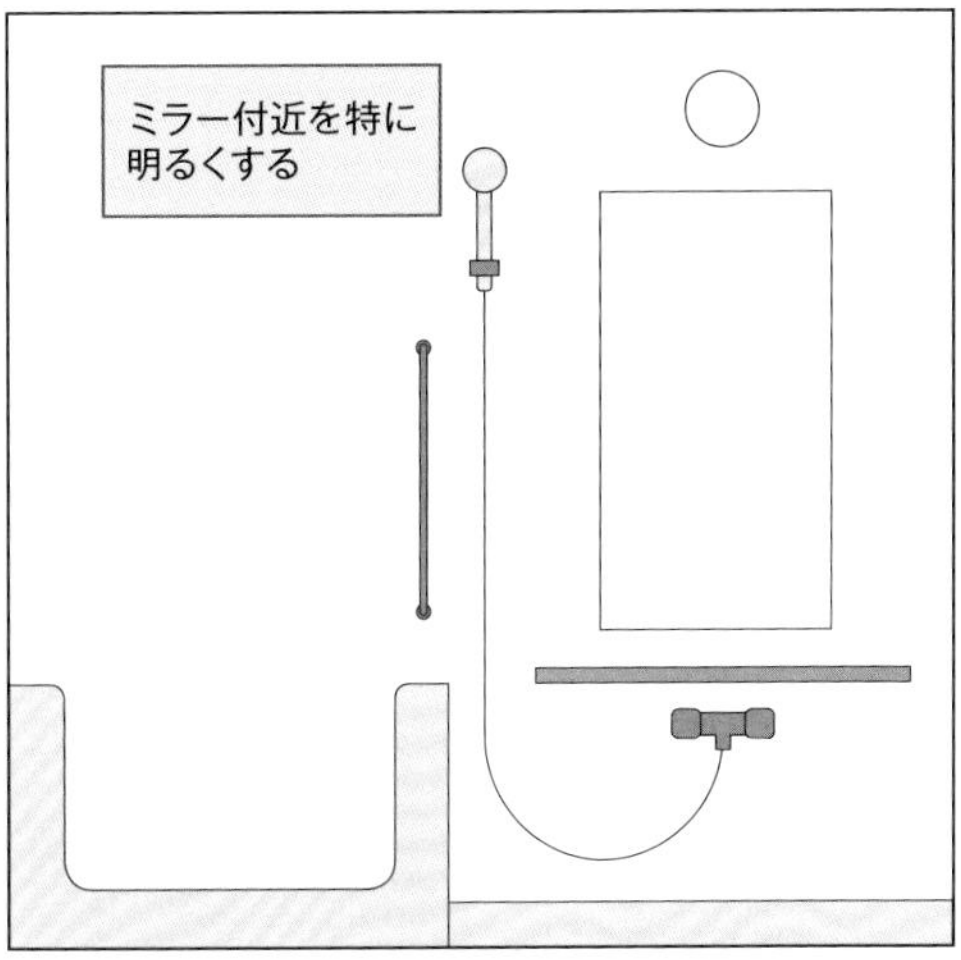
ミラー付近を特に明るくする

器具は防湿型以上の耐水性があるものを使用する

■洗面室の照明の配置例

ミラー左右のブラケットと、上部の間接照明により、ミラーに映る顔に不自然な影や強すぎる影がなくなり、よりよく見える

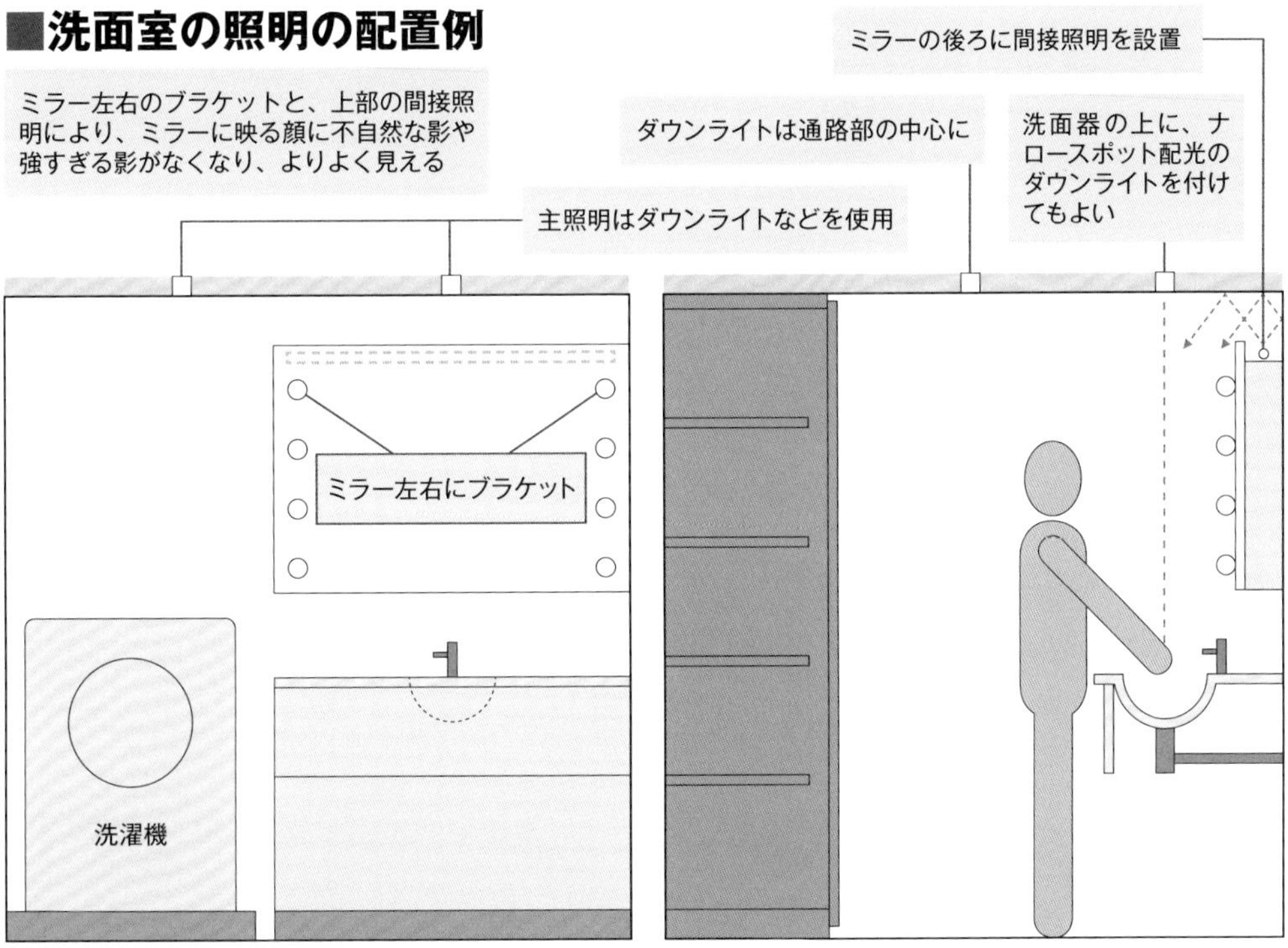
ミラーの後ろに間接照明を設置
ダウンライトは通路部の中心に
洗面器の上に、ナロースポット配光のダウンライトを付けてもよい
主照明はダウンライトなどを使用
ミラー左右にブラケット
洗濯機

廊下・階段の照明

point 階段は上下階の移動を考慮して、「光源の見え方」「設置位置」に気をつける

廊下の照明

廊下の照明は、スイッチの位置やセンサーの利用などで消し忘れを防ぐ工夫をして、省エネにも配慮する。廊下は幅が狭いので、少ない照明で事足りる。長い廊下の場合は、両端でそれぞれ点滅できるように3路スイッチを用意し、また人感センサー付きにして人がいるときのみ点灯させる。

廊下に本棚やデスクコーナー、収納などがある場合は、必要に応じてそれぞれの場所にあかりを追加する。これらは別々の点滅スイッチになっていたほうが使いやすい。ブラケット照明を設置するときは廊下の幅が狭いことを考慮し、出っ張りの小さいものを選び、やや上のほうに取り付けて人がぶつからないようにする。また、深夜のトイレなどのためのあかりは、LEDなど暗めのフットライトを別に用意する。

階段の照明

階段の照明は、段差がしっかりと見えるように十分な明るさが必要である。また、階段は上り下りによる視線の高さの変化で光源の見える位置関係が変わってくる。視界に近いところに光源がある場合、明るさに目がくらんで足元が見えにくくなるため、踏み外すなどの事故が起こらないよう、光源の見え方、設置位置には十分気をつける。

長寿命のLED中心とは言え、ランプ交換などのメンテナンスも、居室に比べて行いにくいので注意する。ブラケット照明は比較的低い位置に付けられるのでメンテナンス上はよいが、まぶしく見えないか、狭い階段で邪魔にならないかなどをチェックする。また、階段室の天井からペンダントを吊るす場合は、上下階からのまぶしさも確認する。吹抜けにはメンテナンス上ダウンライトは設置しないほうがよい。

深夜の歩行用には、廊下と同様にLEDのフットライトなどを別に設置する。演出を重視する場合は、手摺ライトなどを主要なあかりとして階段照明に採用してもよい。

■廊下の照明の配置例

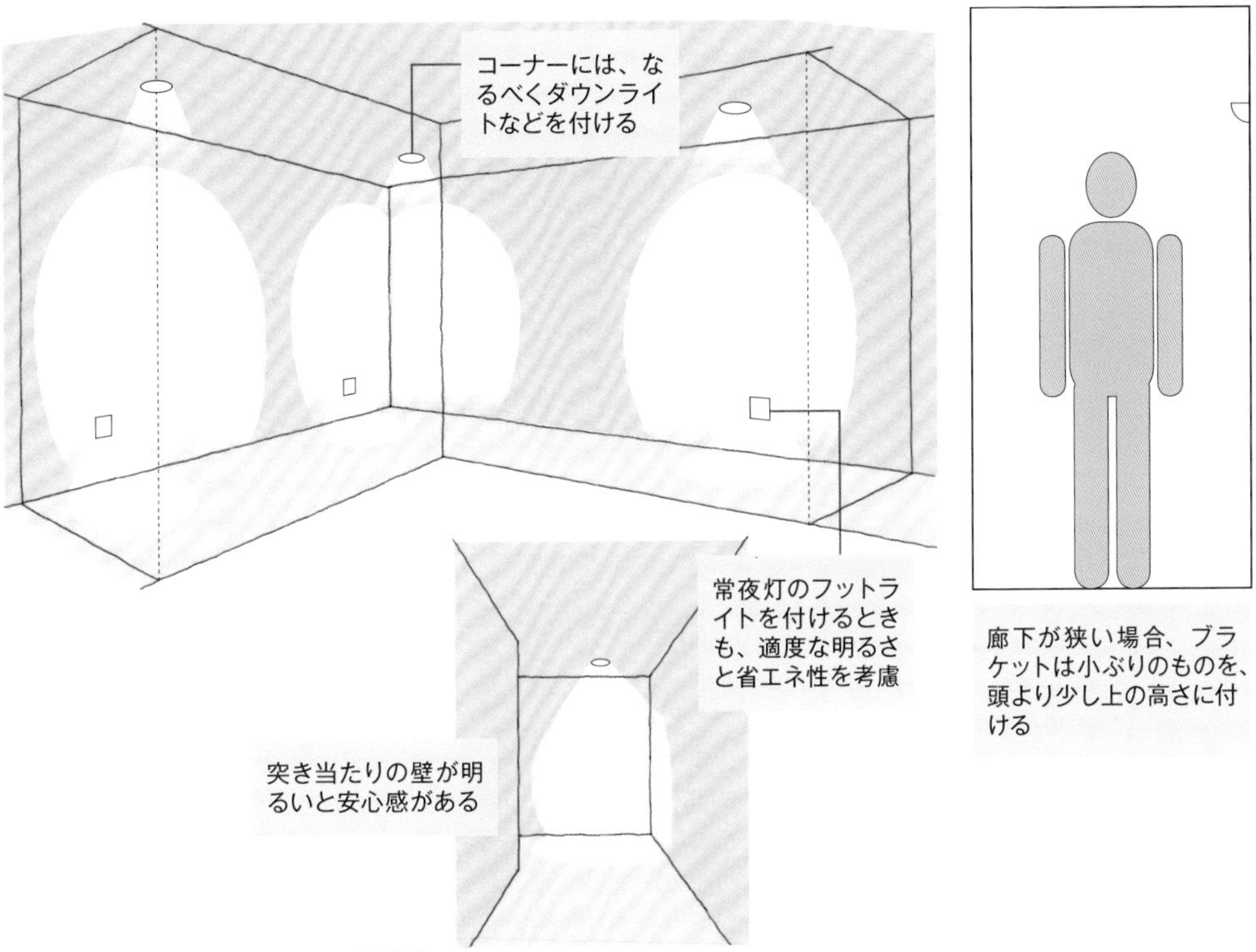

廊下が狭い場合、ブラケットは小ぶりのものを、頭より少し上の高さに付ける

■階段の照明の配置例

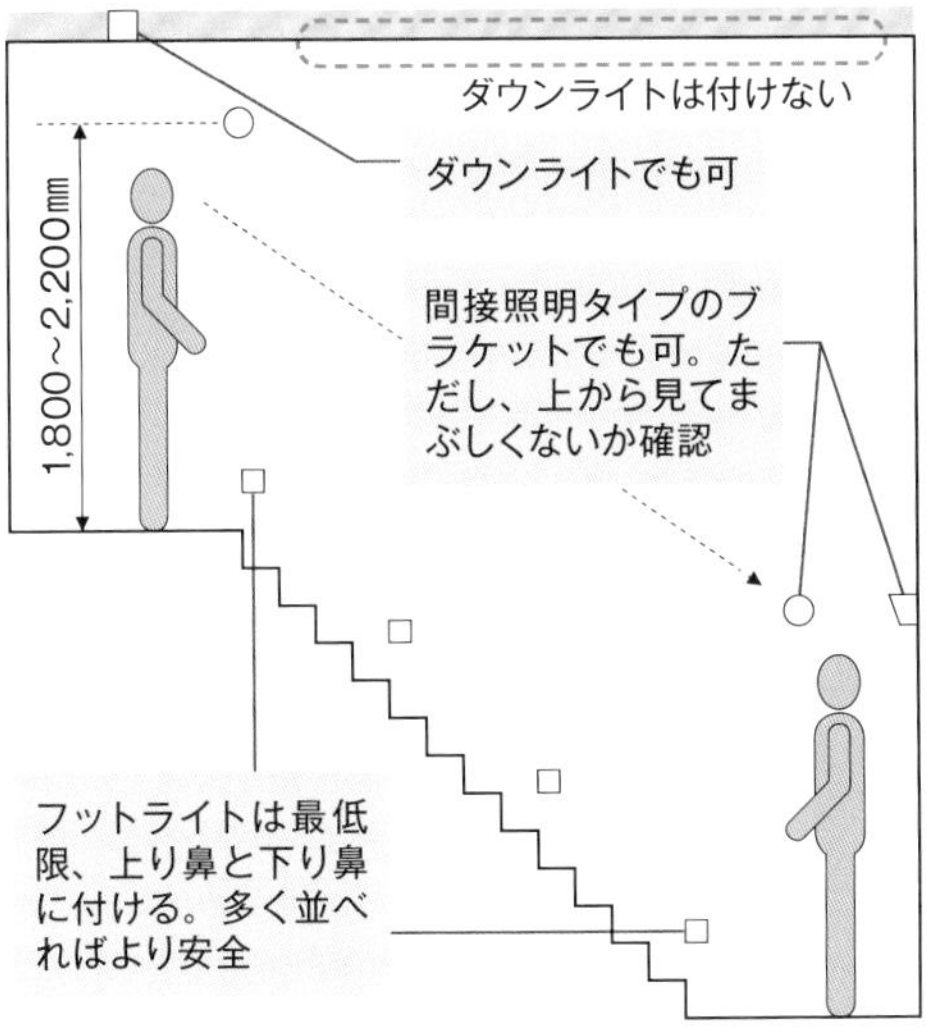

ブラケットはメンテナンスしやすい位置に取り付け、出っ張りが小さいものを選ぶ

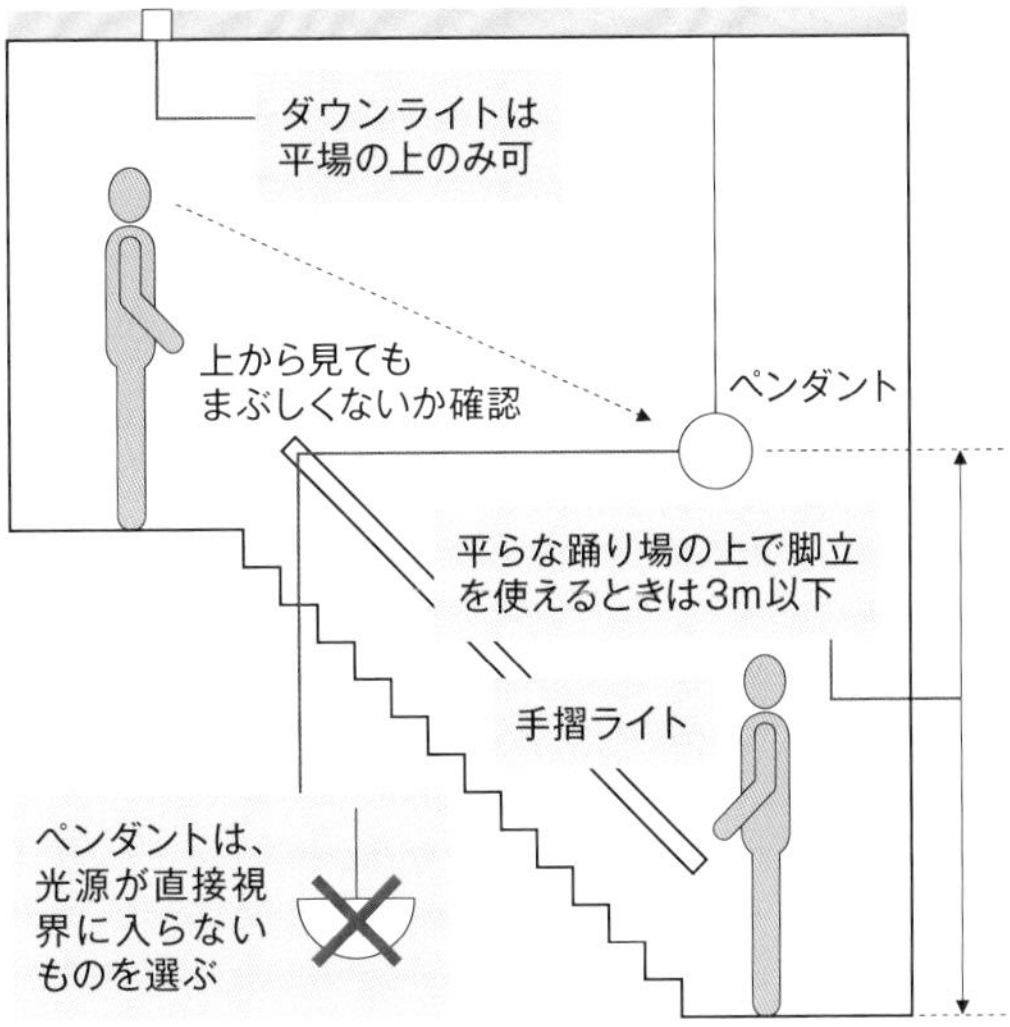

電動の昇降装置付きの場合は、ペンダントやシーリングライトなどを自由に付けられる

玄関・アプローチの照明

point 玄関の照明は、訪問客の顔を確認できる位置に設置する。アプローチは防湿型か防雨型以上の器具を選ぶ

玄関の照明

玄関は、家に戻ってきたときほっと一安心する場所であるとともに、訪問客を迎える場所でもある。そのため照明は一定以上の明るさがとれるようにし、ドアを開けて入ってきた人と、迎える人の双方が顔を確認できる位置にダウンライトやシーリングライト、ブラケットなどを設置する。

玄関に入ってその奥の正面に壁がある場合、その壁が暗いと、玄関が明るくても訪れる人に暗い印象を与える。このような間取りの家では、正面の壁も明るく照らしてスペースを広く感じさせ、家に入ったときの第一印象をよくする。

あかりの色温度は白色などより電球色のほうが暖かい印象を与える。また、玄関の照明のスイッチは帰宅時に点灯しやすいように、なるべくドアのそばに設ける。室内側にもう1つスイッチを設けて3路スイッチにすると、さらに使い勝手がよくなる。

アプローチの照明

アプローチは、訪問客に対してその家の第一印象を与える場所である。照明には、ドアの脇に取り付けるブラケットやスポットライト、軒下に取り付けるダウンライトやシーリングライトなどがあり、必ず防湿型か防雨型以上の性能をもつ器具を選ぶ。デザインや広さによっては、低いポール型の照明や、床に埋込むアッパーライトなどで演出効果を高める。

ブラケットやスポットライトを1台のみドアの脇に設置する場合は、必ずドアの開き側に取り付ける。ヒンジ側に取り付けると、ドアを開けたとき訪問者が暗がりにいることになるので注意する。また、照明の点滅は防犯と省エネを兼ねて、人感センサーや明るさセンサー、タイマーなどを組み込んでおく。門がある場合は、敷地全体の広さなどを検討し、防犯上、または安全な歩行のために必要な部分に照明の設置を検討する。

■玄関の照明の配置例

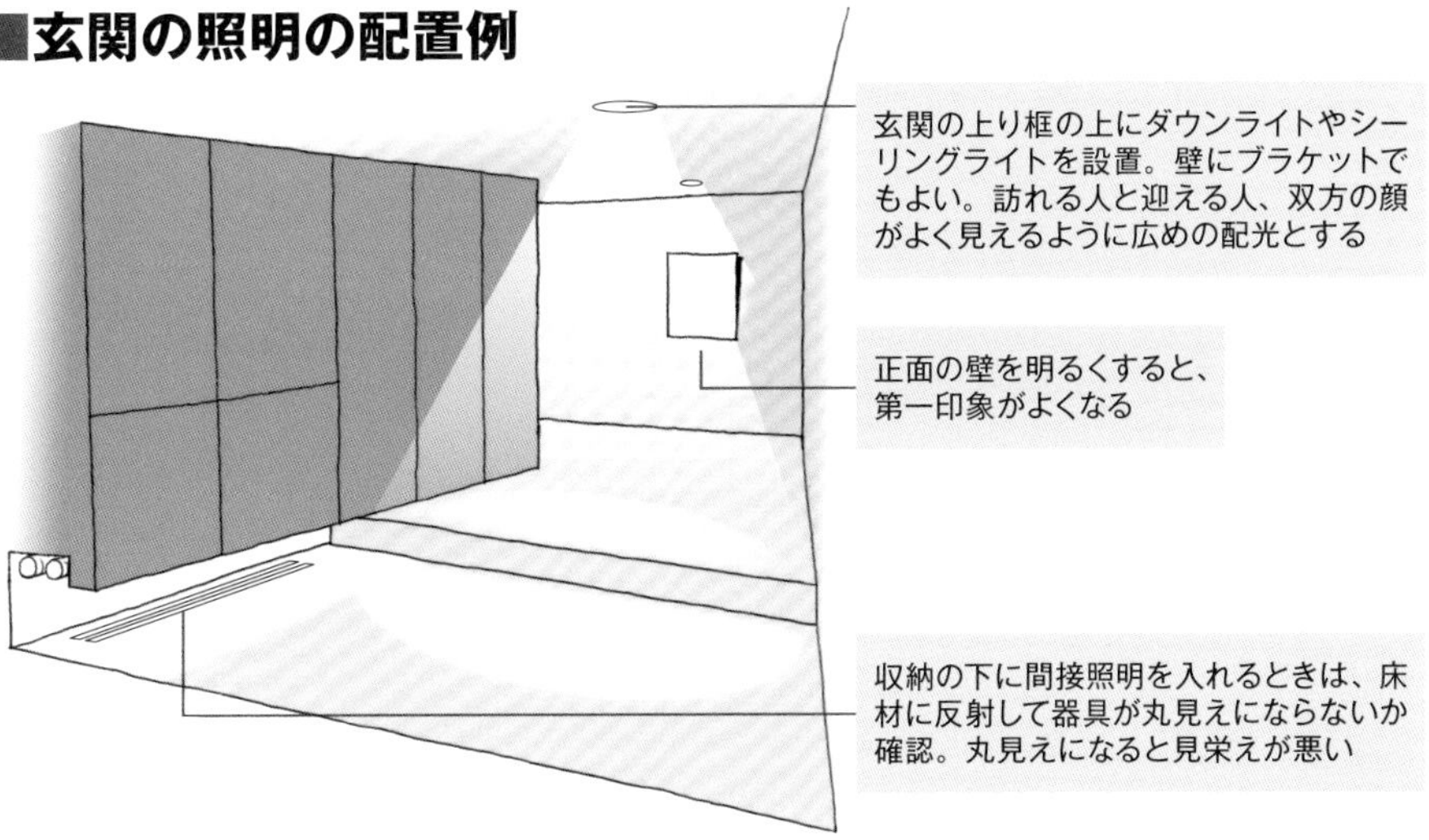

玄関の上り框の上にダウンライトやシーリングライトを設置。壁にブラケットでもよい。訪れる人と迎える人、双方の顔がよく見えるように広めの配光とする
正面の壁を明るくすると、第一印象がよくなる
収納の下に間接照明を入れるときは、床材に反射して器具が丸見えにならないか確認。丸見えになると見栄えが悪い

■アプローチの照明の配置例

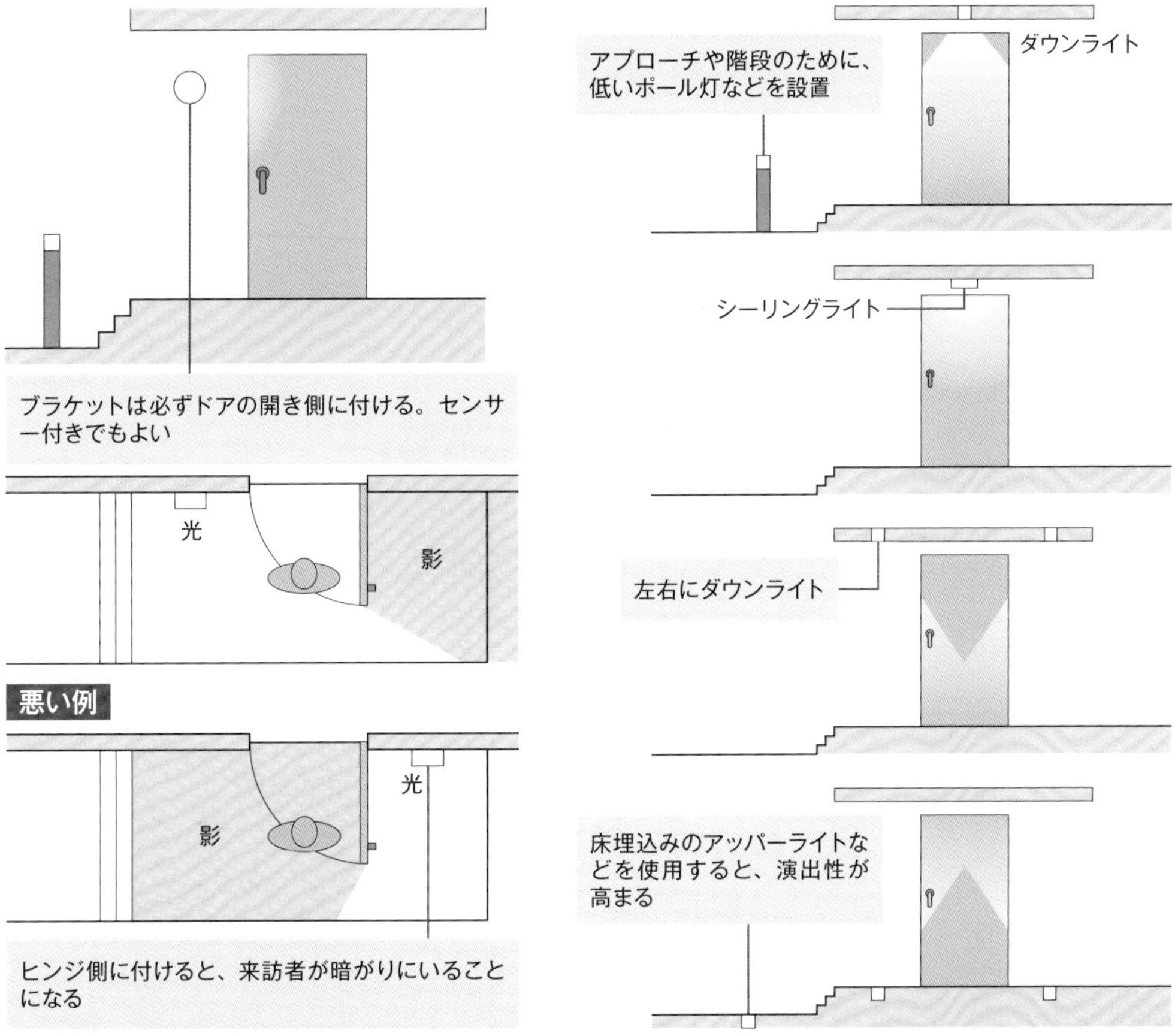

ブラケットは必ずドアの開き側に付ける。センサー付きでもよい
光
影
悪い例
影
光
ヒンジ側に付けると、来訪者が暗がりにいることになる
アプローチや階段のために、低いポール灯などを設置
ダウンライト
シーリングライト
左右にダウンライト
床埋込みのアッパーライトなどを使用すると、演出性が高まる

043

庭・テラス・バルコニーの照明

point 配線は地中内埋設で、室内側からコントロールする

屋外で使う照明

庭・テラス・バルコニーなど屋外の照明は、植栽や樹木を床の側から照らし上げたり、フェンスや壁に光を当てて奥行きを見せたり、床面を照らして歩行の安心感と床面の広がりを強調したりする。これらの工夫により、コーナーごとに居心地のよさを演出できる。1カ所を集中的に照らすよりも、小さなあかりを多数使って、奥行きや広さを見せることが大切である。

器具は防雨型か防水型を選び、あかりはセンサーやタイマーで点滅させ、防犯上のポイントには人感センサーを使う。光源はやはりLEDの器具が主流である。設置の際は、周囲の家の人や通行人がまぶしくて不愉快に感じないよう、あかりを照らす向きに気をつけ、不必要に明るくしすぎないようにする。

室内と屋外の連続性をつくる

室内から見える庭やテラスは、適切に照明を配置することで夜間でも室内との連続性をつくりだし、生活空間を豊かに演出することができる。

室内と屋外の連続性には、明るさのバランスに気を配ることが第一である。窓ガラスを完全に開放して連続性をつくることができるのは、1年を通じてもそう多くはない。したがってガラスで隔てられる状態が多いが、このとき屋外に比べて室内が明るいと、ガラス面がミラーのようになり、室内の光がガラス面に反射して視覚的な外への広がりは閉ざされてしまう。外への広がりを感じられるようにするには、調光スイッチなどを使い、室内に比べて屋外がやや明るくなるように、明るさのバランスをつくる必要がある（132頁参照）。

方法としては、窓に近い屋外の床に光のたまりをつくることが有効である。あまり広くないベランダやバルコニーの場合は、手摺の低い部分や、植栽のポットやガーデンのオブジェなどに光を当てるとよい。

■庭・テラス・バルコニーの照明の配置例

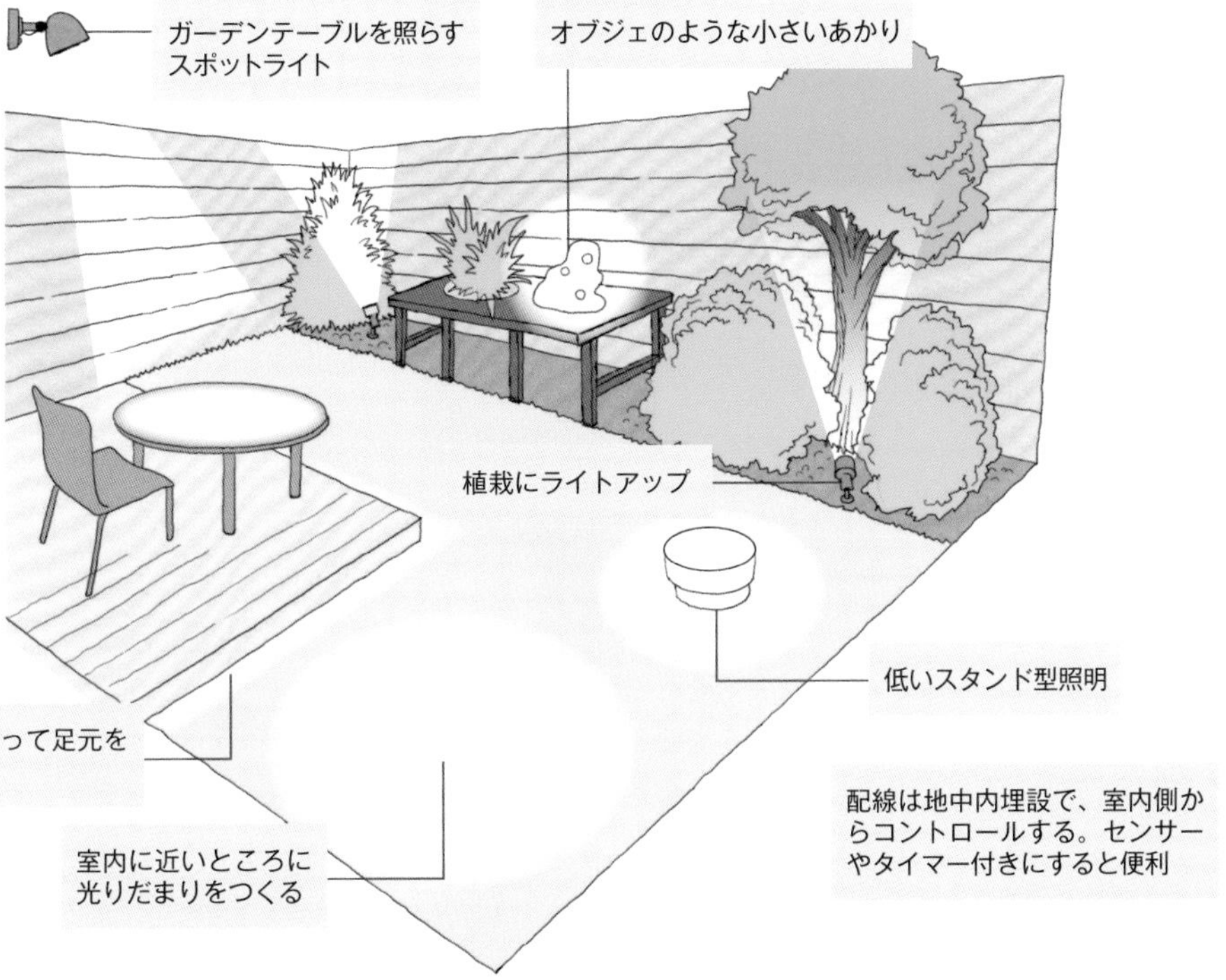
段差を使って足元を
照らす

■屋外用照明の種類

庭など外部用の照明器具は、室内用とは防水性能が異なるので、専用のものを選ぶ

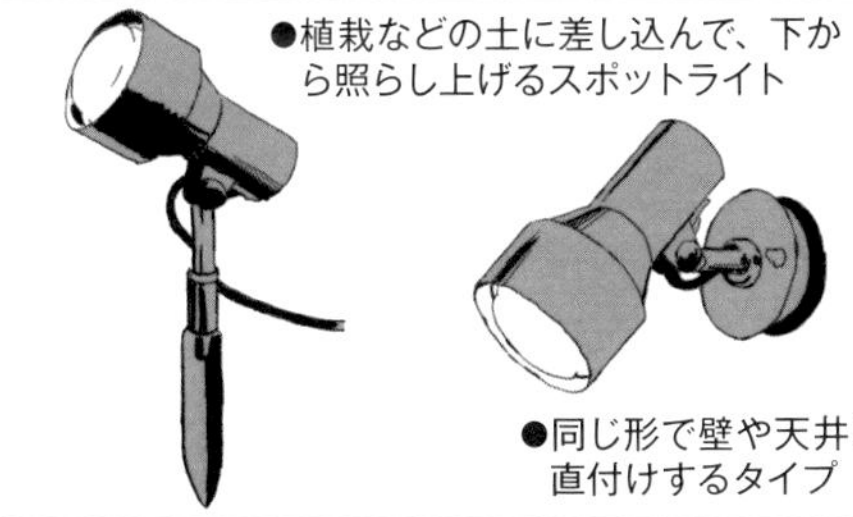

●植栽などの土に差し込んで、下から照らし上げるスポットライト

●同じ形で壁や天井に直付けするタイプ

●床に埋込んで、下から上へ照らし上げる

●低いポール型の器具。壁や植栽、床をやわらかく照らす。明るさセンサーやタイマー付きにするとよい

●壁付きのブラケット。さまざまなデザインのものがある

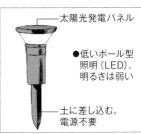

太陽光発電パネル
土に差し込む。
電源不要

●低いポール型照明（LED）。明るさは弱い

玄関の照明

1

奥の壁が明るく照らされていると安心感があり、雰囲気がよい。段差がはっきりわかるようにして、つまずきがないようにする

足元の間接照明

2

3

収納の下を利用して間接照明を設置する場合、光の広がり方、床の材質などに注意する。床材につやがある場合はランプが反射で見えてしまい、わざとらしく見えることがあるので注意が必要

寝室の照明

4

室内全体をまんべんなく明るくする必要はなく、ベッドサイドのスタンドなど、必要なあかりを少なめに配置する。天井に照明を取り付ける場合は、ベッドの足元寄りなど、仰向きになったときの視線になるべく入らない位置に設置する

夜間の歩行のための照明

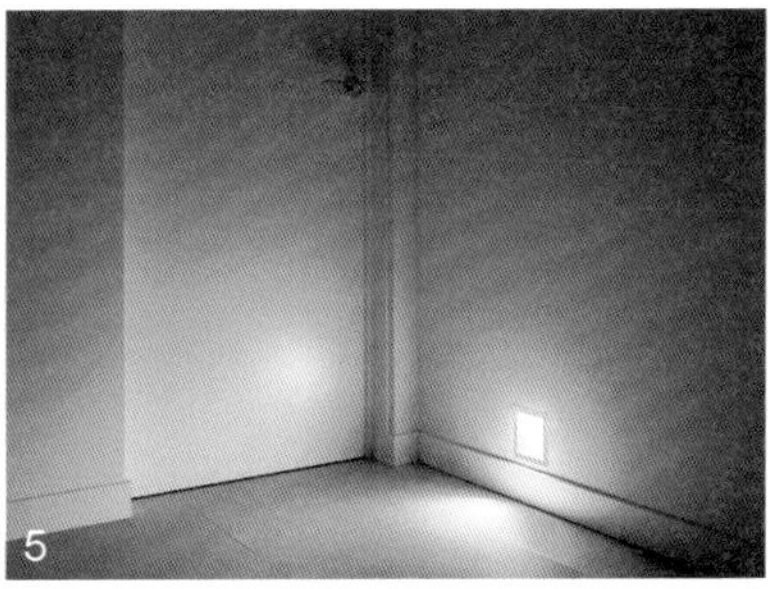

5

夜間の安全な歩行のための小さな足元灯は、まぶしくなく睡眠を大きく妨げないものとする

和室の照明

6

リビング・ダイニングと同様で、家具の置かれる位置や演出のポイントに照明を配置する。この事例は日本料理店なので、中央にテーブルがあることが前提となり、あかりも中央に集められている。床の間などのディスプレイスペースは、間接照明などで演出している

7

写真 〈1～5〉提供：大光電機 〈6・7〉事例・提供：ホテル ニューオータニ熊本

リビング・ダイニングの照明

8

家具の配置に合わせて、必要なあかりを複数配置することが基本となる。天井からの照明とスタンド照明とを組み合わせ、機能性と空間の視覚的な快適さの両方を考慮して器具選びと配置を考える。部屋のコーナーにあかりがあることで、空間の奥行きや壁面の質感を強調することができる

9

床に近いあかりと、天井を照らすあかりの両方によって空間の高さが十分生かされ、広く感じられる

洗面室の照明

洗面台のミラー廻りには、顔をしっかり照らすことができるブラケット照明を取り付ける。ダウンライトを併用すると、さらに華やかになる

10

写真　〈8・9・10〉提供：OLDGEAR(ひまわり)、撮影：uruphoto

Chapter

4

器具の配置と光の効果

全般照明と局部照明

point 器具の配置の仕方による分類として、「全般照明」「局部照明」「局部全般照明」がある

全般照明とは

全般照明とは、目的とする範囲全体をほぼ均一に照らす方式である。ベース照明とも呼ばれている。オフィスや学校、大規模商業施設などでは、作業性が優先され、部屋のどこにいても同じ光環境が求められる。そのため、全般照明を基本とする照明計画が多い。

一方、小規模の店舗などでは、商品を照らしたり演出目的のあかりが優先されるため、全般照明という考え方なしで設計されることがよくある。

住宅でも、リビングやダイニング、キッチン、各個室などで採用されるが、居住者の作業や行為に合わせて必要なあかりが用意されていればよいので、必ずしも全般照明が必要というわけではない。

局部照明とは

局部照明とは、作業や目的に応じ、限定された狭い範囲とそのごく周辺のみを照らす方式である。局部的に高い照度が必要な場合などに採用し、器具としてはデスクスタンドや読書灯、スポットライト、スポット型のダウンライト、キッチンの作業灯などを使用する。また、作業だけでなく壁の絵に当てる光なども局部照明といえる。

局部全般照明とは

局部全般照明とは、デスクの上やキッチン台の上など、作業する場所を局部照明で効率よく照らし、その他の場所はこれより低い照度で全体を照らす方式である。

局部全般照明の代表的な方式として、タスク・アンビエント照明がある。タスクは作業灯、アンビエントは環境を明るくする照明を意味する。主にオフィスや図書館の閲覧室での採用が多く、照明の省エネ対策として効果的な手法の1つだ。ただし、タスク照明のタイプによっては、デスクのレイアウト変更に対応しにくいものもある。レイアウト変更には、デスクスタンドが対応しやすい。

■照明方式の分類

●オフィスなどの場合

全般照明

●目的とする範囲全体をほぼ均一に照らす

局部照明

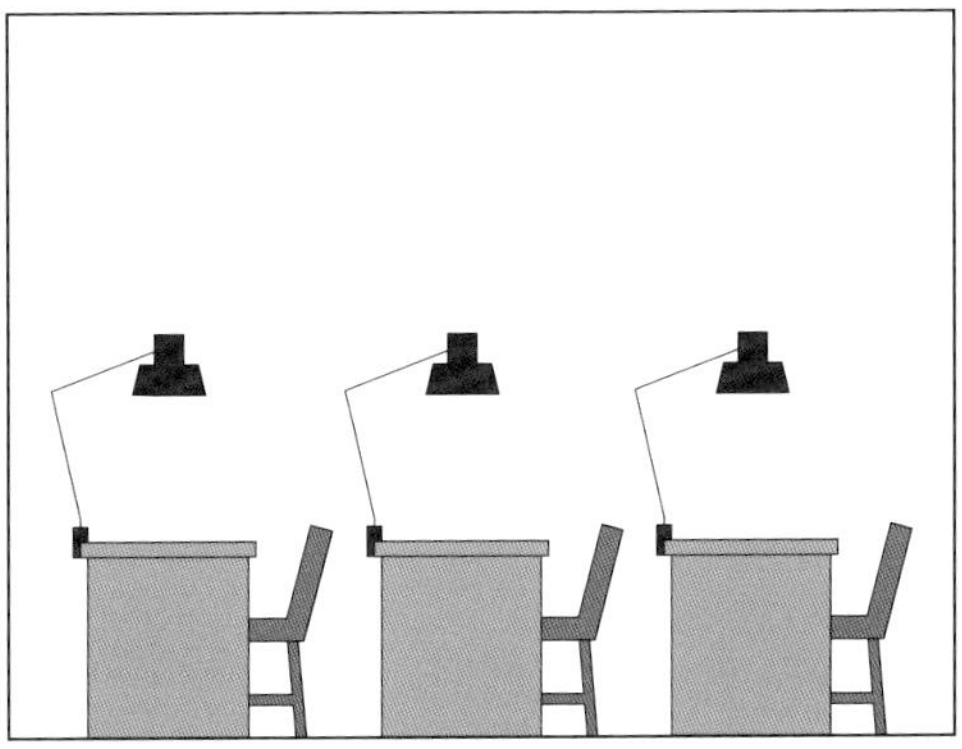

●限定された狭い範囲とそのごく周辺のみを照らす

局部全般照明（タスク・アンビエント照明）

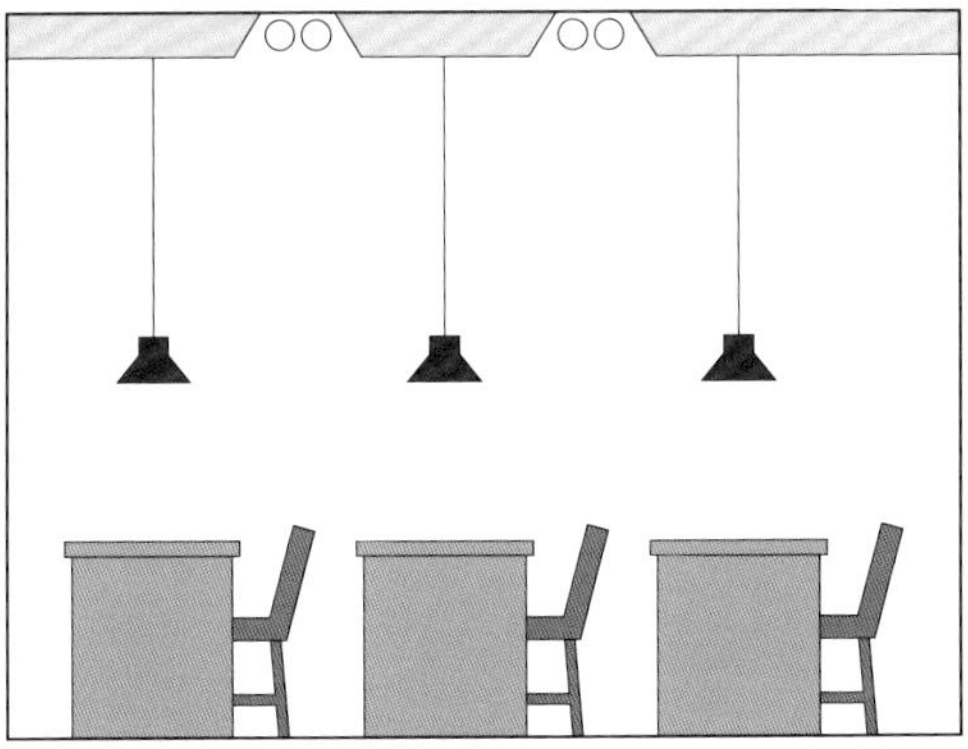

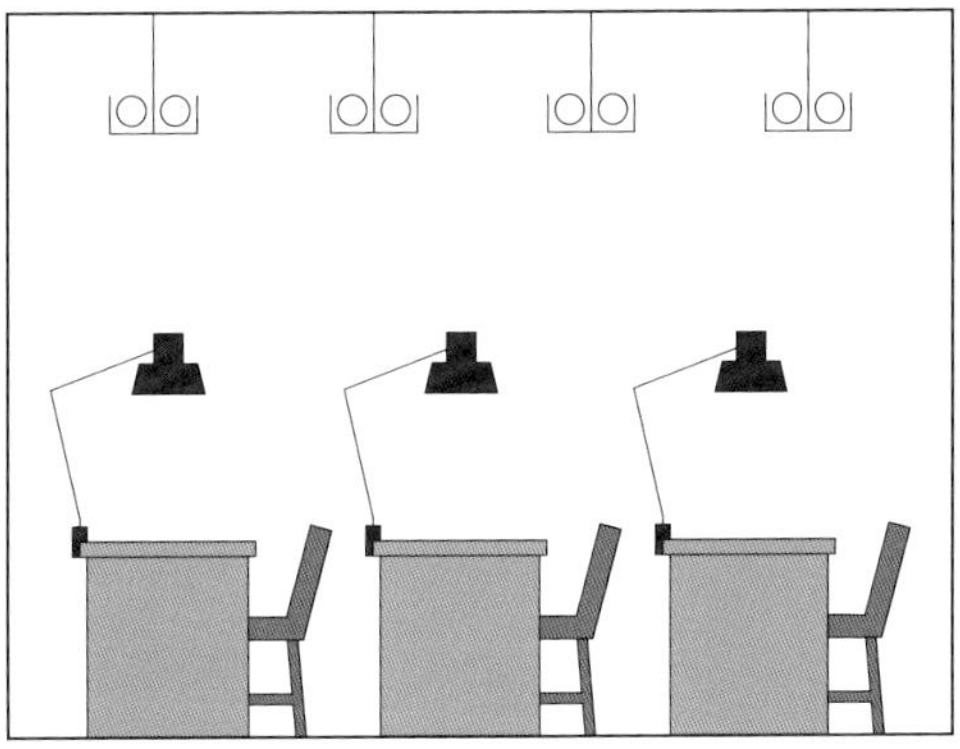

●作業する場所を効率よく照らし、その他の場所は低い照度で全体を照らす
●左図はレイアウト変更に適さない。右図はデスクスタンドの併用により、レイアウト変更に対応しやすい

●ダウンライトの場合

全般照明

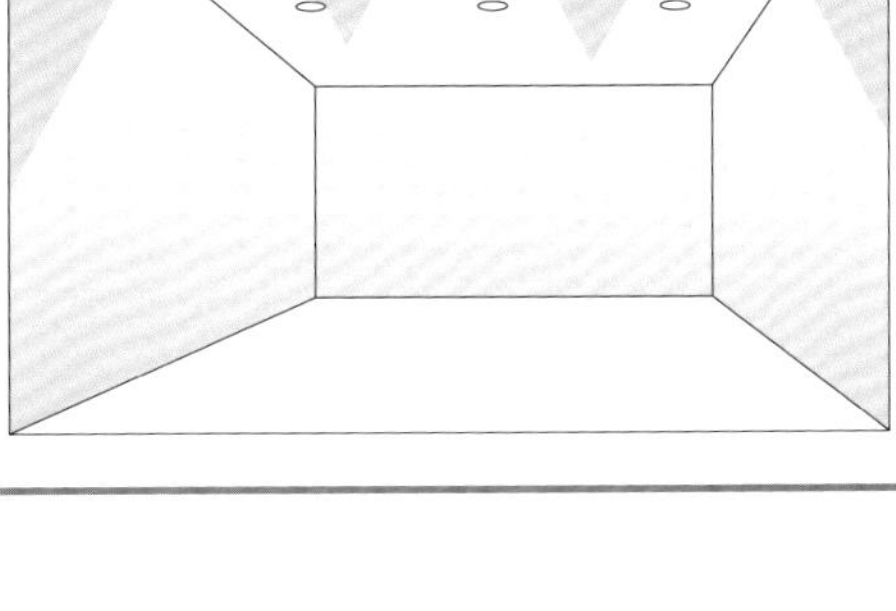

局部照明

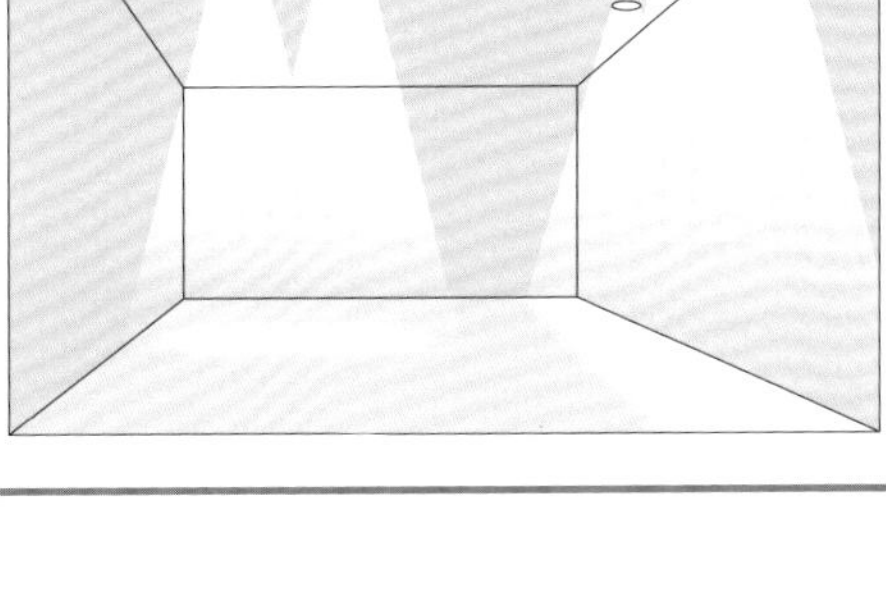

器具の配置と光の効果

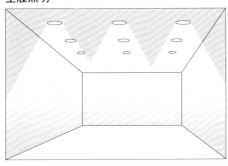

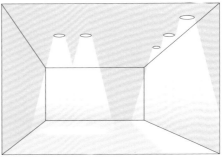

投光照明と建築化照明

point ディスプレイ照明など雰囲気づくりに使われる「投光照明」、建築やインテリアのなかに器具やランプを隠す「建築化照明」

投光照明とは

照明方式の分類の仕方には、全般照明と局部照明とは別に、投光照明と建築化照明という分類がある。

投光照明は、もともと野球場やスタジアムなどを照らす屋外照明方式の1つだったが、現在は屋内のさまざまな空間に応用されている。スポットライトやダウンライトを使ったディスプレイの照明など、投光照明は機能的であると同時に、雰囲気づくりに幅広く採用されている照明方式といえる。器具はあまり目立たないほうがよい。また、投光照明には、天井に向かってスポットライトを当て、その反射光を利用する間接照明的な方法もある。

建築化照明とは

建築化照明とは、天井や壁に照明を組み込み、建築やインテリアの仕上げのなかに器具やランプを隠し、天井や壁、床などを照らす照明方式である。間接照明の多くは建築化照明ともいえるもので、代表的な手法としてコーブ照明、コーニス照明、バランス照明、光天井、光壁、光床などが挙げられる（112頁参照）。

建築化照明の基本は、器具が建築やインテリアを損なわないようにし、天井や壁を照らす光のみを見せることである。したがって、建築化照明でありながら器具やランプがある角度・位置から見えたり、壁や床の反射で見えたり、半透過の仕上げ材の後ろに見えたりする状態は、仕掛けのタネが丸見えになるようなもので好ましくない。

建築やインテリアと照明の関係を考えたとき、1つの部屋に多種類の照明器具があると雑多に見えてしまう。十分な明るさを得ながらすっきりとした空間にするなら、器具のデザインをできるだけそろえ配置に規則性をもたせるほか、器具が表面に現れない建築化照明の採用が有効である。そのため建築化照明は、特にモダンでシンプルなデザインの建築やインテリアと相性がよい。

投光照明

●スポットライトやダウンライトを使ったディスプレイの照明など、雰囲気づくりに幅広く採用される

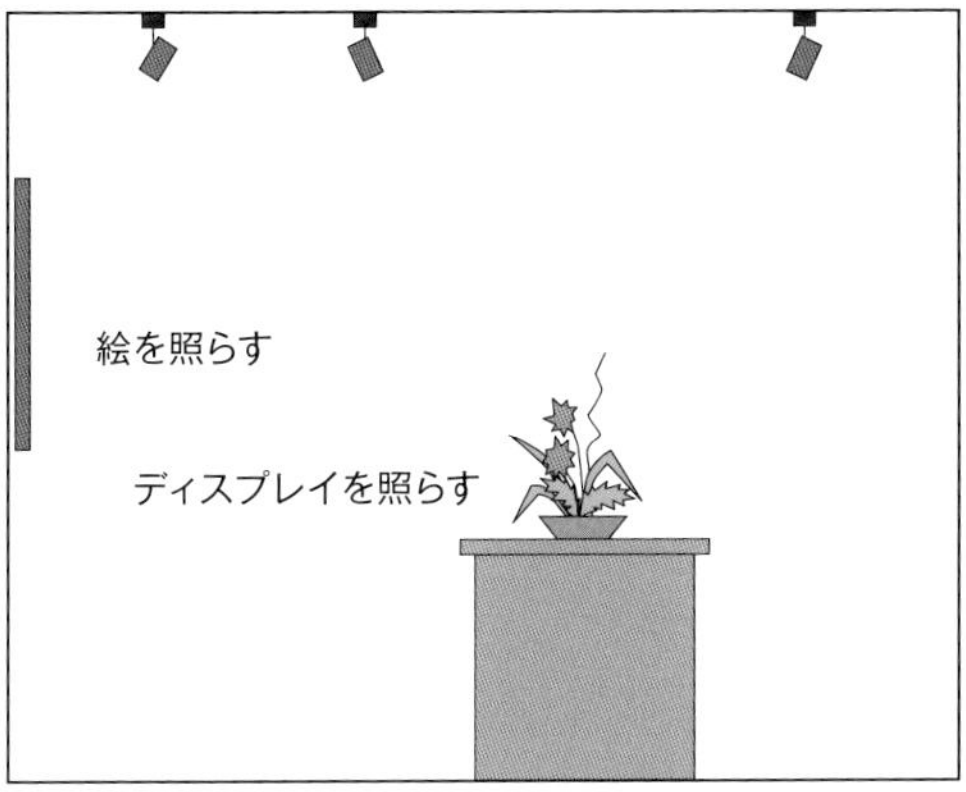

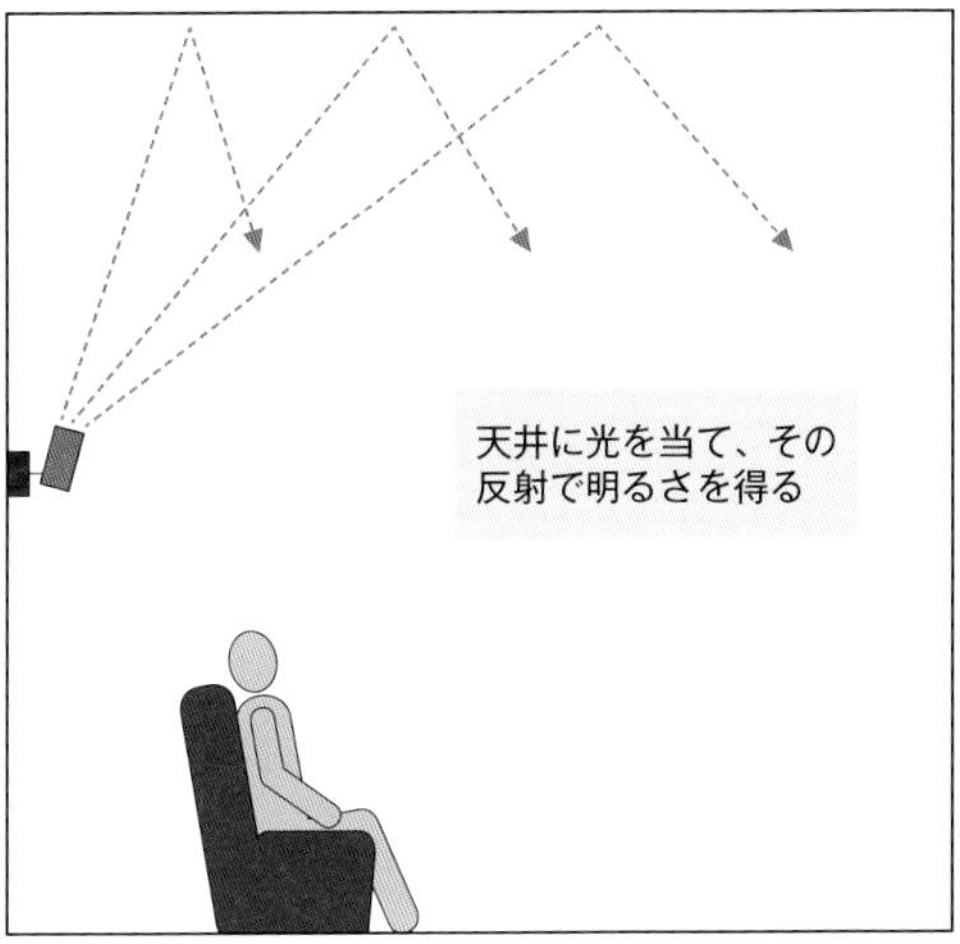

建築化照明

●天井や壁に照明を組み込み、器具やランプが見えないようにして、建築やインテリアのデザイン性を生かす

●コーブ照明

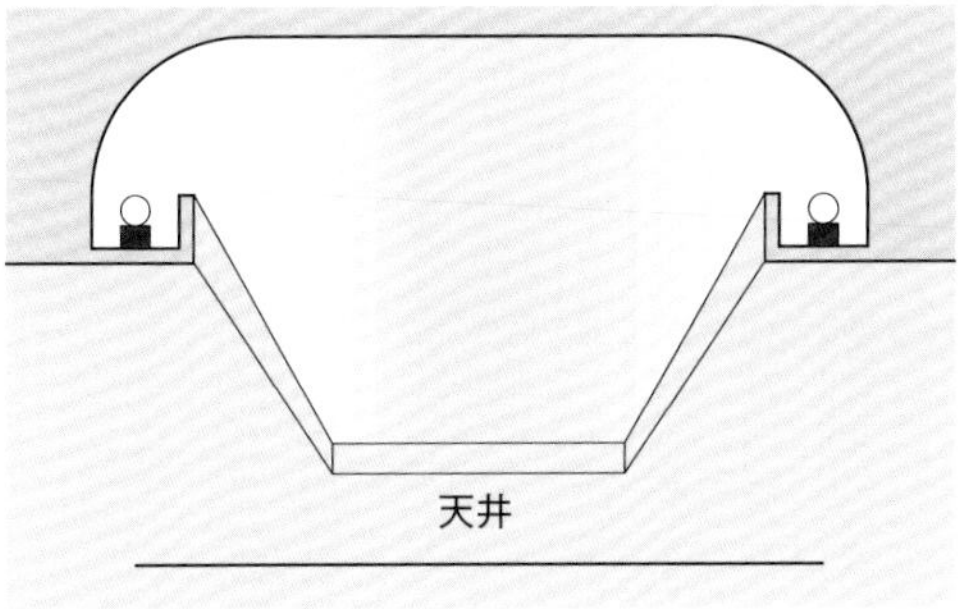

●コーニス照明

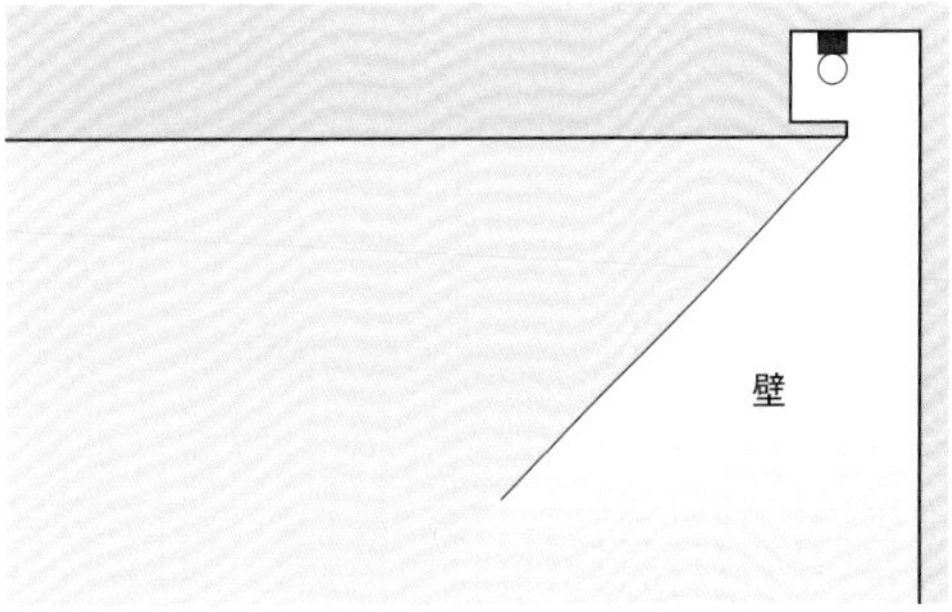

●バランス照明

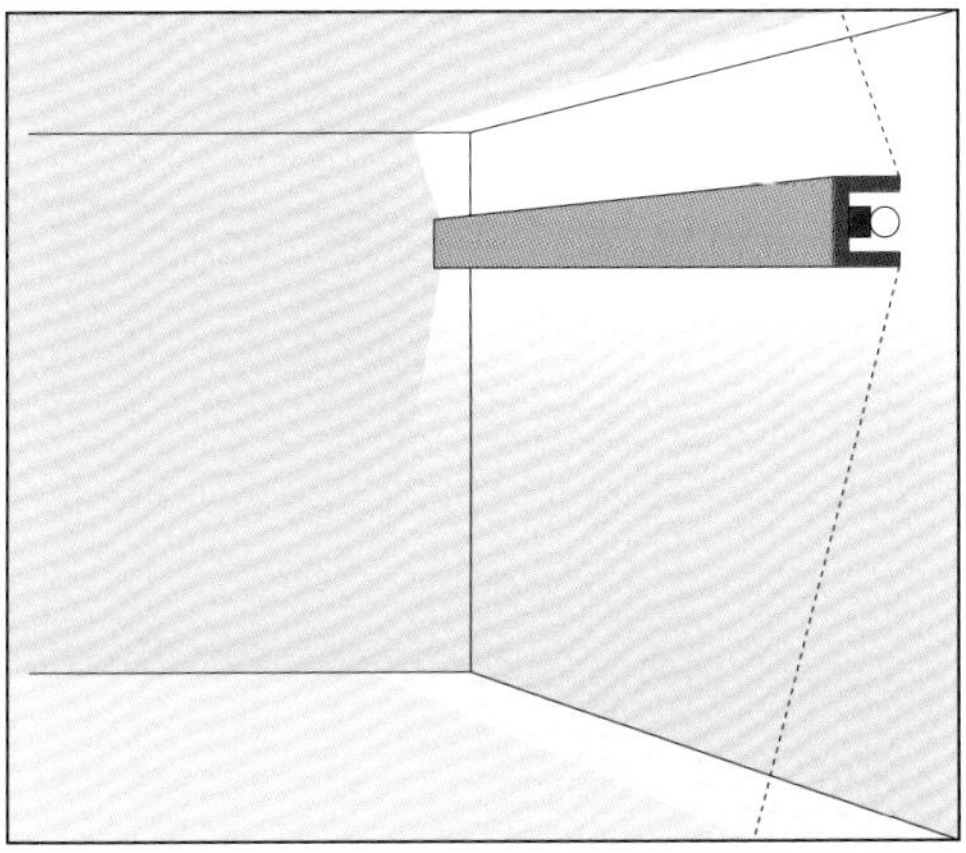

●光天井

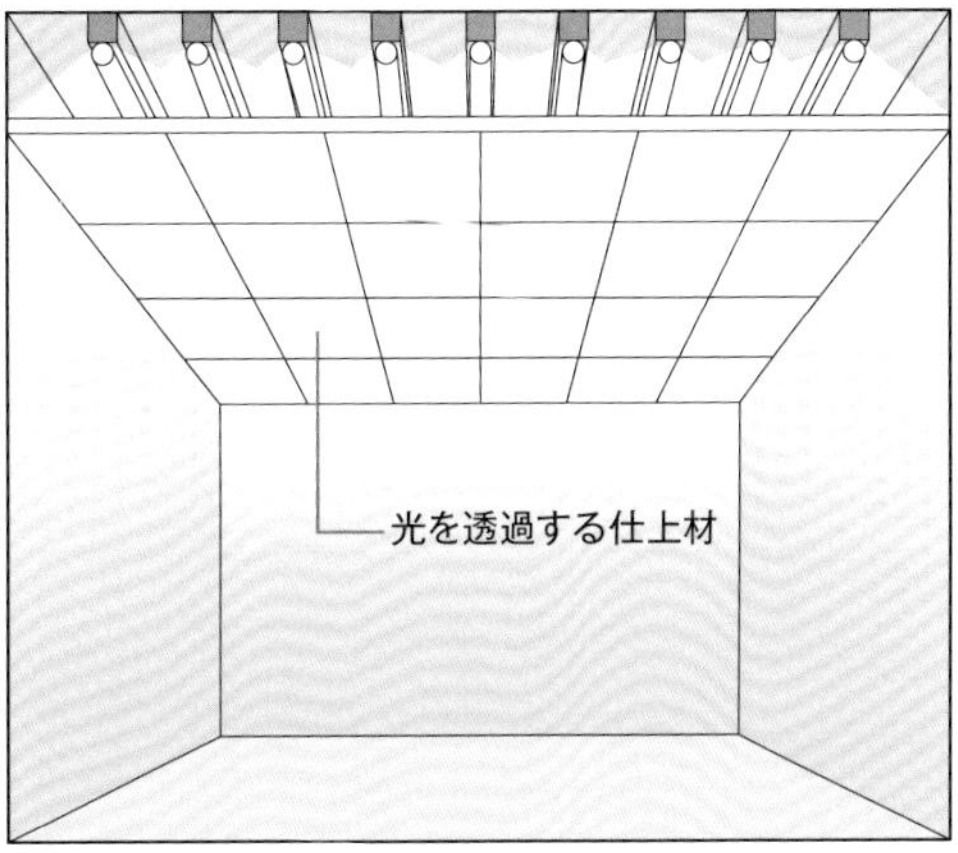

046

コーブ照明

point 天井面を照らし、反射光により空間の明るさを得ながら、「上方への空間の広がり」を強調する

コーブ照明とは

コーブ照明は、建築化照明の代表的な方式である。天井面を明るく照らし、その反射光により空間の明るさを得るとともに、天井面に視線を誘導し、上方への空間の広がりを強調する。

計画時には光の広がりを重視し、光の連続性が途切れないように器具を配置する。そのためには、器具と器具の間に隙間をつくらないことが重要である。隙間ができると影ができてしまう。その対応として、光の連続が途切れない間接照明用の器具が各メーカーから販売されている。これらの器具を使用する場合は、器具の端部同士を突き合わせて配置し、光を連続させる。なお、コーブ照明の光の広がりは、器具隠しの寸法や、天井からの距離によって異なる。

天井が高く、広い部屋に最適

コーブ照明は、やや広い面積の部屋や細長い部屋、天井高のある部屋など、距離が強調できる部屋に採用すると効果的である。天井が低くて狭い部屋の場合、人の視線は自然と天井よりも壁に向けられるため、コーブ照明は意味を成さず、逆にうるさい印象を与えてしまう。

コーブ照明を採用する場合、天井の照らす範囲にはほかに何も設置しないくらいの思い切った設計を行うべきである。そのほうがより美しく天井面を演出できる。

コーブ照明のランプ

コーブ照明に使われるランプには、設置場所や機能に応じていくつかの種類がある。LEDの器具は長寿命なうえ器具寸法が小さいことから、器具本体を隠しながら効果的に光を発することができる。

光のコントロールが重要なので、できるだけ調光できるようにしたい。調光しない場合は、光源付近が明るすぎたり、光のムラが強くならないように、納まり寸法に注意する。

■コーブ照明の器具の配置

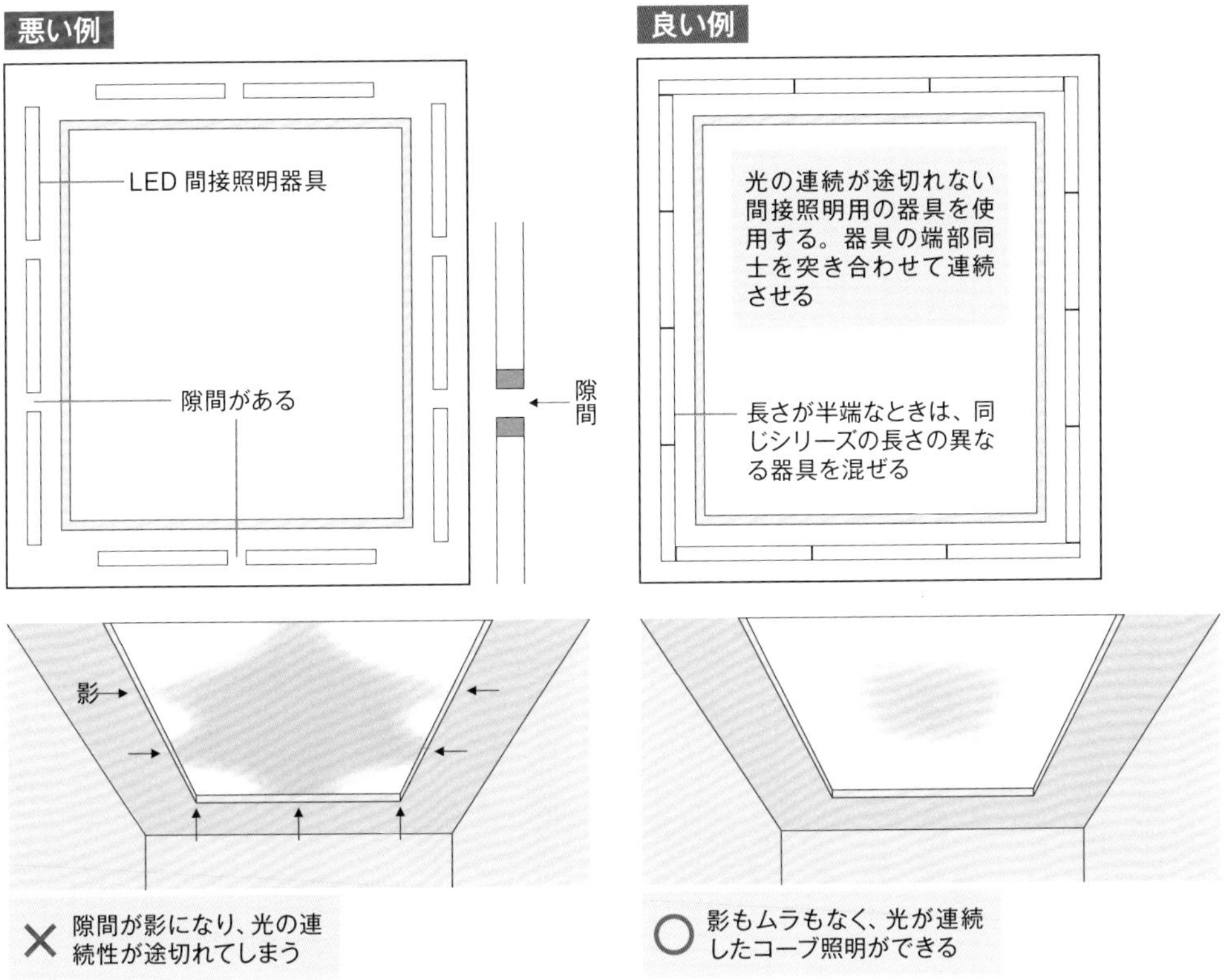

× 隙間が影になり、光の連続性が途切れてしまう
○ 影もムラもなく、光が連続したコーブ照明ができる

■納まりによる光の広がり方の違い

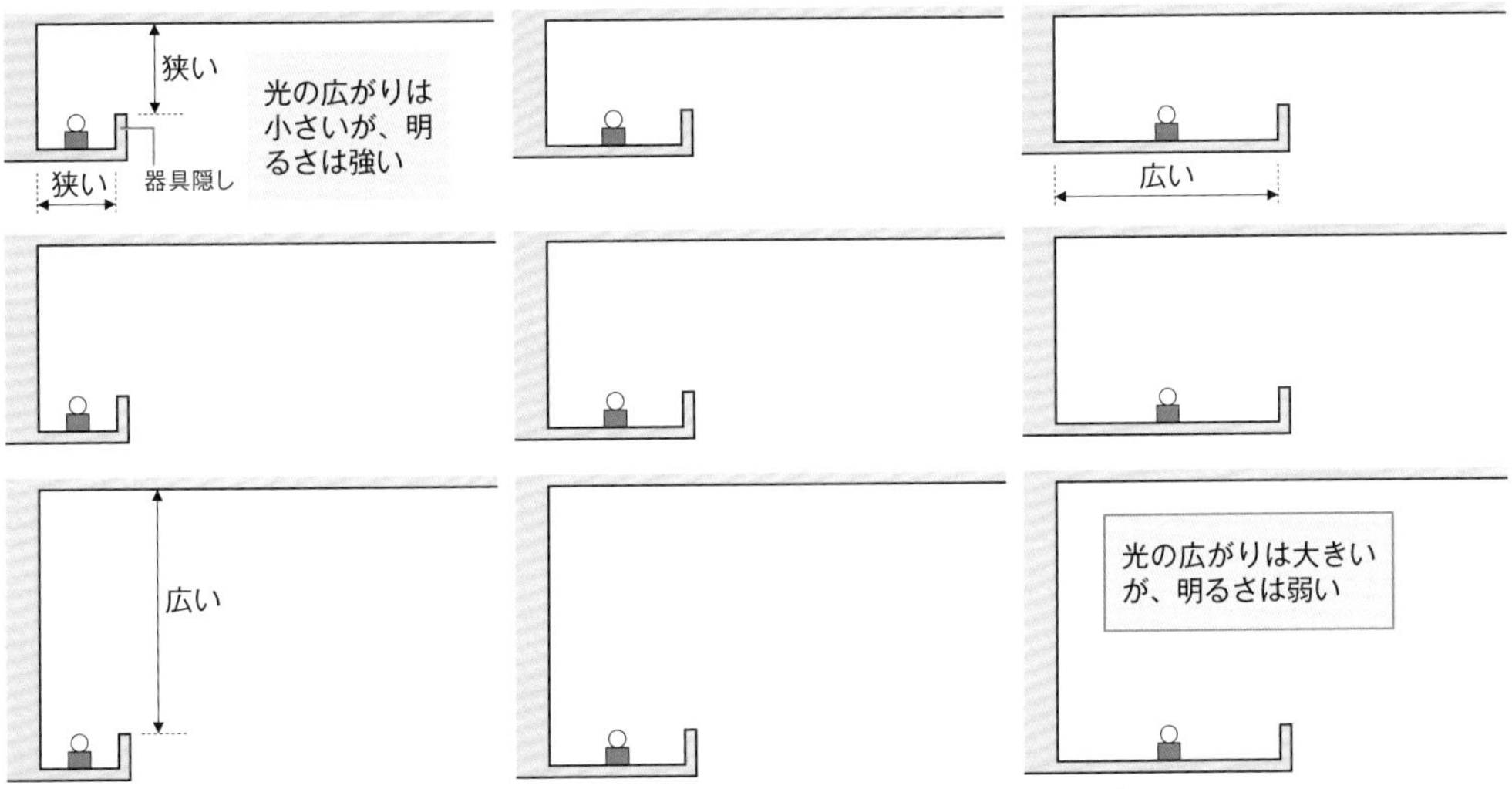

●コーブ照明の造作や寸法の違いによっても、光の広がり方や明るさの印象が変わってくる

コーニス照明

point 壁面を照らし、反射光により空間の明るさを得ながら、「水平方向の空間の広がり」を強調

コーニス照明とは

コーニス照明は、コーブ照明と並び、建築化照明の代表的な方式である。壁面を明るく照らし、その反射光により空間の明るさを得るとともに、壁面に視線を向けさせ、視覚的な明るさ感や水平方向の空間の広がりを強調する。

照明器具は、壁面と天井面の接する部分に、器具やランプを造作などで隠すように取り付ける。照らしている壁際に人が近寄っても、器具やランプの見え方が気にならないようにすることが重要である。

コーニス照明の光の広がり方は、光源と壁面の距離、光源の納まる懐の大きさによって印象が異なる。設置方法によっては直接光で光を遠くまで届かせることもできるし、光は伸びないが器具やランプを完全に隠すことができる間接照明中心の納め方もできる。特に直接光の場合は、カットオフラインの位置によって光のグラデーションが途切れて壁や床に明暗のラインが出たり、反対にランプが丸見えになってしまうことがある。最も好ましい光になるよう、十分検討してディテールの寸法を決める。

素材の特徴を強調

コーニス照明で照らす壁面は、フラットでシンプルな素材よりは、凹凸があったりザラザラ感のある素材のほうがテクスチュアや素材感を強調できるため、より印象的な演出ができる。

また、カーテンボックスに仕込んだコーニス照明でカーテンを照らすといった手法もある。納まり寸法が小さめのカーテンボックスではカーテン生地が熱で燃えたり劣化しないよう、LED器具が触れないように気を付ける。

注意したいのは、照らす壁面に、見た目の印象を損なうような余計な設備などを設置しないことである。コーニス照明は、人の視線にとって最も自然な垂直面の演出なので、より効果的なあかりになるよう、設置場所や方法などを十分に検討する。

■コーニス照明のイメージ

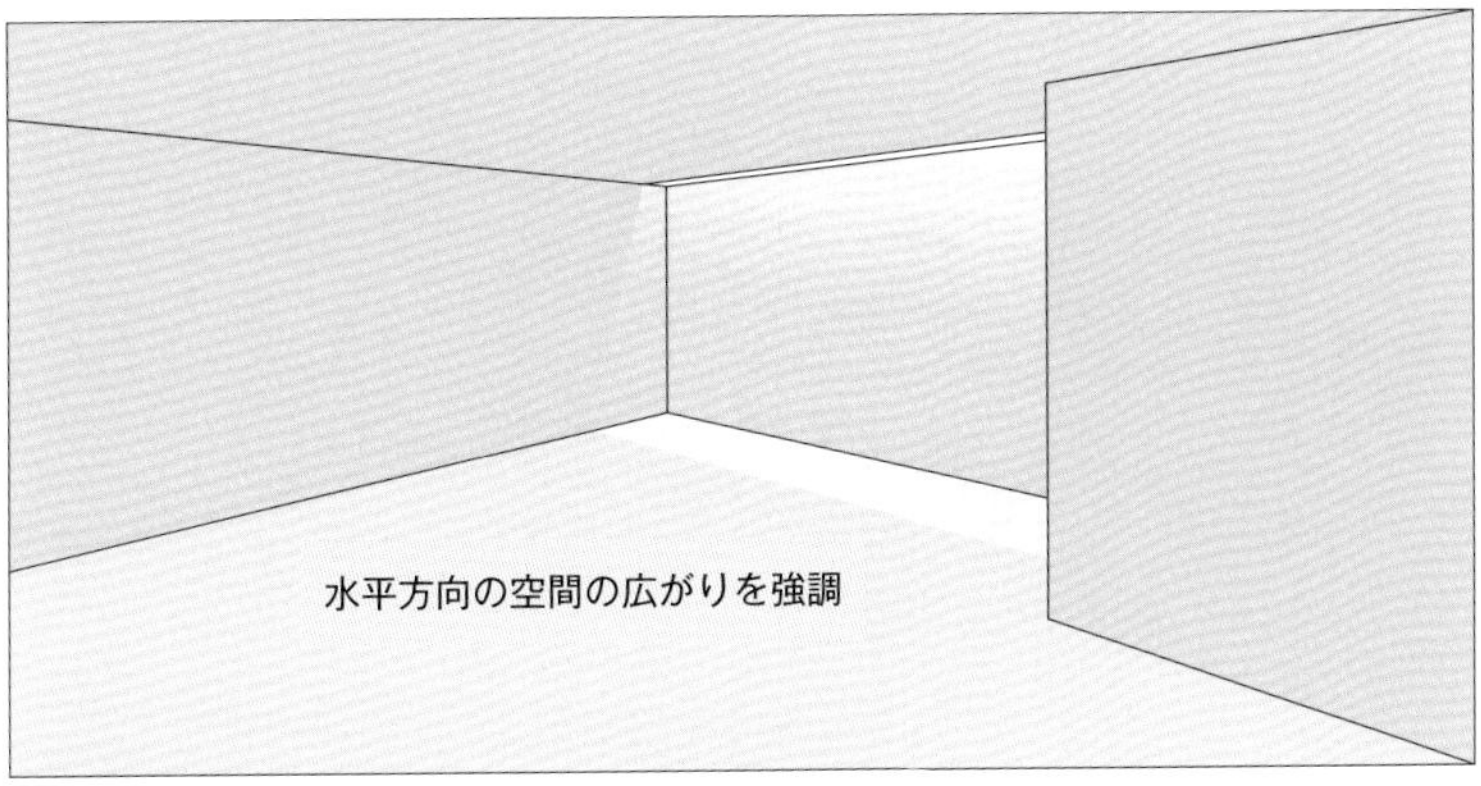

■器具取付けのバリエーション

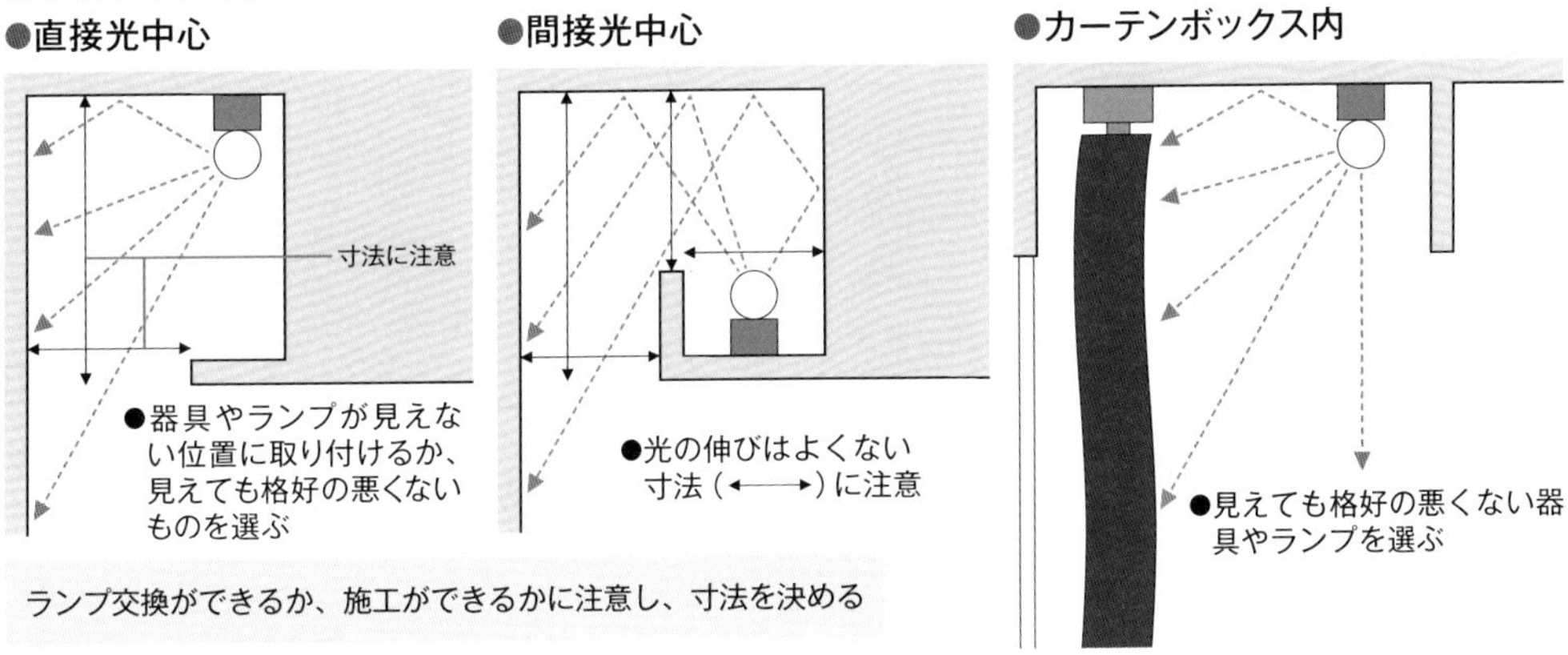

●直接光中心

●間接光中心

ランプ交換ができるか、施工ができるかに注意し、寸法を決める

■カットオフライン

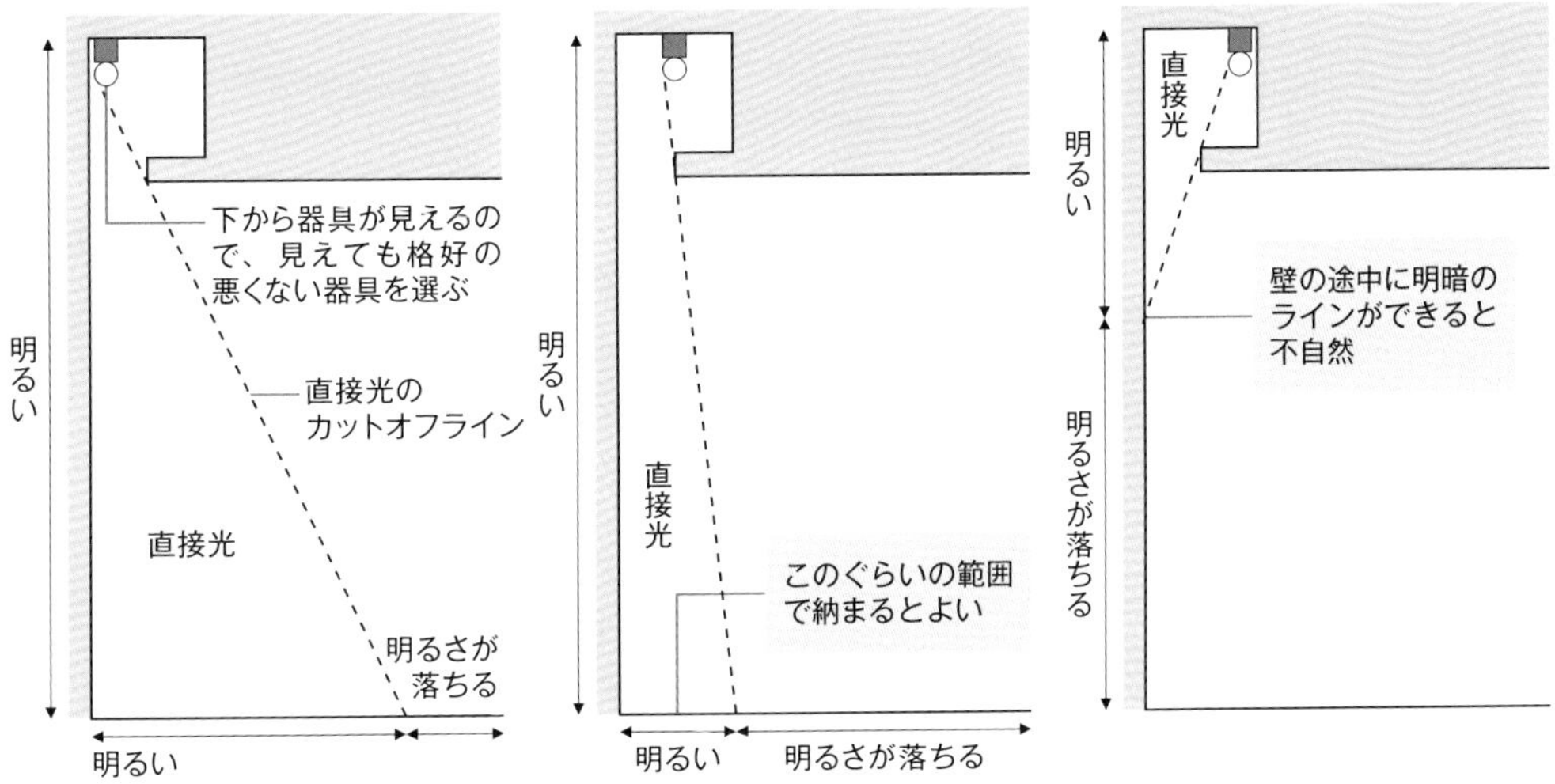

バランス照明

point
壁面を照らした反射光で明るさを得ながら天井面も照らし、「コーブ照明とコーニス照明を併せた効果」を生む

バランス照明とは

バランス照明とは、壁面を照らした反射光で明るさを得ながら天井面も照らすことで、コーブ照明とコーニス照明を併せた効果を生む照明方式である。上下に光が放たれることで、コーブ照明やコーニス照明よりも比較的明るい。

器具は、壁面に光源を隠すための幕板を設け、その上下から光が出るように取り付ける。幕板と器具を取り付ける高さは、人が立ったときの視線よりやや上にする。

器具を設置する際は、ほかの建築化照明と同様に、器具やランプが見えないようにする。天井に向けた開口はコーブ照明と同様の注意を払えばよいが（104頁参照）、下に向けた開口は、視線によっては器具やランプが見える恐れがあるので、乳白色のアクリル板やルーバーなどでカバーするとよい。

建築やインテリアとの関係

バランス照明で照らす壁面や天井面は、コーブ照明やコーニス照明と同様に、光沢のある仕上げではなくマットな仕上げやテクスチュアのある仕上げのほうが効果的である。

また、照明の造作が建築やインテリアと違和感なく、できるだけ自然に見えるようにつくられていないと、いかにも間接照明という過剰な印象を与えてしまう恐れがある。これを防ぐために、たとえばカーテンボックスとうまく絡めてつくるなどの工夫をしたほうがよい。

間接照明用ライン型器具を採用

光源は、新規設置ではやはりＬＥＤとなる。器具の端から端まで発光する間接照明用のライン型ＬＥＤ器具は、熱、コスト、メンテナンス性から最適であり、調光できるものはまぶしさに対しても適切なレベルに調節しやすい。

また、幕板の付いたバランス照明用の既製品があり、造作をつくらなくてもバランス照明を容易に実現することができる。

■バランス照明

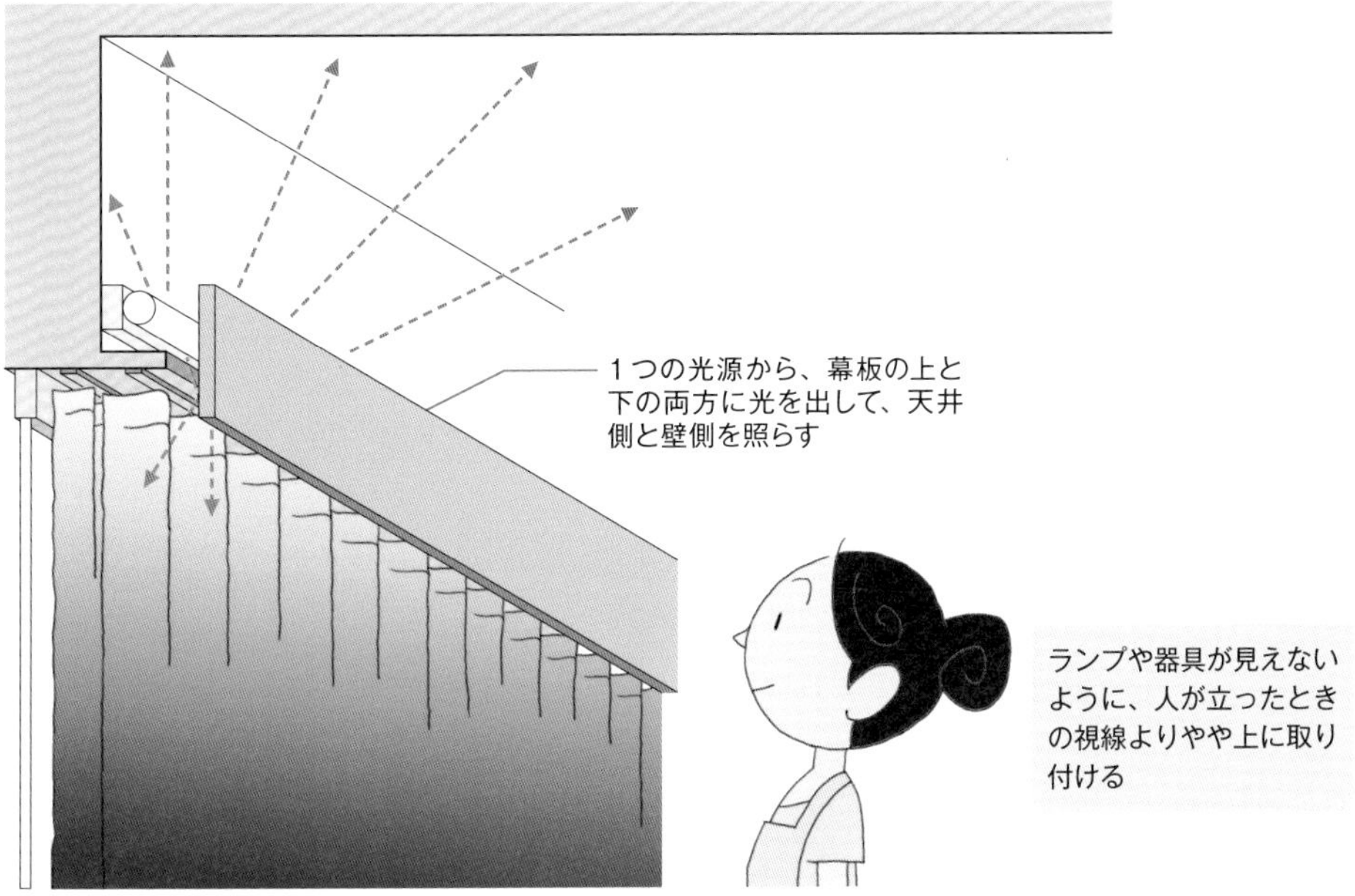
1つの光源から、幕板の上と下の両方に光を出して、天井側と壁側を照らす
ランプや器具が見えないように、人が立ったときの視線よりやや上に取り付ける

■光源の隠し方

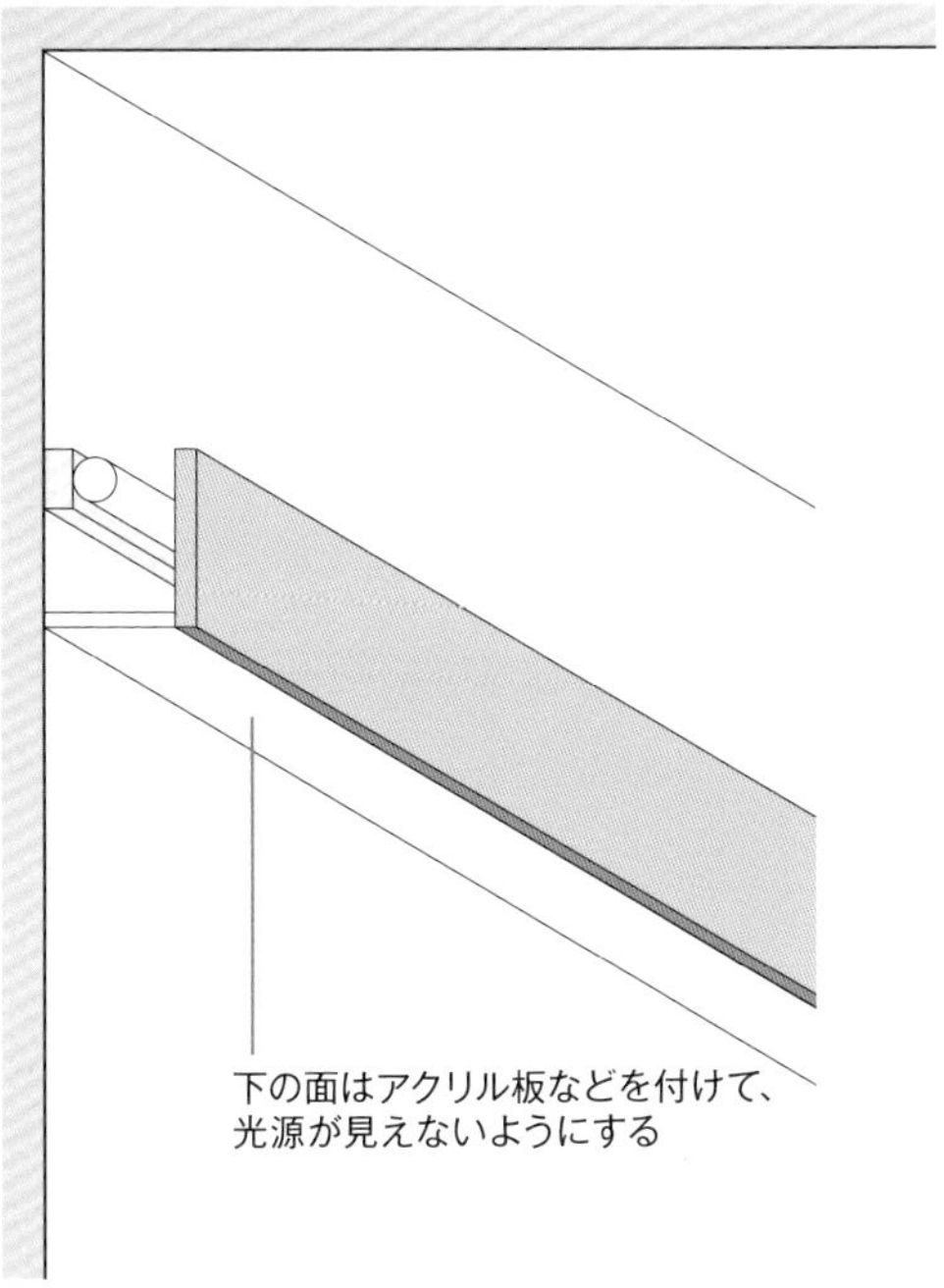
下の面はアクリル板などを付けて、光源が見えないようにする

■シームレスタイプの間接照明用LED器具

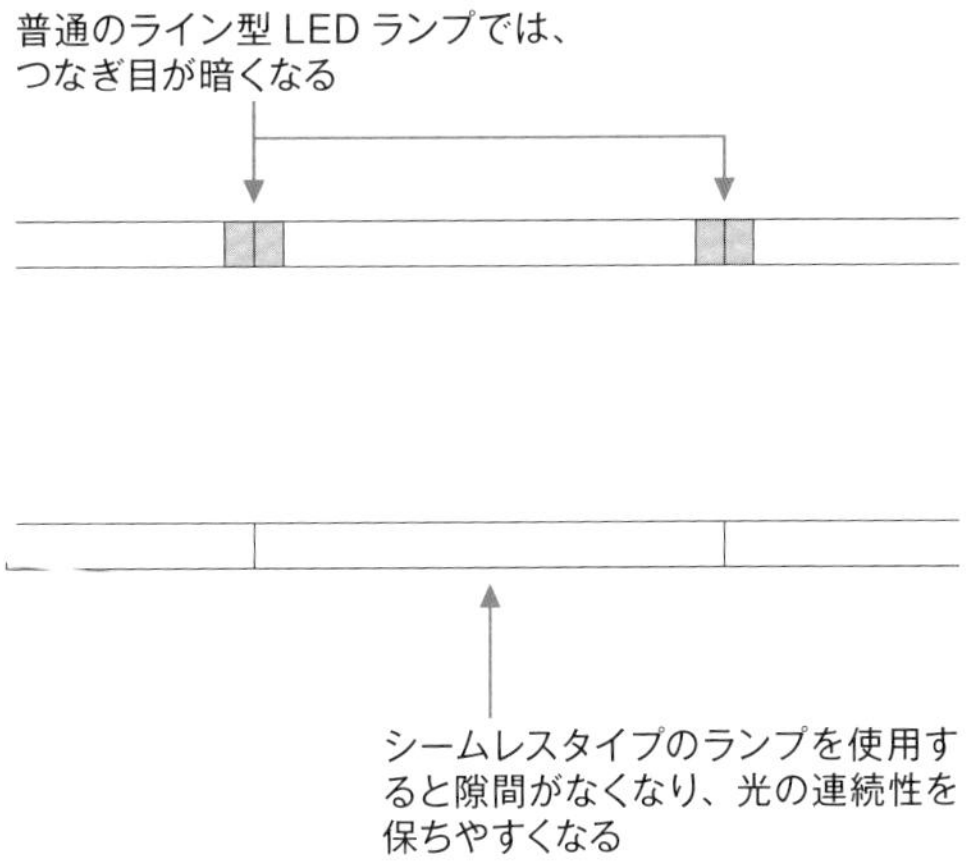
普通のライン型LEDランプでは、つなぎ目が暗くなる
シームレスタイプのランプを使用すると隙間がなくなり、光の連続性を保ちやすくなる

間接照明の注意点

point 器具やランプが丸見えにならないようにする。エアコンなどを意味なく照らさないようにする

器具やランプを見せない

住宅や店舗などで、コーブ照明やコーニス照明などの間接照明が使用されているのをよく見かける。しかしながら、光の見た目の印象が美しく、効果的に完成されているケースは意外と少ない。

悪い例として最も多いのは、器具やランプが丸見えになっているケースである。間接照明を設置するときに一番大事なのは、器具やランプがどこから見ても丸見えにならないようにすること。特に2階建ての建物では、1階からは見えなくても、階段の途中の高さからは見えてしまうなど、設置位置や納め方が十分に検討されていないケースが多い。

どうしても見えてしまう場合は、見えても見栄えの悪くない器具やランプを選び、設置方法にも気を配る。

天井や壁の素材を考慮する

天井や壁を照らす場合、器具やランプをうまく隠していても、その姿が天井面や壁面に映り込むことがある。特に天井や壁が光沢のある素材では、光源の姿がそのまま映り込んでしまう。これでは隠した意味がなくなってしまうため、天井面や壁面はマットな仕上げやテクスチュアのある仕上げのほうが望ましい。

照らす範囲にも気を配る

コーブ照明やコーニス照明、バランス照明などで天井や壁を照らすときは、照らす範囲にできるだけ余計なものがないほうがよい。

たとえば、天井に埋込みタイプのエアコンやダウンライトなどの器具があったり、壁を照らす場合、その範囲にドアや窓、換気口などがあると、その部分を意味なく照らし、目立たせてしまうことがある。

これでは、せっかくの間接照明も台無しである。照らす範囲には、ほかに何もないくらいの思い切った設計をしたほうがよい。

■間接照明の悪い例

●階段の途中から見える

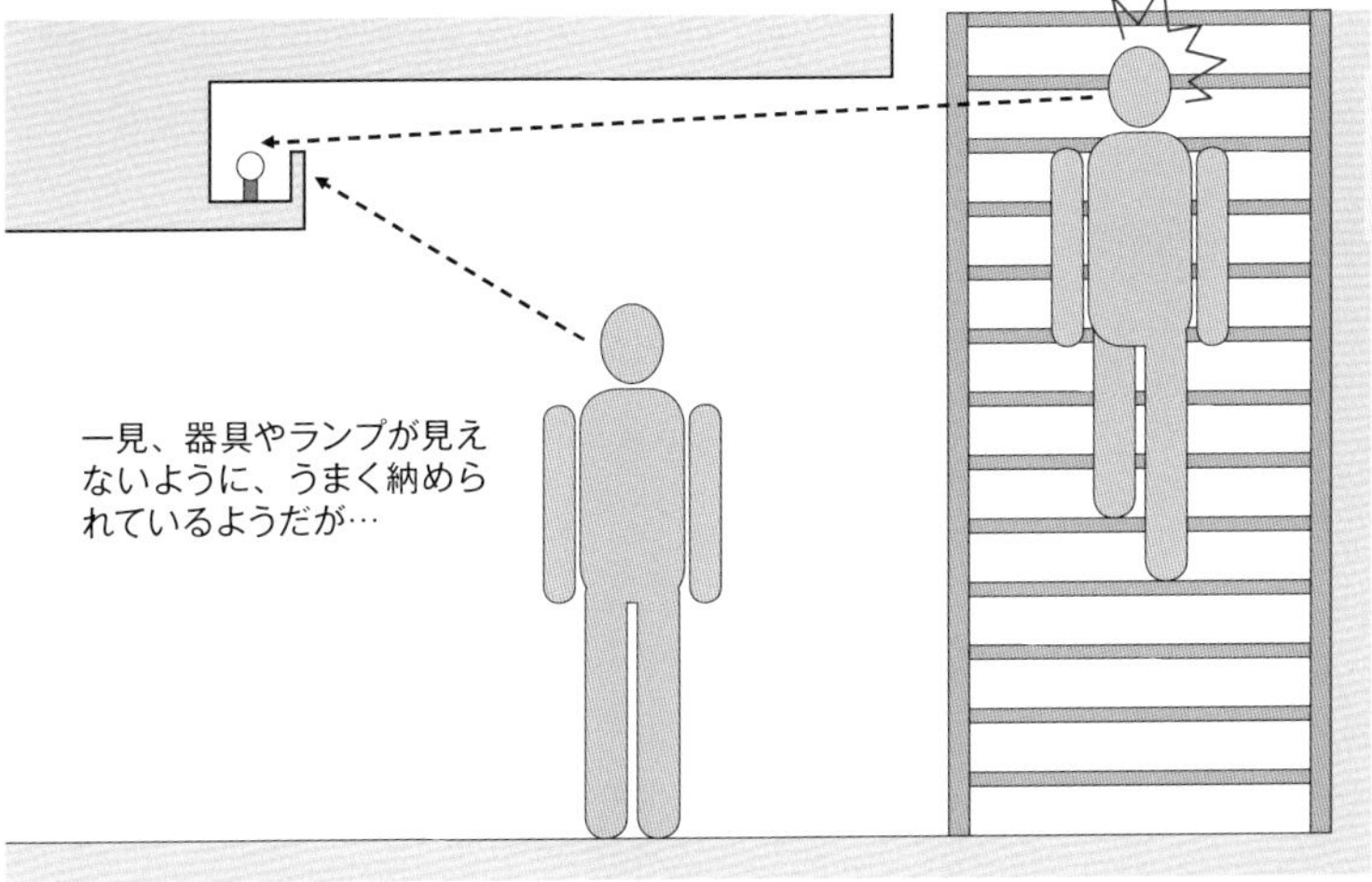
一見、器具やランプが見えないように、うまく納められているようだが…

× 階段を上ると、ある高さからは器具やランプが丸見えに！

●光源の姿が映り込む

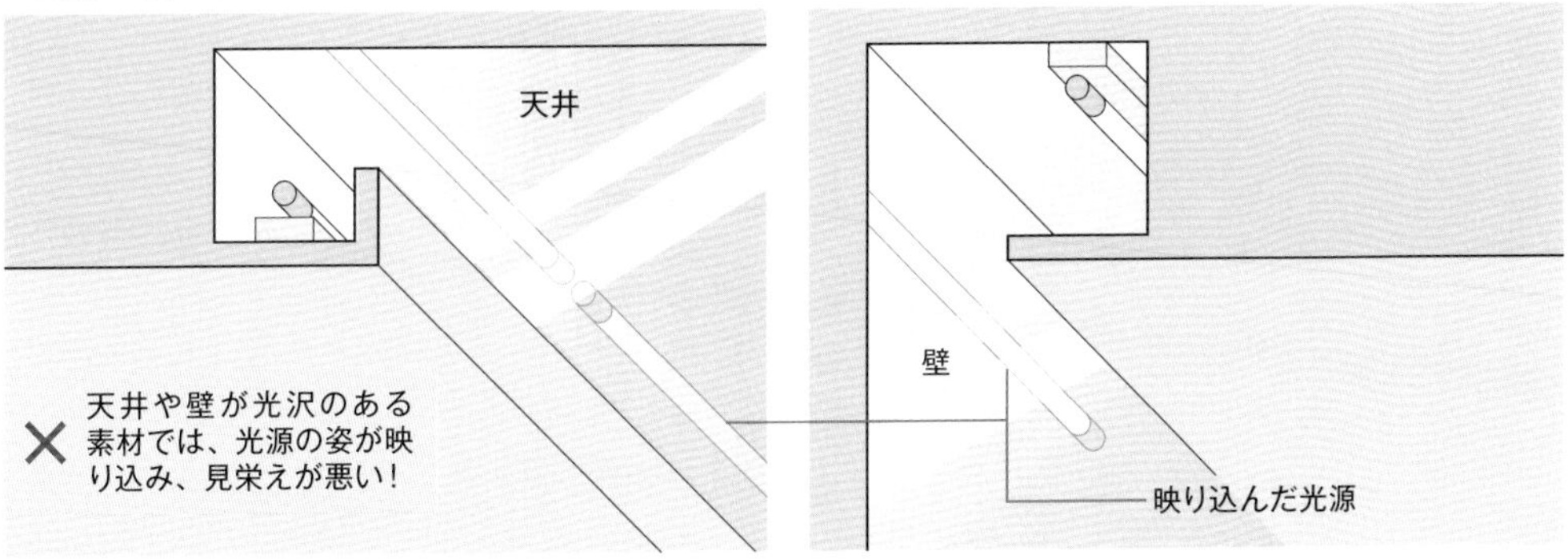
天井
壁
映り込んだ光源
× 天井や壁が光沢のある素材では、光源の姿が映り込み、見栄えが悪い！

●エアコンなどを意味なく照らす

× せっかく綺麗に照らした天井なのに、エアコンや点検口、器具などを目立たせてしまった！

光天井・光壁・光柱・光床

point 半透過の素材と照明を組み合わせて、「天井・壁・柱・床などの面を発光させる」照明手法

光天井とは

光天井とは、半透過のガラスやアクリル板、不燃布地などで仕上げた天井の背後に照明を設置し、天井自体を発光させる手法である。面全体がムラなく発光し、その後ろにある光源の存在が分からないようにつくられていると美しい。設置の際は、素材の光の透過率と、その素材と光源との距離、隣り合った光源どうしの間隔を考慮する。

寸法関係は、ランプとの周囲の仕様によって変わってくる。一般的には、天井の仕上げとランプとの距離、ランプどうしの距離が1：1で、背面のスペースがマットな白で塗装されていればムラなく発光して見える。より正確に計画するには、実験用モックアップを制作するとよい。

光源は、広く明るく照らす必要があり、メンテナンスしづらい場合も多いので、光源は寿命の長いLEDが適している。LEDの場合は、背面スペースが小さくて済み、カラーチェンジの演出などもできるのがメリットである。

光壁・光柱・光床とは

光壁・光柱とは、光天井と同様に、半透過の素材で仕上げた壁や柱の背後から照明を設置し、壁や柱自体を発光させる手法である。半透過素材は、耐久性の面からガラスを使用することが多い。

光源は仕上材の真後ろに設置するだけでなく、床付近や天井付近のみに設置して光のグラデーションをつくることもできる。この場合は、ライン型のLED器具だけでなく、配光の狭いスポットライトなどの器具なども使える。壁や柱が高い場合、より遠くまで光を到達させるにはこれらのランプを器具の納まりを工夫しながら使うとよい。

光床も、手法は光天井と同様である。床は人が歩行し、テーブルなども置かれるため、素材は強化ガラスを使うことが多い。設置の際は、床に液体をこぼしたときにガラス下にまで影響を与えることも想定する。

光天井

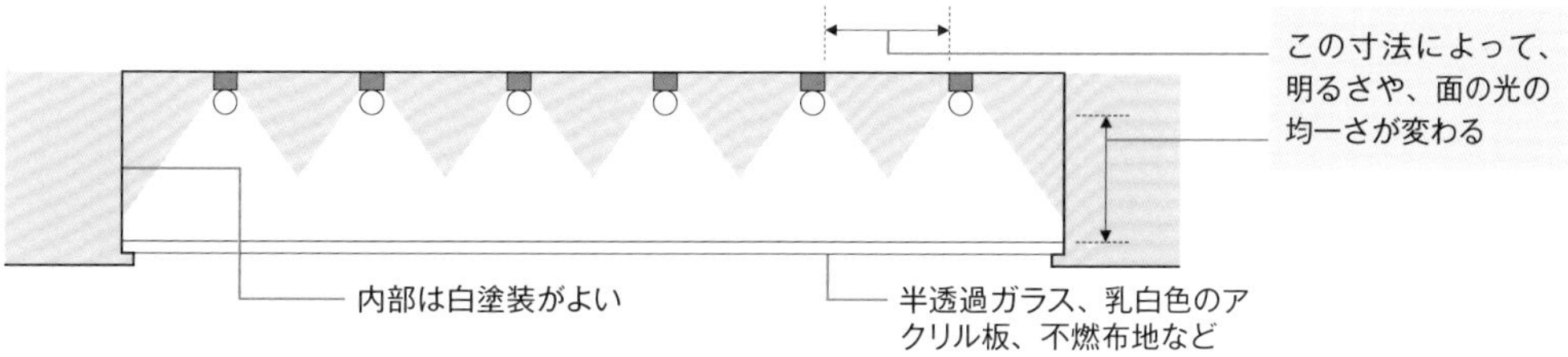

光壁

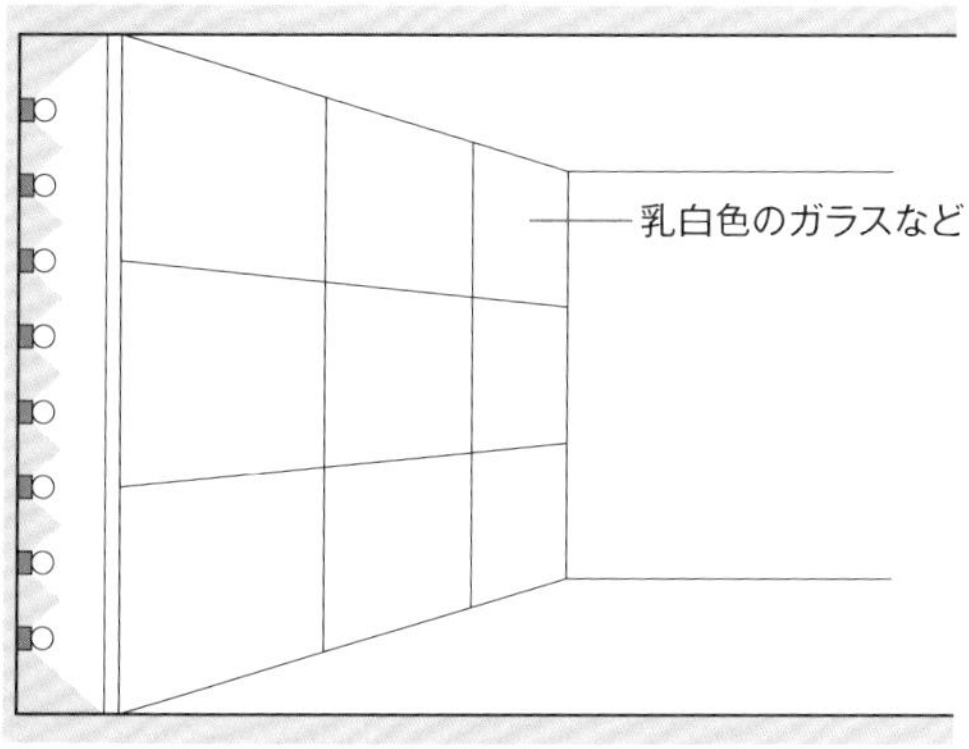

- サインやグラフィックなどの演出にも使われる
- 光源は、ライン型の LED 器具など

- 床や天井側のみに器具を取り付け、光のグラデーションをつくることもある
- 光源は、スポットライト器具、LED など

光床

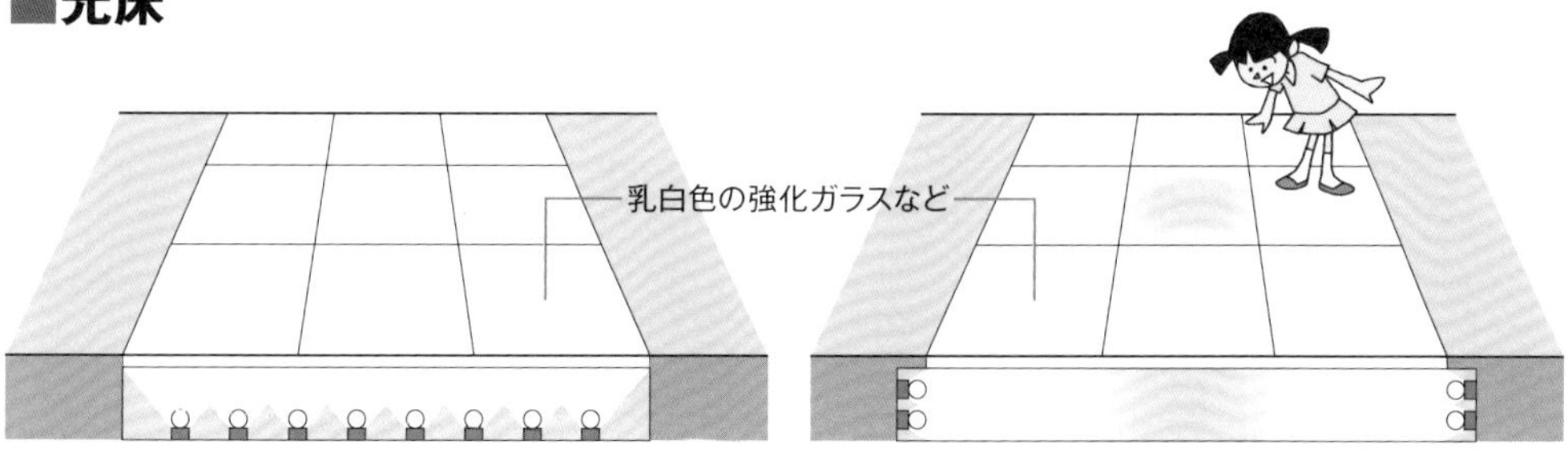

ランプの取付け寸法

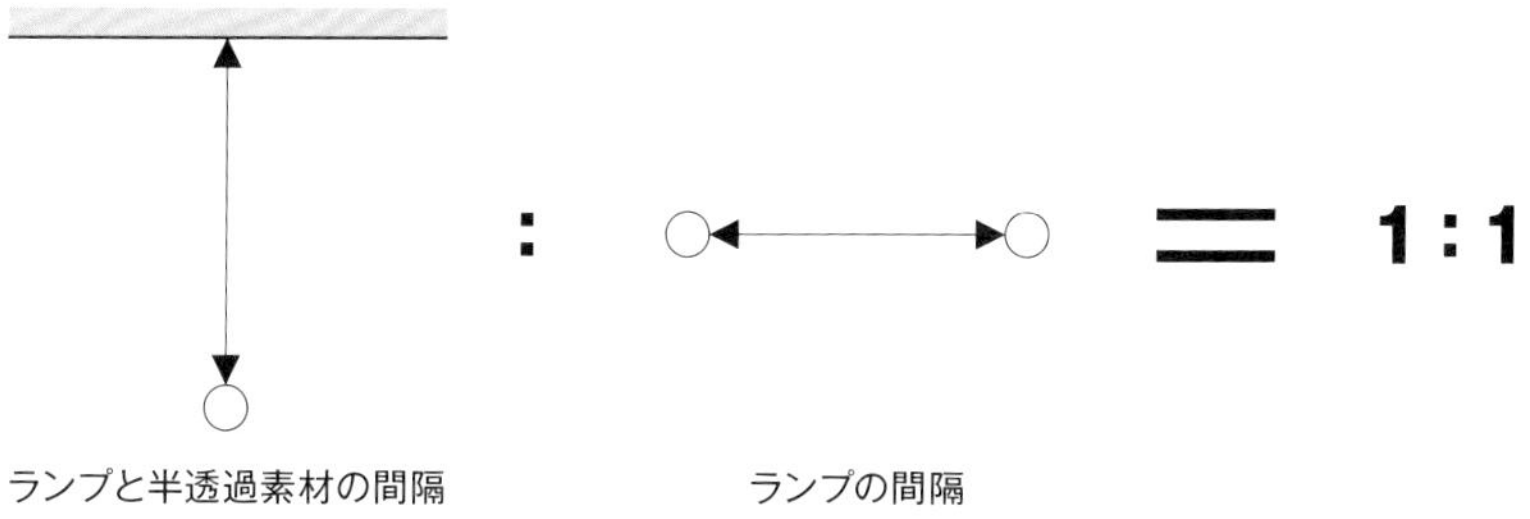

- これを基本に寸法関係を考え、計画する

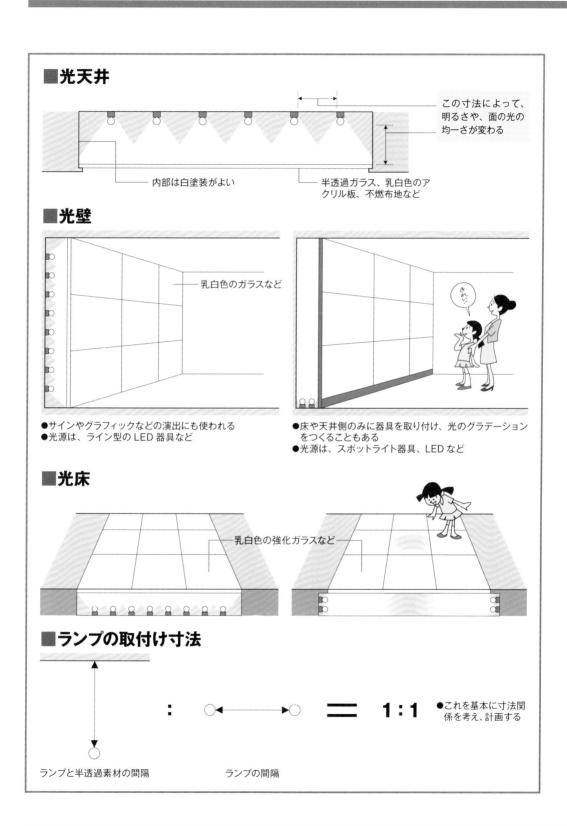

足元の間接照明

point 足元の間接照明は、空間の重心を下げ「落ち着いた雰囲気」をつくりだす

落ち着きと非日常を演出

最近よく使われる建築化照明の手法に、足元の間接照明がある。住宅では玄関の段差や、玄関床と靴箱の隙間、テレビ台など低い家具と床の間などに取り入れられ、店舗では階段やカウンターの腰の下などに取り入れられている。特に店舗の階段では、蹴上げの各段にステップライトが取り付けられていることが多い。

床に近いところに間接照明を設置すると、空間の重心が下がり、落ち着いた雰囲気をつくりだせる。また、段差を利用して設置すると、段差歩行の安全性も向上する。

床面の素材感も重要

足元の間接照明は、やや暗めのほうが雰囲気がよくなる。したがって、器具は調光できるものとし、色温度も電球色より低めの暖かい雰囲気のものを選ぶ。光源はＬＥＤとし、寸法やコントロール方法を注意して選ぶ。

設置の際は最初の取り付けと故障などの際のメンテナンスを考慮し、納まり寸法や取付け位置を検討する。床面の素材感も重要で、光を反射しやすい素材だとランプが丸見えになってしまい、光の広がりの美しさを十分に見せることができない。どうしても反射してしまう床材の場合は、ランプが見えないように乳白色のアクリル板でカバーするなど、ディテールを工夫する。

明るさと時間帯を意識

住宅などで、玄関の靴箱の下や上がり框の段差に間接照明を取り付けている例を見かけるが、明るすぎたり色温度が高すぎたりして、違和感を抱くことがある。玄関では、外光が入るときは間接照明を点灯せず、全般照明のみとし、日が暮れてから点灯するほうがよい。その場合、色温度、照度ともに抑えめのあかりが好ましい。そのほかの空間でも、間接照明を点灯する明るさや時間帯を意識し、生活に合ったあかりをつくるように心がける。

■足元の間接照明

●リビング

明るさは調光をかけて弱めとし、
色温度も低めがよい

●階段

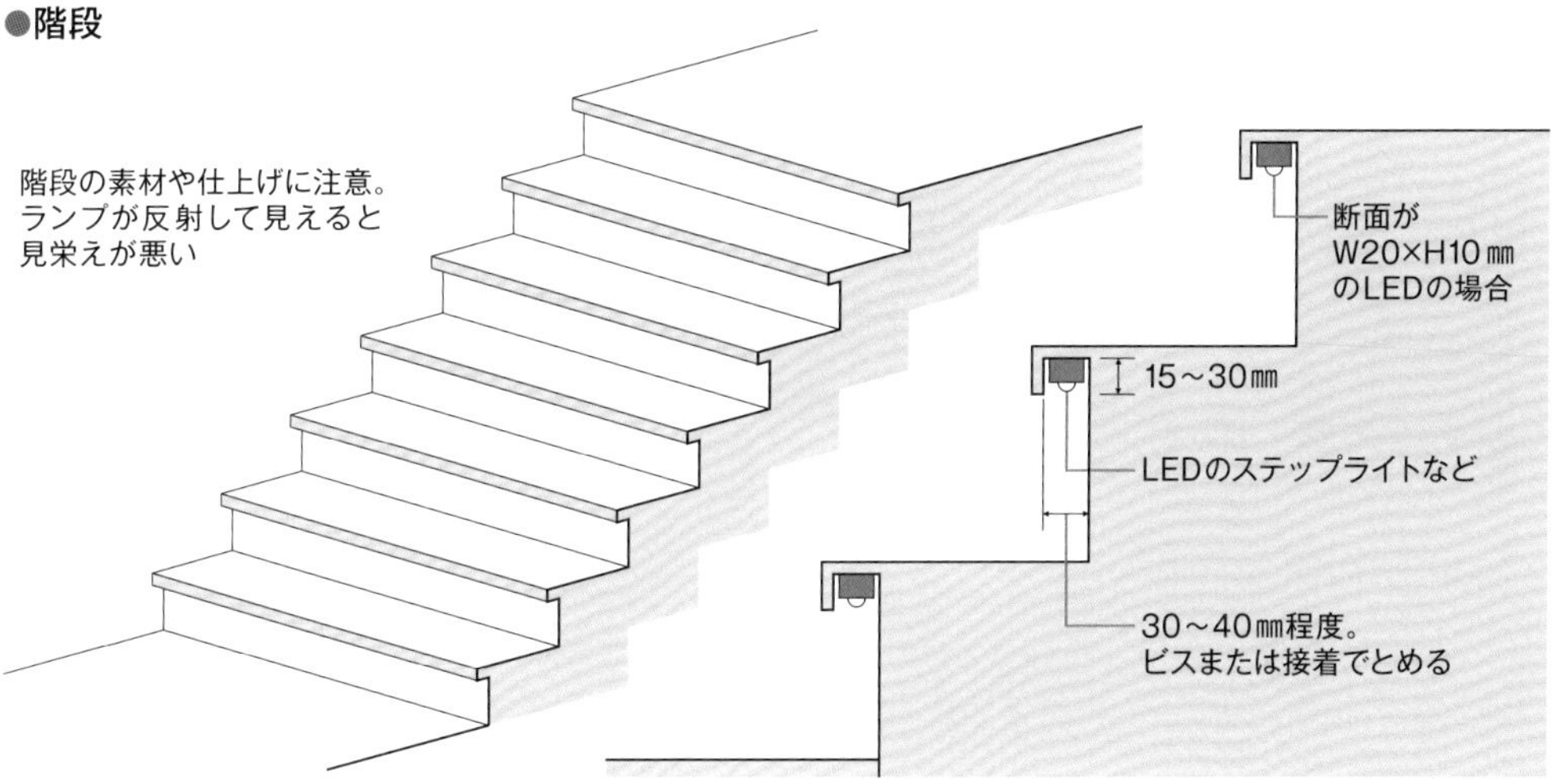
階段の素材や仕上げに注意。
ランプが反射して見えると
見栄えが悪い
断面が
W20×H10㎜
のLEDの場合
15～30㎜
LEDのステップライトなど
30～40㎜程度。
ビスまたは接着でとめる

●玄関

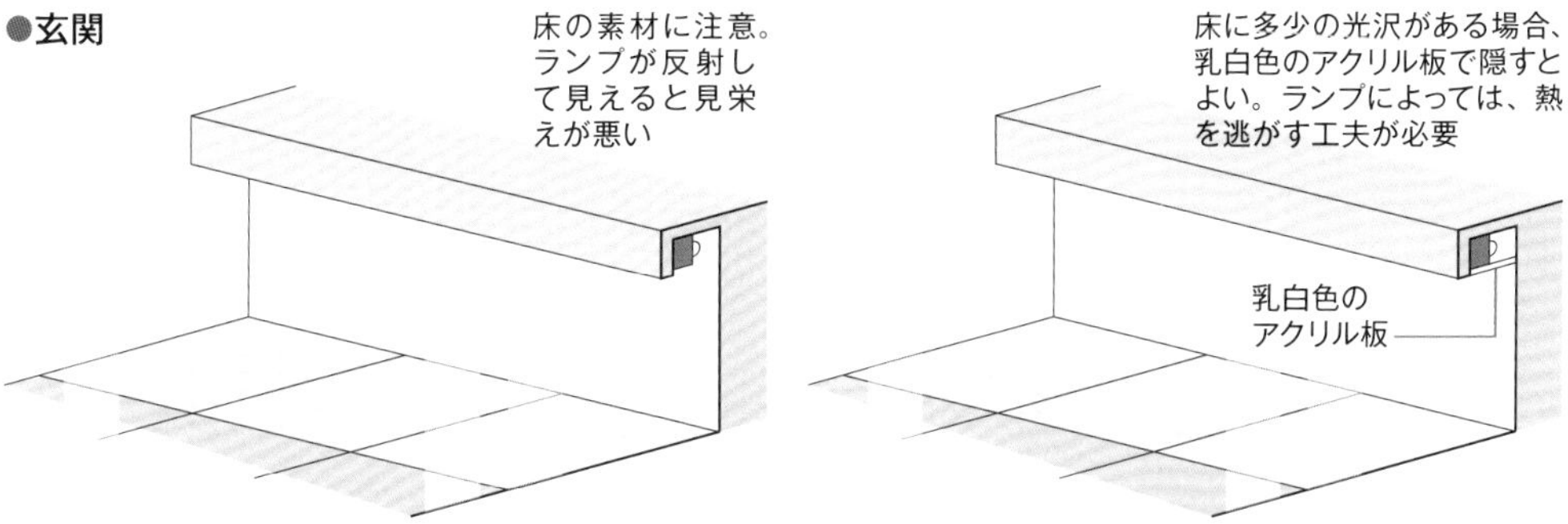
床の素材に注意。
ランプが反射し
て見えると見栄
えが悪い
床に多少の光沢がある場合、
乳白色のアクリル板で隠すと
よい。ランプによっては、熱
を逃がす工夫が必要
乳白色の
アクリル板

器具配置と空間の見え方

point 器具はなるべく「存在感がないように配置」し、視覚的に気にならないほうがよい

空間に統一感をもたせる

建築やインテリアには、デザインが考慮された仕上材以外にも、エアコンや換気口、煙感知器、コンセント、スイッチなど、さまざまな設備機器の表面が現れる。これらは空間の見た目の印象を雑然とさせることが多い。

空間の印象をよくするには、機器の色や形、素材感、配置の仕方などに統一感をもたせたり、バリエーションを少なくしたりして、すっきりと見せる方法がある。

器具配置のポイント

照明器具を配置する際は、ペンダントやスタンドなどインテリアの主役となるもの以外は、なるべく存在感がなく視覚的に気にならないほうがよい。具体的には次の5つが重要である

①照明器具が天井や壁に溶け込み、目立ちにくいものを選ぶ
②器具の見た目に統一感をもたせ、1つの空間につき2種類以内のバリエーションとする
③散満にならないように、規則性をもたせるなどしてすっきり見える配置とする
④照明以外の設備要素やドア、窓、家具の配置との兼ね合いも確認する
⑤平面図や天井伏図のみではなく、必ず立体の空間の見え方を想像し、検討する

①の目立ちにくい器具とは、基本的にダウンライトと考えてよい。なかでも、グレアカットの深い、鏡面反射板タイプかピンホールタイプが目立ちにくい。ただし、光源や器具を限ってしまうと選択肢が絞られる。目立つ器具でも、むしろ明るさ感が増したり、デザインとして成立することもあるため、クライアントの要望に合わせて判断するとよいだろう。

②については、同メーカーの同シリーズの器具を採用する。③④については、配置の工夫で印象が大きく異なる。⑤は忘れがちだが、とても重要な作業である。

■照明器具の配置

●平面配置図

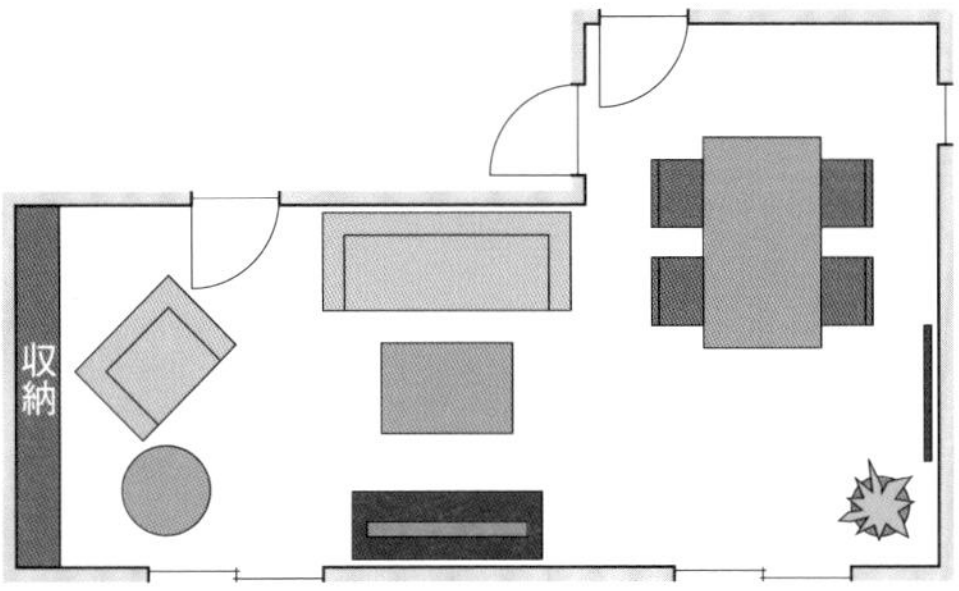

プラン1 △

賃貸住宅や建売住宅によくあるパターン。室内の家具配置と関係なく、天井伏図のみで作成

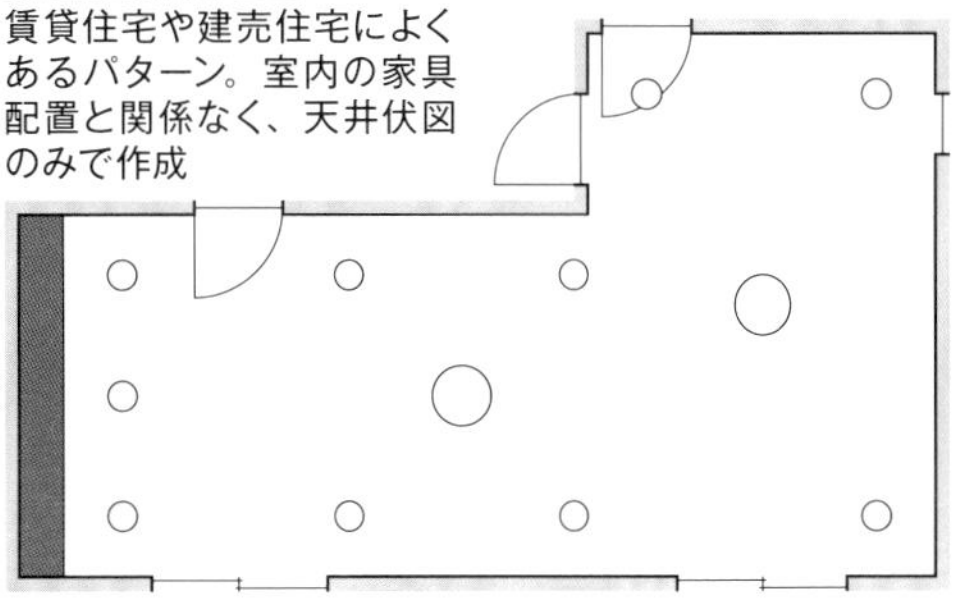

プラン2 ○

家具配置に従い、使い勝手を考慮しているが、天井配置はバラバラで散満

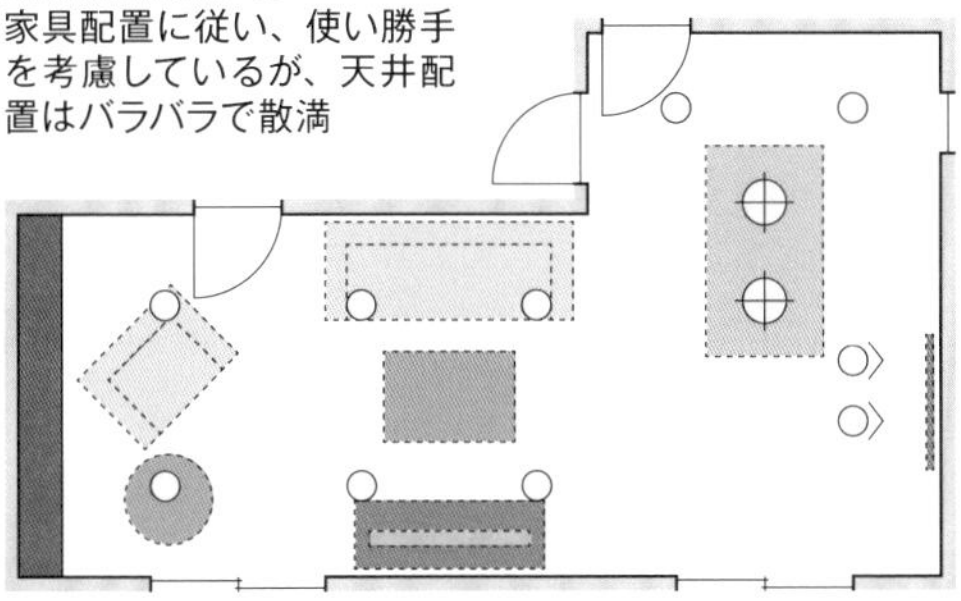

プラン3 ◎

家具配置に従い、天井照明に規則性をもたせて配置。明るさが足りない部分はスタンドを使用

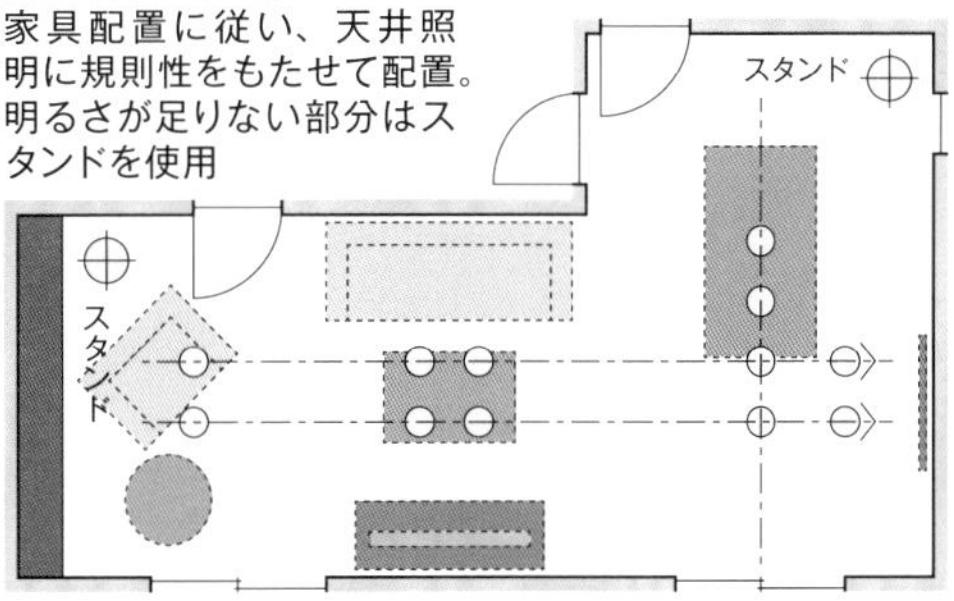

●立体図

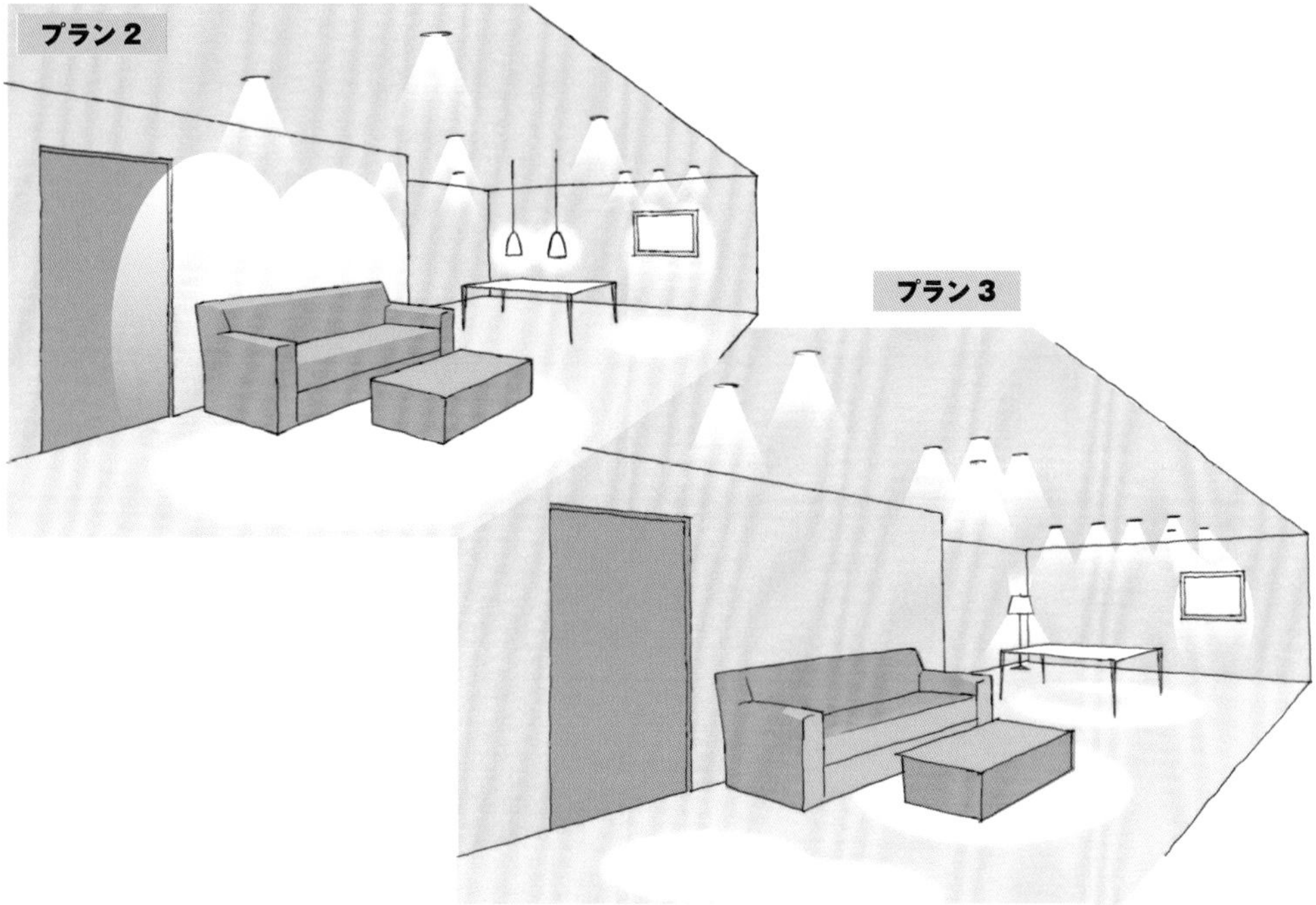

天井を照らす

point
コーブ照明やそのほかのライトなどで天井に光を当てることで視線を誘導し、「広々とした印象」を強調する

天井の演出手法

建築やインテリアの設計によって、吹抜け空間など天井の高さのあるスペースができることがある。住宅ではリビングなどに多く、大きな施設ではエントランスホールやラウンジスペースなどに多い。こうした高い天井は、照明によって空間の広がりをより強調し、快適さを演出することができる。

床付近に家具や物が多く雑然としている部屋でも、天井や部屋の上方はすっきりしている場合がある。このような場合は天井側に光を当てて視線を誘導することで、広々とした印象を強調する。

手法としては、シンプルな天井の場合はコーブ照明などを採用し、器具が目立たないようにする。ブラケットやスポットライトで天井側を照らす場合は、インテリアに合った見栄えのよいデザインの器具を選ぶ。また、ペンダントやシャンデリアを使って天井側を照らすこともできる。デザインが個性的な器具や大型の器具を使うと、天井よりもその器具自体が目立ち、シンプルな裸電球のような器具を使うと、空間のほうがよく見えてくる。

住宅以外の天井の演出

オフィスでは、高い天井にタスク・アンビエント照明（100・146頁参照）を採用することがある。新幹線や飛行機では、綺麗にデザインされた天井を間接照明で照らし、床はその反射光と下向きの直接光で明るさを確保している。

教会などでは、凝った装飾が高い天井を覆っていることがある。この場合、構造や装飾がつくる造形を照らし上げ、光と影の演出によって立体感を際立たせれば、見る者にドラマチックな印象を与えることができる。

手法としては、スポットライトやスタンド、コーブ照明などの間接照明を使用する。また、配光や色温度設定なども注意して、施設の特徴、ランニングコスト、メンテナンスなどを考慮して決める。

■空間の広さと天井の演出の関係

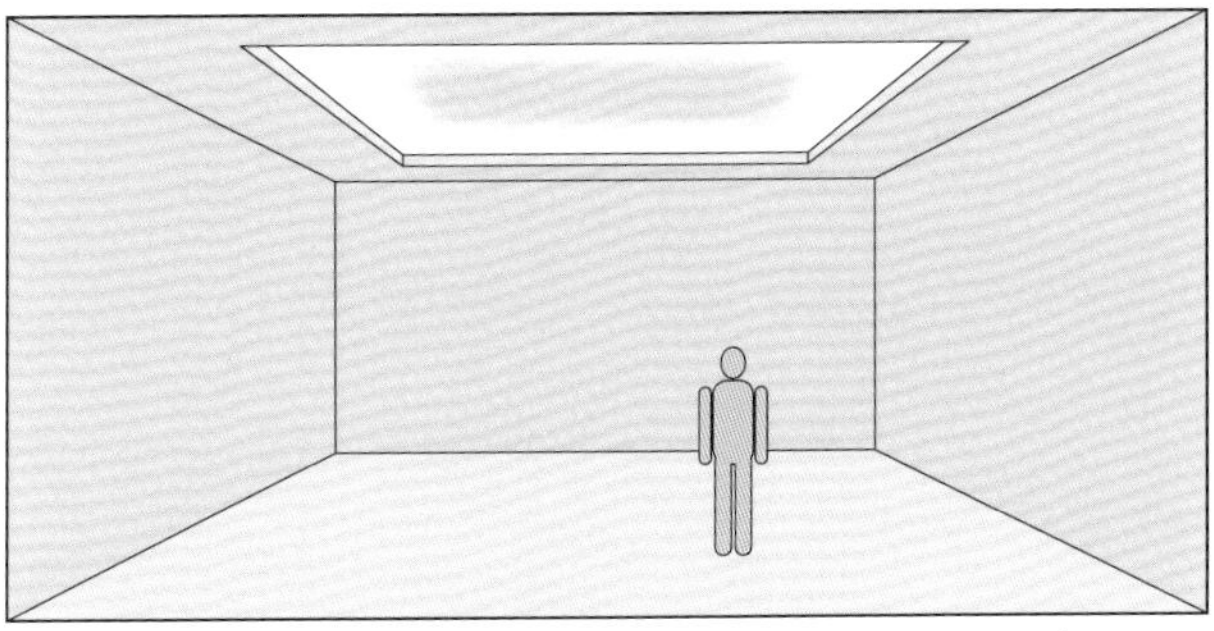

●天井が高く広いスペースは、照明によって空間をグレードアップできる

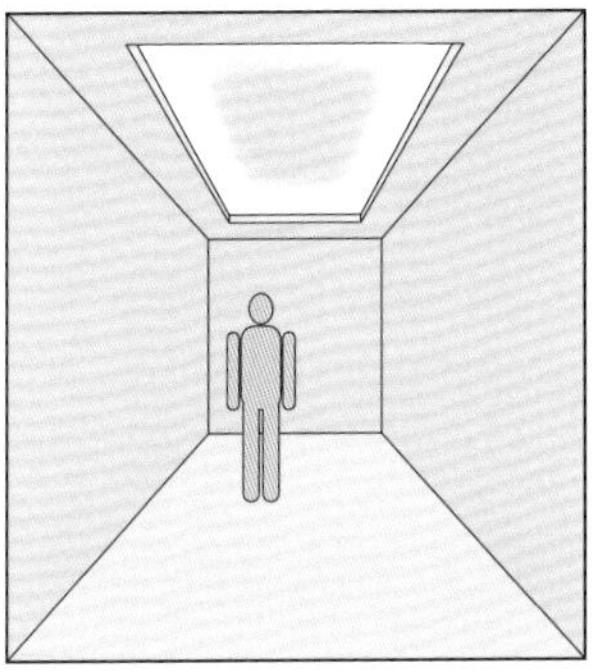

●細長いスペースでも、長手方向を強調すると広がりを強調できる

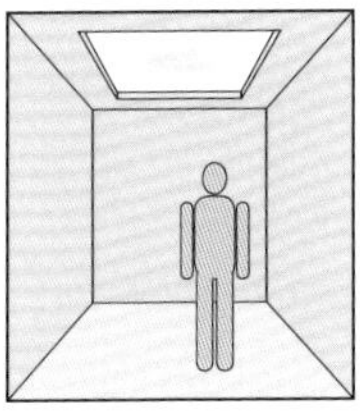

●天井が低く狭いスペースでは、視線が上に向きにくい

■新幹線の照明

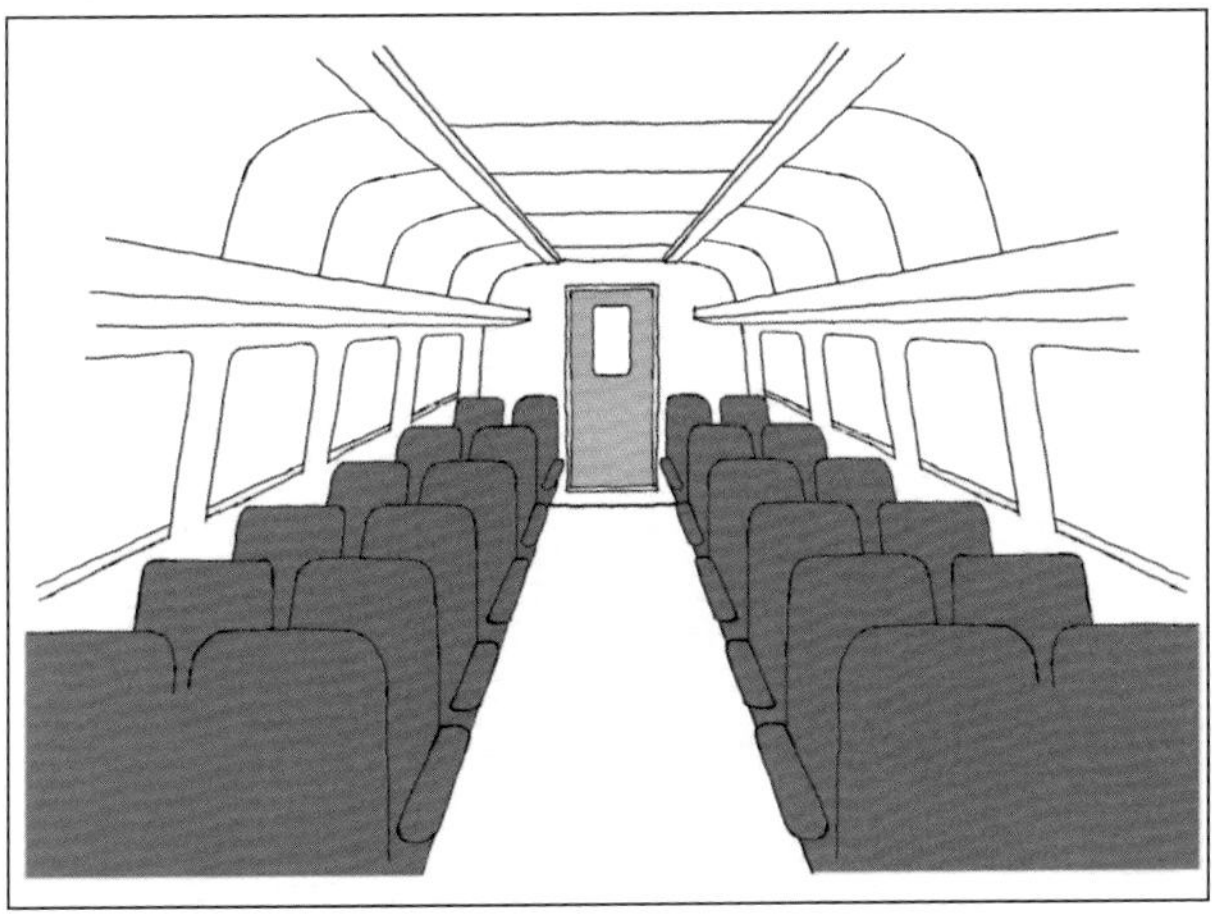

●天井のほうのすっきりとした部分を強調しつつ、間接照明のやわらかいあかりで照らす
●下のほうは物がたくさんありゴチャゴチャしているが、間接照明のおかげで全体的にすっきりと格好よく見える

■天井を照らす手法

●スポットライトを使用

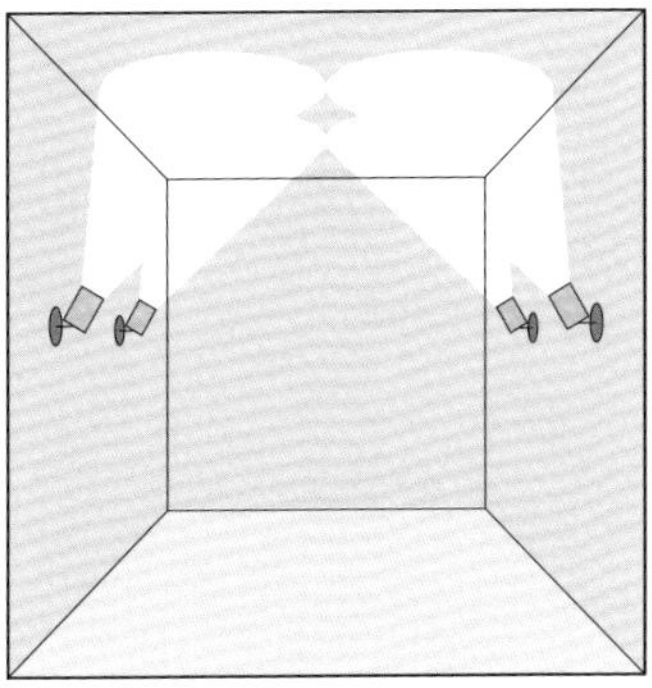

●インテリアに合った器具を選ぶ

●スタンドを使用

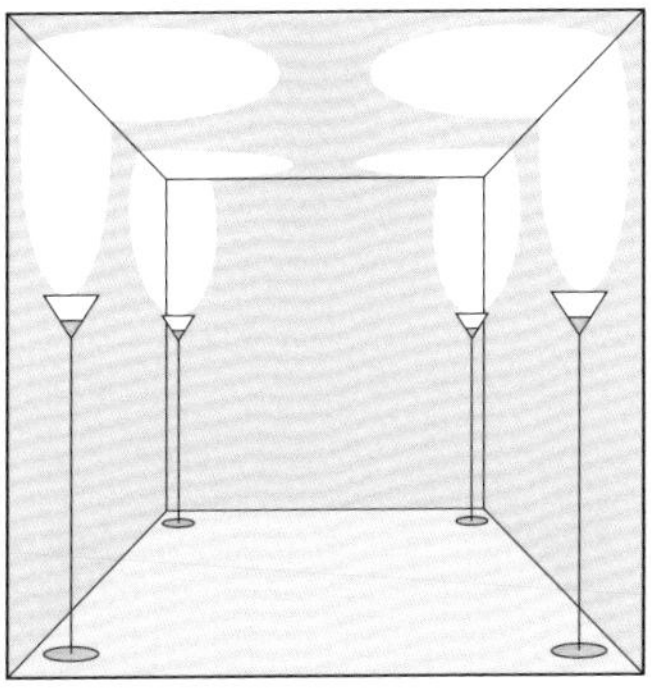

●上向きの光のスタンドで照らす

●ペンダントなどを使用

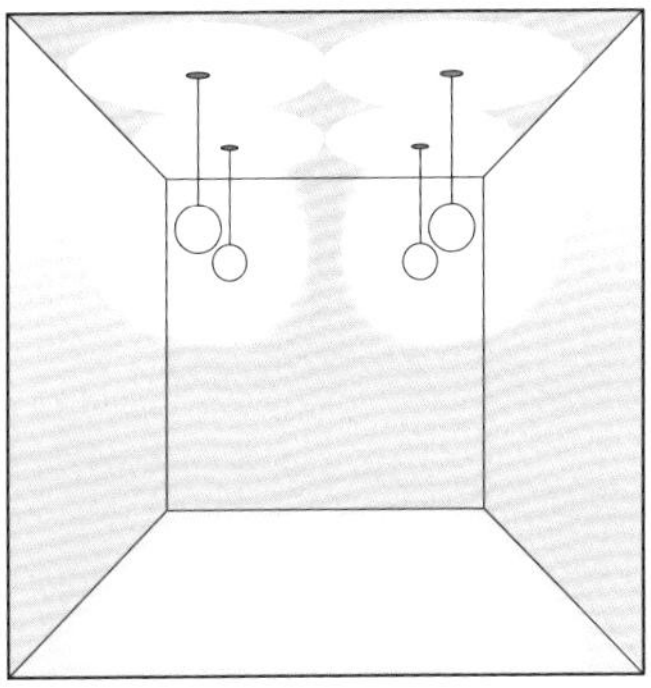

●ペンダントなどを使用して、上のほうを重点的に照らす

壁・柱を照らす

point 部屋全体を照らすより、壁や柱を効果的に照らすほうが「明るさ感」を得られ、より「洗練された雰囲気」になる

垂直面を照らす効果

人間は横になっているとき以外は、垂直方向の壁や柱、家具などのほうが、水平方向の床や天井などよりも視界に入る。そのため、部屋全体をまんべんなく照らすよりも垂直面を効果的に照らしたほうが明るさ感を得られ、空間がより洗練された雰囲気になる。

狭いスペースの場合は、床面を照らすことなく壁面を明るめに照らすだけで明るさ感が得られ、全般照明で構成される一般的な部屋と比べて、印象的で明るい感じを与える。一方、広いまたは奥行きのあるスペースの場合は、奥側の壁を照らして中間部の床の明るさを抑えたり、長い壁面をコーニス照明やウォールウォッシャ照明で連続的に照らすことで、広さや奥行きを強調できる。

壁に凝った仕上げやテクスチュアがあるときは、コーニス照明やウォールウォッシャ照明でその特徴を際立たせる。また、壁に絵画を飾っているときは、そこをスポットライトで照らし、部屋のなかで視線を集める核にすることができる。

壁を照らす照明には、コーニス照明やウォールウォッシャ照明、ダウンライト、スポットライト、ブラケット、スタンドなどがあり、LED光源の形状も多様である。照らす対象が目立つことが大切なので、器具は目立たないすっきりとしたデザインのものを選ぶ。

カーテンの演出

窓には、通常カーテンなどが取り付けられており、昼間はカーテンを開けてガラス窓越しに外の風景の広がりを室内に取り込むことができる。しかし、夜にカーテンを閉めるとたんに部屋が狭く感じられ、閉塞感を覚える。

この印象を変えるには、たとえば、夜にはカーテンをコーブ照明やダウンライトなどで照らし、空間に広がりを与えながらカーテンの色や柄、襞の織り成す陰影を美しく見せることが有効である。

■壁を照らす手法

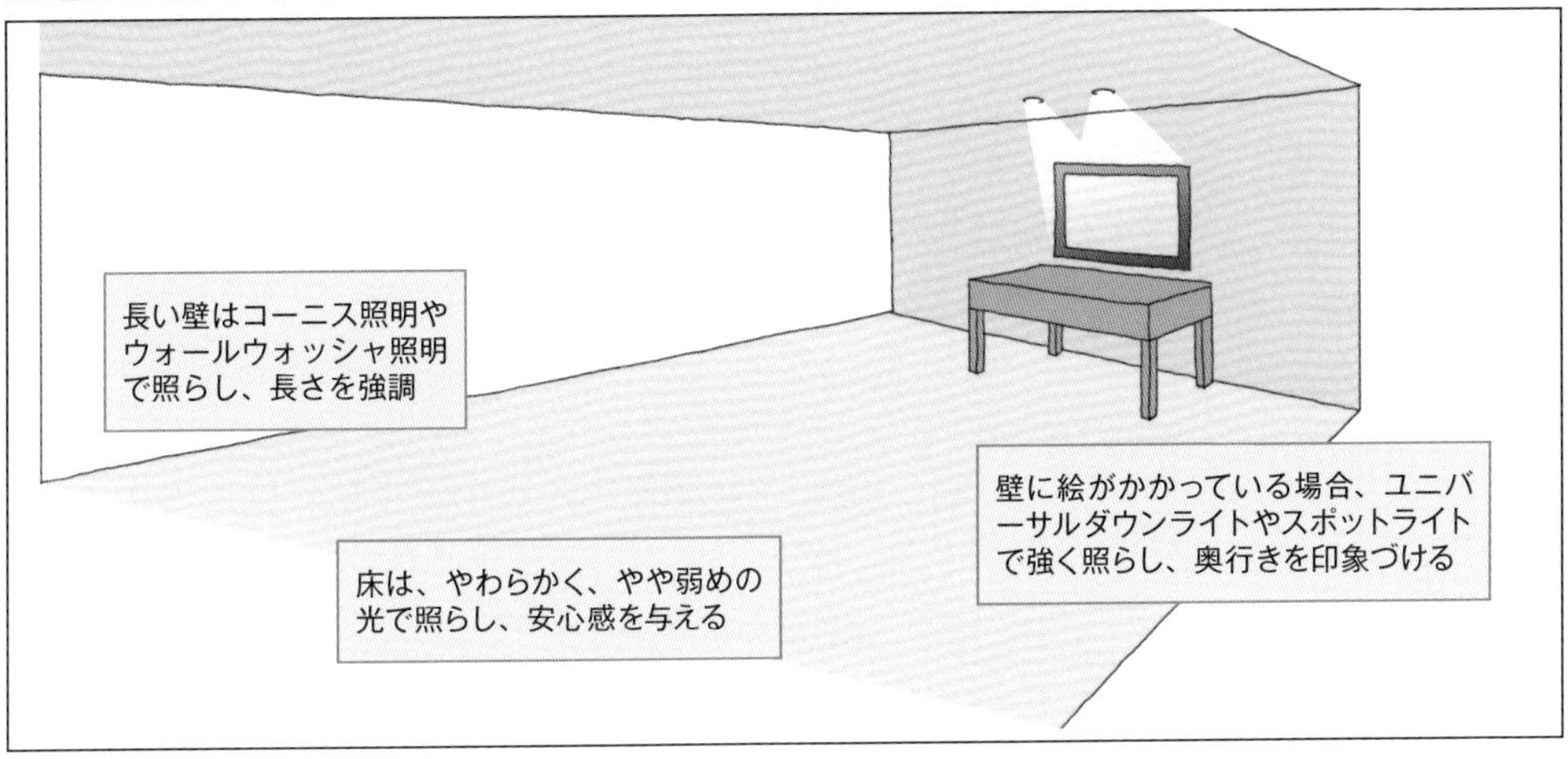
長い壁はコーニス照明やウォールウォッシャ照明で照らし、長さを強調
床は、やわらかく、やや弱めの光で照らし、安心感を与える
壁に絵がかかっている場合、ユニバーサルダウンライトやスポットライトで強く照らし、奥行きを印象づける

■カーテンの演出

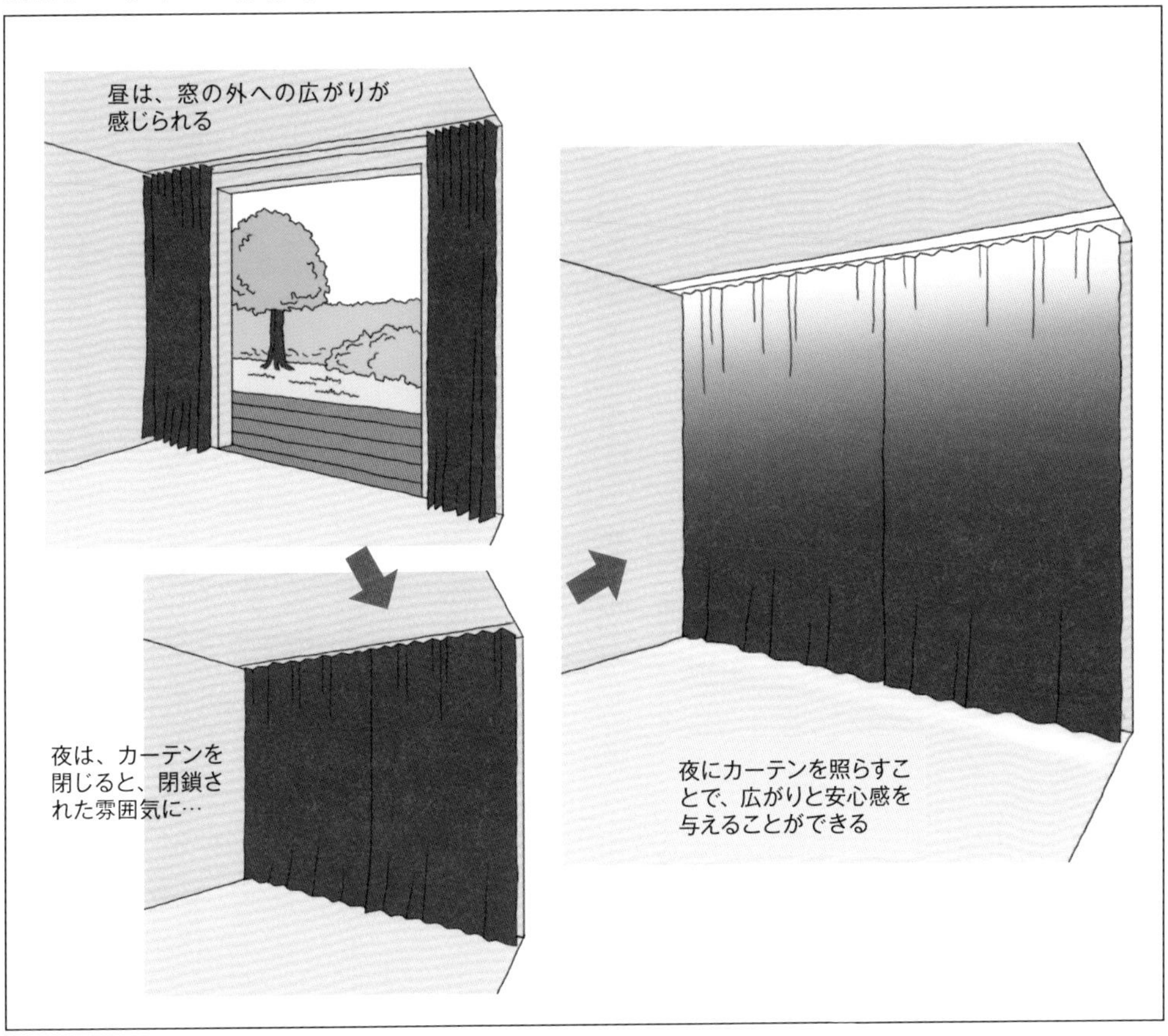
昼は、窓の外への広がりが感じられる
夜は、カーテンを閉じると、閉鎖された雰囲気に…
夜にカーテンを照らすことで、広がりと安心感を与えることができる

水平面を照らす

point
「床、机上、壁、天井を個々に照らす発想」をもつと、人の行動や時間帯に合わせ、あかりのシーンを組み立てられる

別々に照らす発想

部屋を明るくするときは、水平面を明るくするのが基本的な考え方である。その場合、全般照明で床を中心に空間全体を照らすのが一般的である。しかし、部屋全体はもちろん、壁や天井を照らすことをしないで、床やテーブル面を明るくする方法もある。

床、机上、壁、天井というように、それぞれを個々に照らす発想をもつと、人の行動や時間帯に合わせて、あかりのシーンを組み立てることが可能となる。

水平面を照らす手法

一般的に、床やテーブル面はダウンライトやスポットライトで天井から照らす。しかし、全般照明として使われるものは光の配光が広く、個別に照らす場合には適さない。床やテーブル面のみを重点的に照らすには、光の方向性を絞れる器具やランプを選び、壁や天井など周囲に余計な光を漏らさないようにする。

ダウンライト、スポットライトともに、光の広がりや方向が制御された器具には、鏡面の反射板がうまく設計なされている。光源には、LEDのなかでもいくつかのタイプがあり、発光部分が小さく光源の点が小さいほど、反射板による光の広がり方の精度が増す。

また、交換式のランプでダイクロハロゲンランプ型E11口金のLEDランプなどでは、同型のランプからの選択により光の広がる角度（ビーム角）や色温度、光束、調光の可否を選ぶことができる。また、ランプ交換も比較的容易な点が優れている。

シェード付きの器具も有効

床やテーブル面を照らすもう1つの手法として、上向きや横向きに光が漏れないシェードなどが付いた器具を使う方法がある。デスクスタンドがその代表的な器具である。また、ペンダントや間接照明でも同様の効果が得られる。

■水平面を照らす手法

●配光の広い全般照明用ダウンライト

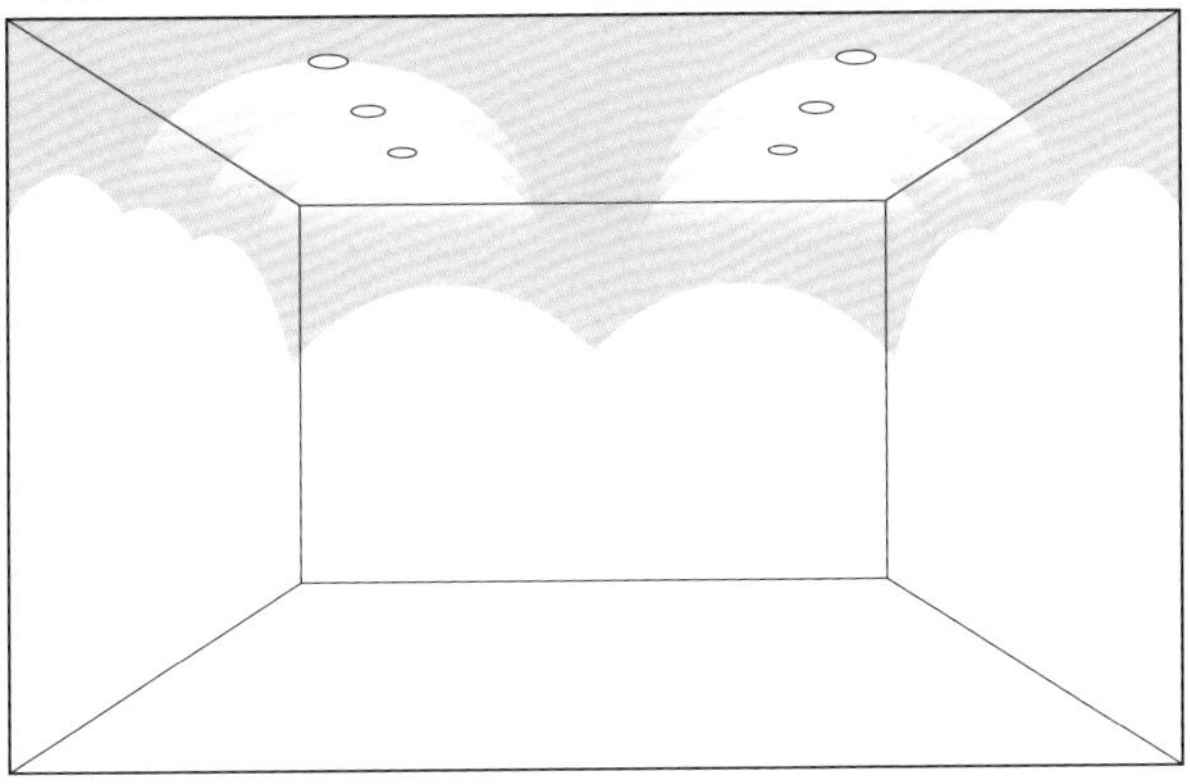

住宅で最もよく使われる、白熱灯や蛍光灯のダウンライト。光は床だけでなく壁のほうにも広がり、部屋全体を明るくする

●ビーム角の小さいタイプのダウンライト

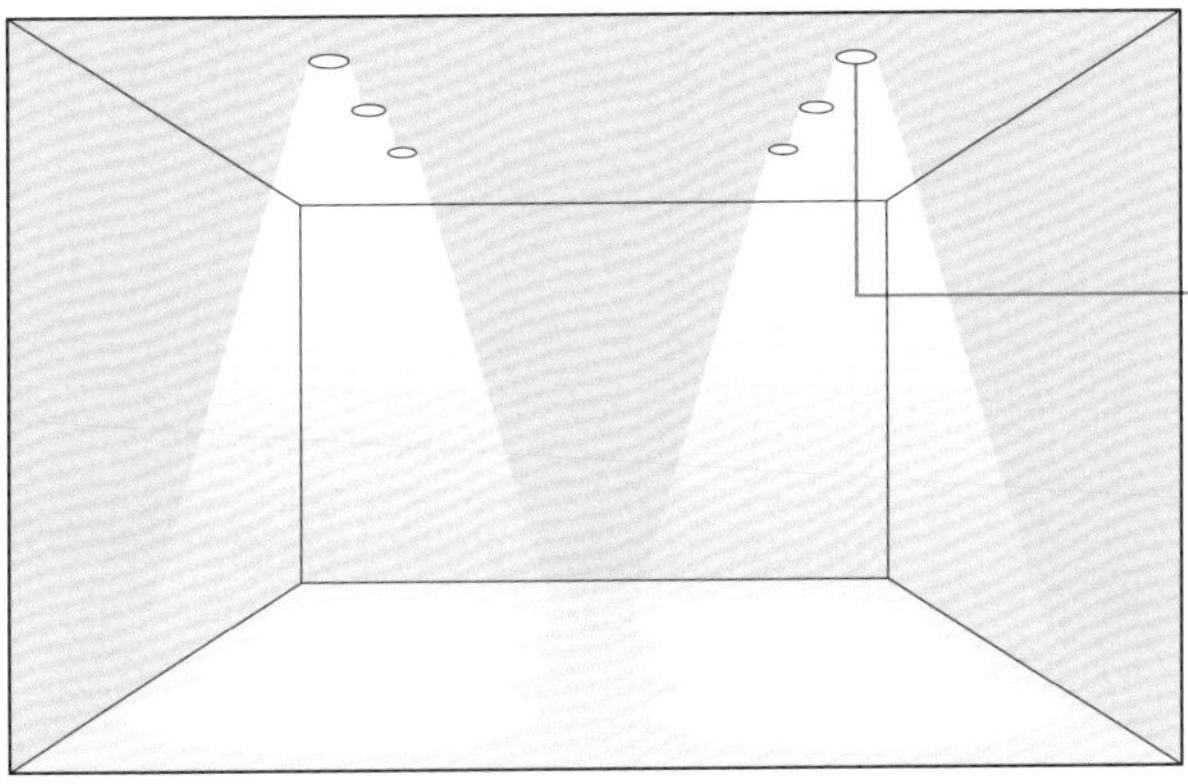

ダイクロハロゲンランプ型 E11 口金の LED ランプなどを使用すると、同型のランプから光の広がる角度を選ぶことができ、ほかの部分にあまり影響を与えない

グレアカットの深い器具なら、より器具が目立たなくなり、余計な光が漏れない

●ペンダント

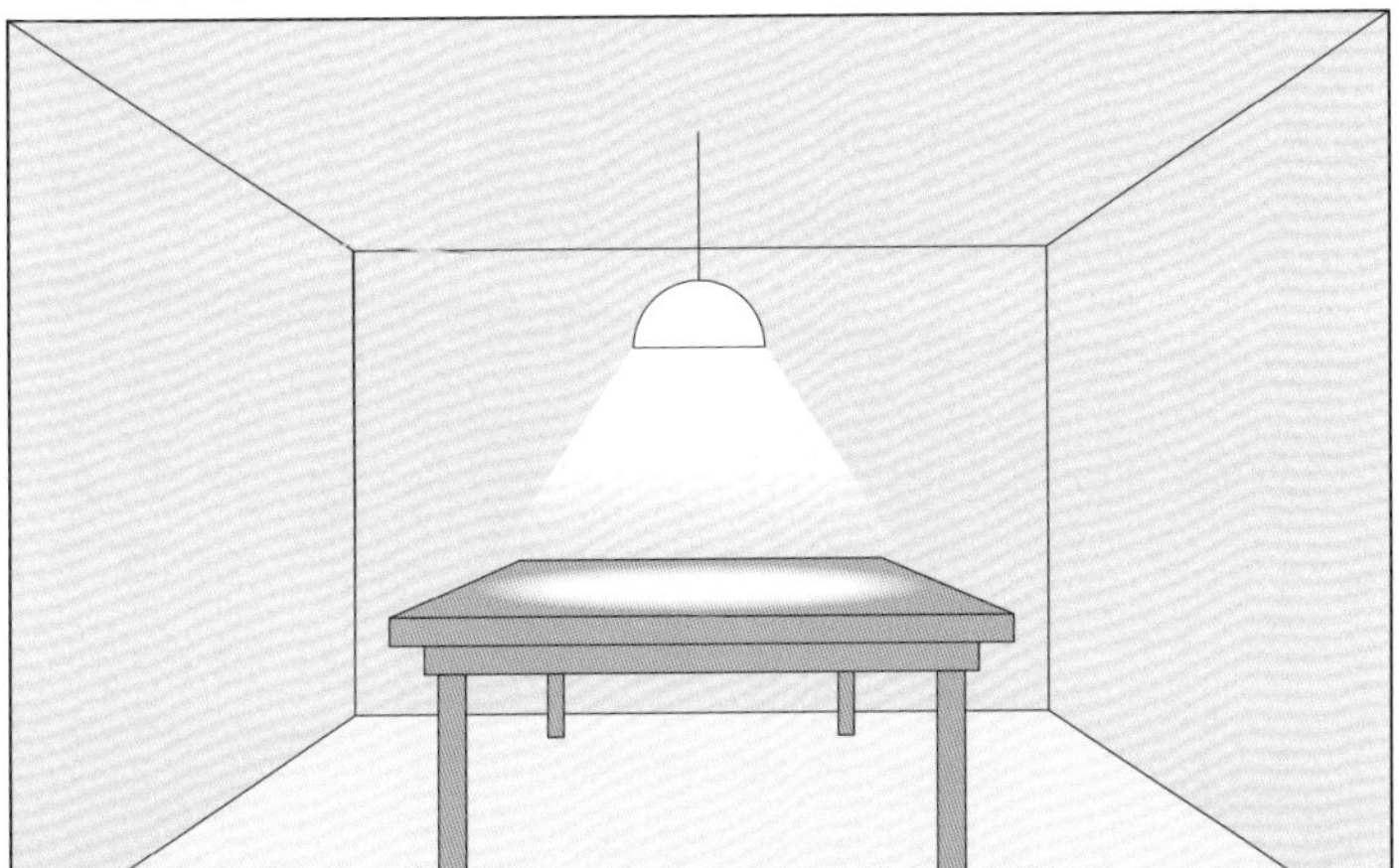

メタルのシェード付きなど、下方以外に光が漏れない器具なら、テーブル面のみを照らすことができる

056

片流れ天井の注意点

point 傾斜面をきれいに見せるには、「天井になるべく器具を取り付けない」ようにする

天井の方向性を生かす

片流れ天井の場合、その形状を生かすような照明計画を考えたい。平面の家具の配置、壁にある窓やドア、開口、エアコンなどの設備機器との関係を考慮することも重要である。

手法としては、コーブ照明のほか、ブラケットやスポットライトなどを使用したり、インテリアの要素としてデザイン的に優れているペンダントやシャンデリアを天井の傾斜部分に吊るす方法などが考えられる。

ただし、傾斜面をよりきれいに見せるには、天井になるべく器具を取り付けないほうがよい。どうしても取り付けなければならない場合、容易にメンテナンスできる低い位置に設置し、器具の数はできるだけ抑えて、器具が多い印象を与えないようにする。ダウンライトやスポットライトなどを付ける場合も、メンテナンスが困難になるため、傾斜天井の高い側に設置するのは避けたほうがよい。

ブラケットやコーブ照明の演出

傾斜天井の低い側にコーブ照明を付ける場合は、窓やエアコン、換気口などとの関係を考慮し、納まり寸法を確保できるかなどを検討する。一方、傾斜天井の高い側にコーブ照明やブラケット、スポットライトなどを付ける場合は、ドアや開口、2階へのつながりとの関係を考慮し、うまく配置する方法を検討する。また、コーブ照明を採用するときは、照明の中身が丸見えになるポイントがないか確認し、ある場合はその対策を行う。

なお、妻側の壁に付けると光の広がりが不均一になり、器具の落ち着きも悪くなるのでお薦めできない。

明るさをシミュレーション

片流れ天井の照明は、傾斜の低い側、高い側のどちらに取り付けるにしても、明るさの想定が必要になる。そのため、器具とその数量による明るさ感をシミュレーションしておく。

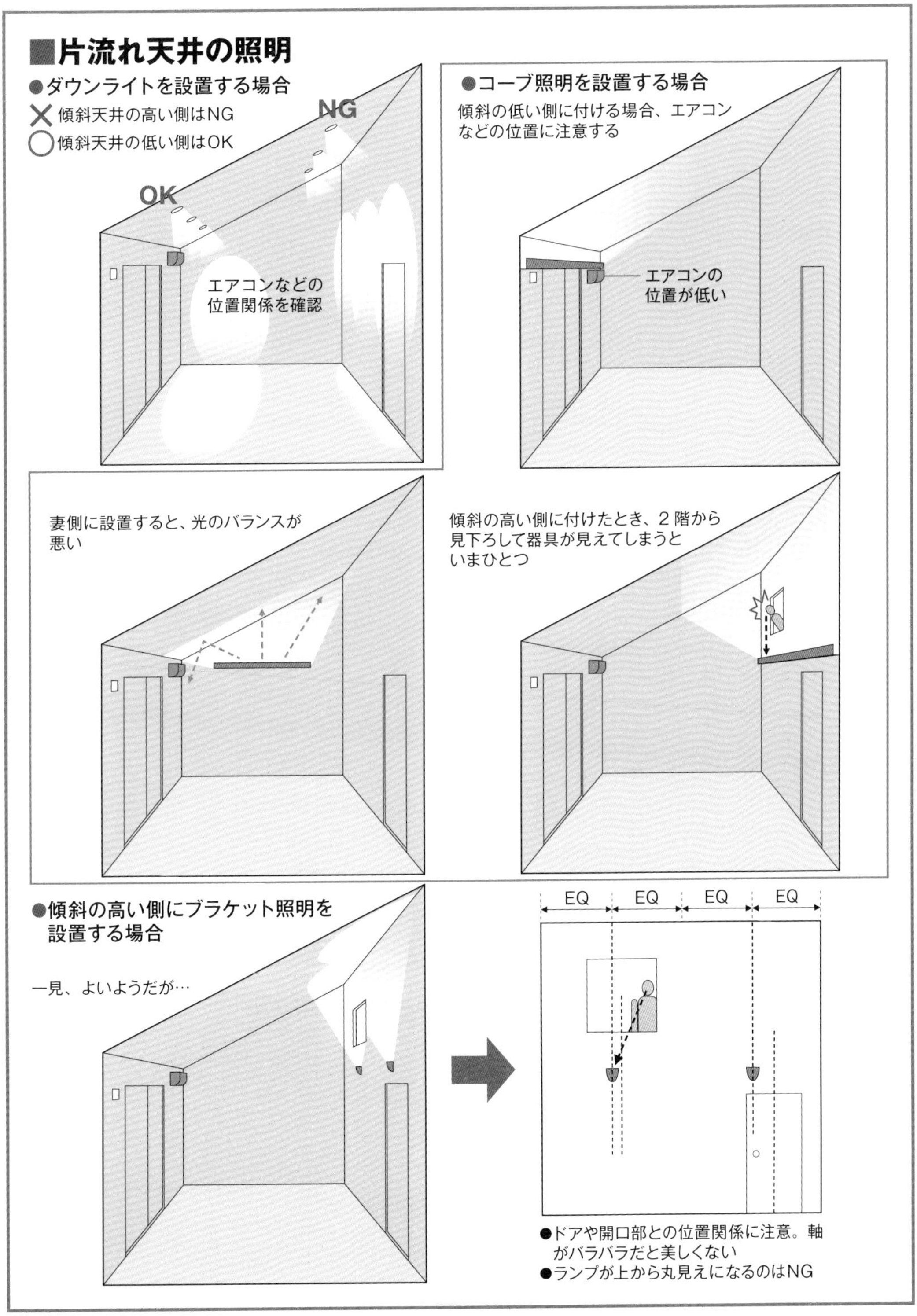
■片流れ天井の照明
●ダウンライトを設置する場合
✕ 傾斜天井の高い側はNG
○ 傾斜天井の低い側はOK
NG
OK
エアコンなどの
位置関係を確認
●コーブ照明を設置する場合
傾斜の低い側に付ける場合、エアコン
などの位置に注意する
エアコンの
位置が低い
妻側に設置すると、光のバランスが
悪い
傾斜の高い側に付けたとき、2 階から
見下ろして器具が見えてしまうと
いまひとつ
●傾斜の高い側にブラケット照明を
設置する場合
一見、よいようだが…
EQ
EQ
EQ
EQ
●ドアや開口部との位置関係に注意。軸
がバラバラだと美しくない
●ランプが上から丸見えになるのはNG

切り妻天井の場合

point 天井をきれいに見せるには、「軒側にコーブ照明やブラケットを付ける」のがお薦め

方向性を生かす

切り妻天井の場合、妻側と軒側で方向性が異なるので、それを生かすような照明計画を考えるとよい。片流れ天井の場合と同様に、平面の家具の配置、壁にある窓やドア、開口、エアコンなど設備機器との関係を考慮することも重要である。

手法としては、ダウンライトやコーブ照明、ブラケット、スポットライトを使用したり、インテリアの要素としてデザイン的に優れているペンダントやシャンデリアを天井の中央部に吊るしたりする方法がある。

ただし、天井面をよりきれいに見せるには、天井になるべく器具を取り付けないほうがよい。どうしても取り付けなければならない場合は、片流れ天井の場合と同様、容易にメンテナンスできる低い位置に設置し、器具の数はできるだけ抑える。ダウンライトを付ける場合も、傾斜天井が高い側に付けるのは避けたほうがよい。一方、軒側の両方にコーブ照明やブラケットを付けると落ち着きがよく、すっきりまとめることができる。

設置の際は、窓やエアコン、換気口、ドア、開口、2階へのつながりなども考慮し、納まり寸法を確保できるかなどを検討する。

梁や小屋組みが露しの場合

梁や小屋組みが露しとなっている場合は、角度が調整できるスポットライトが有効である。ある程度、数を付けても、梁や小屋組みと器具が調和し、うるさくならない。また、小屋組み部分は、ほかの部分と切り離して考えることで、より象徴的に演出することができる。

なお、妻側の壁は器具の取付け位置を決めるのが難しい。特に、コーブ照明は馴染みにくい。ブラケットやスポットライトは付けやすいが、その場合も、開口部や設備などほかの要素との位置関係と、それに伴う光の広がり方など、検討事項は多い。

■切り妻天井の照明

●ダウンライトを設置する場合

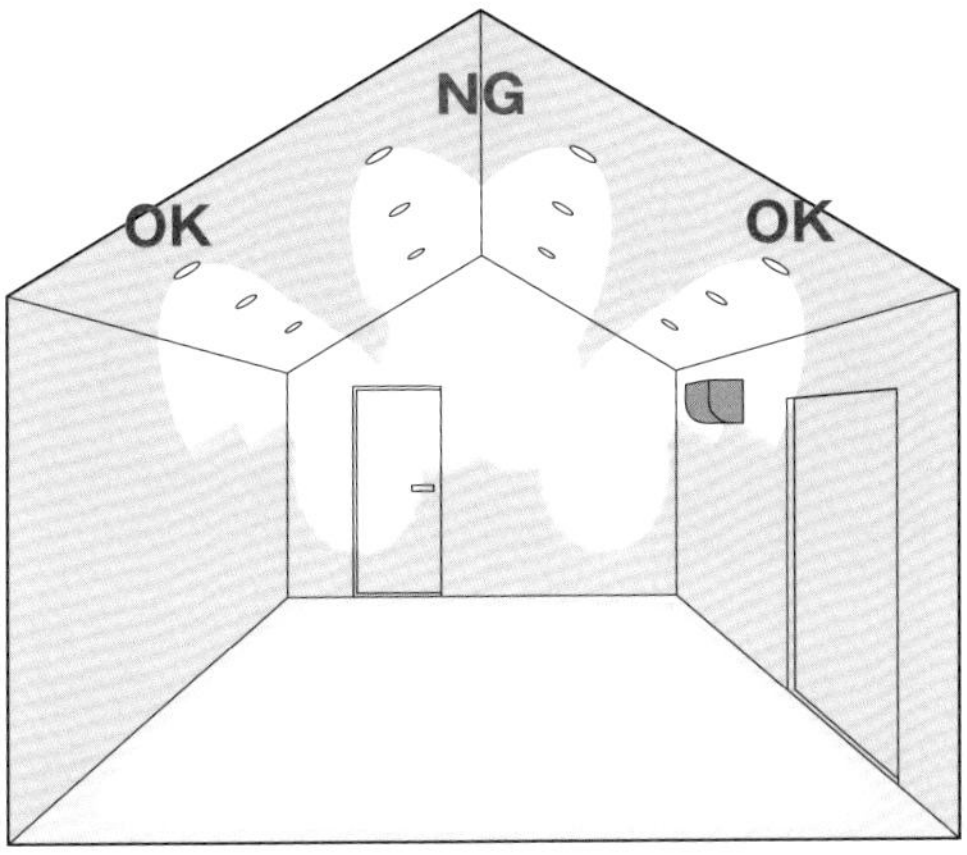

●傾斜の高い側に付けるのはNG。数も極力抑え、器具が多い印象を与えないようにする

●梁や小屋組みが露しの場合

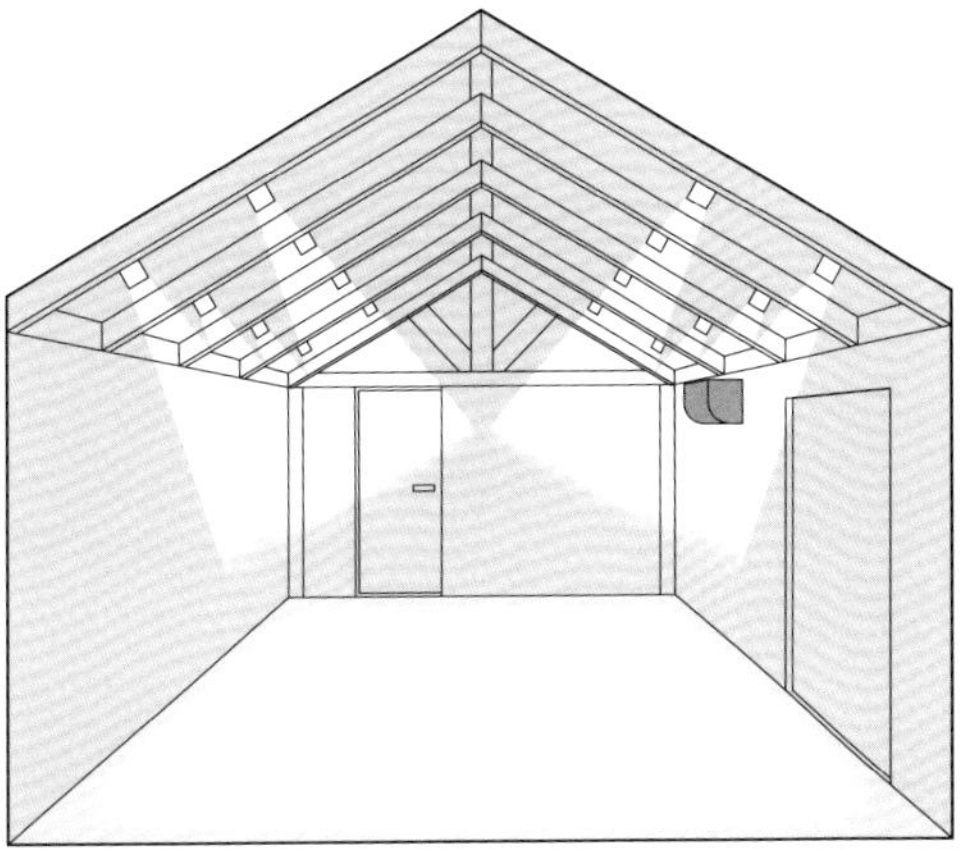

●梁や小屋組みをスポットライトで強調するなどの演出が可能

●軒側をコーブ照明とした場合

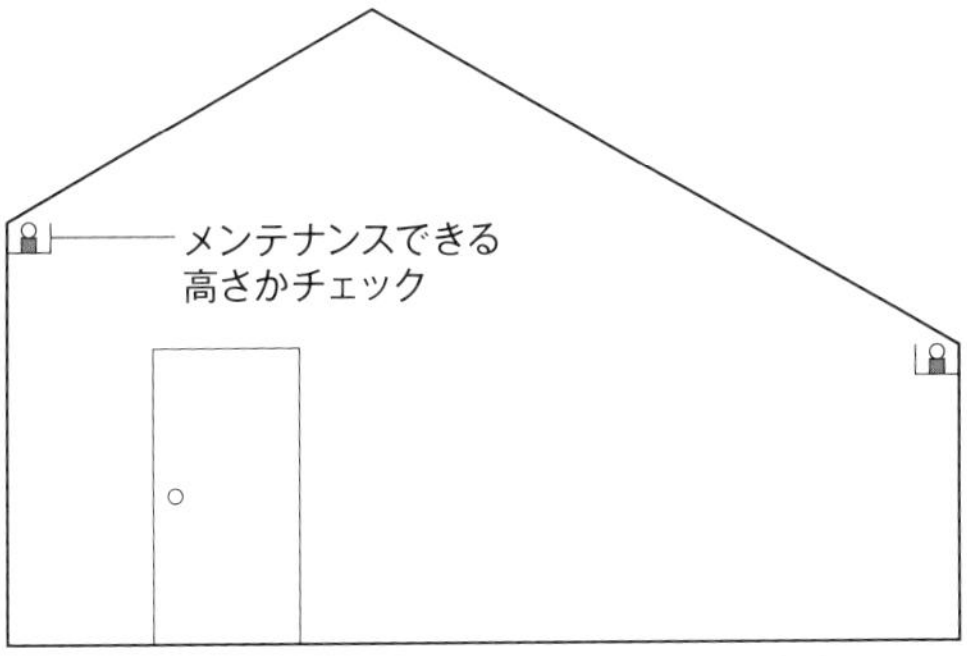

●軒側の両方に間接照明を付けるときれいにまとまる

●妻側にブラケットを付けた場合

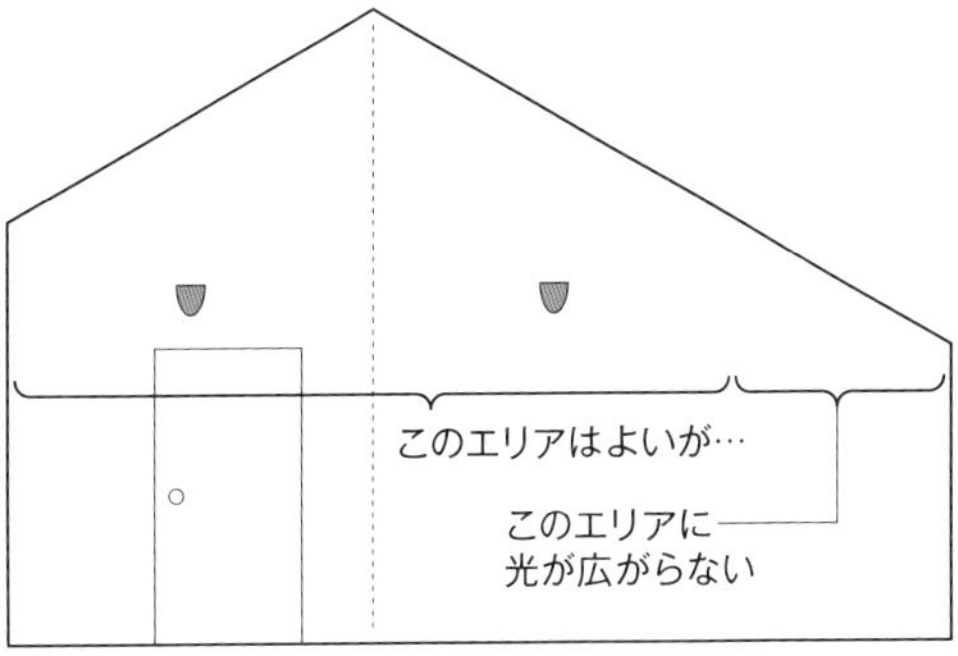

●妻側の壁は、器具の取付け位置を決めるのが難しい

●コーブ照明を設置する場合

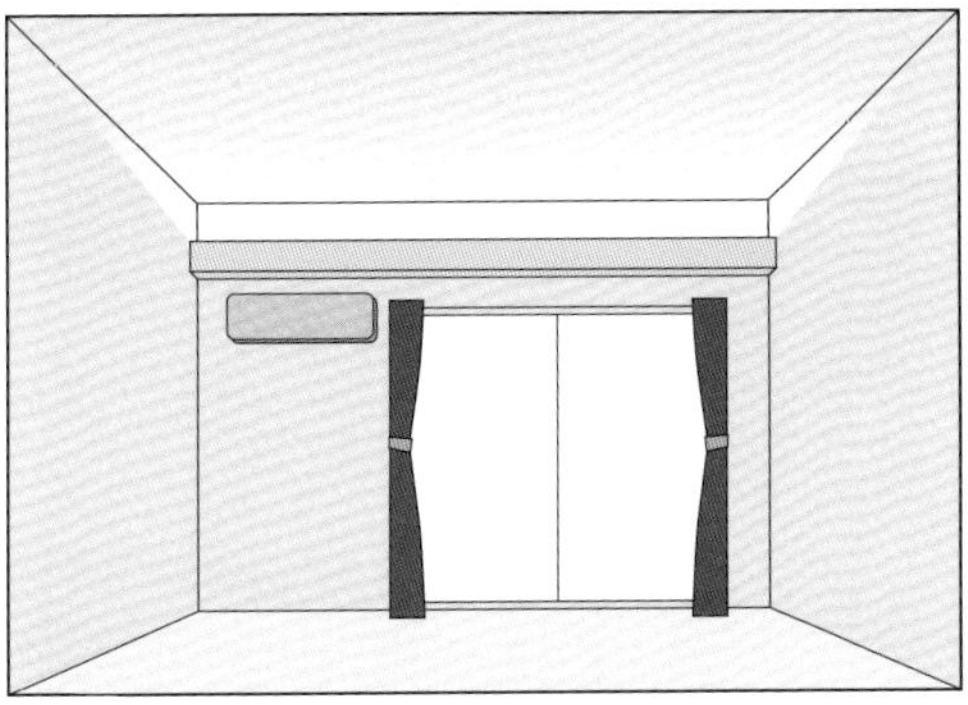

●窓やエアコンがじゃまにならなければ、軒側にコーブ照明を付けると傾斜をきれいに照らせる

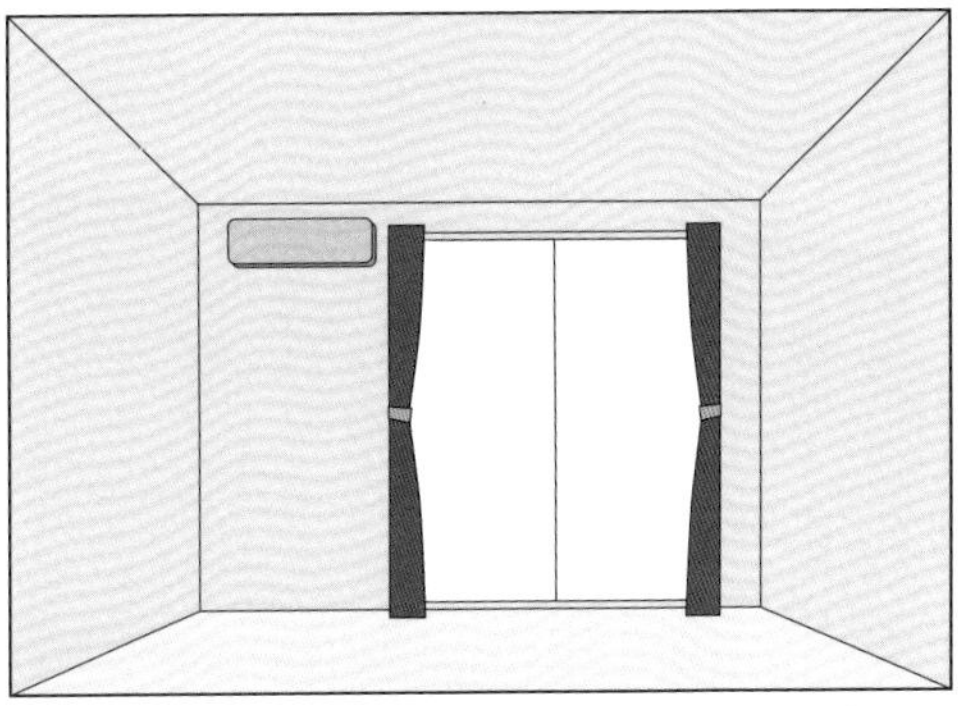

●開口部のせいが高く、エアコンもじゃましていると、コーブ照明は付けられない

異なる空間の連続①

point リビングとダイニングが連続する場合、器具のデザインは2、3種類に絞り、光の色温度も統一する

ありがちなLDKの照明パターン

リビングとダイニングが連続して一体となっている場合、リビングの中央に大型の蛍光灯シーリングライトを設置し、ダイニングテーブル上にペンダントを2、3台吊り、壁の近くにダウンライトを設置している例がよく見受けられる。ダイニングから、キッチンのカバー付きLED全般照明と作業用のLED照明まで見えることもある。そのうえ棚の上などにスタンドまで加わると、空間の特徴が見えなくなり、デザインにもまとまりが感じられなくなってしまう。

全体の統一感が重要

異なるスペースが連続して一体となっている場合は、器具の種類が多すぎると雑然とする。そのため器具のデザインは2、3種類にそろえる。

また、同時に点灯する光の種類も少なくすることが重要である。たとえば、全般照明のダウンライトにウォールウォッシャやアッパーライト、テーブルの上のペンダントに、床の間接照明…これらを同時に点灯して1つのあかりのシーンをつくるのは無理がある。

LDKそれぞれの用途やシーンに合わせて点灯するものとしないものに分け、光の色温度もなるべく1種類に統一する。器具の配置にも注意し、特にダウンライトは天井が無秩序に穴だらけにならないようにする。

照明の数が多いとき

複数の照明が必要なときは、器具の数が多いとどうしてもうるさくなるため、器具自体の開口径が小さいものを選ぶとよい。ダウンライトの場合は、2～4台をコンパクトにまとめて設置すると、すっきりとした天井面を確保しながら十分な明るさが得られる。

また、店舗などでは天井にスリットなどを設けて器具を集約したり、3連型の器具（175頁参照）を使用したりして、光源の数が多くてもすっきりと見せたい。

■連続したLDKの照明

悪い例

×
照明器具の種類が多く、光の種類もバラバラで、空間の特徴が感じられない

良い例

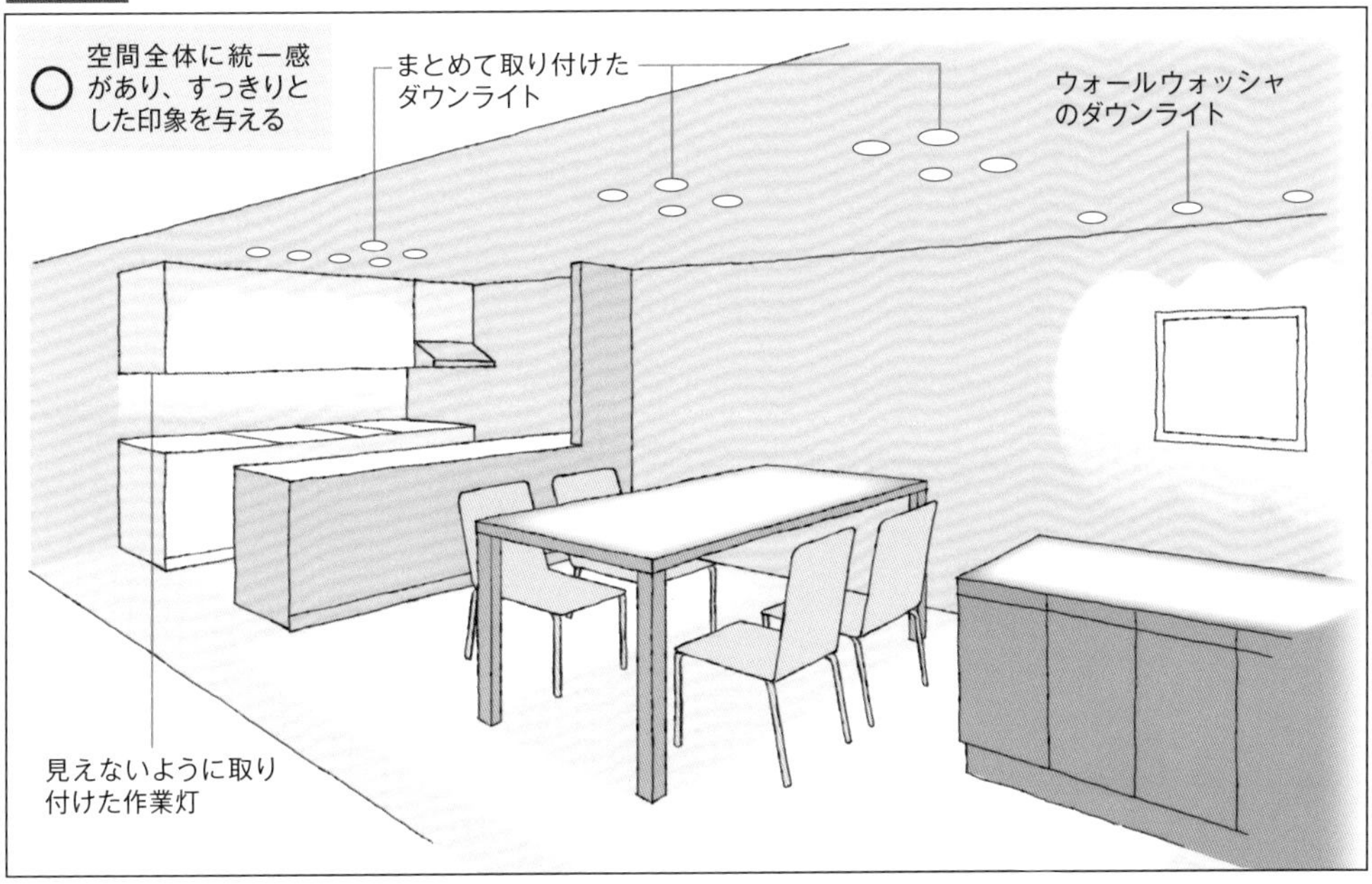

○
空間全体に統一感があり、すっきりとした印象を与える
まとめて取り付けたダウンライト
ウォールウォッシャのダウンライト
見えないように取り付けた作業灯

器具の配置と光の効果

異なる空間の連続②

point 吹抜けでは、さまざまな高さ・角度からの「照明の見え方」「まぶしさ」「安全性」を確認する

吹抜けの照明

リビングに大きな吹抜けを設けたり、階段なども含め何層かの空間がつながっていたりと、吹抜けの空間がある住宅は多い。吹抜けは、空間的な広がりに加え、縦方向への動きによって空間のダイナミックさやユニークさをつくりだす。これらの特徴を強調しながら、必要な部分をうまく照らして照明計画を考えるのはなかなか難しい。

特に、階段があったり上下階から見上げたり見下ろしたりできる場合、さまざまな高さ・角度からの照明の見え方、まぶしさ、安全性などを検討しなければならない。また、メンテナンスがしづらい場所に器具を取り付けないことも重要である。

上下の連続性を意識

吹抜けの梁部分にスポットライトやブラケットを付ける場合は、光源のまぶしさや器具の中身が見えたときの見栄えにも気を配る。これはペンダントやシャンデリアを吊り下げるときも同様である。

コーブ照明やコーニス照明、バランス照明などは、器具の中身が見えるようであれば採用しないほうがよい。中身を隠すのが難しいときは、逆に中身を見せる照明を考えたほうが効果的な場合もある。

階段があるときは、安全に歩行できる明るさを確保することが最低限必要である。しかし、機能的な面だけ考慮し、吹抜けの特徴を生かさないのもつまらない。吹抜けの下階側にいるときは上階側へのつながりを、逆に上階側にいるときは下階側へのつながりを感じられるように、コーナー部分などの要所要所に光を配置する。たとえ小さなあかりでも、光の存在によって空間の連続性を演出できる。

また、2階の天井に光を当てて高さや距離感を強調したり、コーニス照明やスタンドなどで壁を照らし、水平方向の広がりを強調するのも有効な演出である。

■吹抜け空間の照明

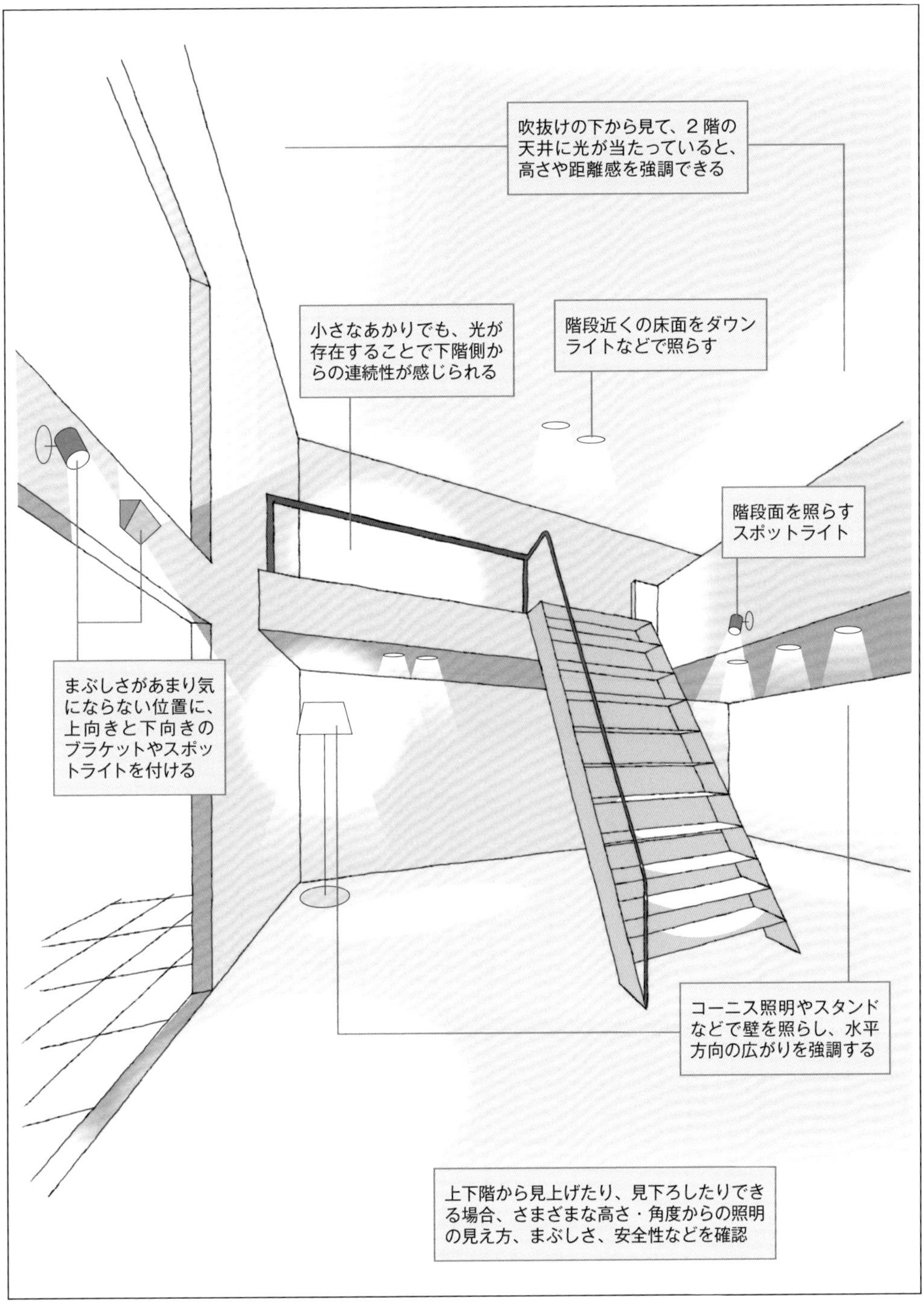
吹抜けの下から見て、2階の天井に光が当たっていると、高さや距離感を強調できる
小さなあかりでも、光が存在することで下階側からの連続性が感じられる
階段近くの床面をダウンライトなどで照らす
階段面を照らすスポットライト
まぶしさがあまり気にならない位置に、上向きと下向きのブラケットやスポットライトを付ける
コーニス照明やスタンドなどで壁を照らし、水平方向の広がりを強調する
上下階から見上げたり、見下ろしたりできる場合、さまざまな高さ・角度からの照明の見え方、まぶしさ、安全性などを確認

外部との連続性

point 外部との連続性をつくるには、「室内よりも屋外をやや明るい状態」にする

リビングと庭を照らす

リビングなどに面して庭やテラスがある場合、夜間はカーテンを閉めきってしまうことが多い。外からの視線があるときは防犯上やむを得ないが、条件がよければ外部との連続性を考えてもよい。

たとえば、庭が塀で囲われている場合や、複数の部屋に囲まれた中庭の場合、室内から屋外へと視覚的に連続性をもたせることができれば、外部空間も取り込んだ広がりのあるスペースをつくれる。

外部との連続性をもたせるときに大切なのは、室内よりも屋外をやや明るい状態にすることである。屋外は全面的に明るくなくても、所々、見せ場となる部分が照らされていればよい。

窓ガラスの反射を防ぐ

室内と屋外を仕切る窓ガラスは、室内が明るく屋外が暗いときはミラーのようになり、窓ガラスに光が反射して屋外が見えなくなる。このとき、室内では窓ガラスの垂直面にたくさんの光が当たっていたり、シーリングライトなどの大型の光源が煌々と光っていたりすることが多い。

これらのあかりを消して、たとえば、光を制御したダウンライトで床を照らせば、さほどガラス面の反射に影響を与えず、外部への連続性をもたせやすい。また、調光スイッチで室内の明るさを全体的に落とし、相対的に屋外のポイントを明るくしておけば、きれいに庭が見えてくる。

浴室の連続性

最近は浴室をテラスに隣接させたり、坪庭を設けたりするなど、屋外との連続性をもたせた設計が増えている。その場合もリビングなどと同様に、室内はやや暗くして、屋外はやや明るい状態にするというのが原則である。これをふまえつつ、美しく広がりのある浴室のデザインを照明の演出でサポートするとよい。

■外部との連続性

悪い例 室内が明るく、屋外が真っ暗

× ガラスがミラーになり、室内のすべての光を反射。スペースが閉ざされた印象

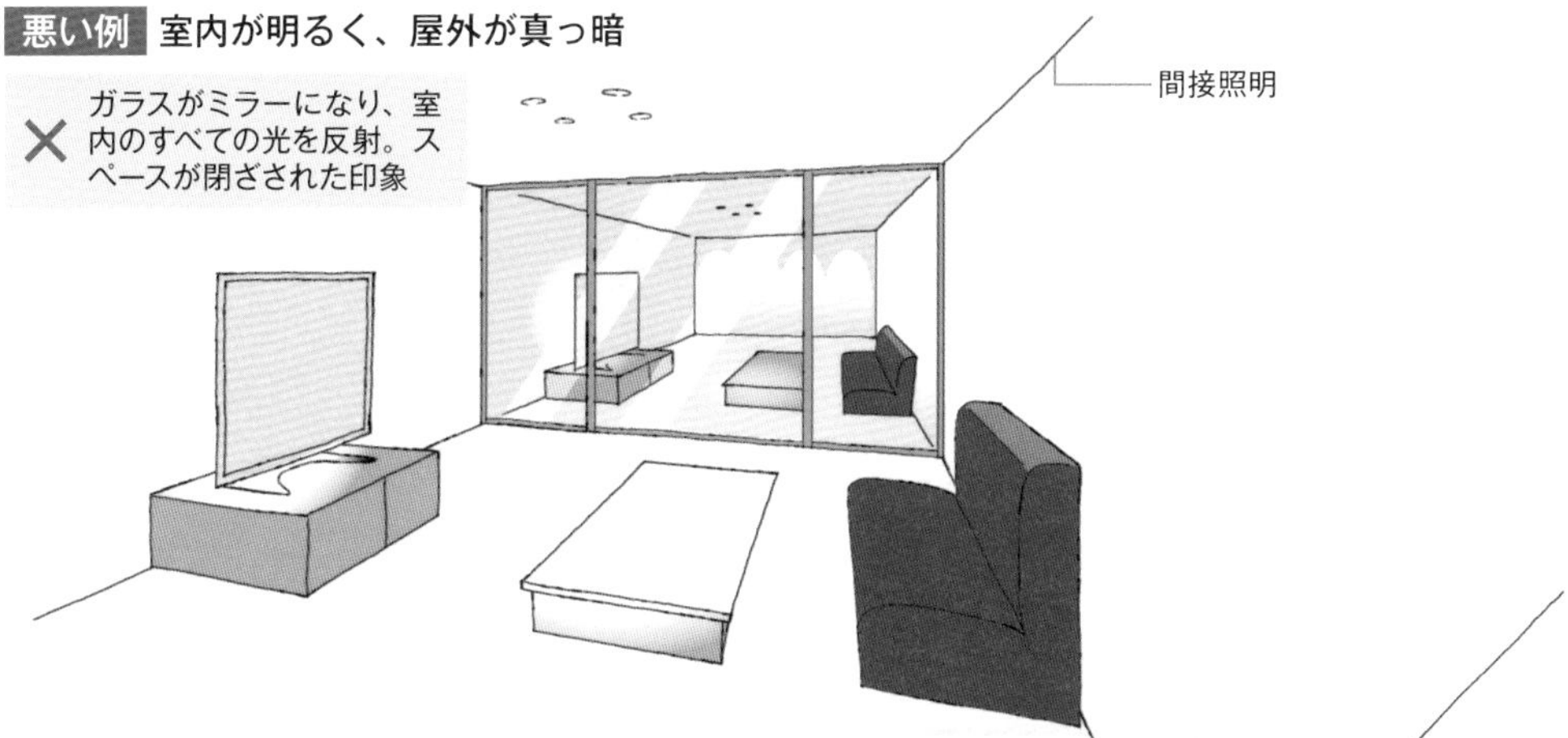

良い例 室内がうす暗く、屋外がやや明るい

○ ガラスの透明感が生かされ、室内から庭がよく見える。室内から屋外へスペースが広がっていく印象

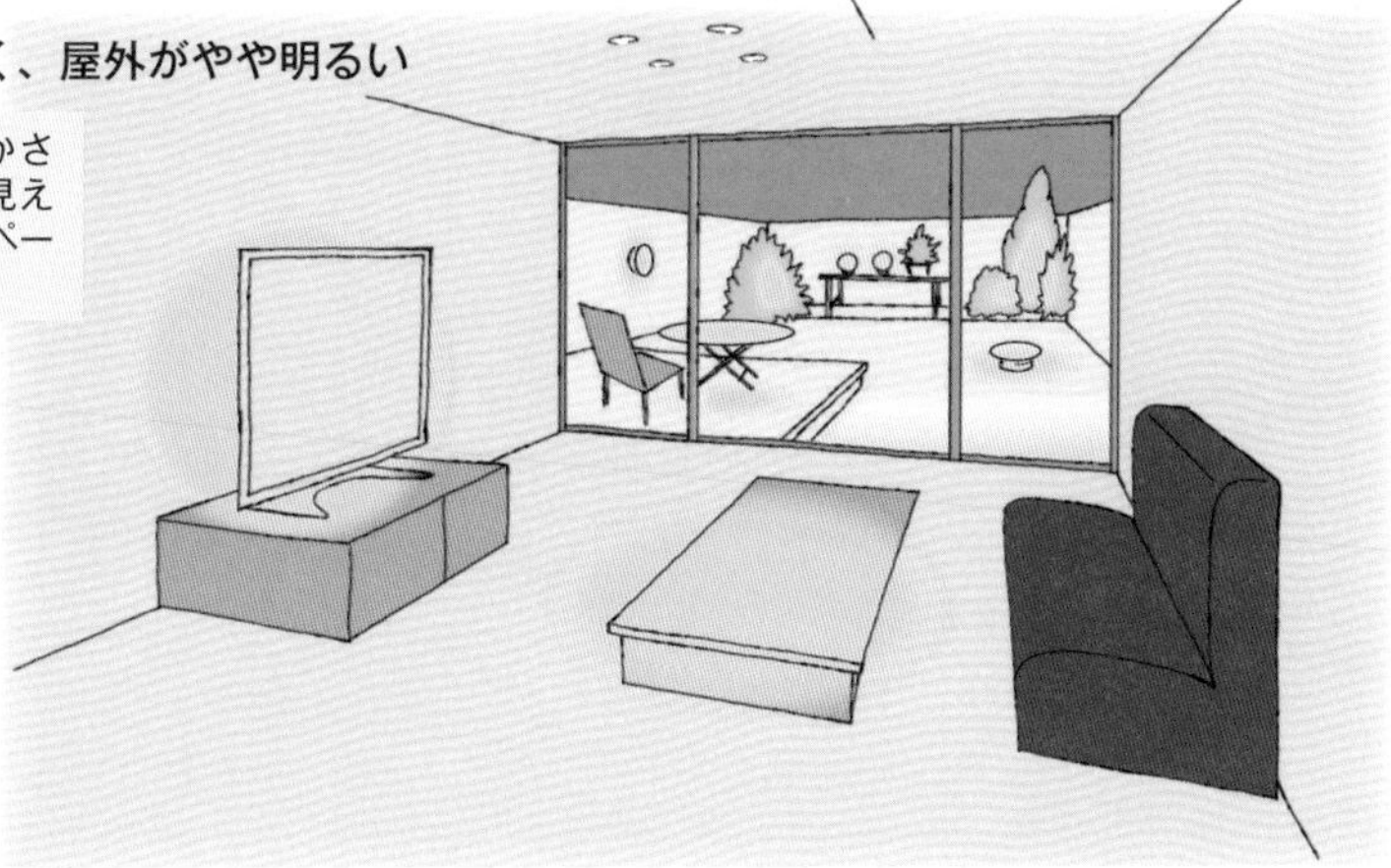

■浴室の場合

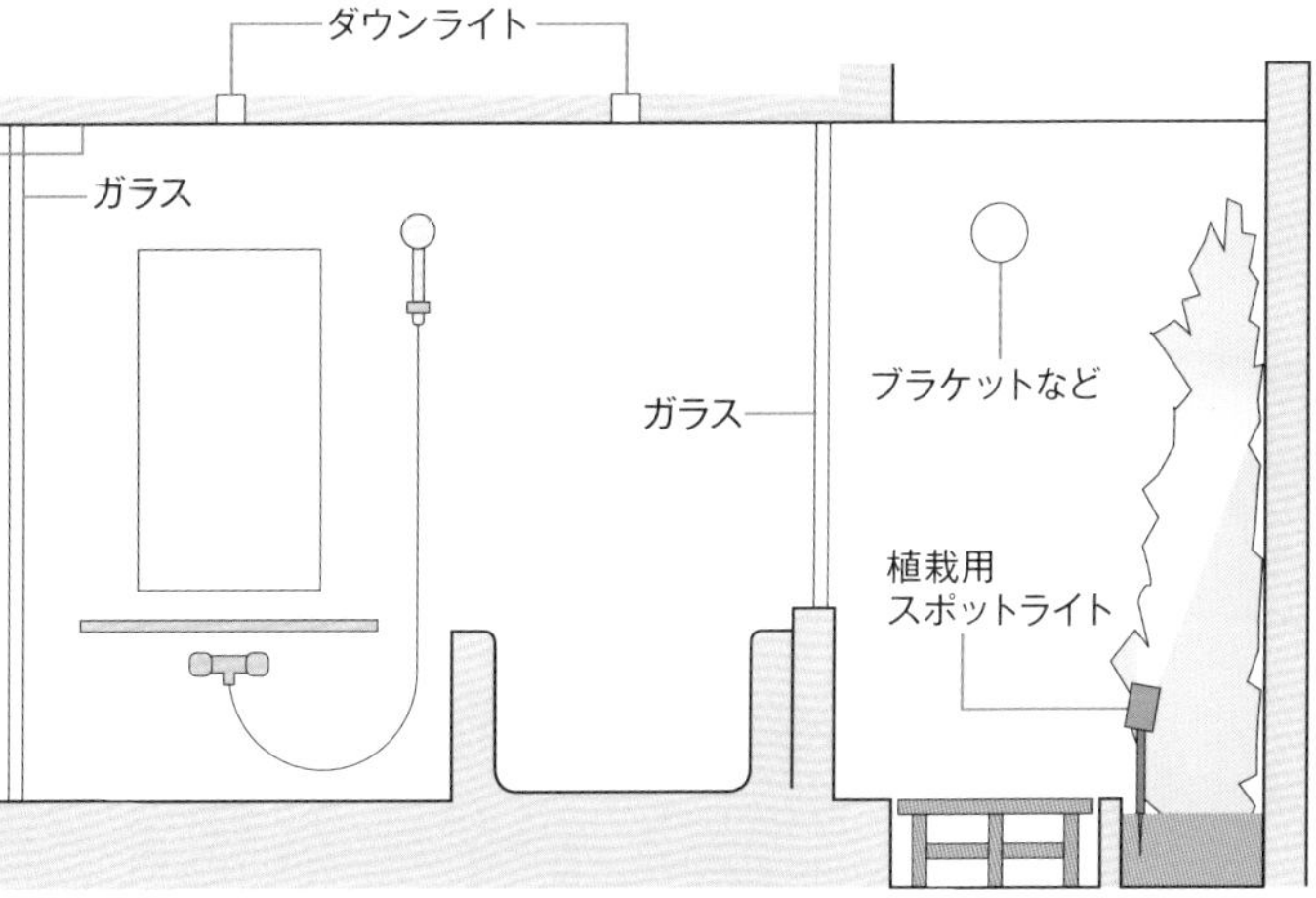

脱衣室と浴室の間接照明を連続させることで、一体感をもたせる

ほかの空間と連続性があるときは…
- ●間接照明を連続させる
- ●ガラスにあかりが映り込むとガラス越しの空間が見えにくくなり、連続性がなくなる
- ●調光できるようにして明るさのバランスをとる

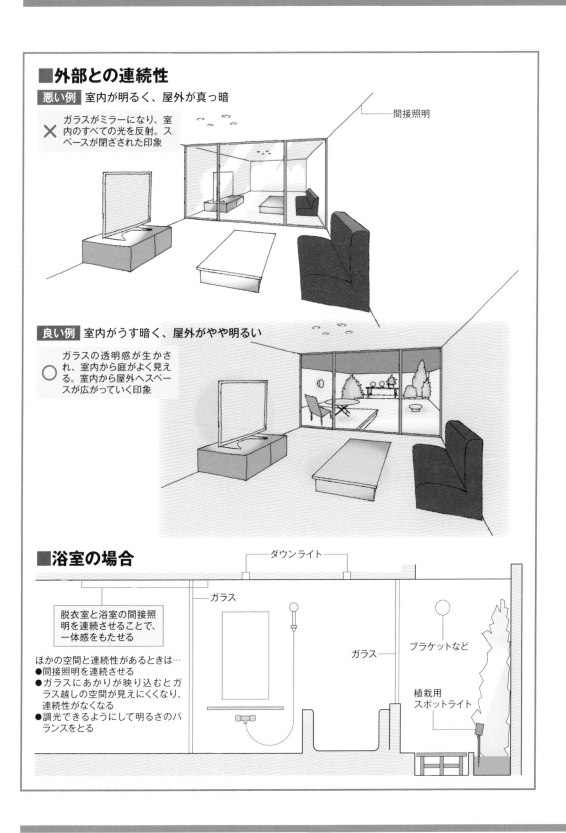

裸電球を使う

point 白熱電球型のLEDのバリエーションが増えている。光の質などの性能は要確認

裸電球は照明の原点

照明の原点を考えると、エジソンの電球に行き着く。白熱電球の裸電球は、その原初の姿にさほど遠くないシーラカンスのようなものである。そのため建築の原点を追求して設計したとき、照明も裸電球に行き着くことがある。凝った器具より安価なことも魅力の1つである。しかし、最も普及していたE26口金の白熱電球は省エネの流れからLEDに入れ替わり、大手メーカーからは既に製造されていない。

裸電球の種類

白熱電球でもE17口金のミニクリプトン電球は現在も多く使用され続けている。この電球は白いガラスの普通電球（シリカ電球）タイプとクリア電球の2種類がある。シリカ電球はガラス表面で光が拡散するため、光色が少し白っぽい。40W程度でも、電球が露出するとかなりまぶしく見え、空間のほうが見えにくくなることもある。クリア電球は、光色がフィラメント部の発光の色のままで、多少オレンジがかって見え、シリカ電球に比べ、きらめきを感じる。どちらもランプが視界に入るとかなりまぶしく感じられる場合があるので、調光できるようにする。

シルバーランプ（ミラー電球）は、クリア電球の約半分の位置までガラス内部の球側にアルミの反射鏡が蒸着されている。直接目に入るまぶしさをカットしながら、鏡面反射により間接照明のように使うことができる。

これらのタイプは、現在はすべてLEDで、省エネ、低発熱のランプが製造されているが、調光できないものや、調光で明るさを絞った時に本物の白熱電球のような赤みが表現されないものも多く、性能はまだばらつきがある。

裸電球を設置する際は、シーリングランプのようにレセップ[※]で直接天井に取り付けたり、ペンダントとして天井から数灯を吊り下げたりする。また、レセップを天井や壁に埋め込み、電球だけを露出させることもできる。

※　ソケットにつばを付け、直接ネジなどで取り付けられるソケットのこと

■シルバーランプ

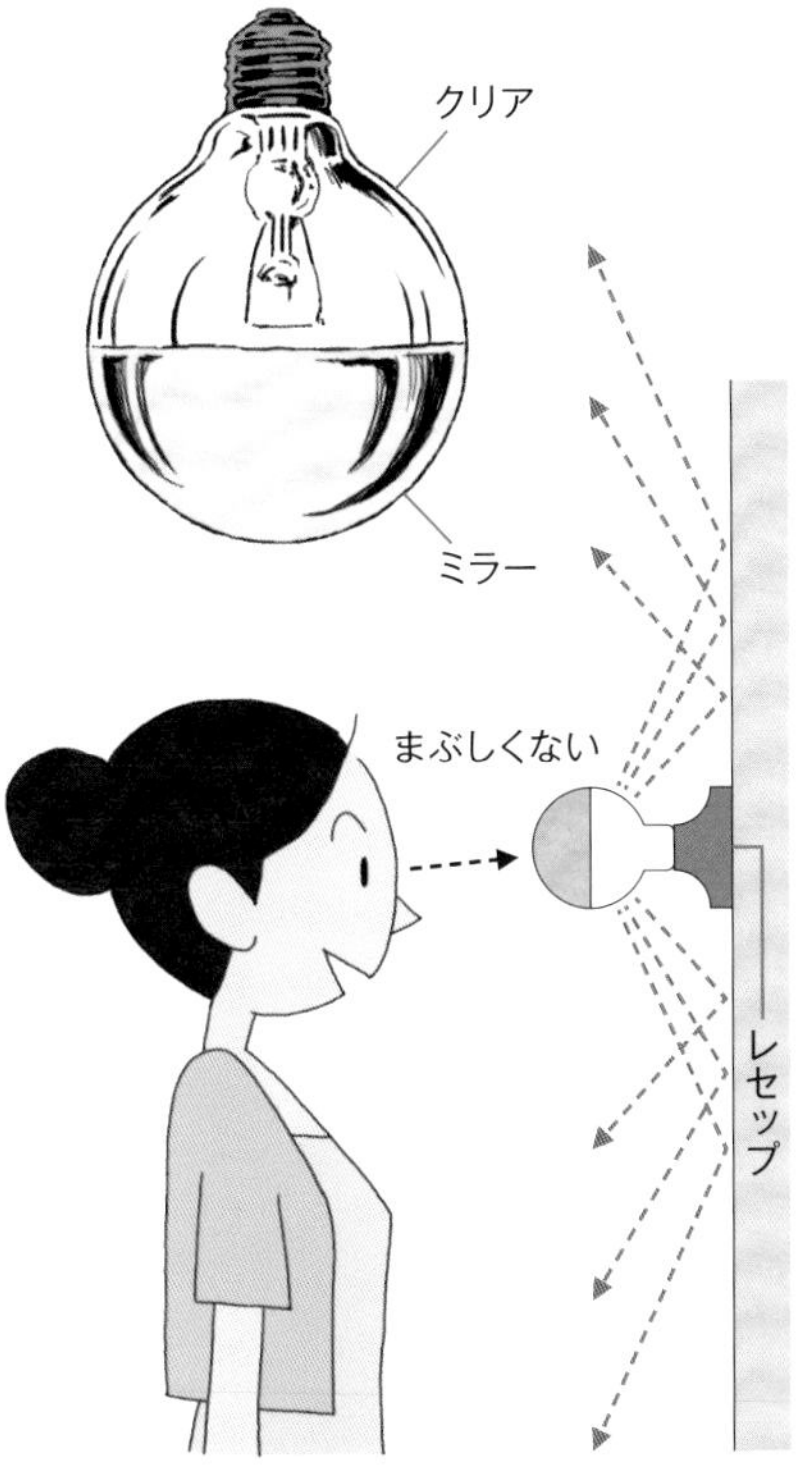

●シルバーランプを使うと、簡単に間接照明がつくれる。現在はLEDでも同様の製品がある

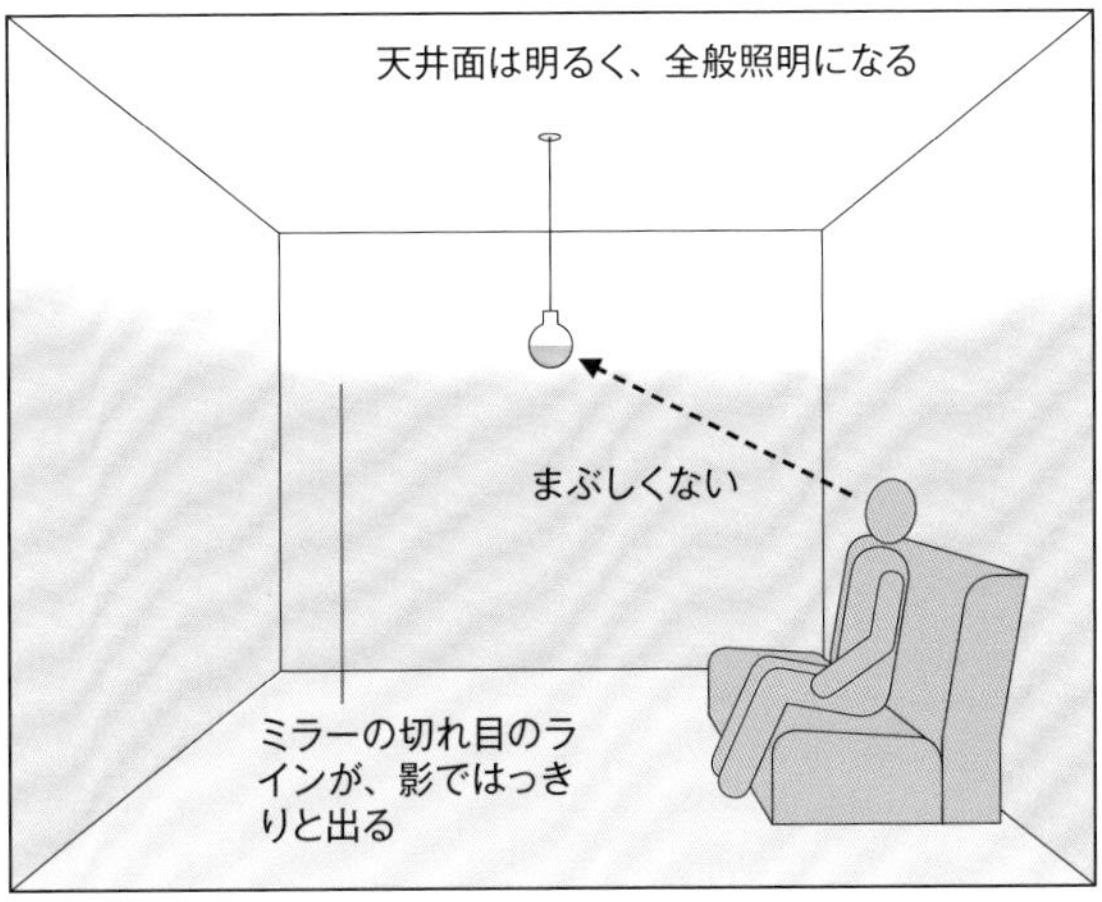

■裸電球の設置

●レセップで直付けする

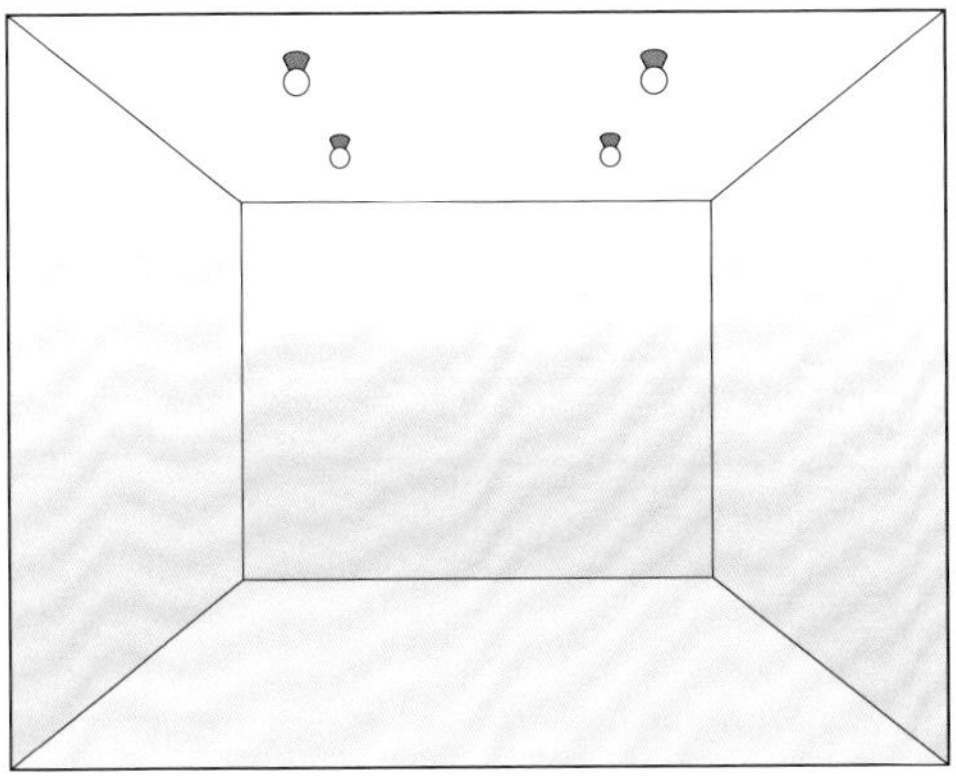

●天井や壁にレセップで直付けすると、取り付けた面が一番明るくなる。天井面などをあえて輝かせたいとき有効

●ペンダントにする

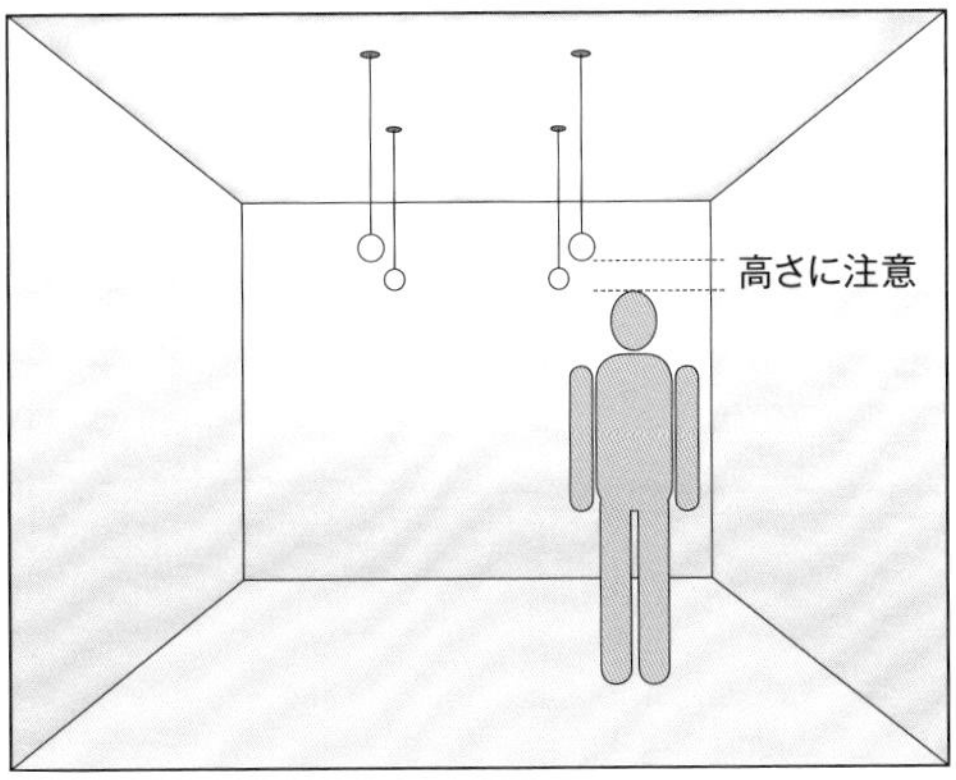

●部屋全体を最もまんべんなく明るくできる。エアコンの風によって、裸電球がゆらゆら揺れないかを確認する

どちらの場合も、光源を見てまぶしく感じることが多いので、調光できるようにする

ダイクロハロゲン型LEDを使う

point ビーム角のバリエーションがあり、「狭角」「中角」「広角」を組み合わせた演出もできる

狭角・中角・広角

白熱電球の一種であるダイクロハロゲンランプには、ビーム角のバリエーションがある（208頁参照）。ＬＥＤランプでもほぼ同形状のＥ11口金などのランプが出そろっている。10度の狭角（集光）ランプは、光が当たっている部分と当たっていない部分のコントラストがはっきりと出るため、スポットライトで印象的に照らしたいときなどに使う。20度の中角ランプは、やや天井が高いときなど、光源から対象物まで距離があるときに適する。近い距離で使用すると、10度と同様にコントラストの強い光になる。30度の広角（拡散光）ランプは、天井高２５００㎜程度の部屋で全般照明的にテーブルや床を照らしたり、幅広く絵などを照らすときに効果的である。また、壁際で何灯かを等間隔で並べて壁を照らし、ウォールウォッシャ照明的にも使用できる。

ダイクロハロゲンランプを使用するときは、狭角、中角、広角を組み合わせ、光の濃度の違いをわざとつくりだすのもおもしろい。

器具の種類

ダイクロハロゲンランプの器具は、非常に多くの製品が住宅から商業施設まで幅広く使用されており、ランプのみをＬＥＤに交換して使用し続けることも多い。新しい製品はＬＥＤランプの仕様になっており、ランプ交換ができるという点は長い目で見て安心感につながり、改めて見直されている器具である。新しいＬＥＤ器具でも、調光の可否やグレアカットの性能、オプションパーツなどは確認しておきたい。

ＬＥＤランプも器具タイプがそろっているスポットライトは、天井や壁に固定する直付け型、配線ダクトレール取付け型、外部用防水仕様、植栽用の差込みスパイク付きなどがある。ダウンライトは、真下向きのベース照明型、内部で向きや角度が変えられるアジャスタブル型、アジャスタブル型が少し出っ張ったユニバーサル型などがある。

■ダイクロハロゲン型 LED の使い方

●ダウンライト

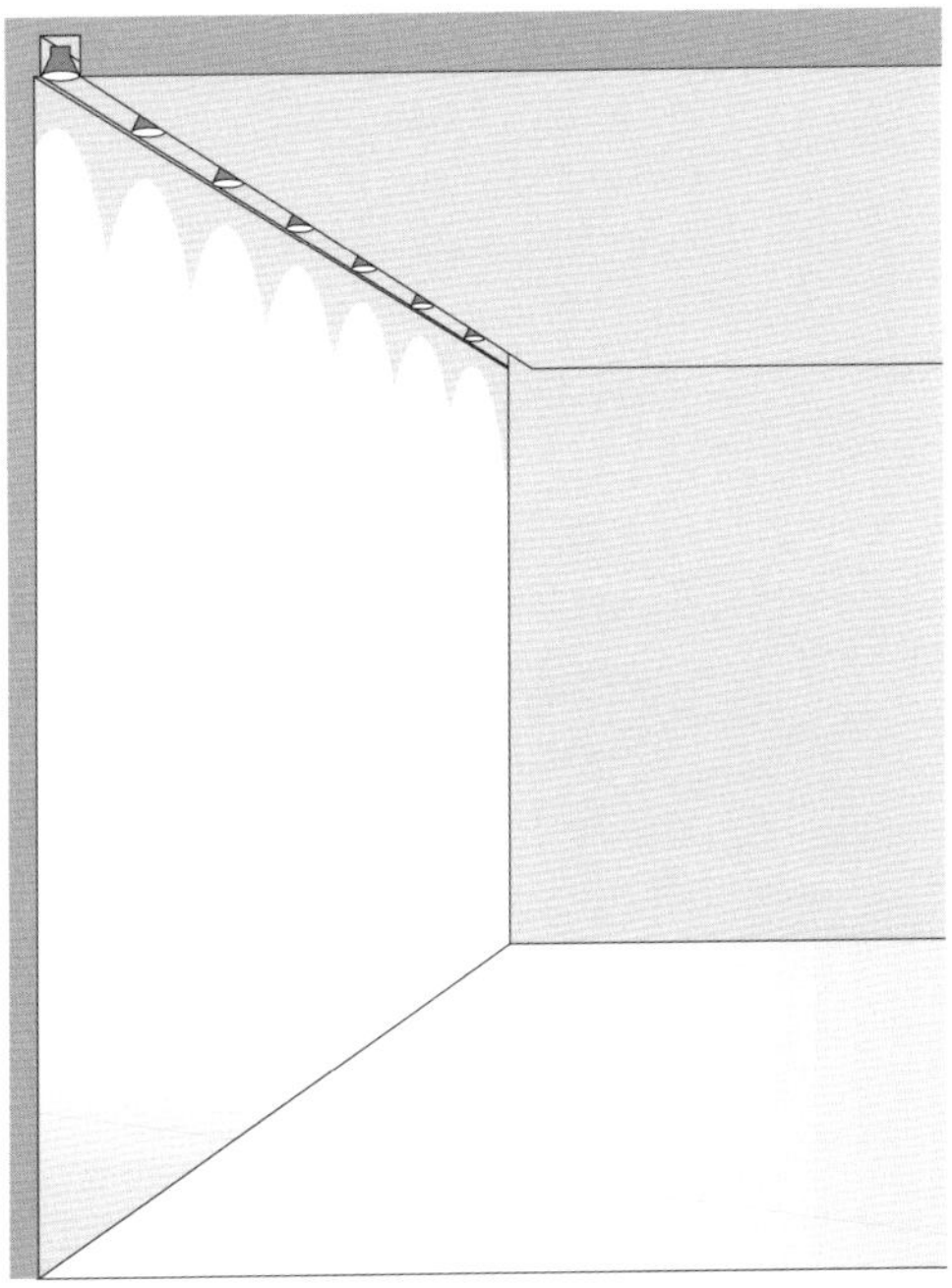

ダイクロハロゲンランプのダウンライトをウォールウォッシャとして使う。光のスカラップ（山形のライン）がくっきりと出て、印象的な光になる

●スポットライト

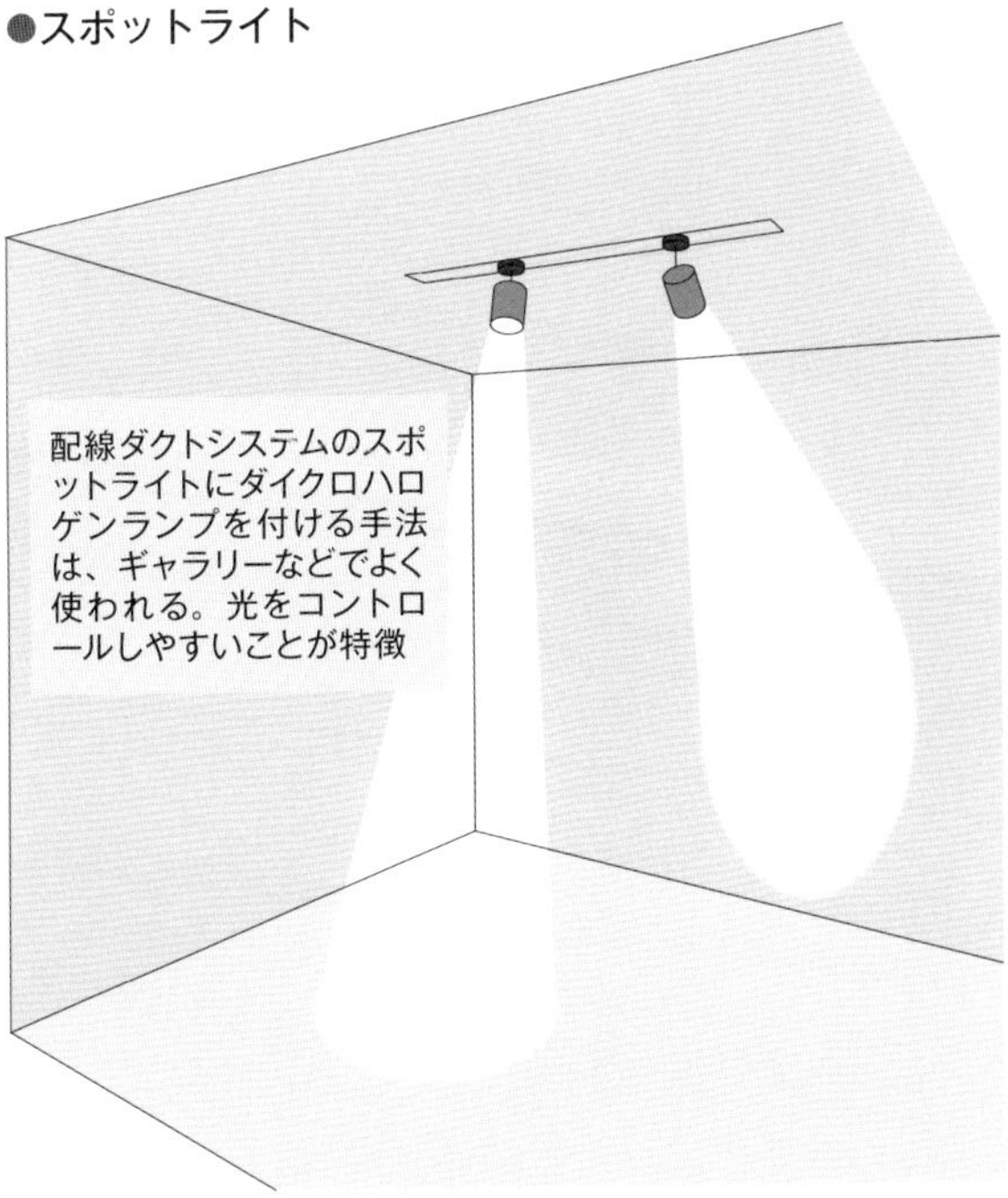

配線ダクトシステムのスポットライトにダイクロハロゲンランプを付ける手法は、ギャラリーなどでよく使われる。光をコントロールしやすいことが特徴

●角型３連ダウンライト

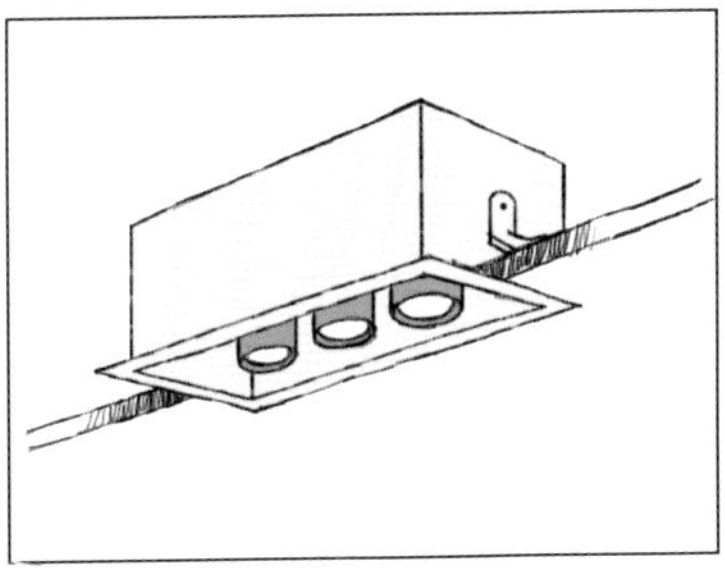

角型ダウンライトは光源を1カ所に集約できるため、光源の数が多くてもすっきり見せることができる。店舗や施設などで多く採用されている

スタンドを使う

point
スタンドのあかりには調光できるランプを使用し、「適切な気持ちのよい明るさ」をつくる

間接照明として使う

スタンドは移動や追加が簡単にでき、器具の大きさもさまざまで、デザインもシンプルなものから個性的なものまで幅広く、たいへん利用方法の多い照明器具である。

最近は間接照明用としてデザインされたスタンドが出てきており、家具の背後や側に置くだけで間接照明ができあがる。

デスクスタンドはクランプやクリップで固定できるものが多いので、明るさや雰囲気がベストな位置を見つけるとよい。小さなボール型のスタンドは、テレビの後ろに置けばテレビ観賞時のちょうどよい間接照明になり、ソファや植栽の鉢の後ろに置けば落ち着きと非日常的な雰囲気を併せもつあかりになる。

このように、スタンドを少し工夫して使うだけであかりに変化が生まれ、いつもと異なる空間の雰囲気を演出できる。

調光できるランプを使用

スタンドのあかりには調光可能なランプを使用することで、家庭用の調光リモコンスイッチを付け、適切な気持ちのよい明るさをつくれるようにする（144頁参照）。ホテルの客室を思い浮かべると、天井にはほとんど照明が付いておらず、スタンドが2、3台とブラケットだけで十分な明るさを得ている例がよくある。住宅でも、それくらい思い切った照明計画を取り入れてもよい。たとえば寝室では、電球を3個ほど使った大型のスタンドを主照明とし、部屋の大きさに応じて小型のスタンドを追加していく。設置場所は、なるべく部屋の対角線コーナーの近くにする。さらに、スタンドやブラケットによるベッドサイドの読書灯があるとよい。

スタンドは場所をとるため、スペースに余裕がない場合は無理に置かないほうがよいが、気に入ったデザインの器具があれば、インテリアの要素として設置するのも楽しい。

■スタンドの種類

●間接照明用スタンド／縦型

●間接照明用スタンド／横型

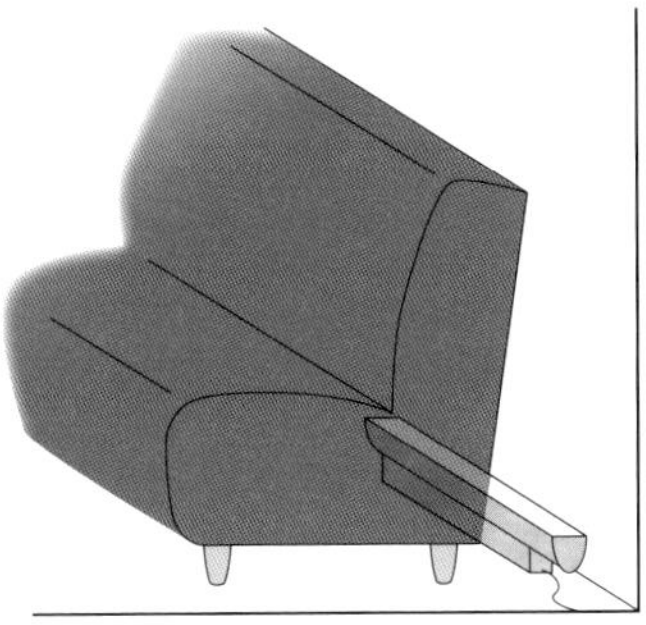

●ボール型スタンド

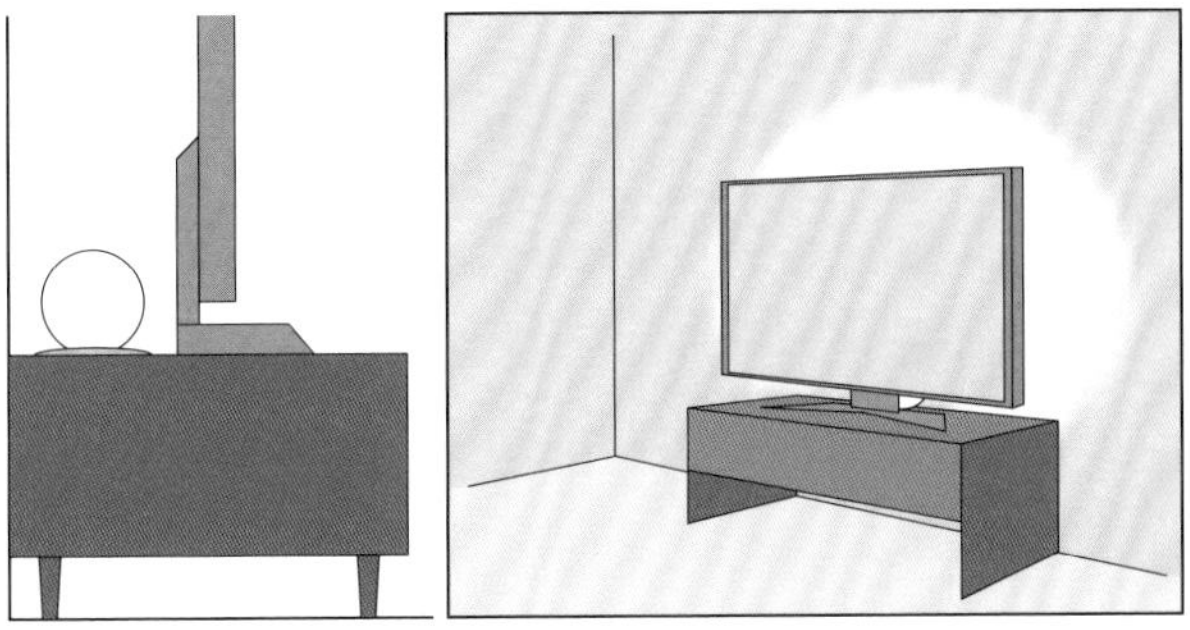

●ボール型などのシンプルな小型スタンドも、隠しながら使うことで間接照明になる。テレビの後ろに置くのも効果的。最近のテレビは高輝度なので、周辺を少し明るくするとコントラストがやわらかくなり、目にやさしい

●クリップランプ

●本棚にクリップランプを付け、天井を照らしたり本を照らしたりすることで、間接照明の効果が得られる

●ホテルの客室

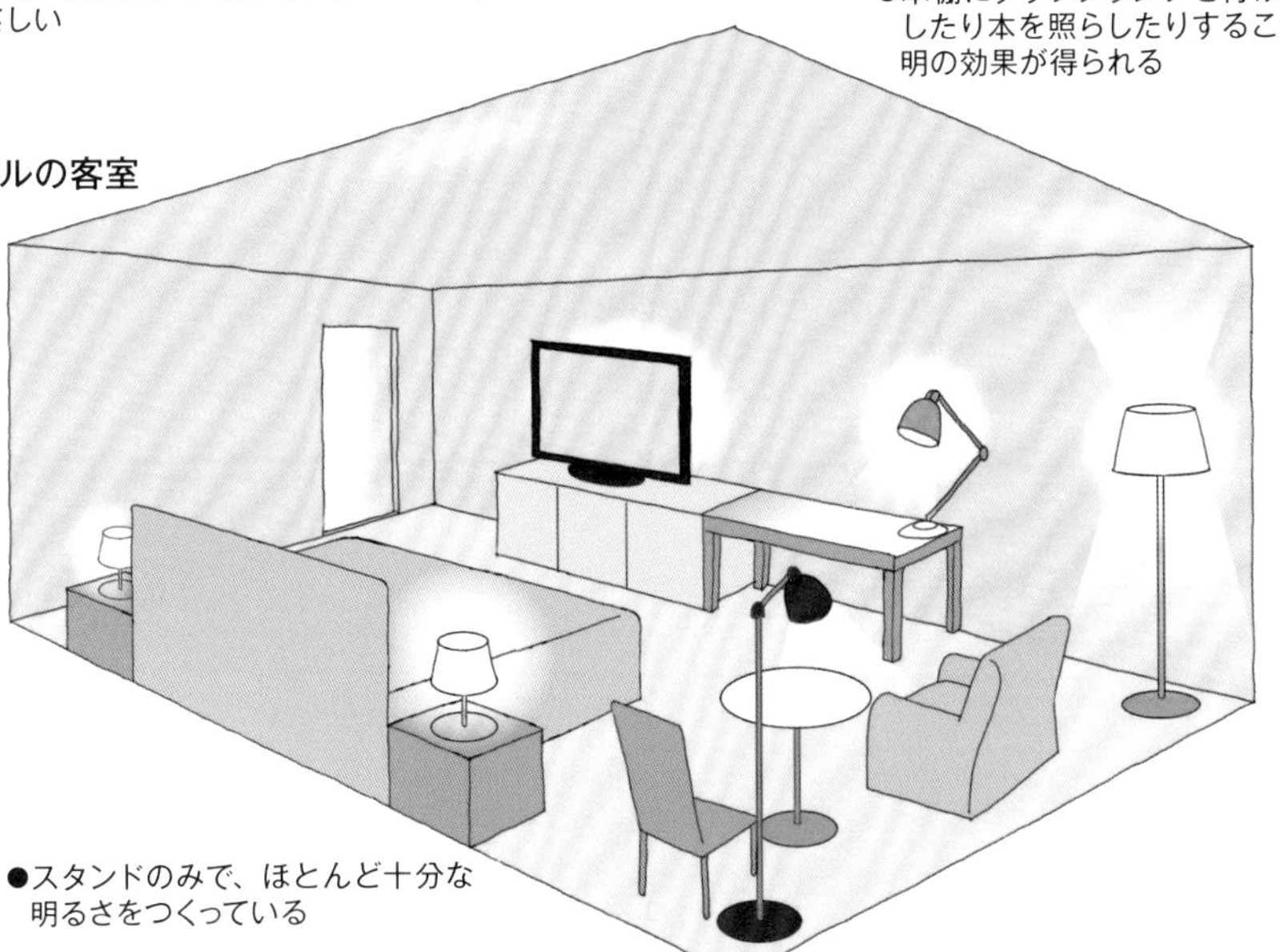

●スタンドのみで、ほとんど十分な明るさをつくっている

家具を使った間接照明

point 造付けの家具や特注の家具に照明の要素を加え、「建築やインテリアに溶け込んだあかり」を演出する

多彩な演出ができる

造付けの家具や、置き型でも特注で家具をつくる場合、照明の要素を加えることで建築化照明や間接照明とすることができる。上方から光を出して天井面を照らせばコーブ照明のようになり、足元から床を照らすように配置すれば床の間接照明になる。また、ローキャビネットの上面の壁際に間接照明を付ければ、上下の光の向きは逆だが、コーニス照明のような演出もできる。

特注の家具に照明器具を仕込むよさは、建築の改修工事ほど大げさなことをしなくても、建築化照明と同等の建築やインテリアに溶け込んだあかりをつくれることである。また、新築時だけでなく、改修時にも建築化照明に近い、すっきりとした間接照明を実現しやすい。設置の際は、器具が見えないようにすることとメンテナンスをしやすくすることに注意し、設計時点で詳細な寸法を決めておくとともに、使用するランプや器具の特性も確認する。

寸法、熱、電源に配慮

家具に間接照明を納める場合、寸法的に厳しいことがある。収納家具の場合、照明のせいで収納力が大きく損なわれたり、器具やランプから出る熱の問題もある。特に木製家具では、照明の熱による家具自体の劣化・破損の恐れがないか十分に検討する。ランプの種類によってはかなり高温になるので、やけどの心配がないか、水がかかる恐れがないかなどもチェックしておく。

発熱の少ないＬＥＤランプであっても、設置場所で熱がこもると破損の原因になる。密閉した小さなスペースに納めると高温になるため、熱抜きの孔などを適切にあけておくとよい。施工や制作、取付け、修理ができないつくりにならないよう注意して設計する。

家具に照明を付ける場合、電源が必要になることも見逃してはならない。足元のコンセントから無理なく電源がとれるか、天井の引っ掛けシーリングから電源がとれるかなども確認する。

■家具の照明の納まり

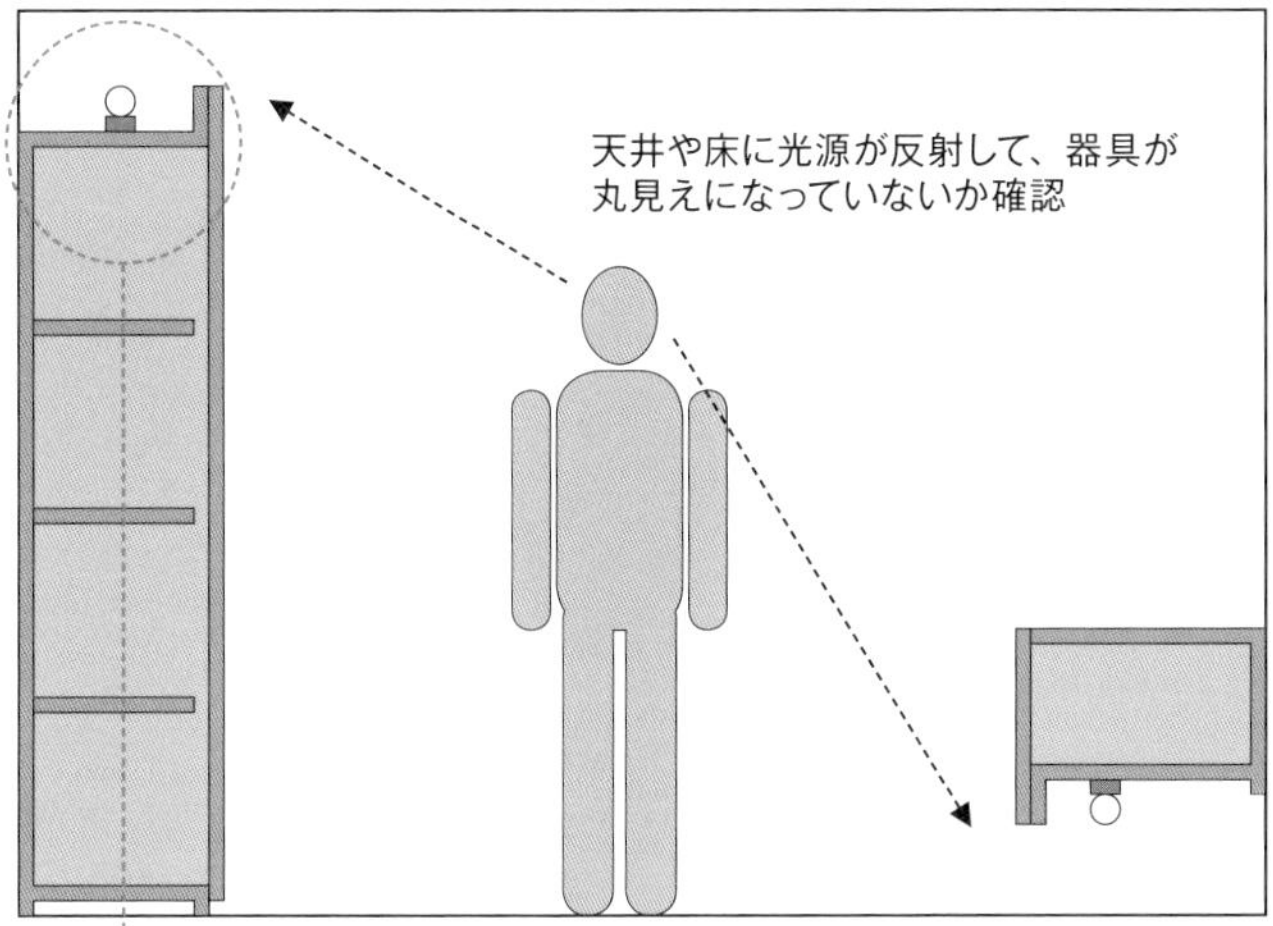

●ローキャビネットの場合

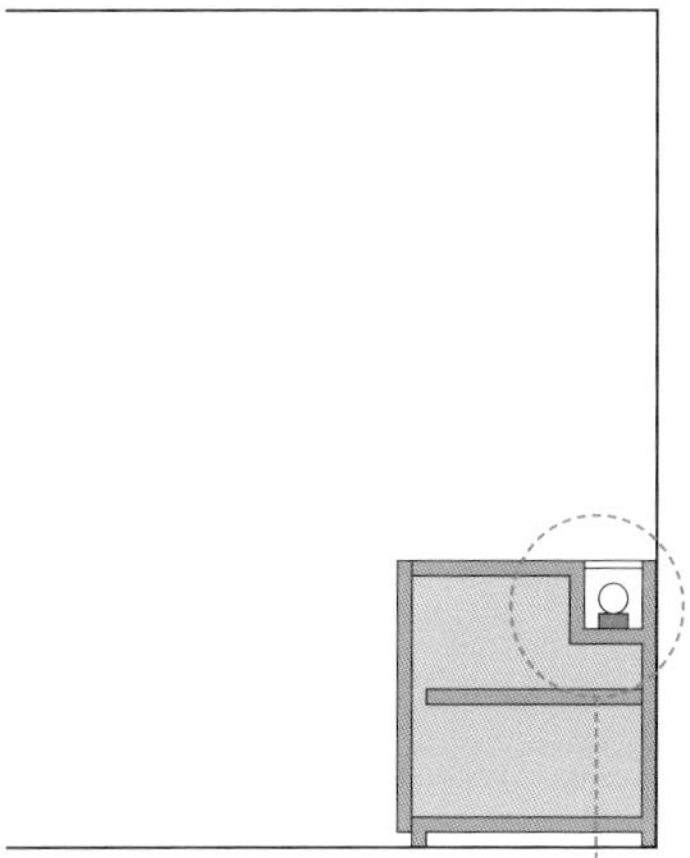

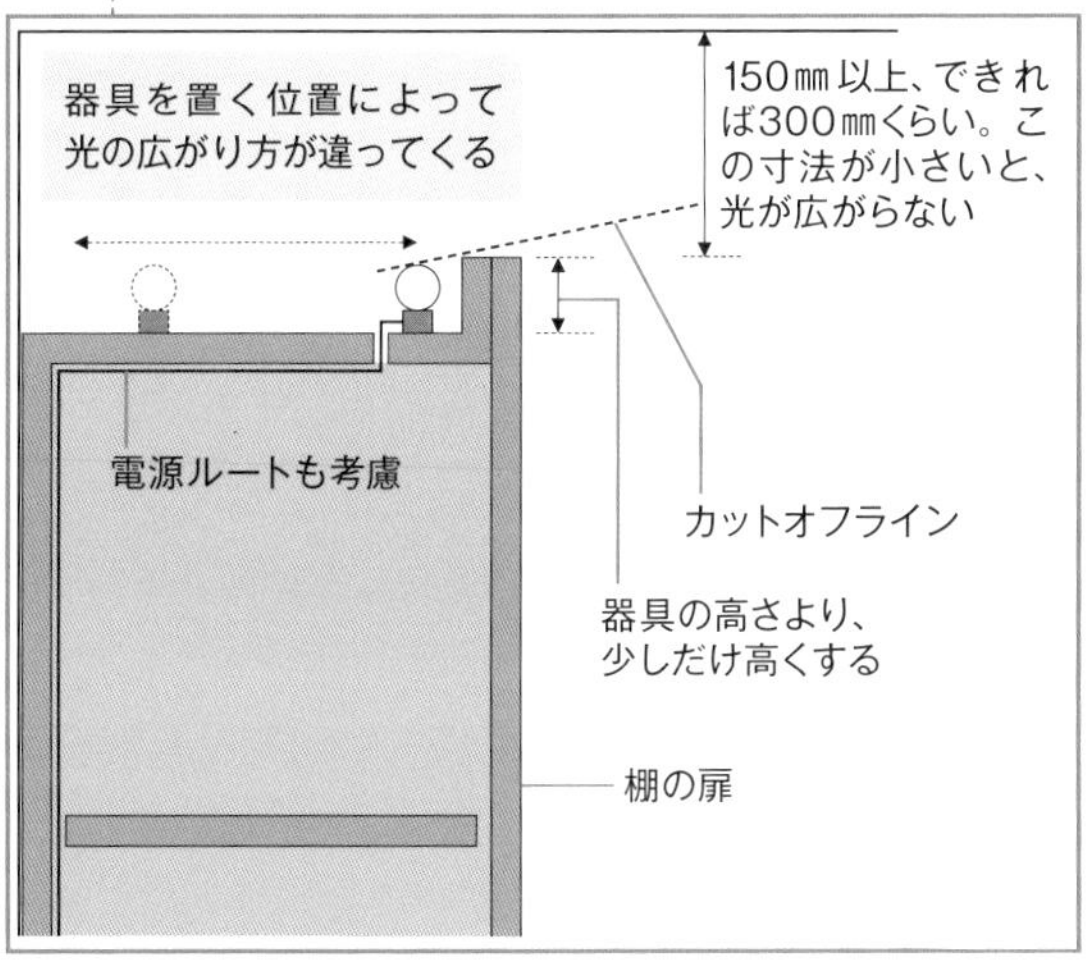

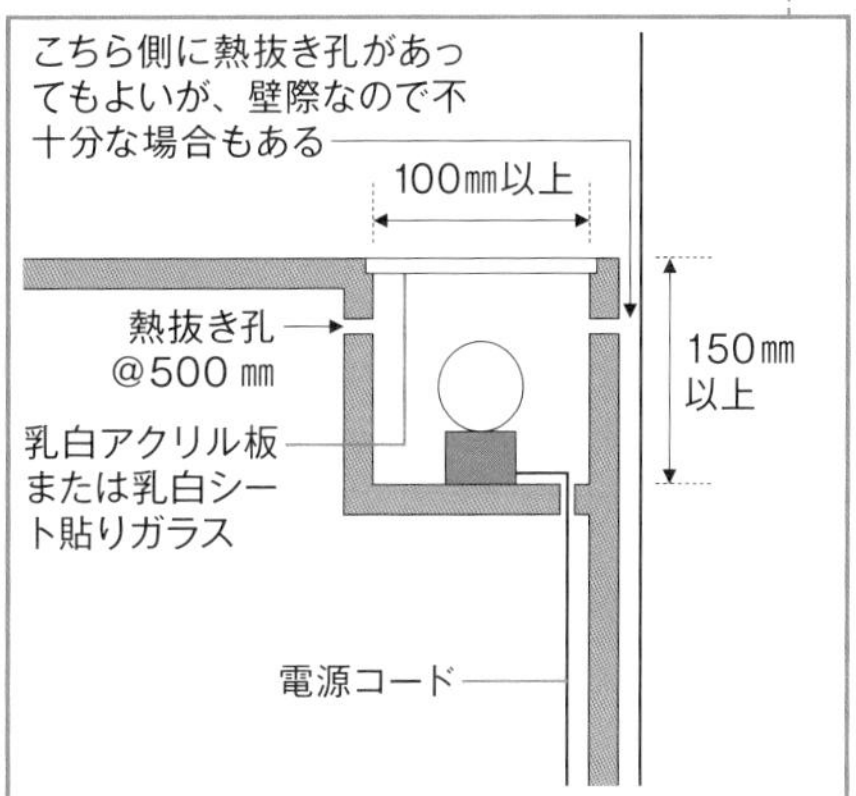

●スリムタイプの蛍光灯またはシームレスラインランプの場合の寸法。LEDの場合も同様（もう少し小さい寸法でも可）。調光できるタイプがよい

●器具の配置と明るさ

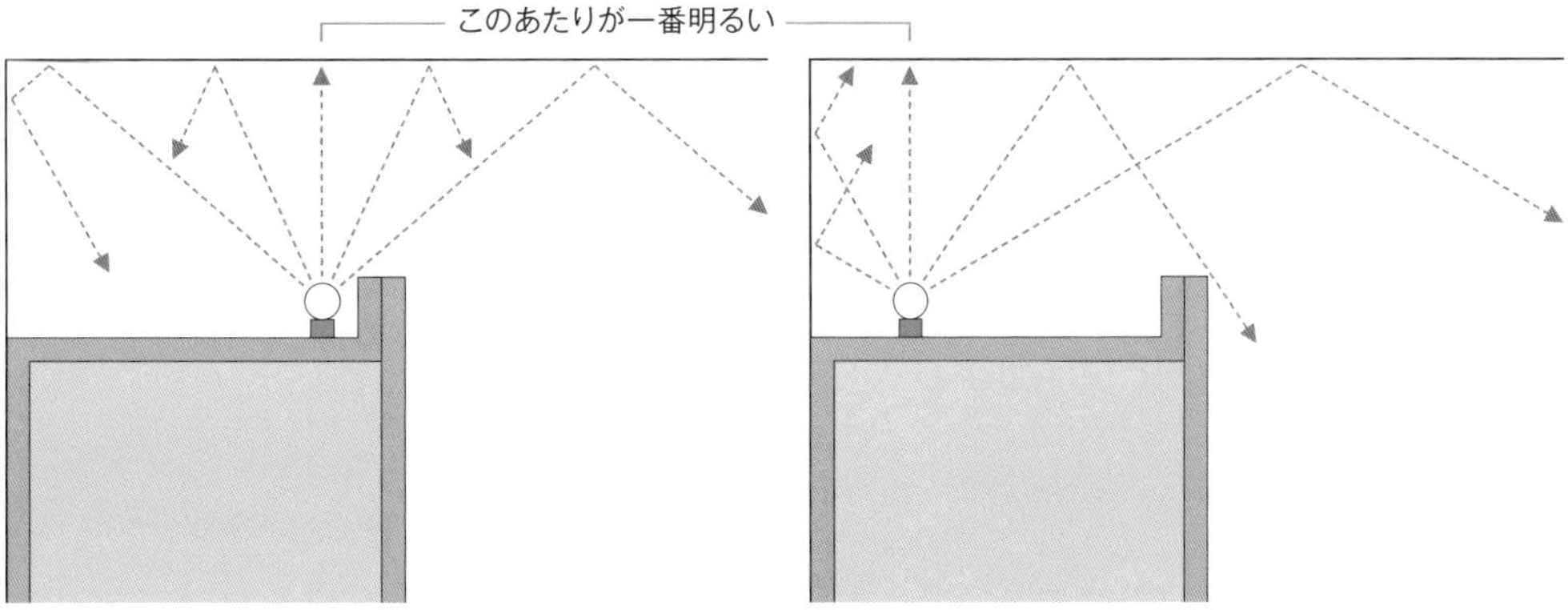

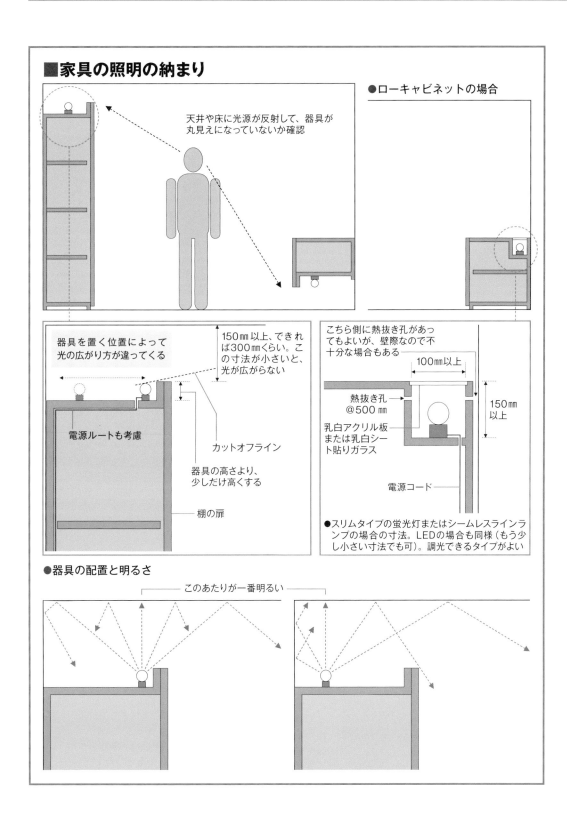

建築化照明

コーブ照明は、天井面を照らすことで空間の高さや奥行きを強調しながら、室内にやさしい明るさを与える

コーニス照明は、壁面を照らすことで水平方向の広がりを強調する。また、実際の床面への照度よりも明るい印象をつくり出す

建築化照明でカーテンなどを照らすと、表面のテクスチュアや柄が立体的に表現され、強調することができる

足元の間接照明

階段のステップライトは、安全な歩行を助けてくれる。明るすぎることがないので暗がりに慣れた目にやさしく、雰囲気もよい

吹抜け空間を照らす

5

吹抜けのある空間では、吹抜けの天井部や上方の壁面を照らすことで空間の高さ方向の広がりを強調することができる

屋内と屋外の連続性

8

夜間はガラス面が鏡のように反射し、屋外がほとんど見えなくなることが多い。屋外の床や植栽などを照らし、室内の明るさを落としたり照らす面をコントロールすることで、夜間でも屋外への視覚的な連続性が得られ、開放感を感じられるようになる

6

7

壁面にブラケット照明やスポットライトを取り付ければランプ交換が容易で、かつ、下方への照明としても活用できる

写真　〈1・2〉提供：OLDGEAR(ひまわり)、撮影：uruphoto　〈3〉事例：ホテル エルセラーン大阪、設計：日建設計、提供：トキ・コーポレーション
〈4〉提供：トキ・コーポレーション　〈5〉提供：オーデリック　〈6～8〉提供：大光電機

電気工事のいらない調光装置

調光装置の種類

調光を行う装置にはさまざまな種類があり、特徴や効果、価格などに大きな幅がある。たとえば、賃貸住宅などで調光スイッチが付いていない場合でも、天井に付いている引っ掛けシーリングに、引っ掛けシーリング用の調光機能付き配線ダクトレールを取り付けると、白熱灯のスポットライトやペンダントを調光できるようになる。

またスタンドの場合は、器具のコンセントプラグとコンセントとの間に挟み込むスタンド用の調光スイッチがあり、白熱灯の器具を調光できる。これらの器具を使えば、ダイニングや寝室などでも自由に光環境をコントロールすることが可能である。

調光スイッチとシステム

最も一般的な調光スイッチは、明るさを調整する上下のつまみと、点滅のスイッチが付いたスイッチプレートである。白熱灯用と蛍光灯用があり、適したものを取り付けるだけで簡単に間違いのない調光ができる。ただし、1プレートにつき1回路のため、回路数が多いと部屋がスイッチプレートだらけになってしまうので注意する。

■調光装置の種類

●引っ掛けシーリング用調光装置

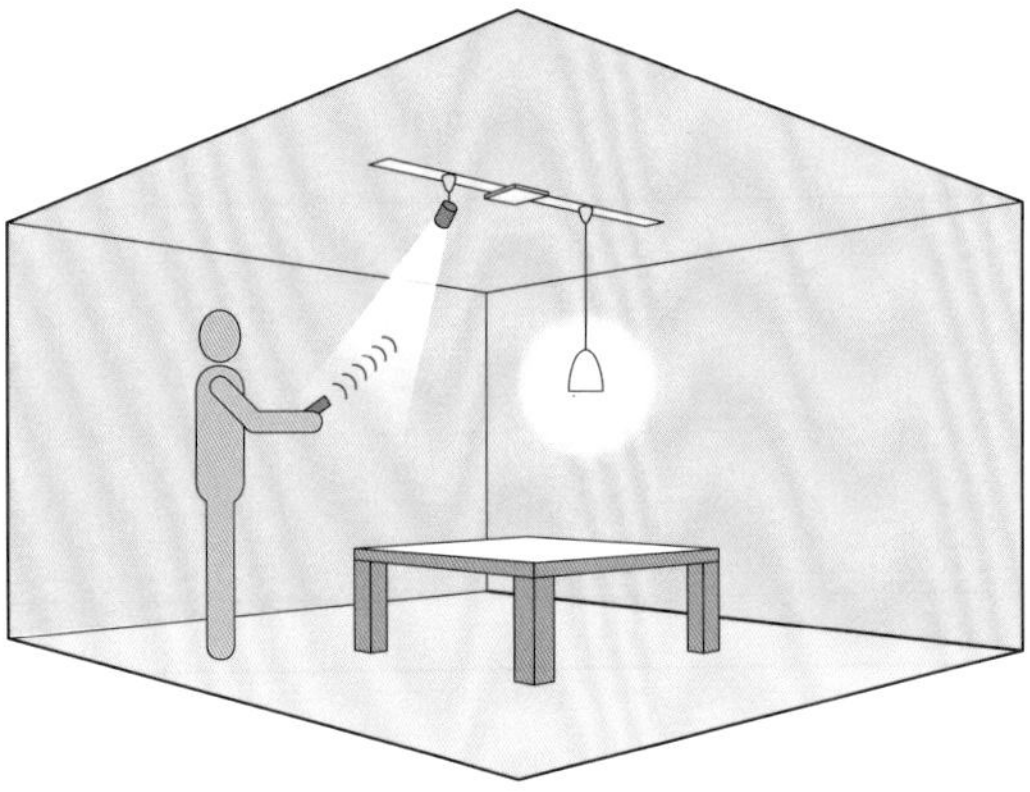

●引っ掛けシーリング用の配線ダクトレールには、調光機能付きのものもあり、リモコンで調光できる

●スタンド用調光スイッチ

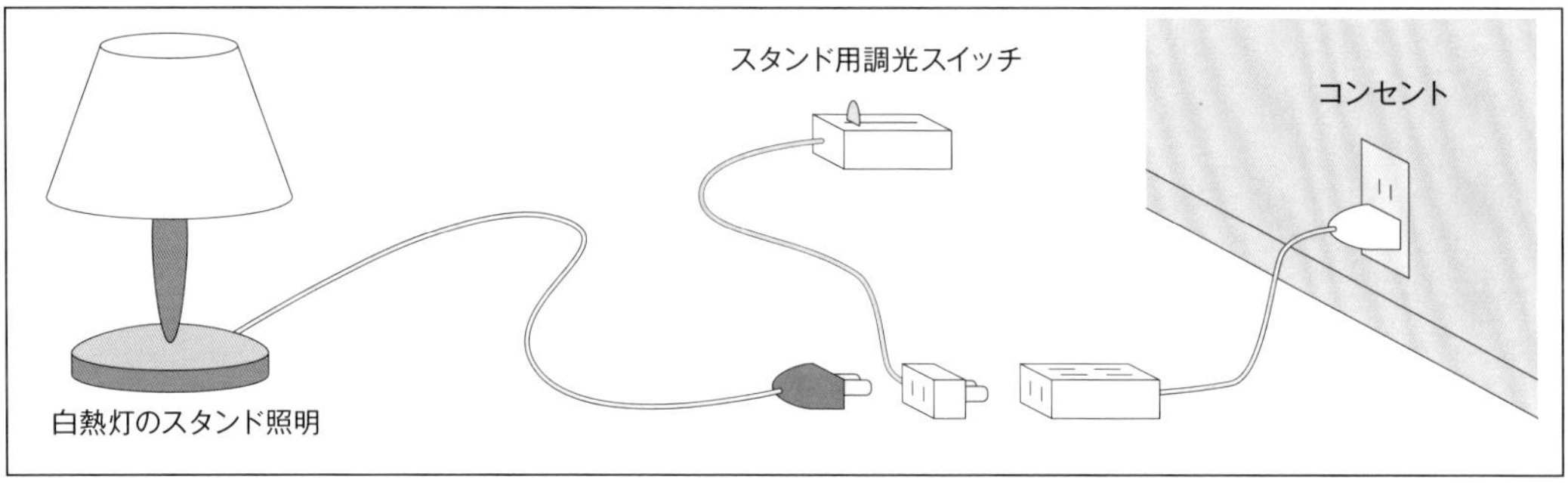

Chapter

5

住空間以外の照明計画

オフィス／物販店／飲食店／施設／集合住宅

オフィスの照明計画

point デスクの配置変更に対応するため、スペース内の「どこにデスクを置いても一定の明るさ」が得られるようにする

タスク・アンビエント照明

オフィスは仕事場であると同時に、一日のうち長い時間を過ごす居住空間でもあるため、照明計画もその両面の配慮を行う。また、オフィスビルの場合は、ビル全体の照明の点灯箇所が多く、点灯時間も長いことから、省エネやランニングコストなどの検討も重要である。

最近のオフィスでは、省エネ効果の高いタスク・アンビエント照明（100頁参照）の採用が多く、全般照明とタスク灯、アッパーライトを組み合わせるなど、さまざまなパターンがある。

反射グレアを軽減する

オフィスで行われる作業は、書類を読む、文書をつくる、人と話をする、考える、判断する、などである。職場ではパソコンで作業することが一般的になっており、発光する画面を見ながらの視作業の時間が増えている。

液晶モニター画面における反射グレアを軽減するためには光源が露出しないよう、照明器具を天井埋込み型とする。ルーバー付きの器具を選ぶとさらによい。大型のディスプレイモニターを使用する場合も同様の仕様にし、視点と光源とモニターなどの位置関係を考慮する。

また、パソコンで作業するときは、画面の明るさに比べて周囲が暗いとその明るさの差で目が疲れやすくなる。やはり作業環境には十分な明るさが必要である。

デスクの配置変更に対応

オフィスでは、デスクなどの配置変更が行われることが多い。これに対応するため、全般照明はスペース内のどこにデスクを置いても一定の明るさが得られるように配置する。

必要な明るさは、通常の事務的な作業では750 lx程度を確保する。細かい視作業が必要な場合はスタンドなどを使ってタスク照明とすることで、高い照度を確保する。

■タスク・アンビエント照明のパターン

●全般照明＋タスク照明

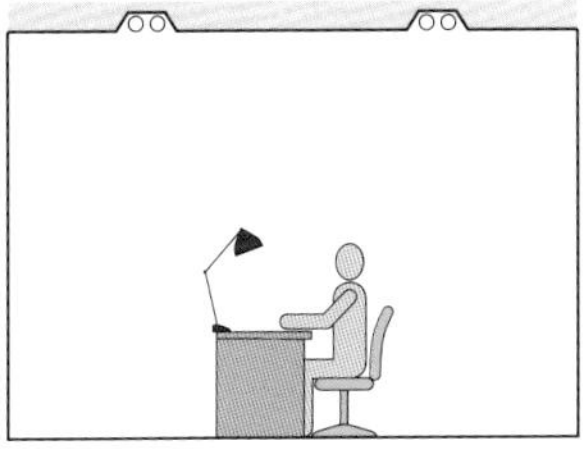

●アッパーライト
＋タスク照明

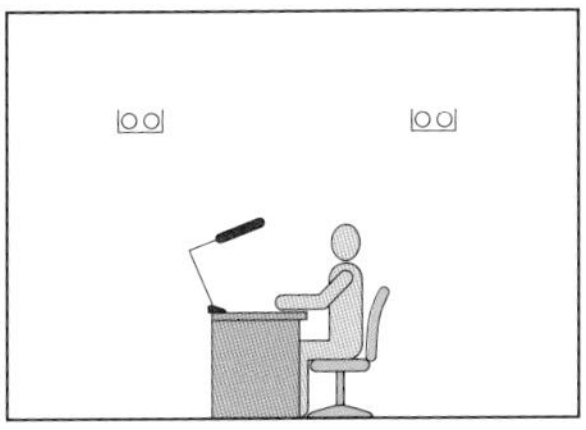

●全般照明＋アッパーライト
＋タスク照明

■グレアのしくみ

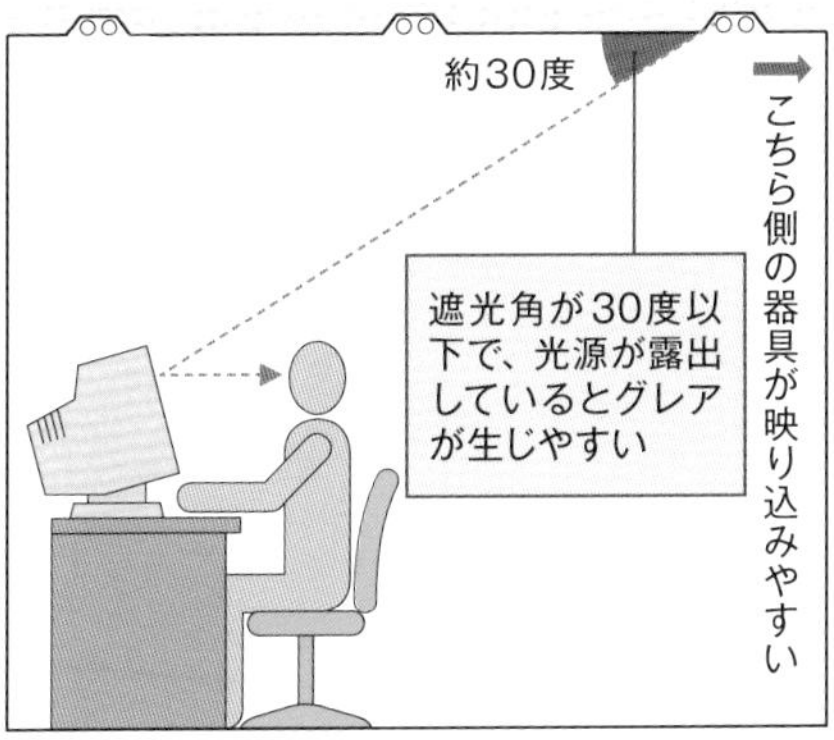
約30度
遮光角が30度以下で、光源が露出しているとグレアが生じやすい
こちら側の器具が映り込みやすい

パソコンのモニターに照明器具が映り込み、作業がしづらくなる

■照明器具のグレア制限

●鏡面ルーバー付き

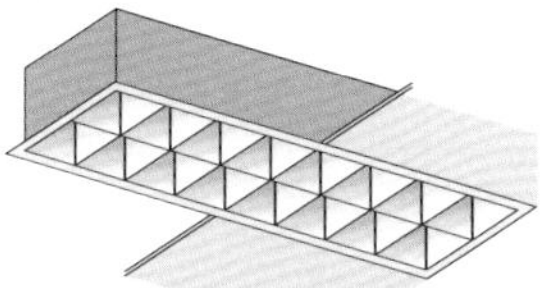

グレア制限のレベルが最も高い

●全方向型白色ルーバー付き

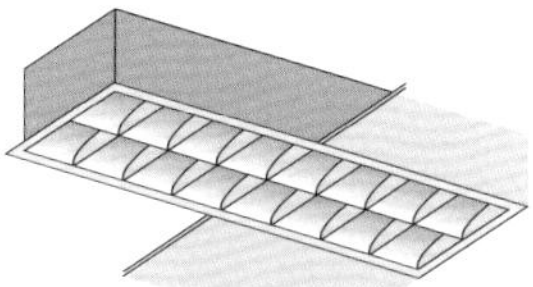

グレアを十分に制限

●拡散パネル付き・
プリズムパネル付き

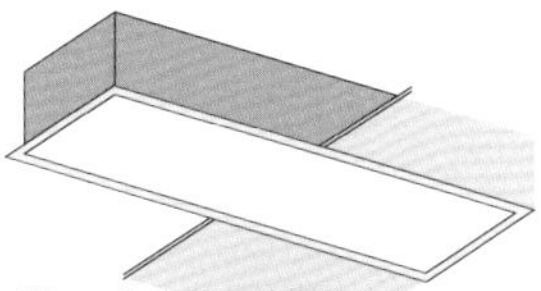

グレアを十分に制限

●下面開放型

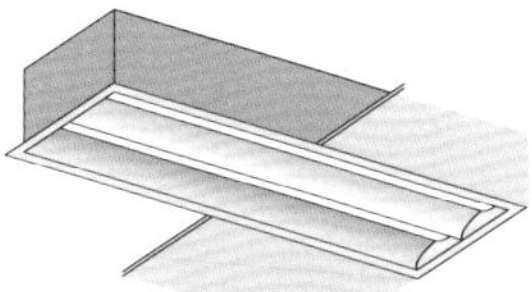

グレアをほとんど制限していない

●ランプ露出型・富士型

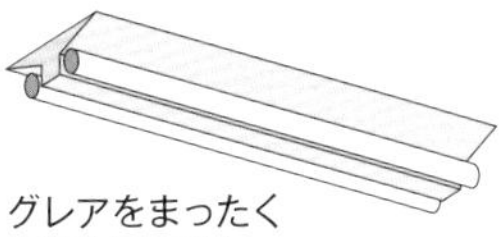

グレアをまったく
制限していない

■照明の配置

●オフィスのレイアウトの例（平面図）

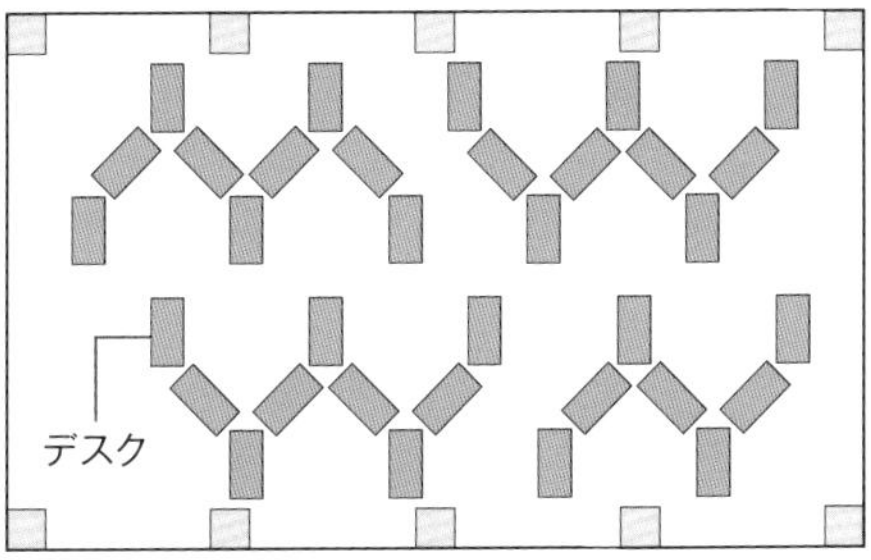
デスク

●デスクなどの配置変更があることを想定しておく

●蛍光灯の配置（天井伏図）

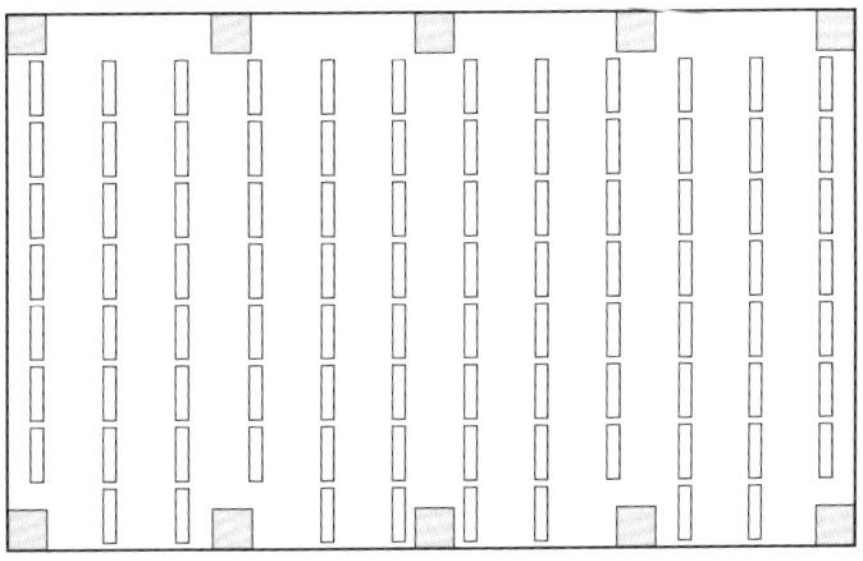

●配置変更に対応しやすいように蛍光灯を配置する

グリーン購入法と照明

point グリーン購入法では、「環境物品の判断基準」にもとづいてランプや器具を選ぶ

グリーン購入とは

グリーン購入とは、品質や価格だけでなく、環境負荷の少ない製品であることを考慮して購入することである。2001年4月に施行された「グリーン購入法」[※]では、国などの機関にグリーン購入を義務付け、地方公共団体や民間事業者、国民にもグリーン購入に努めることを求めている。法ではあるが罰則のない義務で、何度か改正が行われている。グリーン購入の対象となる品目のなかには照明が含まれている。ただし一定の基準をクリアした認定商品のようなものがあるわけでなく、ガイドラインに示されている「環境物品の判断基準」をもとにランプや器具を選ぶことになる。ランプはランプ効率が高いことや寿命が長いこと、器具はエネルギー消費効率が高いことを選定時に確認する。また照明計画では昼光の利用や、照度・人感センサーの導入などが求められている。

各メーカーではこの判断基準をクリアしたものを適合品としてラインナップしていることが多いので、省エネ対策を行う際には参考にするとよい。

グリーン購入の基本的考え方

グリーン購入法の基本方針では、環境負荷の低減に資する物品・役務（以下「環境物品等」という。）の調達推進の基本的考え方として以下の3点が掲げられている。①価格や品質などに加え、環境負荷の少ない環境物品等および環境負荷低減に努めている事業者を選択する。物品そのものの環境負荷だけでなく、環境マネジメントや情報公開等の取組にも配慮する。②資源採集から廃棄に至る、ライフサイクル全体を考慮した環境物品等を調達する。また大気汚染など、地域に特有の環境問題を抱えている場合は、それに応じた環境負荷項目に重点を置く。③環境物品等の調達推進を理由に調達送料が増加しないようにすること、最優先されるべきはリデュース（抑制）に配慮する。

※ 国等による環境物品等の調達の推進等に関する法律

■グリーン購入法の対象分野

①紙類
②文具類
③オフィス家具等
④画像機器等
⑤電子計算機等
⑥オフィス機器等
⑦移動電話等
⑧家電製品
⑨エアコンディショナー等
⑩温水器等
⑪照明
⑫自動車等
⑬消火器
⑭制服・作業服等
⑮インテリア・寝装寝具
⑯作業手袋
⑰その他繊維製品
⑱設備
⑲災害備蓄用品
⑳公共工事
㉑役務

■グリーン購入法適合の判断基準

●LED照明器具

●照明器具における環境物品の判断基準

①投光器および防犯灯を除くLED照明器具である場合は、次の要件を満たすこと。
ア.基準1は、固有エネルギー消費効率が表1-1に示された基準を満たすこと、または固有のエネルギー消費効率が表1-2に示された基準を満たし、かつ初期照度補正制御、人勧センサ制御、あかるさセンサ制御、調光制御等の省エネルギー効率の高い機能があること。
イ.基準2は、固有エネルギー消費効率が表2に示された基準を満たすこと。
ウ.演色性は平均演色評価数Raが80以上であること。ただし、ダウンライトおよび高天井器具の場合は、平均演色評価数Raが70以上であること。
②投光器および防犯灯である場合は、次の条件を満たすこと。
ア.固有エネルギー消費効率が表2に示された基準を満たすこと。
イ.演色性は平均演色評価数Raが70以上であること。
③LEDモジュール寿命は40,000時間以上であること。
④特定の化学物質が含有率基準値を超えないこと。また、当該化学物質の含有情報がウェブサイト等で容易に確認できること。

●表1-1 LED照明器具にかかわる古流エネルギー消費効率の基準1(投光器および防犯灯を除く)

光源色	固有エネルギー消費効率
昼光色・昼白色・白色	144lm/ W以上
温白色・電球色	102lm/W以上

備考
①「光源色」は、JISZ9112(蛍光ランプ・LEDの光源色および演色性による区分)に規定する光源色の区分に準ずるものとする(表1-2および表2において同じ。)。
②昼光色、昼白色、白色、温白色および電球色以外の光を発するものは、本項の「LED照明器具」に含まれないものとする。
③ダウンライトのうち、器具埋込穴寸法が300㎜以下であって、光源色が昼光色、昼白色および白色ものについては、固有エネルギー消費効率の基準を114lm/W以上、温白色及び電球色のものについては、固有エネルギー消費効率の基準を96lm/W以上とする。
④高天井器具のうち、光源色が昼光色、昼白色および白色ものについては、固有エネルギー消費効率の基準を156lm/W以上とする。

●表1-2 LED照明器具にかかわる固有エネルギー消費効率の基準2(投光器および防犯灯を除く)

光源色	固有エネルギー消費効率
昼光色・昼白色・白色	120lm/ W以上
温白色・電球色	85lm/W以上

備考
①ダウンライトのうち、器具埋込穴寸法が300㎜以下であって、光源色が昼光色、昼白色および白色ものについては、固有エネルギー消費効率の基準を95lm/W以上、温白色及び電球色のものについては、固有エネルギー消費効率の基準を80lm/W以上とする。
②高天井器具のうち、光源色が昼光色、昼白色および白色ものについては、固有エネルギー消費効率の基準を130lm/W以上とする。

●表2 投光器および防犯灯にかかわる固有エネルギーの消費効率の基準

光源色	固有エネルギー消費効率	
	投光器	防犯灯
昼光色・昼白色・白色	105lm/ W以上	80lm/ W以上
温白色・電球色	90lm/W以上	対象外

配慮事項
①初期照度補正制御、人感センサ制御、あかるさセンサ制御、調光制御等の省エネルギー効率の高い機能があること。
②分解が容易である等材料の再生利用のための設計上の工夫がなされていること。
③使用される塗料は、有機溶剤および臭気が可能な限り少ないものであること。
④製品の包装または梱包は、可能な限り簡易であって、再生利用の容易さおよび廃棄時の負荷低減に配慮されていること。
⑤包装材料等の回収および再使用または再生利用のためのシステムがあること。

オフィス照明のメンテナンス

point
天井が高い場所の照明は「メンテナンスの手間やコストがかかる」ので、設計段階でオーナーに説明しておく

蛍光灯の交換

オフィス照明のメンテナンスは蛍光灯の交換が最も多い。改装していない既存のオフィスは、蛍光灯を使用している場合も多い。蛍光灯は1万時間以上の寿命のものが多く、オフィスでの1日の点灯時間を12時間とすると、27カ月はもつ。LEDは蛍光灯の約4倍の寿命をもち、交換はさらに少なくてすむ。ランプのみをLEDに交換すると、安全性と省エネ性で問題が生じうるため、10年程の器具の寿命を待ち、器具ごとLEDに交換するほうがよい。

器具の定格寿命とは、点灯しない状態ではなく、ある基準値以下の光束しか得られなくなる状態を指す。寿命を過ぎても使用できる場合が多いが、十分な照度は得られなくなり、作業環境も快適ではなくなる。そのため、まとまったエリアごとに交換時期を決め、一斉に交換する方法もある（54頁参照）。ランプによっては定格寿命より早く切れてしまうこともあるので、蛍光灯などは1割程度をストックしておくと急な球切れの場合も安心である。

メンテナンスしやすい照明計画

大きなビルは、エントランスホールなど天井が高い場所も多い。その場合、専門業者が仮設足場を組んだり高所作業車を使用してメンテナンスする。建築の段階で天井裏などにアクセスルートを用意し、メンテナンスできるようにする方法もある。いずれも手間やコストがかかるので、設計段階でオーナーに十分説明し理解を得ておく。小さなビルは、オーナーなどが日々のメンテナンスも行うことがあるので、大掛かりな作業が必要な計画は避ける。

メンテナンスの手間とコストを軽減するには、自動昇降器付きの照明器具を使う方法もある。スイッチ1つで器具の昇降ができるため、簡単かつスピーディに作業でき、安全性も高い。

なお、器具そのものの劣化にも注意する。外観からでは判断ができないので、定期的に点検する必要がある。

■オフィス照明のメンテナンス例

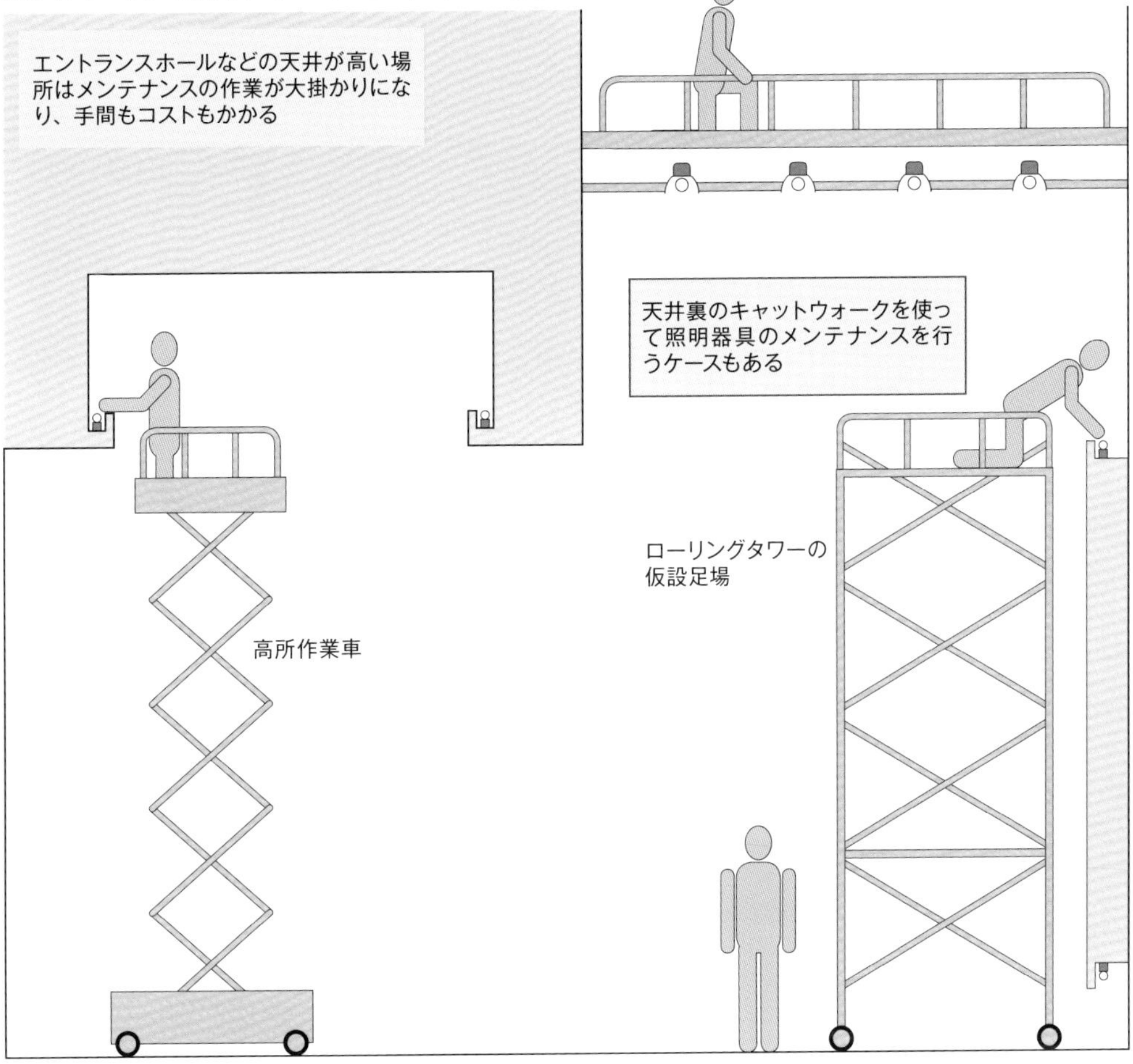
エントランスホールなどの天井が高い場所はメンテナンスの作業が大掛かりになり、手間もコストもかかる
天井裏のキャットウォークを使って照明器具のメンテナンスを行うケースもある
ローリングタワーの仮設足場
高所作業車

■自動昇降器付き照明器具

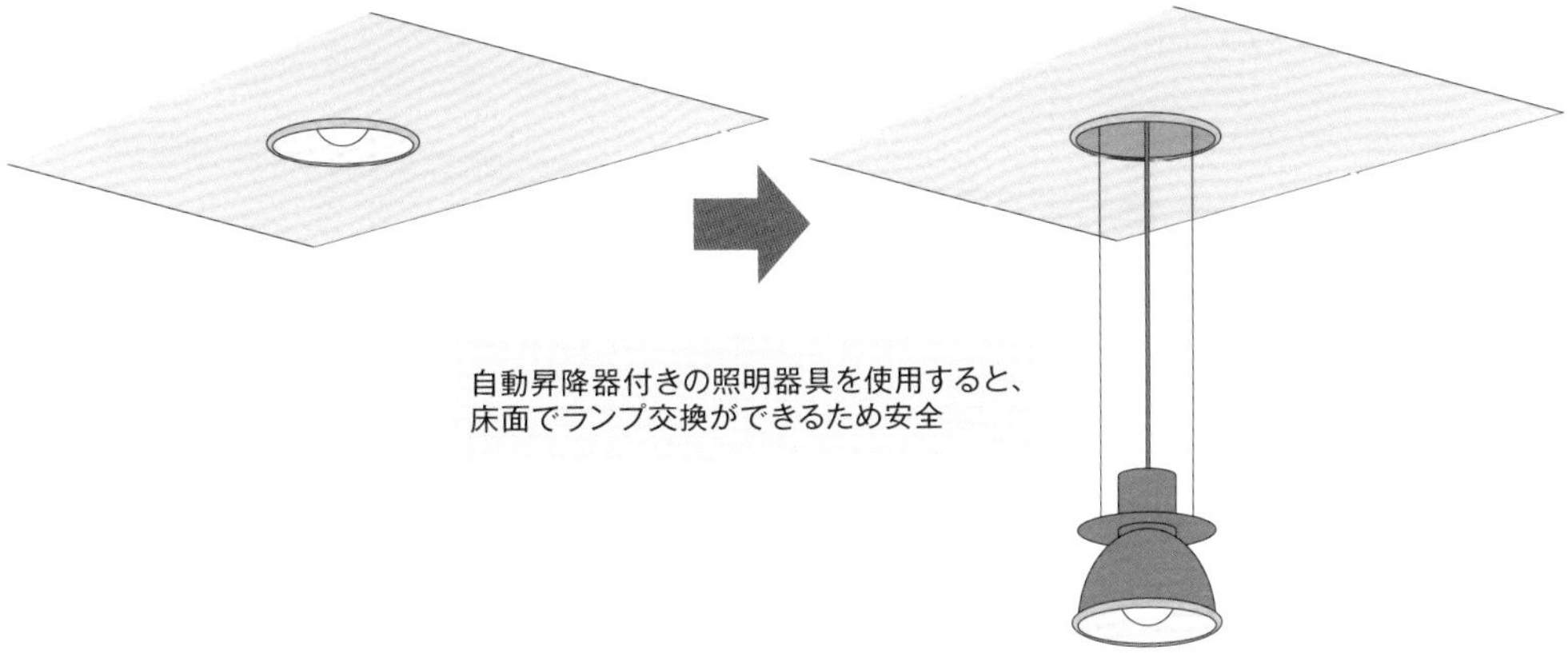
自動昇降器付きの照明器具を使用すると、床面でランプ交換ができるため安全

エントランスホール

point　天井が高いエントランスホールは「コーブ照明」「コーニス照明」「光壁」などを取り入れる

エントランスホールの役割

エントランスホールは、家に例えれば玄関やアプローチにあたり、自分のテリトリーに戻った感覚になる場所である。オフィスの場合、仕事を始める前に気持ちを引き締める場所でもある。

社員や訪問客など、不特定多数の人が毎日出入りし、出社時や昼時、帰宅時などは集中的に大勢の人が活動する。そのため、パブリックスペースとしてデザインされることが多く、吹抜けの高い天井があったり、ガラス張りの開放的な空間になっていたりするほか、受付カウンターがあることも多い。

照明による演出

天井が高いエントランスホールの場合は空間の特性を生かし、コーブ照明やコーニス照明、光壁などの間接照明を採用するとよい。全般照明と両立させ安全に歩行できる照度を床面に与える必要はあるが、インテリアによってはほとんど間接照明のみで必要な明るさを確保し、すっきりとしたデザインにすることもできる。

照明の点灯は早朝から深夜にまで及ぶことが多いが、主要な箇所はタイマーで制御する。ランプは、エネルギー効率や明るさ、ランプ寿命、色温度のバリエーションなどの観点から、蛍光灯やメタルハライドランプ、LEDなどが適している。器具は、本体が目立つより建築と一体化するほうが望ましいので、埋込み型のライン型ベース照明器具やダウンライト器具を使用するのがよい。また、案内カウンターの什器に照明器具を仕込んだり、床にLEDのインジケーター照明を付けて動線を誘導することもある。

緊張感を表現

最近のオフィスは、現代的な雰囲気を感じさせる、クールで颯爽としたデザインのエントランスホールが多い。こうした空間の場合は、少し緊張感があり、クールでパワーを感じさせるようなあかりの演出を目指す。

■エントランスホールの照明

プラン１

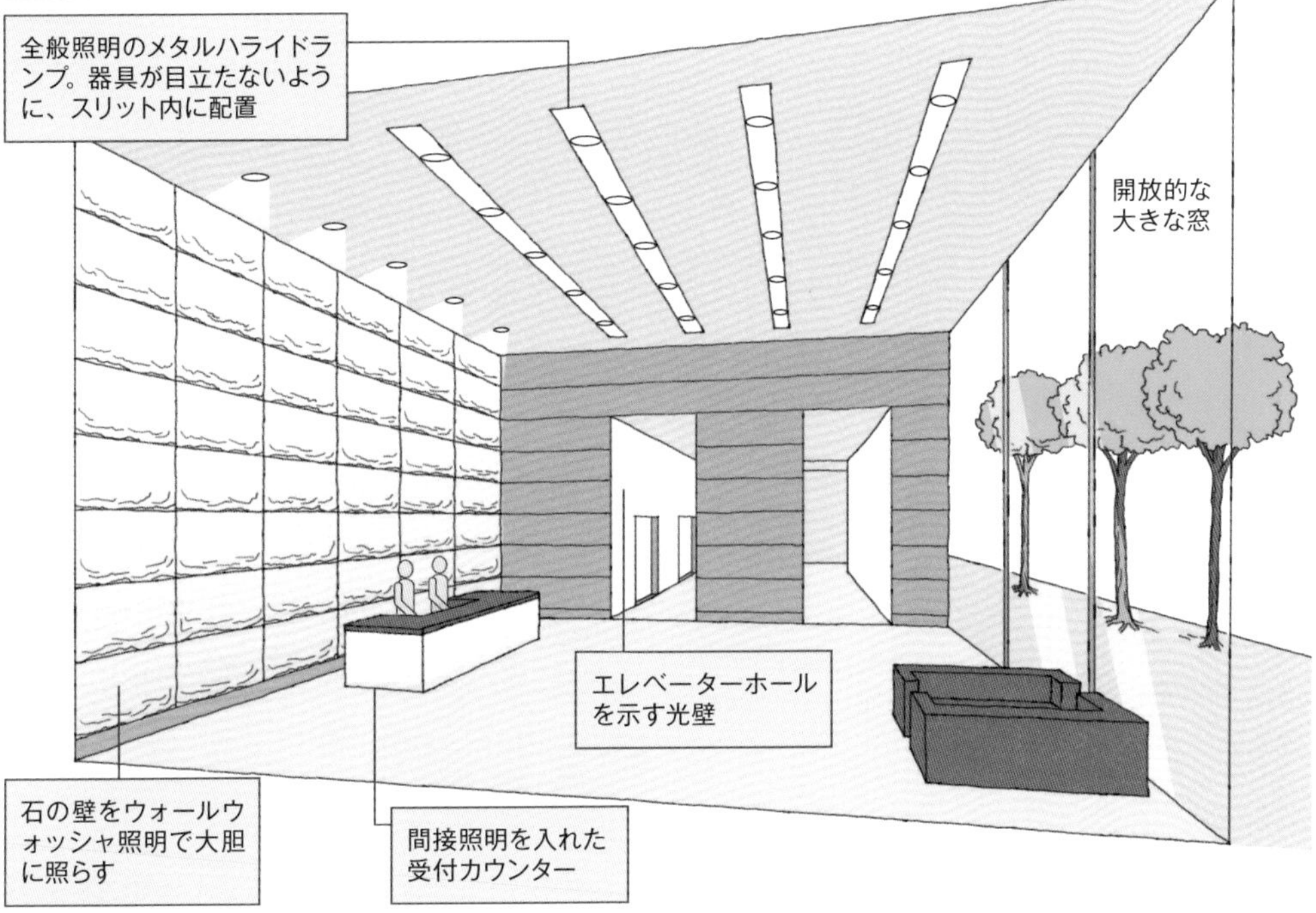
全般照明のメタルハライドランプ。器具が目立たないように、スリット内に配置
開放的な大きな窓
エレベーターホールを示す光壁
石の壁をウォールウォッシャ照明で大胆に照らす
間接照明を入れた受付カウンター

プラン２

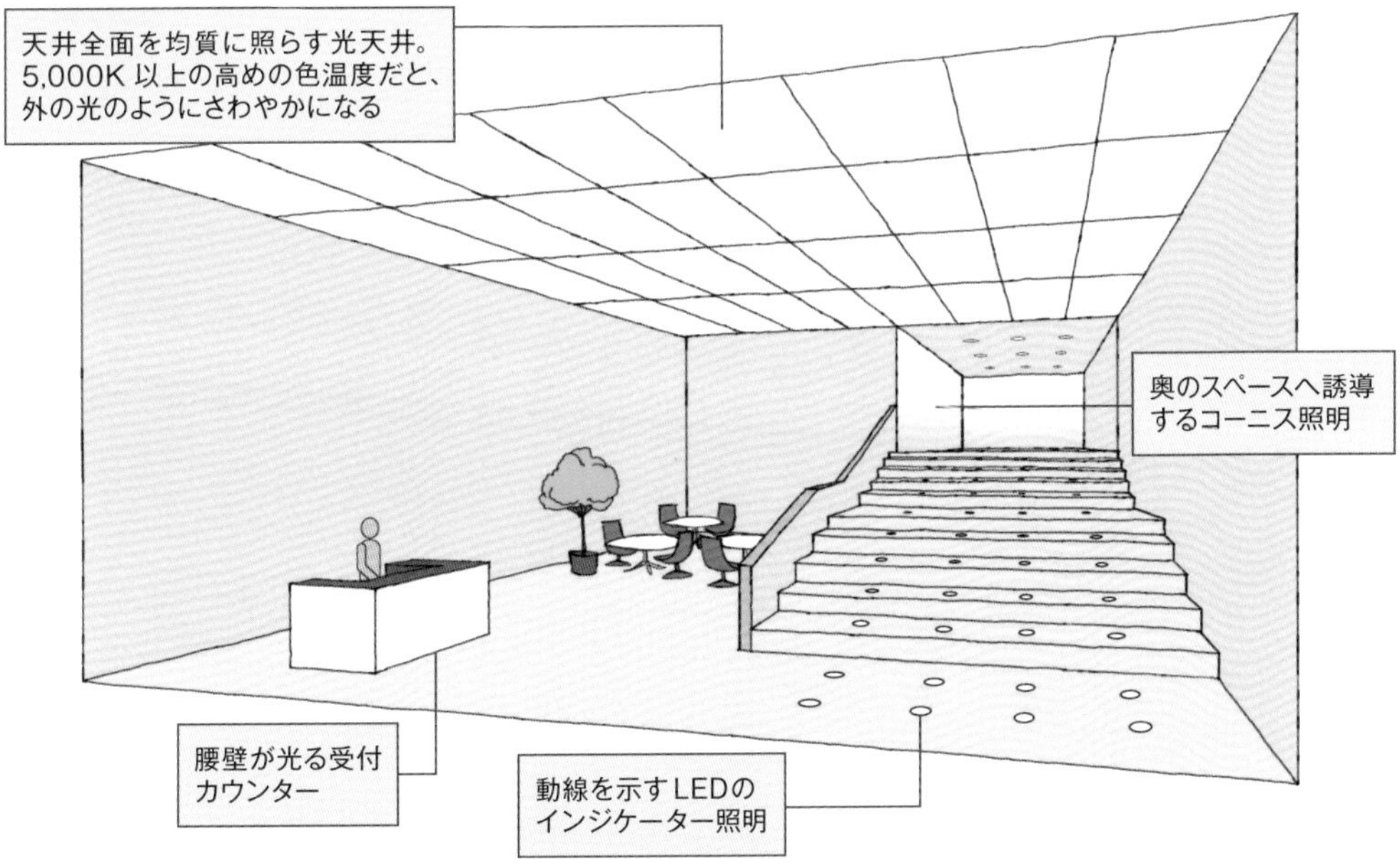
天井全面を均質に照らす光天井。5,000K 以上の高めの色温度だと、外の光のようにさわやかになる
奥のスペースへ誘導するコーニス照明
腰壁が光る受付カウンター
動線を示すLEDのインジケーター照明

事務スペース

point 省エネのためできるだけ無駄なあかりを減らし、「使う時間・場所ごと」に点滅させる

事務作業に適した照明とは

事務スペースの照明器具には、作業環境や経済性などを総合的に判断し、LEDの天井埋込み型器具を採用することが多い。最近では照明器具をエアコンなどと組み合わせ、施工性やデザイン性を高めたシステム天井を採用する例も増えている。また、オーナーの方針によってはグリーン購入適合品（148頁参照）を選択する。

事務作業は朝から夕方までの日中の活動が中心のため、色温度が4000K〜5000K程度の自然光に近いランプを使用し、活発で爽やかな空間づくりを行う。最近では、暖かい色味を好んで3000K程度の電球色のランプを使うオフィスも出てきている。いずれにしても書類作成などの視作業では、細かい字を見続けて目が疲れないように、500〜750 lxの明るめの照度設定とする。ただし、ランプが露出した器具が視界に入るとグレアが発生するので、ルーバー付きの器具を選ぶなどの工夫が欲しい。

多彩な省エネ手法

最近は省エネに配慮し、オフィスでも無駄なあかりを減らす傾向がある。同じ種類のベース照明器具が天井に等間隔で並んでいる場合、窓付近は天気がよければ日中は明るく、照明を点灯しなくても十分な明るさが得られる。そこで室内に明るさセンサーを取り付け、窓付近が明るければ自動的にあかりを消したり調光で照度を落としたりし、夜には明るさを増すといった制御システムを導入する。人感センサーを連動させ、残業時に数人しかいない場合はその人の付近のみを明るくし、そのほかは消灯することもできる。

オフィスでの採用例が多いタスク・アンビエント照明では、環境照明（アンビエント）は事務作業を行うには少し足りないくらいの明るさとし、各社員のデスクの上など作業ポイントごとに重点的にタスク照明を用意し、使う時間・場所ごとに点滅させる。

■センサーによる事務スペースの省エネ

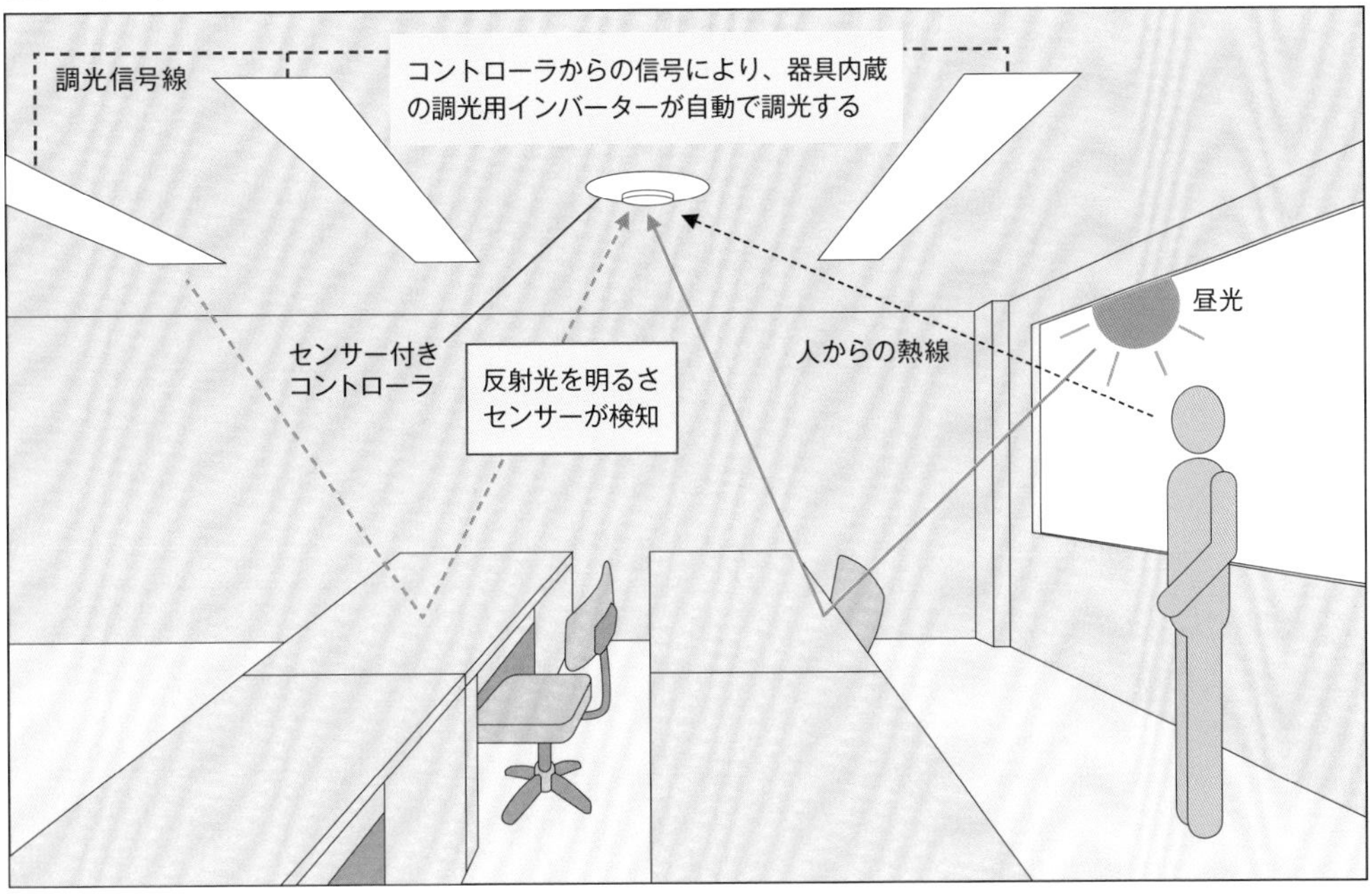

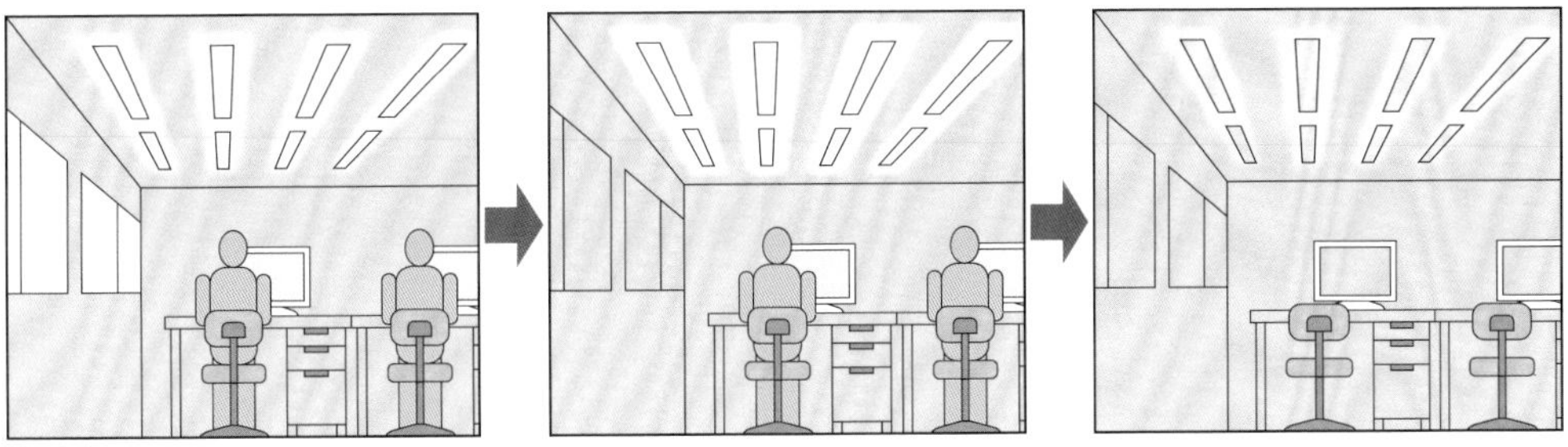

●外が明るい昼間は抑えて点灯。机上面は外光と合わせて700lx程度

●夕方から夜にかけて外が暗くなると、明るく点灯する

●残業時など、人が少ないときは必要最小限の明るさに調光

■ゾーニング制御のパターン例

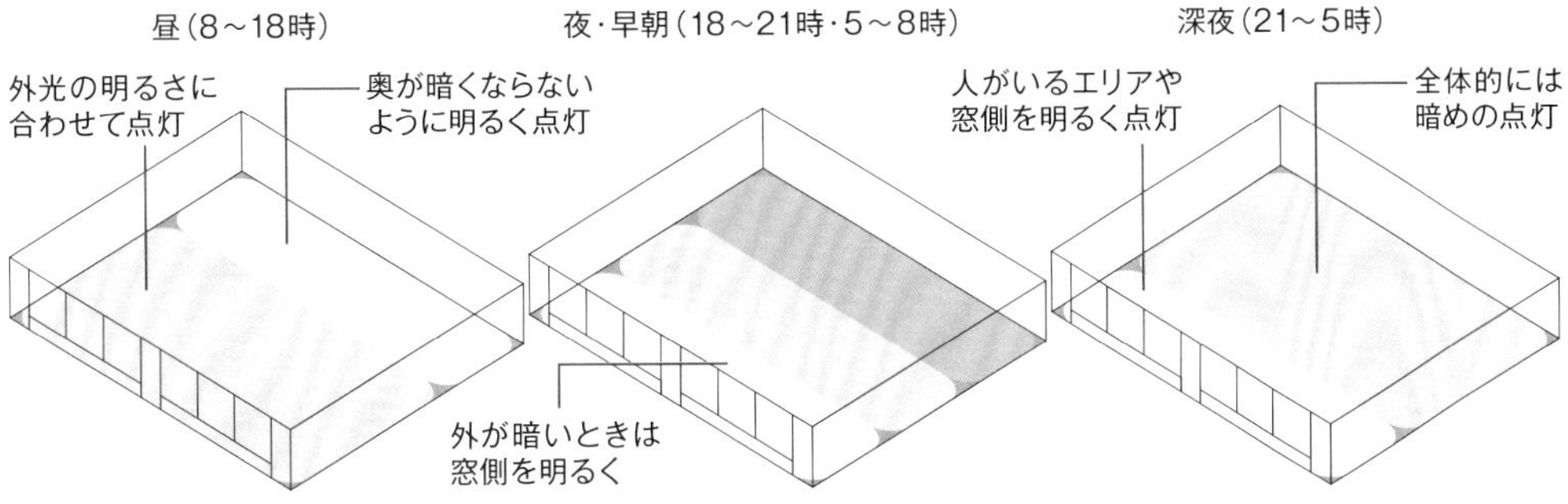

●時間帯に応じて必要なエリアだけを点灯、または調光して省エネを図る

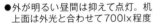

休憩スペース

point 事務スペースから休憩スペースに入った瞬間、「直感的に雰囲気が変わる」ように照明を計画する

直感的に雰囲気を変える

オフィスでは、仕事を効率よく進めるため、気分転換ができる休憩スペースを設けていることがある。事務スペースの一角などにあることが多く、社員同士で会話をしたり、コーヒーや軽食をとったりすることもできる。

事務スペースの目的が集中して仕事をすることなのに対し、休憩スペースの目的はふっと気持ちをゆるめ、仕事に戻るための気力を養うことである。これをふまえ、照明も事務スペースから休憩スペースに入った瞬間に直感的に雰囲気が変わるように計画する。事務スペースは通常、照度が高く色温度も高めにするため、休憩スペースの照度はやや落とし、色温度も3000K程度の電球色に近い暖かい色味とする。

カフェのように演出

先進的なオフィスでは、社員のクリエイティビティを刺激するため、オフィスというよりカフェのような休憩スペースを設けることがある。しかし、事務スペースの一部を使っている場合はインテリアとして大胆な違いをつくりだすのは難しい場合もある。そんなとき、照明による演出が有効である。

たとえば、モダンなブラケットやペンダントライトを取り付けたり、コーニス照明などの間接照明を取り入れれば、カフェのような装飾的な演出ができる。天井の全般照明は、できれば事務スペースと同じタイプの器具は避け、ダウンライト型などを使用し視覚的な雰囲気を変えたほうがよい。光源は省エネを優先し電球色のLEDランプなどで構わないが、アクセントとしてビーム角の狭いスポットライト照明なども併用すると、変化が生まれリラックスした雰囲気をより強調できる。

休憩スペースの使用頻度にもよるが、人感センサーでの点滅にすると省エネにも有効だ。空間の雰囲気をよくすることは大切だが、あくまで短時間の気分転換の空間なので、調光設備はなくてもよい。

■休憩スペースの照明

5,000Kの色温度
3,000K程度の色温度で、暖かい電球色とする
蛍光灯
ダウンライト
カフェのようなつくりで、安らげるスペースになっているオフィスが多い
事務スペース
休憩スペース
このメリハリができるように、照明も変化をつける
仕事モード
くつろぎモード

■オフィスのJIS照度基準

スペース		推奨照度［lx］	光色
事務スペース	事務室	750	中・涼
	設計室・製図室	1,500	中・涼
	研修室・資料室	750	中・涼
コミュニケーションスペース	応接室	500	中・涼
	会議室・打ち合わせコーナー	700	中・涼
休憩スペース	休憩室・休憩コーナー	500	暖・中・涼
	食堂・カフェ	500	暖・中・涼

応接室・会議室

point エリアごとに「調光・点滅」できるように回路を分ける。使用目的に合わせ、「色温度」も変えられるようにする

応接室・会議室の役割

オフィスの応接室・会議室は、外からの訪問客とビジネスの打ち合わせなどを行うスペースである。最近のオフィスは会議室が応接室を兼ねている場合が多く、社外の人だけでなく社内の人同士で意見交換や意思決定などを行う際にも使用する。

部屋のつくりとしては、少人数用のテーブルが何台か並んでいる大部屋や、大勢が一堂に会することのできる大会議用の部屋、その中間の大きさの部屋などがある。

調光・点滅できるようにする

応接室・会議室の照明は、どのテーブルの上で書類などを読んでもストレスを感じないように均質な一定以上の明るさを確保する。最大点灯時の照度が事務スペースと同等か、それより若干低めくらいになることが基本である。

また、応接室・会議室では、パソコンのモニターやプロジェクタなどを使用し、プレゼンテーションやオンライン会議を行うこともある。これに対応するため、部屋全体を調光できるようにするとともに、エリアごとに回路を分け、プロジェクションスクリーン側でも調光や点滅ができるようにするとよい。このほかに、スクリーンやパソコンと連動させ、明るさのバランスを変えるといった制御方法もある。調光・点滅の際は、テーブルの上が真っ暗にならないように、全般照明とは別のあかりで、テーブルの上だけを照らせるようにすることも重要である。

プラスαの演出も

プレゼンテーションのインパクトをより強めるため、壁や天井を間接照明にして緊張感を和らげたり、会食やパーティーに対応するため、色温度にバリエーションがつけられるようにすることも有効だ。色温度も変化させることができるLED器具も増えており、それらを採用して、3000～5500Kの幅で調節できると便利である。

■応接室・会議室の照明

■色温度の調節

●研修会・勉強会

●活動的な雰囲気をつくる

●打ち合わせ・会議

●爽やかな雰囲気をつくる

●プレゼンテーション

●落ち着いた雰囲気をつくる

●商談

●暖かい雰囲気をつくる

応接室・会議室の使用目的に合わせて色温度を変え、最適な雰囲気をつくることができる

オフィスビルの外構照明

point　あかりを積極的にデザインすることで、オフィスビルの「存在感を高める」とともに、「都市景観にも貢献」できる

オフィスビルの外構照明の役割

オフィスビルの外構はシンプルなことが多いが、都心部で大通りに面している場合などは、ガラス張りのエントランスホールやそのアプローチが通りや街に対して開かれたデザインになっていることもある。その場合、あかりを積極的にデザインすることでオフィスビルの存在感を高めるとともに、都市景観にも貢献できる。

外構を照らす手法

敷地に余裕がない場合は、外壁の一部を床埋込み型の照明で照らし上げたり、外壁の素材感を強調する間接照明やライン照明を外壁に設けるなどして、華やかさを演出する。エントランス廻りは人の動きを誘導する目的もあるため、ブラケットや床埋込み型の照明、スポットライトなどを使用し、より明るく照らし上げる。敷地に対してビルがセットバックしていて、植栽や樹木、オープンスペースなどがある場合は、スポットライトなどでそれらを美しく照らすことで間接照明のような役割を果たし、通りを歩く人々にゆとりを感じさせることができる。

これらの演出は、規模によっては都市景観に大きな影響を与えるため、地域のルールなどを確認して計画する。

超高層タワーの演出

都心部の大規模な開発で建設される超高層タワーの場合、ランドマークとしての存在感があるので、照明で照らし上げたりイルミネーションで飾り付けたりすることが、都市景観への積極的な参加になる。そのため、まず計画段階で十分なシミュレーションを行い、自治体も含めプロジェクトに関係する各方面の合意を得ながら進める。

また、商業地域では光のデザインのユニークさを競い合うことで街の活気につながることがあるが、デザインのポリシーや理念がなく、単に目立つだけでは光害ともいえる過剰なあかりを増やすだけになるので注意する。

■オフィスビルの外構の主な照明手法

●直接投光

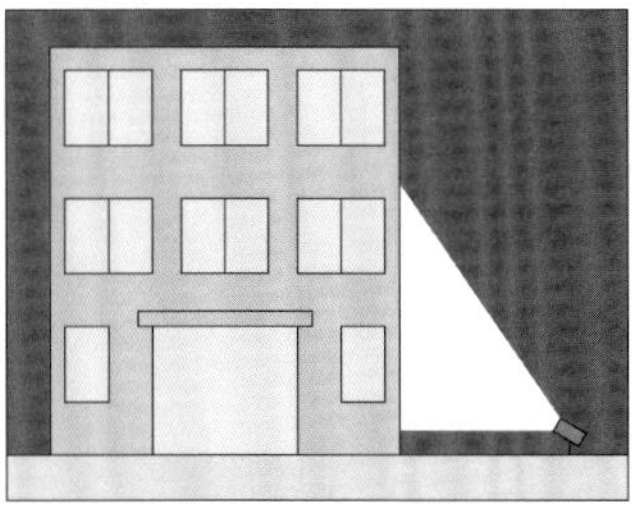

●間接照明

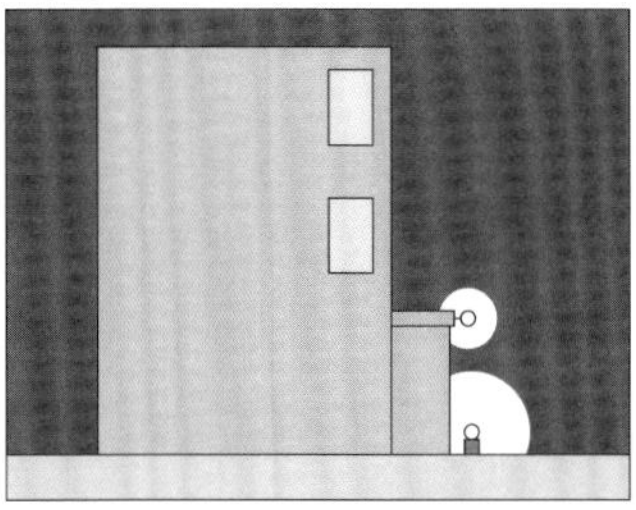

●シンボルタワーのイルミネーション

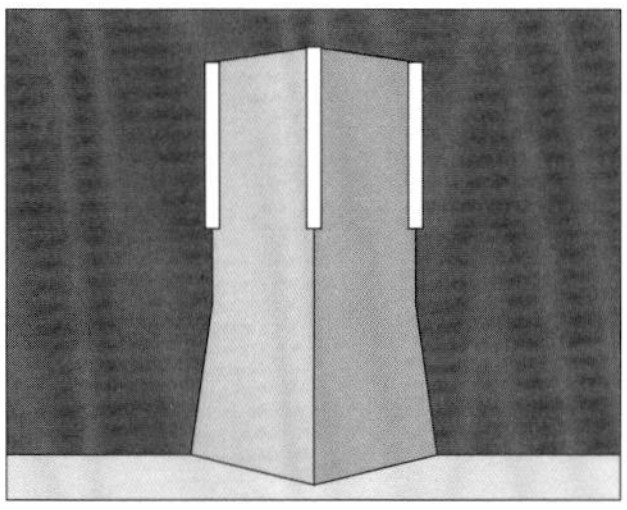

●イルミネーション

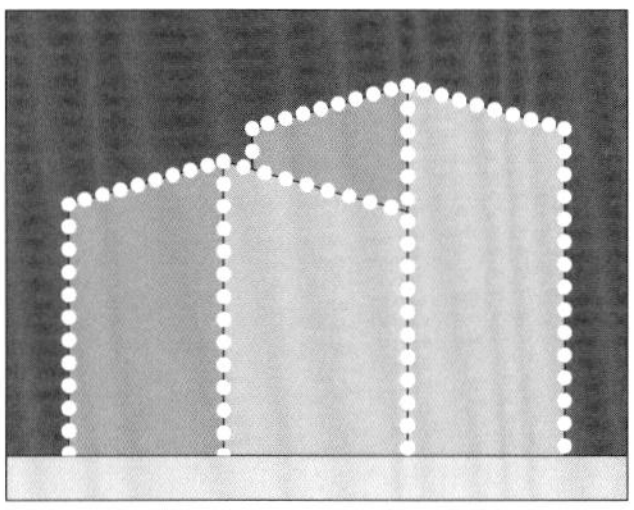

●外壁灯・庇灯

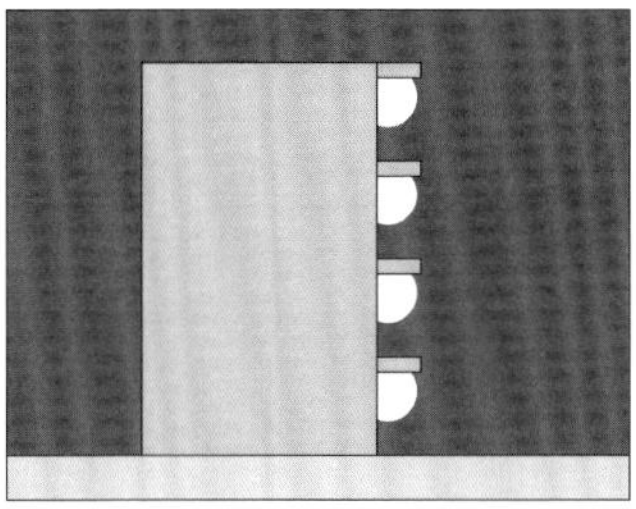

●屋内灯

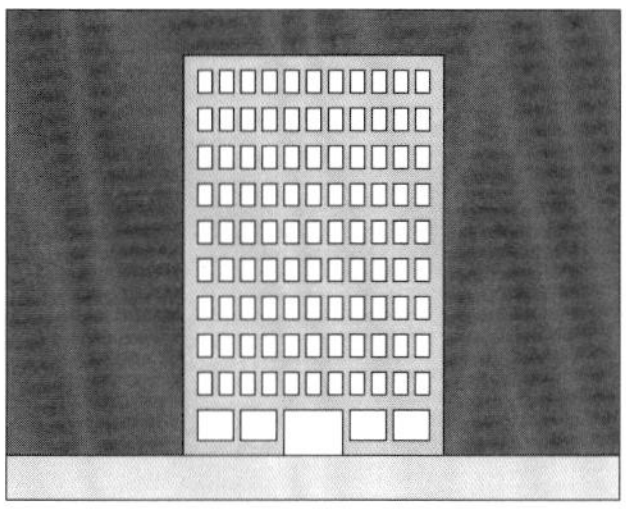

■照明手法による効果

●直接投光

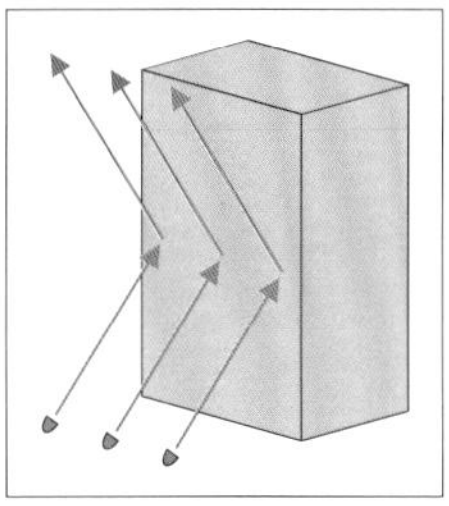

●ビルの全体像と陰影を強調できる

●発光

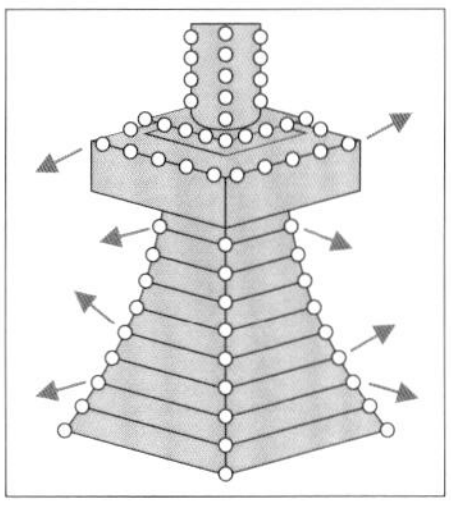

●ビルの形と構造を強調できる

●透過光

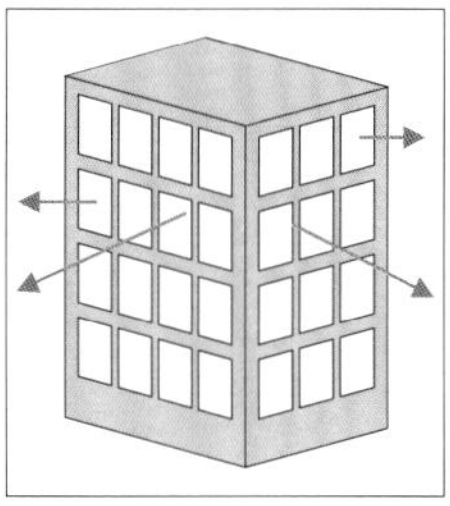

●ビルの高さや存在感を強調できる

■直接投光のバリエーション

●地面から投光

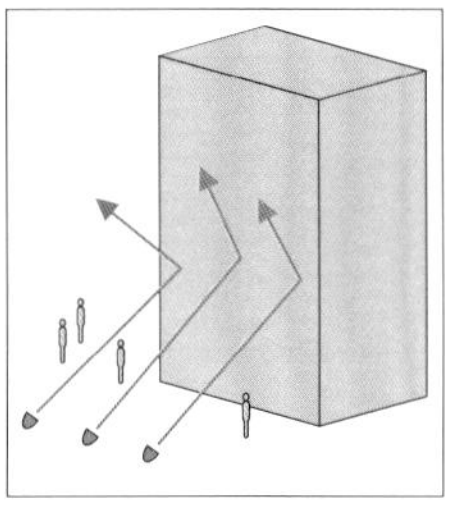

●敷地に余裕がある場合に有効

●ポール上から投光

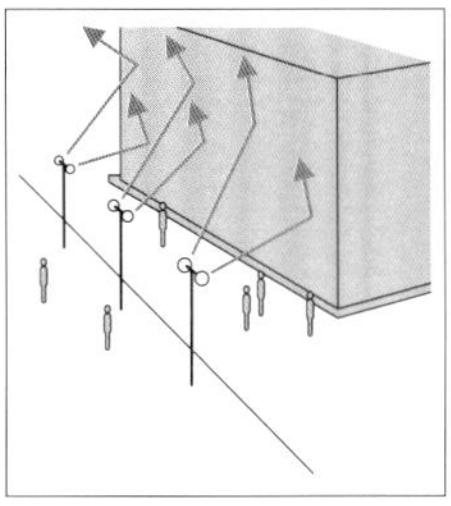

●駅ビルなどの場合、舗道のポールから照らす

●建物から直接投光

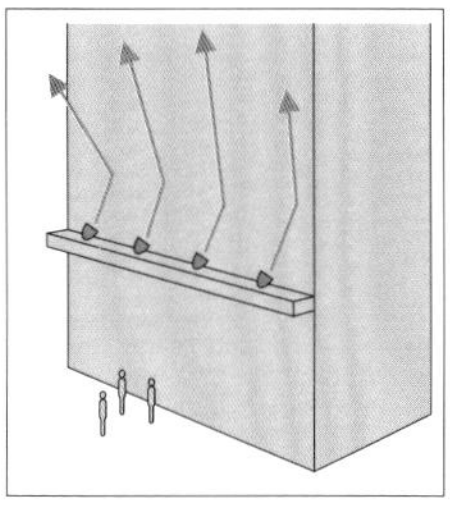

●器具の設置位置に制約がある

●ほかの建物から投光

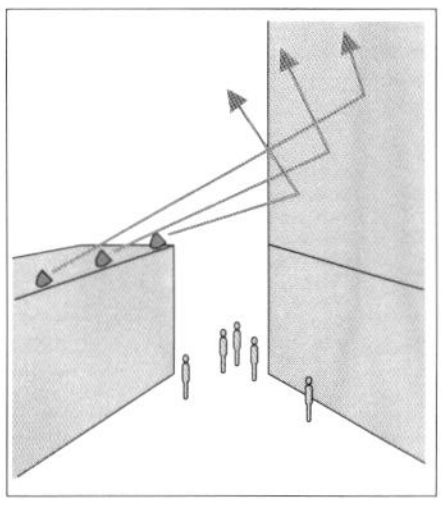

●建物との距離に合わせて器具を選ぶ

物販店の照明計画

point 「ベース照明」「アクセント照明」「装飾照明」の３つを基本に照明計画を考える

3つの照明手法が基本

物販店の種類は多く、規模や立地条件、顧客、扱う商品などに合わせ、インテリアのデザインも千差万別である。ここではテナントのショップや、小さな路面店の照明計画を取り上げる。

物販店の照明計画は、次の3つを基本に考える。①店内の基本的な明るさを確保するベース（全般）照明、②商品やディスプレイ、マネキンなどを明るく照らすアクセント（局部）照明、③店舗としての華やかさを演出したり、店名をアピールしたりする装飾照明。

ベース照明を重視する場合は、店内全体を明るめに照らし、空間を単一のイメージにして活気をつくる。スーパーやコンビニ、ディスカウントショップなど、商品を大量に陳列する量販店で採用することが多い。器具は省エネ効率のよいLEDベース照明器具を使い、特にアピールする商品のディスプレイは、高輝度のスポットライトやウォールウォッシャ照明で明るく照らす。

店の個性を強調したい場合は、ベース照明の比重を減らし、アクセント照明を増やす。アクセント照明の器具はスポットライトが最も使いやすいが、商品やディスプレイの場所が固定されていれば、ユニバーサルダウンライトを使うこともできる。LEDのスポットライトは明るさの程度や色温度のバリエーションもあり、器具自体も小型で使用しやすい。ディスプレイ対応としては配線ダクトレール型を選べば、目的に応じて台数や配置を自由に変えられるのでお薦めである。商品によっては高演色型の製品を選びたい。

高級店の場合

高級店では、インテリアの見え方と照明器具の見え方の整合性がより大切になる（174頁参照）。商品自体がどこから見ても魅力的に見えるように照らし、かつ背景となるインテリアにもバランスよく光がまわる状態をつくり、それでいて器具やランプといったタネは見えないようにする。

■物販店の照明手法

●ライン型ベース照明（露出）

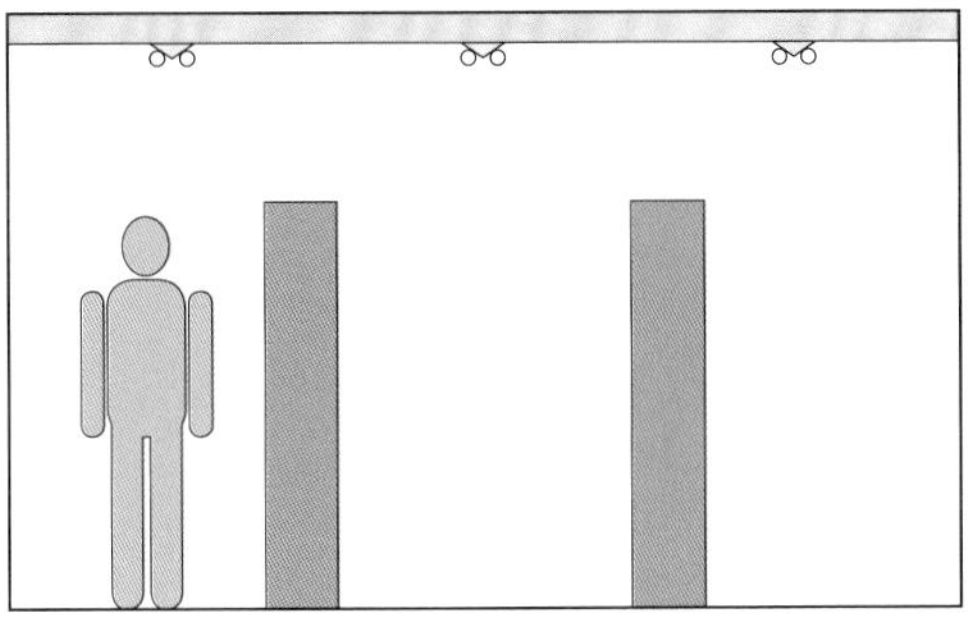

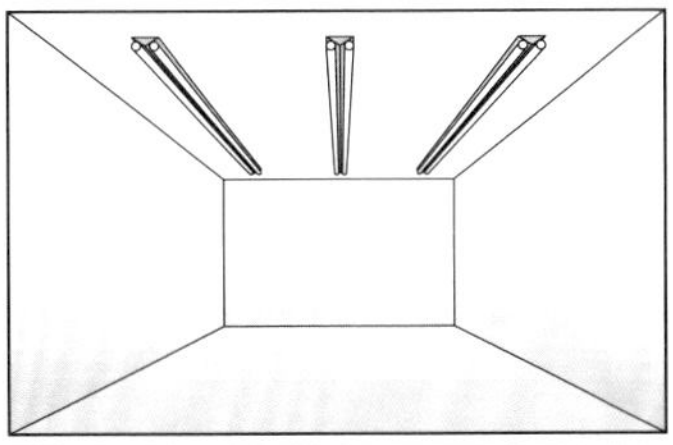

高さのある什器に対応できる
〈採用例〉スーパー、コンビニ、ディスカウントショップなど

●ライン型ベース照明（埋込み）

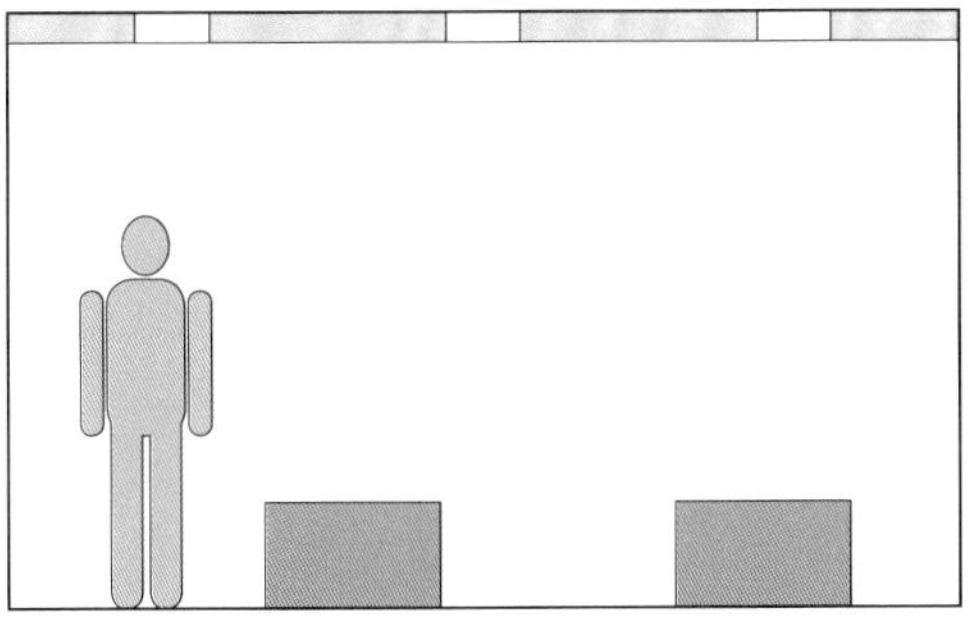

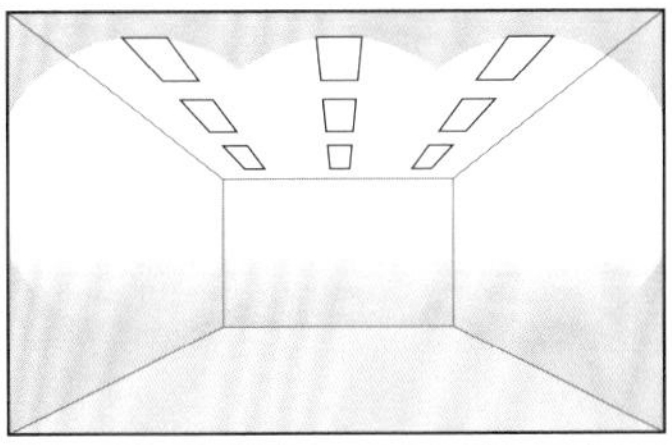

空間全体を明るく照らす
〈採用例〉デパート、スーパー、書店など

●ダウンライト

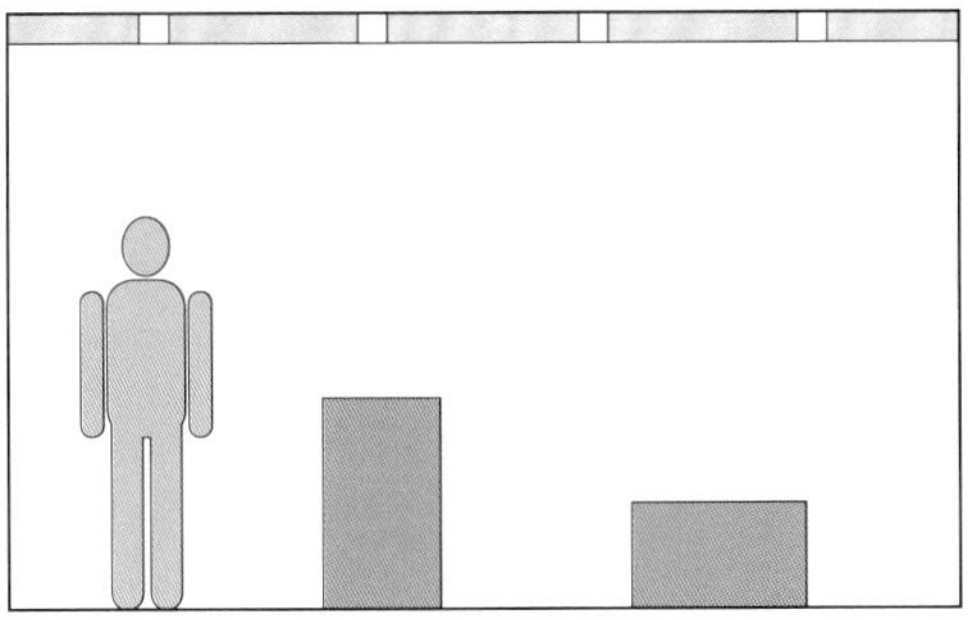

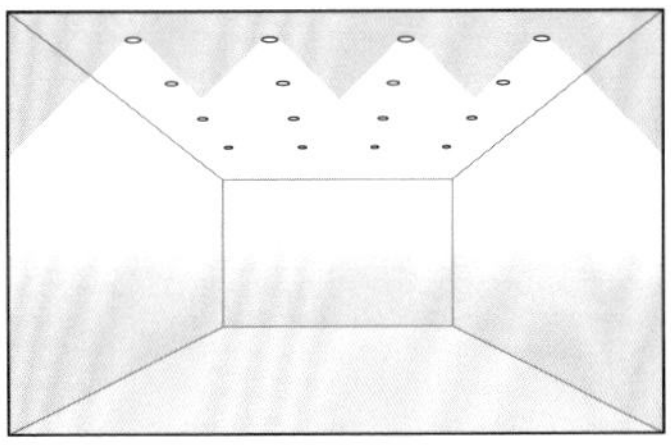

天井がすっきりと見える
〈採用例〉デパート、ブティックなど

●ダウンライト＋スポットライト

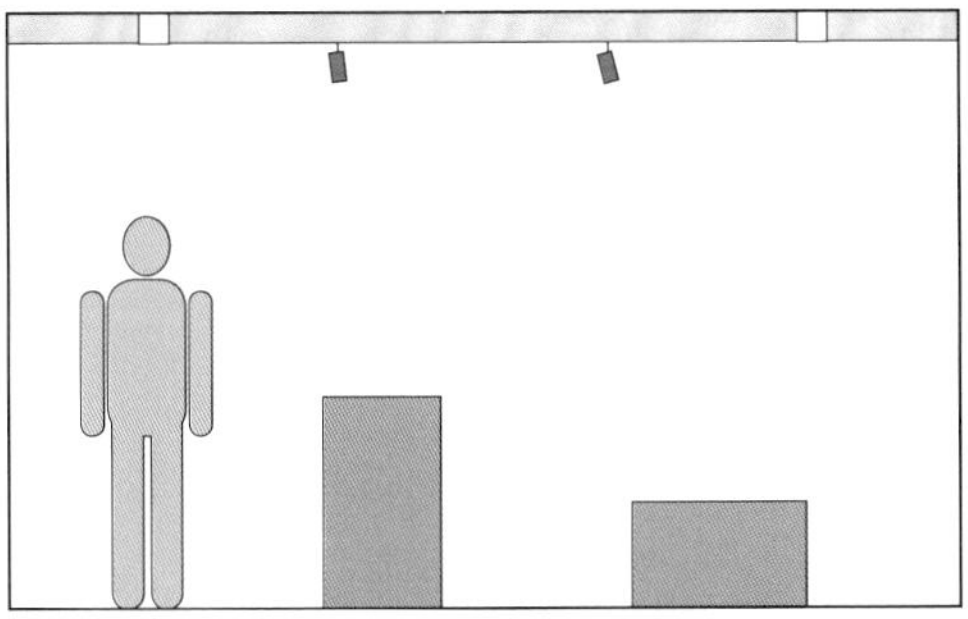

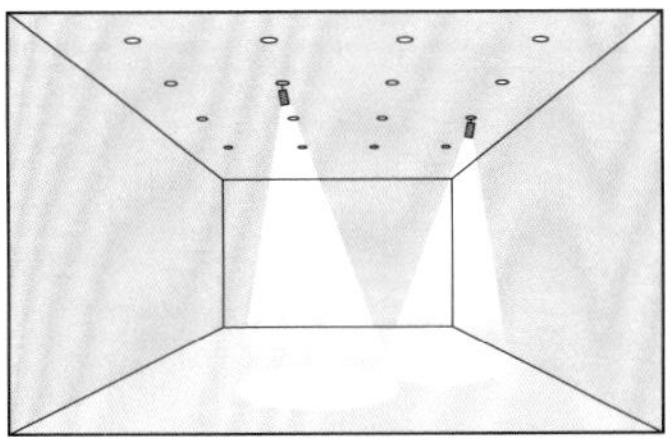

商品に視線を集中させることができる
〈採用例〉高級ブティック、宝石店など

物販店に適したランプ

point ランプの特性を理解すると、「造作の納まりとの関係」なども想像しやすく、より効果的に計画できる

器具とランプの種類を理解する

光源はほぼすべてLEDが用いられるが、物販店の器具は、住宅やオフィスと比べて形状や光束数、配光特性の種類が多く、あまりなじみのないタイプのものが使用されることもある。一通りそれらの特性を理解しておくと、造作の納まりとの関係なども想像しやすく、より効果的で失敗のない照明計画ができる。

器具選びの基本は店のタイプや商品構成によって異なるが、商品の色や素材感をきちんと表現できる平均演色評価数Ra80以上の光源のものを選ぶことが重要である。特に食品や自然素材やコスメ、高級品などを照らす場合はRa93以上などの高演色性の光源であることに加え、調光の可否、調光コントロールの方式、器具の値段なども理解し、設計段階からオーナーに説明しておくことでメンテナンスの計画が立てやすくなり、設置後のトラブルも避けられる。

使い方とメンテナンス

長寿命のLED照明が主流になり、以前よりメンテナンス性は気にならなくなった。ただしレールに取り付けるスポットライトなどは、店舗のスタッフなどが脚立などに登って位置や角度を調整する必要があるので、安全な高さを考慮する。

天井に取り付けるダウンライトは、通常は脚立で届く範囲の3.5m以下の高さに設置するが、ランプ交換などのメンテナンスは専門業者が行うこともあるため、その場合は3.5m以上に設置することが可能である。専門業者が高所作業車や仮設足場を立ててメンテナンスをする場合は、7～8mの吹抜け空間の天井に器具を取り付けることもできる。ただし、この場合はメンテナンスコストが大きくなるので事前にオーナーの了解を得ておく必要がある。

また、LEDでも故障がありうることもオーナーに理解してもらう必要がある。

■物販店で使用の多いシールドビーム形とダイクロハイゲン形 LED ランプ

名称	器具姿図	色	配光	W数(W)	口金	色温度(K)	平均演色評価数(Ra)	中心光度(cd)	全光束(lm)	lm／W	定格寿命(h)
LEDビームランプ 7.1～11.7W（E26）		昼白色	広角形	7.1	E26	5,000	83	2,100	700	98.5	40,000
		電球色		7.1		2,700	83				
		昼白色		11.7		5,000	83	3,050	1,000	85.4	
		電球色		11.7		2,700	83				
ダイクロハロゲン50W相当LEDランプ		電球色	20°	5.6	E11	2,700	80	1,830	340	60.7	30,000
ダイクロハロゲン75W相当LEDランプ		電球色	18°	5.7	E11	2,700	80	2,980	390	68.4	30,000
ダイクロハロゲン50W相当LEDランプ		電球色	19°	6.3	E11	2,700	80	2,300	440	70.9	30,000

大光電機　D.LIGHTING STYLE 2020-2021カタログから

■ランプと対象物の相性

対象＼ランプ		ミニハロゲン電球			白熱電球				メタルハライドランプ		
		 12Vローボルト小型ハロゲン電球		 110V小型ハロゲン電球（赤外線カット形）	 普通電球（シリカ電球）	 クリア電球	 シールドビーム形電球	 リフレクタ電球	 電球色形 3,000K	 昼白色形 4,300K	 昼光色形 6,000K
		1灯器具	2灯器具								
物品	ガラス	◎	○	○		◎	○			◎	○
物品	金属（メタリック）	◎	○	○		◎	○			◎	○
物品	金属（塗装）	◎	○	○		○	○	○		○	
物品	木（生地）	○	◎	◎	○	○	○	○	○		
物品	木（塗装）	○	◎	◎		○	○				
物品	磁器	◎	○	○		◎	○			◎	
アパレル	布	○	◎	◎	○		○	○	○		
アパレル	毛糸	○	◎	◎	○		○	○	○		
アパレル	皮革	○	◎	◎	○	○	○	○	○		
アパレル	毛皮	○	◎	◎	○	○	○	○	○		
食品	緑黄系	○	◎	◎		○	○	○	○	○	
食品	赤系	○	◎	◎	○	○	○	○	○		
食品	青系	○	◎	◎		○	○	○	○	○	
食品	パン	○	◎	◎	○	○	○	○	○		

◎：非常に適している　○：適している

出典：『照明ハンドブック第２版』（オーム社刊）をもとに作成

商品を照らす

point 「物販店の商品＝舞台の役者」と考え、その顔や姿、キャラクターを強調し、魅力的に照らすための工夫をする

魅力的に照らすには

物販店を芝居の舞台に例えれば、来客は観客であり、インテリアは舞台美術であり、商品は役者である。その役者たちを照らす舞台照明は、背景よりもひときわ明るいスポットライトとし、役者の顔や姿、キャラクターを強調する。舞台の場合、観客の視線は主に一方向からだけだが、店のなかにある商品はさまざまな方向からの視線があるため、どこから見ても魅力的になるように照らさなければならない。

特に、店の中央に位置する島什器は、360度からの視線を意識して照明を当てる。とはいっても、まんべんなく四方八方から照らすのではなく、商品に光を当てたときに生じる影を考慮し、光と影によって立体的に見せ、存在感を際立たせる。島什器自体を発光させて、下から光を与えることもある。

壁際や棚は客の視線の方向が限られるので、ドラマチックな演出を行いやすい。しかし、凝った演出をしすぎると客が手を触れにくくなる場合もあるので、客層によって演出の度合いや方針を考える。棚の商品の演出で間接照明を背景に設置する例が多いが、背景だけが明るく、その手前の商品にあかりが届いていないことがある。これではシルエットばかりが目立ち、肝心の商品が魅力的に見えないので、棚照明なども使って必要なあかりを確保する。

紫外線や熱に注意

高級な商品の場合、ランプが発する紫外線や熱の影響に注意する。特に染物は紫外線の影響を受けやすく、蛍光灯の光に長くさらされると変色する恐れがある。革製品や毛皮、真珠なども熱放射に反応しやすく、また、生鮮食料品や生花なども熱に弱い。スーパーでは、商品の回転にもよるが、長時間強い熱線にさらされると生ものが腐りやすくなるため、強い熱線が出ないランプを選ぶ。LED光源の器具の場合、赤外線（熱）も紫外線の放射もほとんどないので比較的安心して使用できる。

■商品の照らし方

●ディスプレイの照度（ベース照明を 1 とした場合）

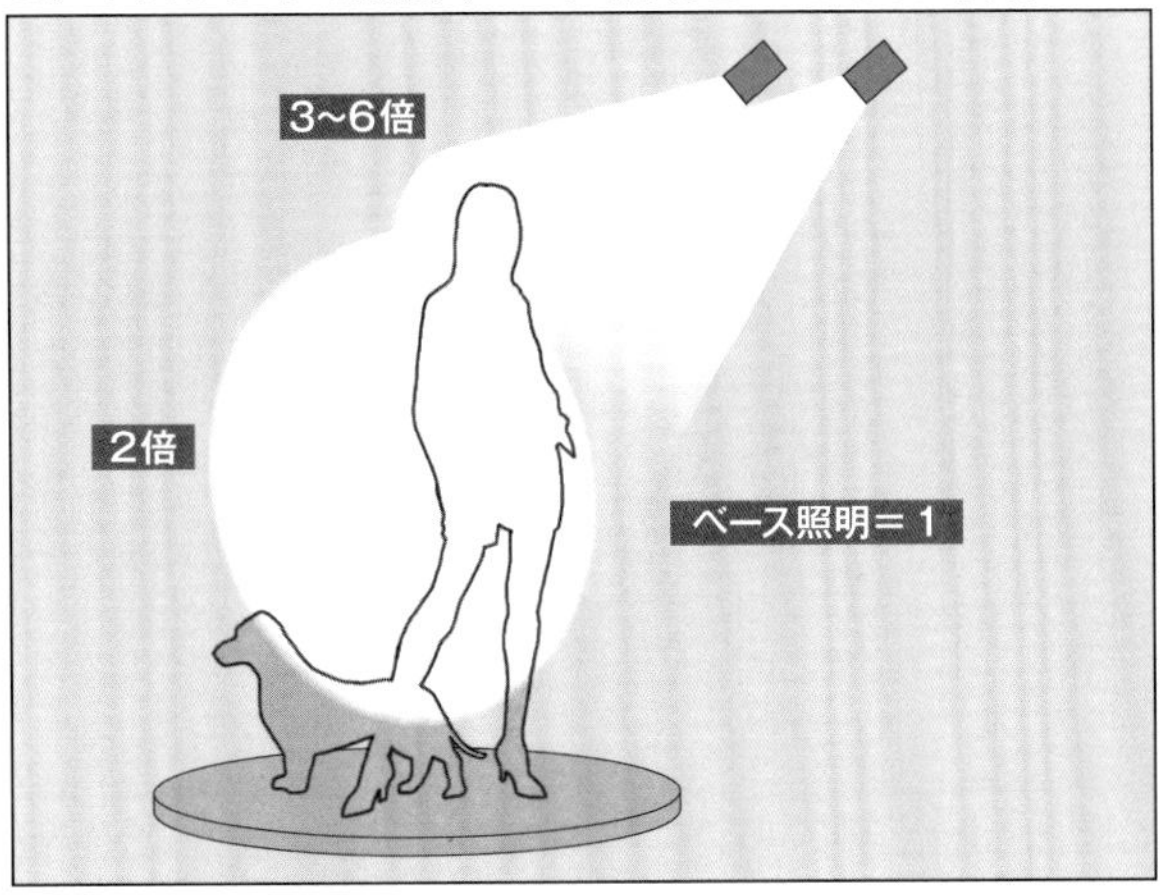

●全体の照度を確保したうえで、顔や胸元などのポイントをスポットライトで明るく照らす

●暗い色の商品の場合

●スーツなどの暗い色の商品は、背景を明るく照らし、シルエットを強調することもある

■配光と効果

●LED のスポットライト（ハロゲンランプ 100W 相当）（2m 離れた地点から照らした場合）

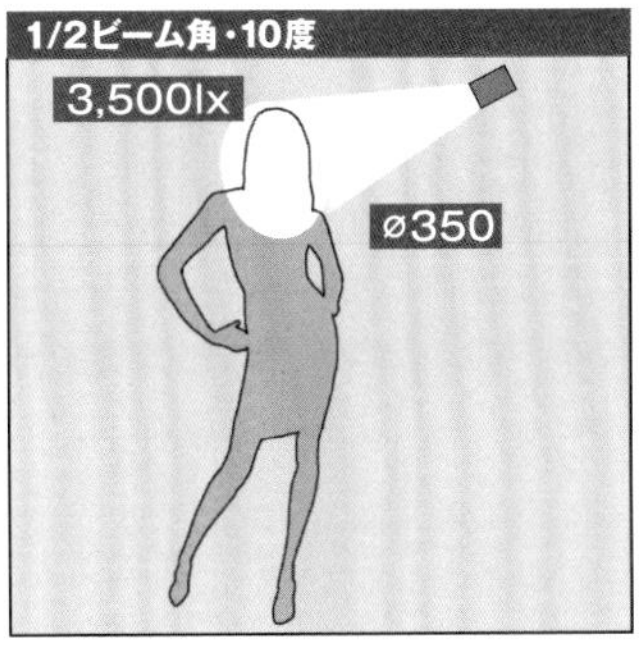

●最重点商品をドラマチックに演出できる

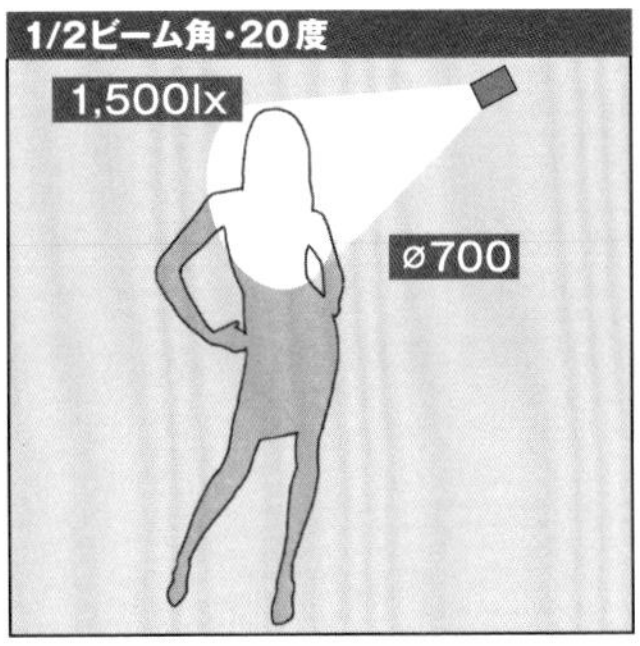

●最も一般的な照度・照射範囲で使いやすい

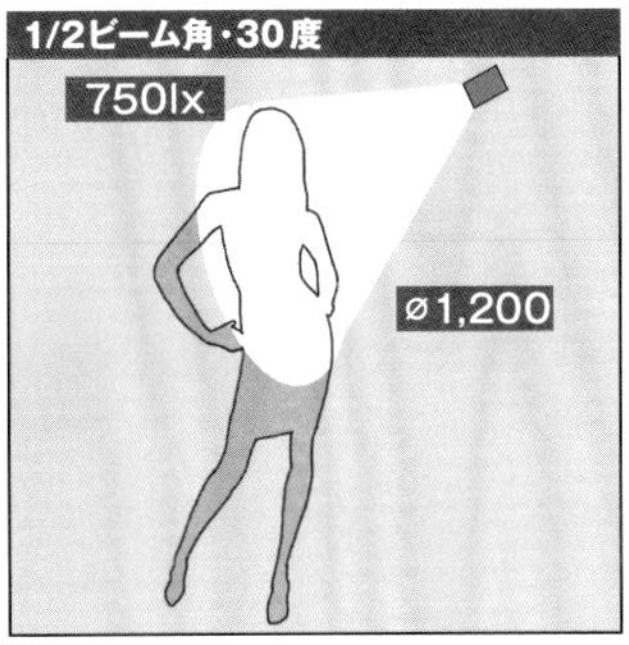

●大きなディスプレイを全体的に照らすことができる

●LED のスポットライト（メタルハライドランプ 150W 相当）（2m離れた地点から照らした場合）

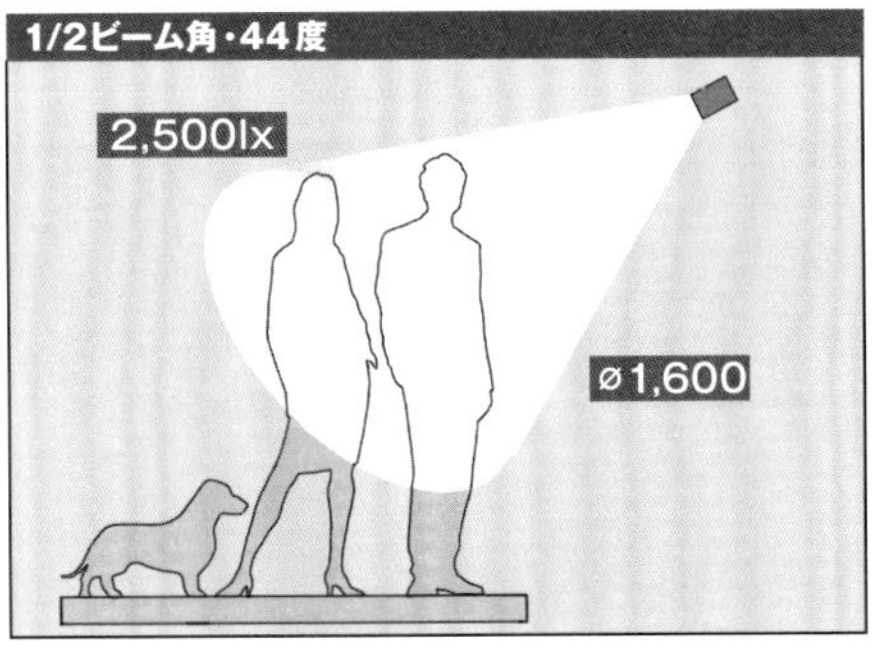

●広い範囲を高い照度で照らすときに有効

より魅力的な演出を行うために、適切な配光・光量のスポットライトを使い分ける

出典：『照明基礎講座テキスト』（（社）照明学会）をもとに作成

明暗のバランス

point
暗い部分があるからこそ明るい部分が際立ち、「空間のメリハリやバランス」が生まれることを忘れてはならない

明暗のメリハリが重要

商品を照らすスポットライトが店内にたくさんあるにもかかわらず、全般照明がまんべんなく設置されていると、せっかくのスポットライトによる強調の効果が薄れ、平凡でぼんやりとした印象になる。店内を全体的に明るくすることを求めるオーナーは多いが、暗い部分があるからこそ明るく照らした部分が際立って見え、空間のなかで明るさのメリハリやバランスが生まれることを忘れてはならない。

内装と明るさの相性

明るさの感覚は、店の内装の色によっても変わってくる。白が多い店は白色の仕上げからの反射光が多く、比較的少ない灯数の照明でも十分な明るさが得られる。逆に、暗めの色使いが多い店は反射光がないため、明るい印象にするにはかなりの灯数の照明が必要になる。しかし、そもそも暗い色の空間を明るくすることに根本的な矛盾があるので、暗い空間は照明の演出でも薄暗くシックな雰囲気にするなど、内装と明るさの相性を考えたうえで照明のコンセプトを組み立てるとよい。

色温度にも相性がある

明るさだけでなく、店のインテリアや商品の色味と色温度との相性も考える必要がある。モノトーンが多い店では、4000K以上の高めの色温度で構成するほうがモノトーン特有のクールな印象を強調しやすい。一方、ナチュラルな色味や暖色系が多い店の場合は、電球色などの暖かい色温度を中心に構成したほうが、よりやわらかな雰囲気になる。

同じ空間では色温度をなるべく統一したほうが美しく見えるが、特定の商品など一部分だけを特に目立たせたいときは、電球色で構成した空間のなかでその部分だけ高い色温度のスポットライトを採用するとよい。ただし、複数の個所に使用するとバラバラな印象になるので注意する。

■物販店の3つの明るさ

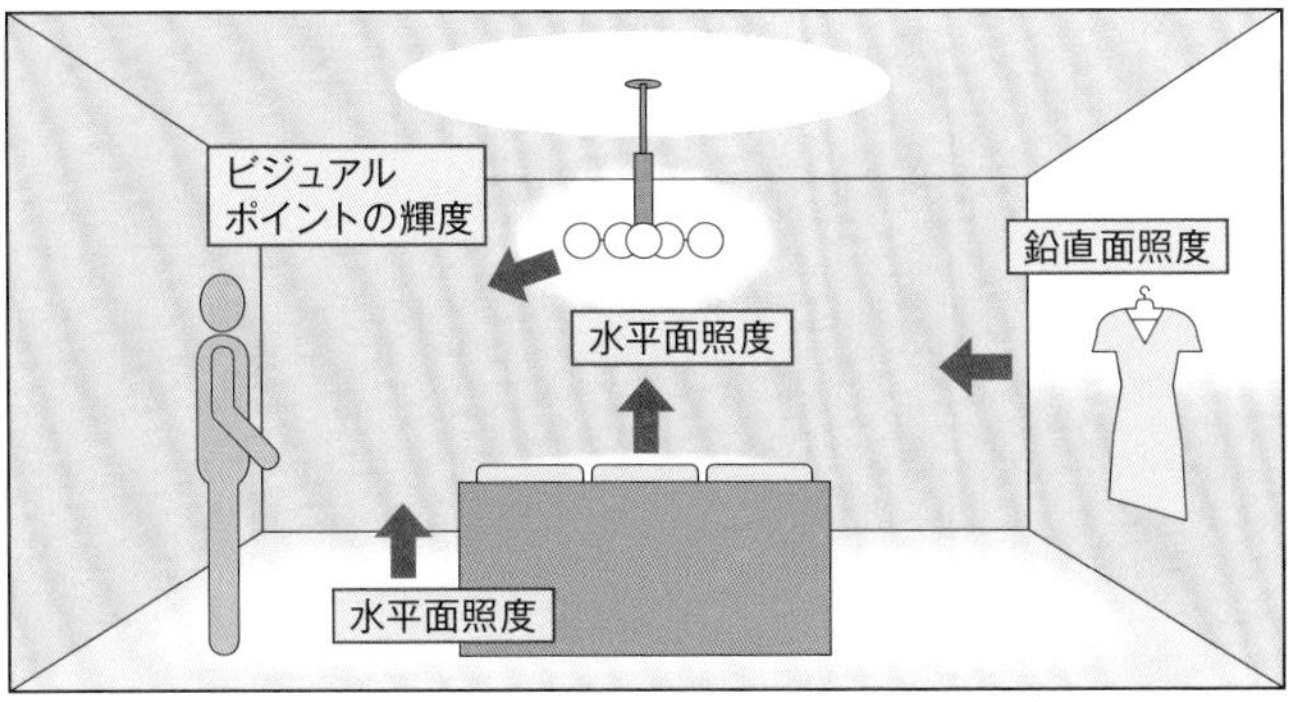

●物販店などの空間を演出するときは、3つの明るさを基本に考える

●水平面のみ

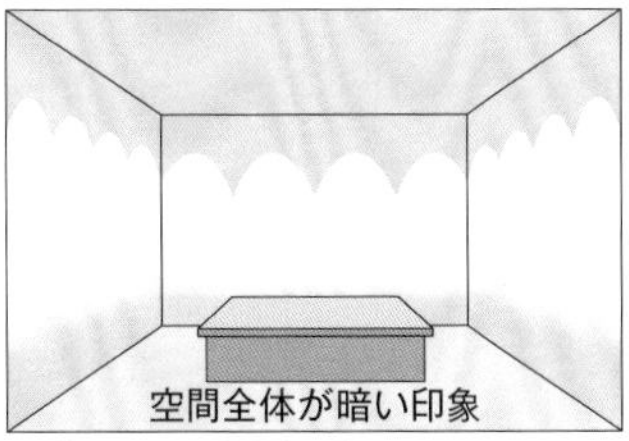

●水平面＋鉛直面

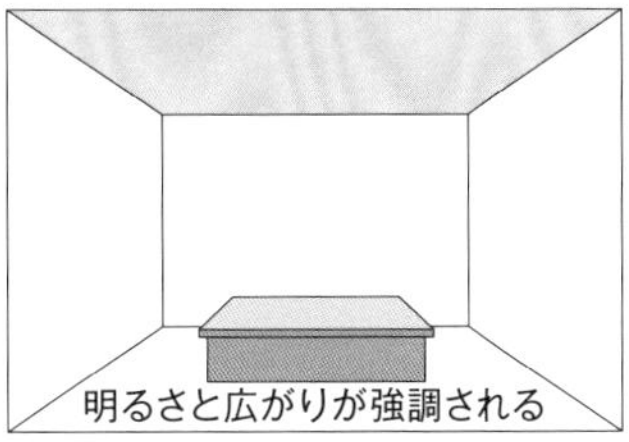

●水平面＋鉛直面＋ビジュアルポイント

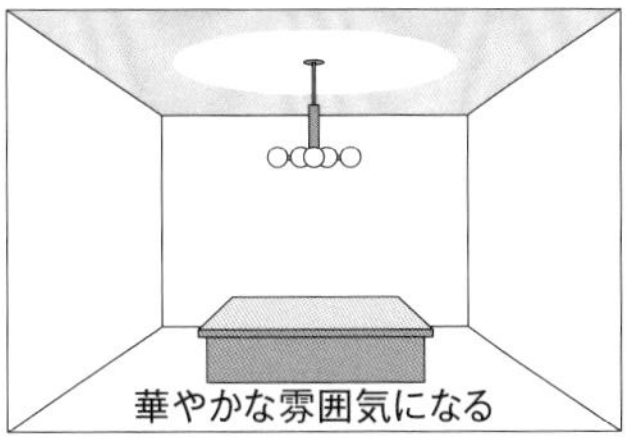

■物販店のJIS照度基準

店内全般	高級専門店（貴金属・衣類・芸術品など）	150～300lx
	趣味レジャー店（カメラ・手芸・花など）	200～500lx
	日用品店（雑貨・食品など）	150～500lx
	ファッション店（衣類・メガネ・時計など）	300～750lx
	文化品店（家電・楽器・書籍など）	500～750lx
	生活別専門店（日曜大工・料理など）	300～750lx
陳列重点	陳列重点	750～1,500lx
	陳列の最重点	1,500～3,000lx

出典：JIS Z 9110-1979 抜粋

■ベース照明のピッチと平均照度

●LED ライン形下面開放器具

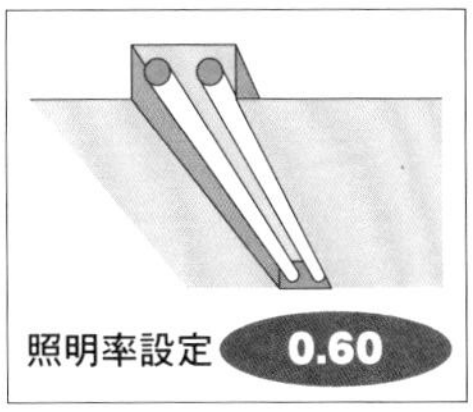

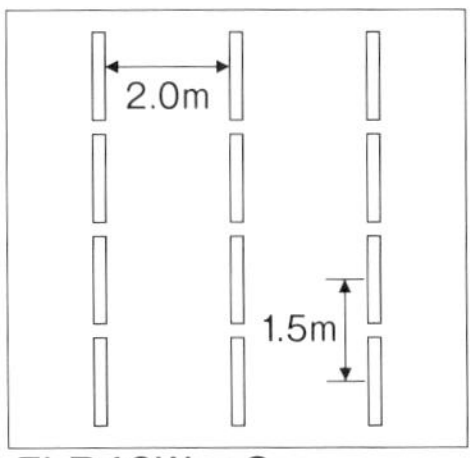

FLR40W × 2
約1,000lx

●LED ルーバー器具（白）

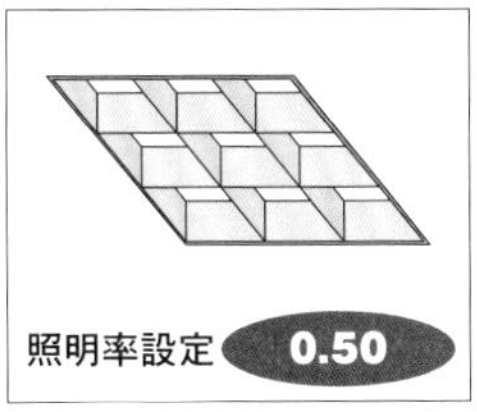

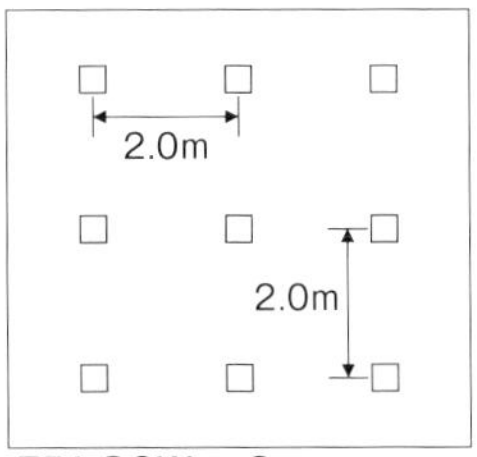

FPL36W × 3
約700lx

●LED アクリルカバー（乳半）

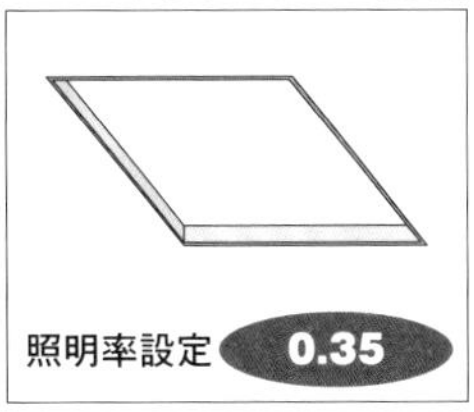

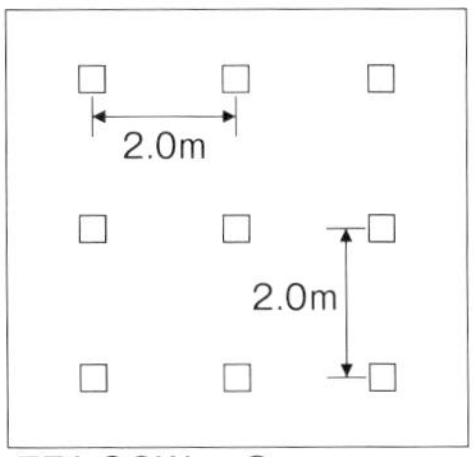

FPL36W × 3
約550lx

●ダウンライト

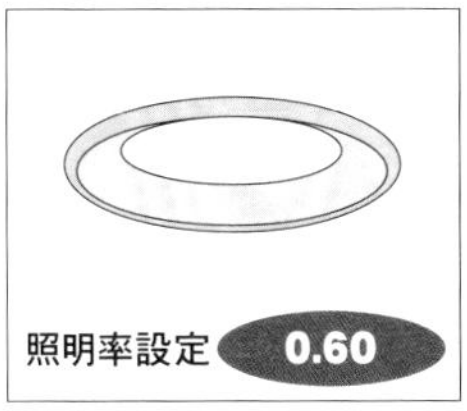

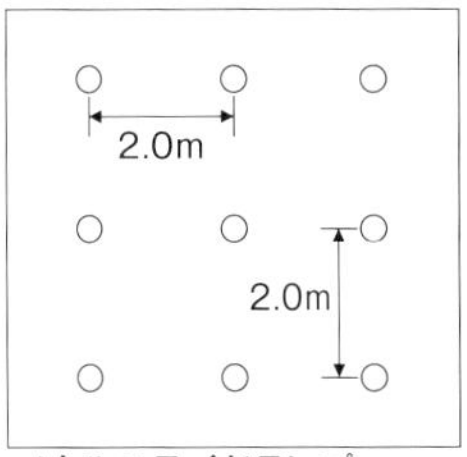

メタルハライドランプ
150W
約1,100lx

●ベース照明は使用するランプの光量とピッチによって確保できる照度が変わってくる

●効率を重視
ベース照明が商品照明を兼ねる

●商品と空間の演出を重視
商品を演出する照明と、空間を演出する照明を兼ねる

出典：『照明基礎講座テキスト』（(社) 照明学会）をもとに作成

ディスプレイの照明

point ショーウィンドウは、ガラス面に外光や反射光が当たり中が見えにくくなることがあるので、「十分な明るさ」が必要

十分な明るさを確保

ショーウィンドウの多くは街路やパブリックな通路に面しており、大きなガラスの奥の箱状のスペースに商品などをディスプレイする。箱状のスペースは完全に閉じていないこともあり、店内がショーウィンドウ越しに見えるつくりになっている場合が多い。

照明計画では、次の2つに注意する。

①ショーウィンドウはガラス面に外光や向かいの建物のあかりなどが反射し、中が見えにくくなることがあるため、十分な明るさを確保する

②ディスプレイの内容は月や季節ごとに変化していくため、フレキシブルな対応ができるようにする

スポットライトが基本

ショーウィンドウの照明は、天井の窓に近い側に配線ダクトレールや配線ダクトレールを仕込んだスリットを設け、スポットライトを付けることが基本である。このとき、スポットライトの台数や取付け位置を自由に変えられるようにする。ディスプレイエリアの広さや奥行きにもよるが、床にもスポットライトを付けられるようにしたり、左右の壁にも配線ダクトレールを用意しておくと、さまざまな位置から光を当てることができる。さらに、電源コンセントも複数用意し、照明を仕込んだオブジェなどのディスプレイにも対応できるようにするとよい。

建築化照明を駆使

壁際の商品ディスプレイのあかりは、店の奥に客の視線を誘いつつ、商品を魅力的に見せられるように工夫する。手法としては、空間をすっきりと見せるために建築化照明を駆使することが多く、什器に照明を組み込んで建築化照明をつくることもある。

LEDスポットライトはビーム角やlm数を選択し、台数を変えることで、明るさのメリハリをつくることができるので、なるべく同じ見た目の複数のタイプの器具をそろえておくとよい。

■ディスプレイの演出

●ショーウィンドウ

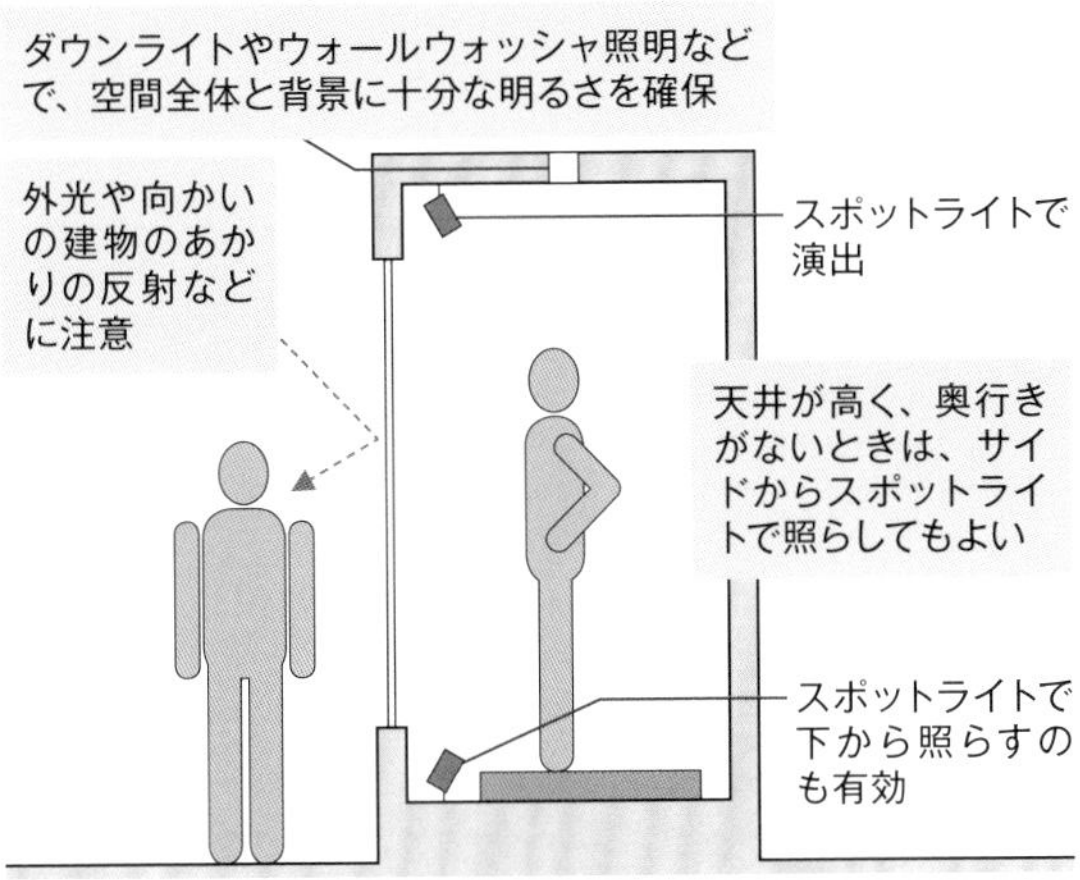

ダウンライトやウォールウォッシャ照明などで、空間全体と背景に十分な明るさを確保
外光や向かいの建物のあかりの反射などに注意
スポットライトで演出
天井が高く、奥行きがないときは、サイドからスポットライトで照らしてもよい
スポットライトで下から照らすのも有効

●ガラスショーケース

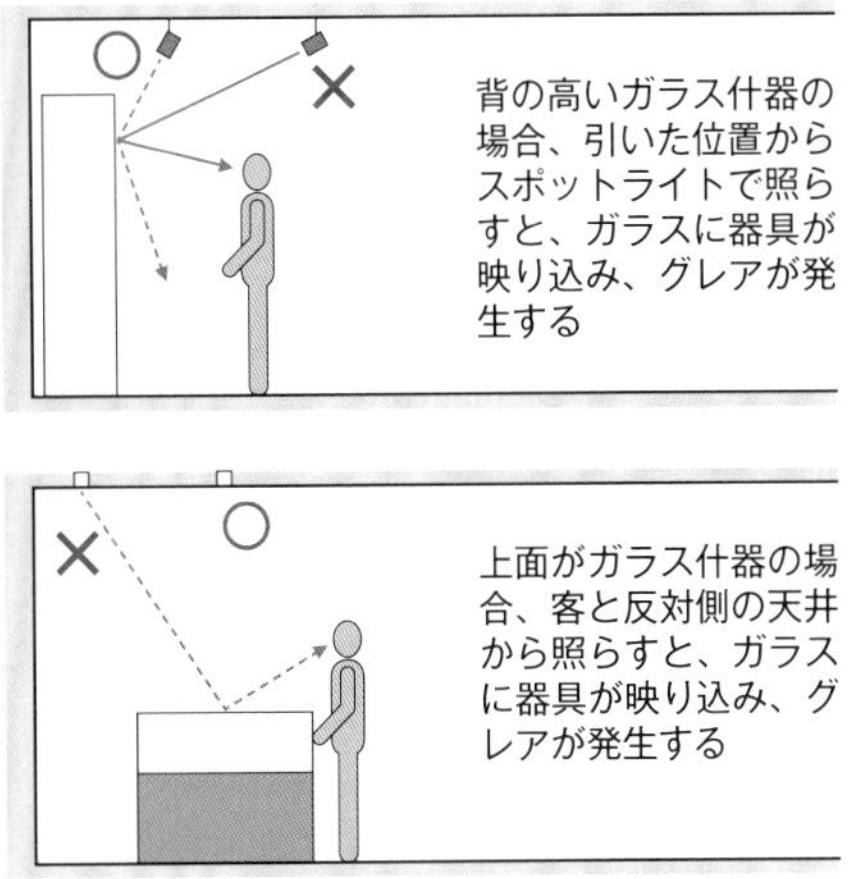

背の高いガラス什器の場合、引いた位置からスポットライトで照らすと、ガラスに器具が映り込み、グレアが発生する
上面がガラス什器の場合、客と反対側の天井から照らすと、ガラスに器具が映り込み、グレアが発生する

■ディスプレイの建築化照明

●天井折り上げ型

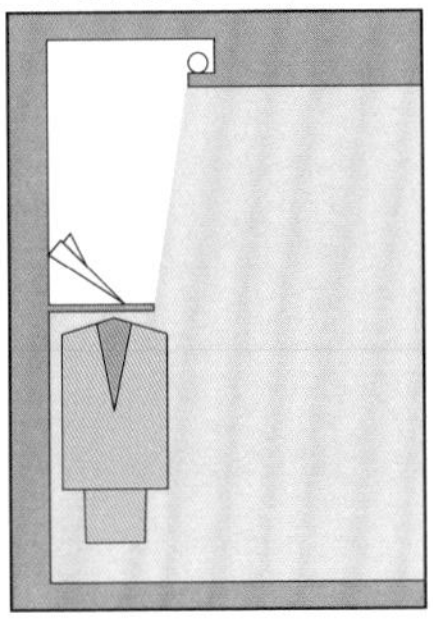

●壁の上部を照らすことができる。商品照明は別に必要

●コーニス照明型

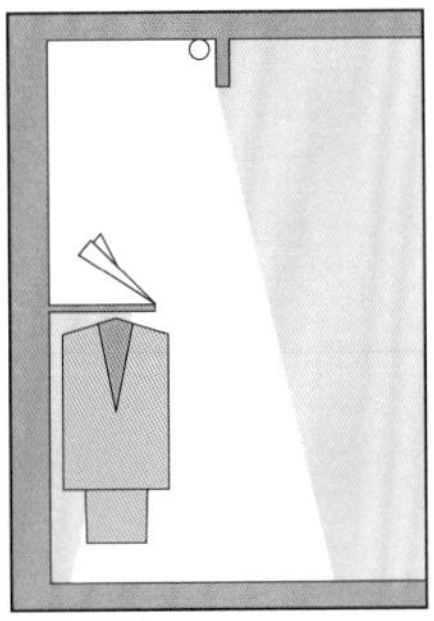

●器具を壁から離せば、壁の下のほうも照らすことができる

●バランス照明型

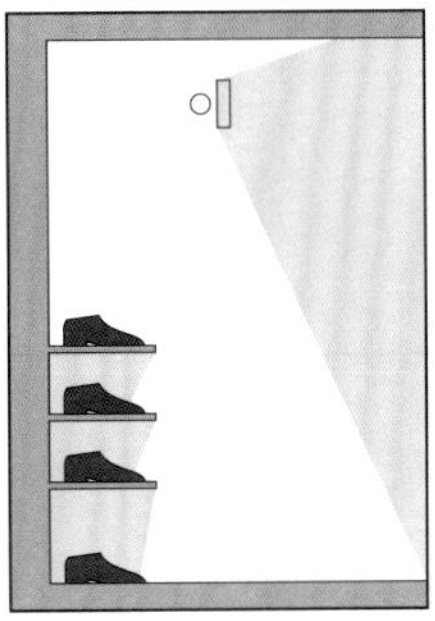

●天井と壁を同時に照らすことができる。商品照明は別に必要

●アップライト型

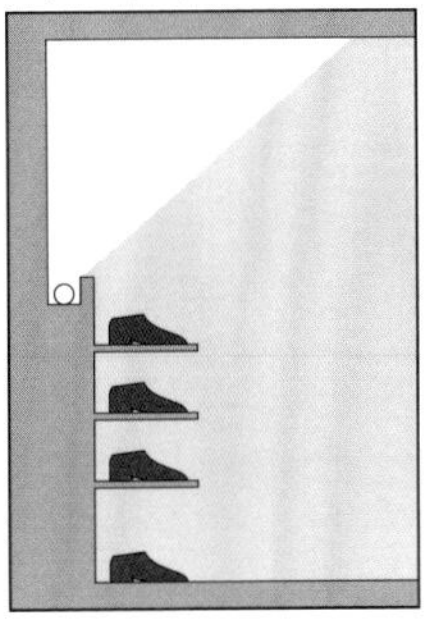

●十分な明るさを確保できる。商品照明は別に必要

■什器を使用した演出

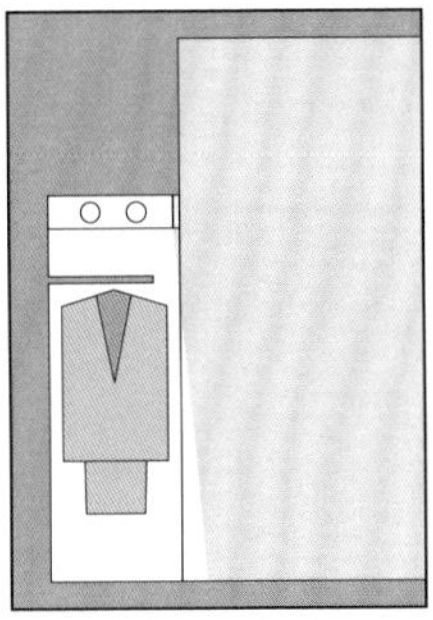

●壁面の什器内を十分に明るくする

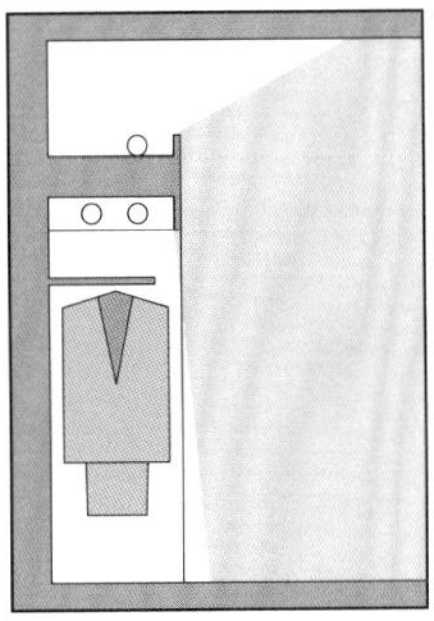

●什器の上部を使用し、アップライトで照らす

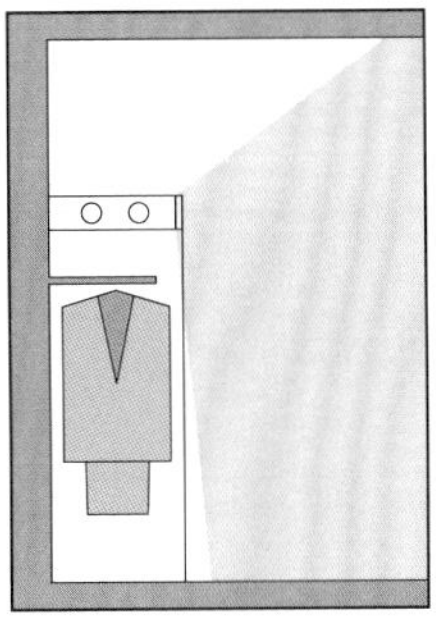

●什器内部をアップライトで照らすこともできる

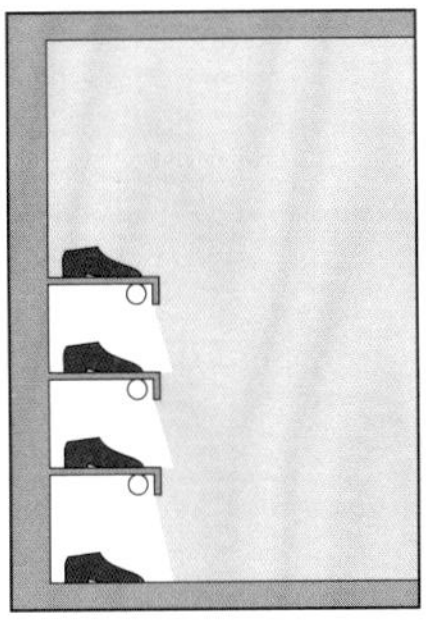

●棚の下の照明で、商品と壁面廻りの明るさを得る

出典 『照明基礎講座テキスト』((社)照明学会)をもとに作成

カジュアルな店

point
「コーブ照明」「上向きの間接照明」「ウォールウォッシャ照明」などの光の演出を利用し、広さと開放感を感じさせる

清潔感と活気を演出

スーパー、雑貨店、書店、郊外型やアウトレットのショッピングモールなど、カジュアルな雰囲気で商品単価が比較的低く、店に並ぶ商品の数が店の面積に対して多い店がある。このような店は、ベース照明で店内全体の明るさを確保し、清潔感と活気を演出する。器具は適度な輝度と広い配向をもつタイプを選び、天井面や壁面上部を明るい印象にする。

商品より上の空間を活用

商品の量が多く通路が狭いことによる圧迫感を解消するため、天井が高い場合は、コーブ照明や上向きの間接照明、ウォールウォッシャ照明などによって天井付近を照らすと効果的である。空間を立面で考えると、店の商品陳列は人の背の高さ程度のため、上部のオープンな空間を使って演出することで、空間の広さや開放感を強調することができる。

重点商品を目立たせる

店のコンセプトやデザイン、商品の特性に合わせ、棚の商品群にスポットライトやウォールウォッシャ照明で光を当て、重点商品を目立たせることもできる。このときベース照明は商品陳列や通路位置も考慮して規則性を考えて配置する。

色温度は、3000K程度で統一すると暖かい雰囲気になり、5000K程度にすると明るく爽やかな雰囲気になる。照度は全体的に明るめとし、強調して目立たせたい部分は、重点照明としてスポットライトを集中させ、ほかの部分の倍ぐらいの照度にするとよい。

床や壁、商品に当てる光の明るさだけでなく、器具自体の見え方による明るさも空間の印象に影響する。まぶしく見えて不快になるのはよくないが、カジュアルな店の場合は、器具自体がある程度輝いていても、それが活気を感じさせる要素になる。

■カジュアルな店の演出

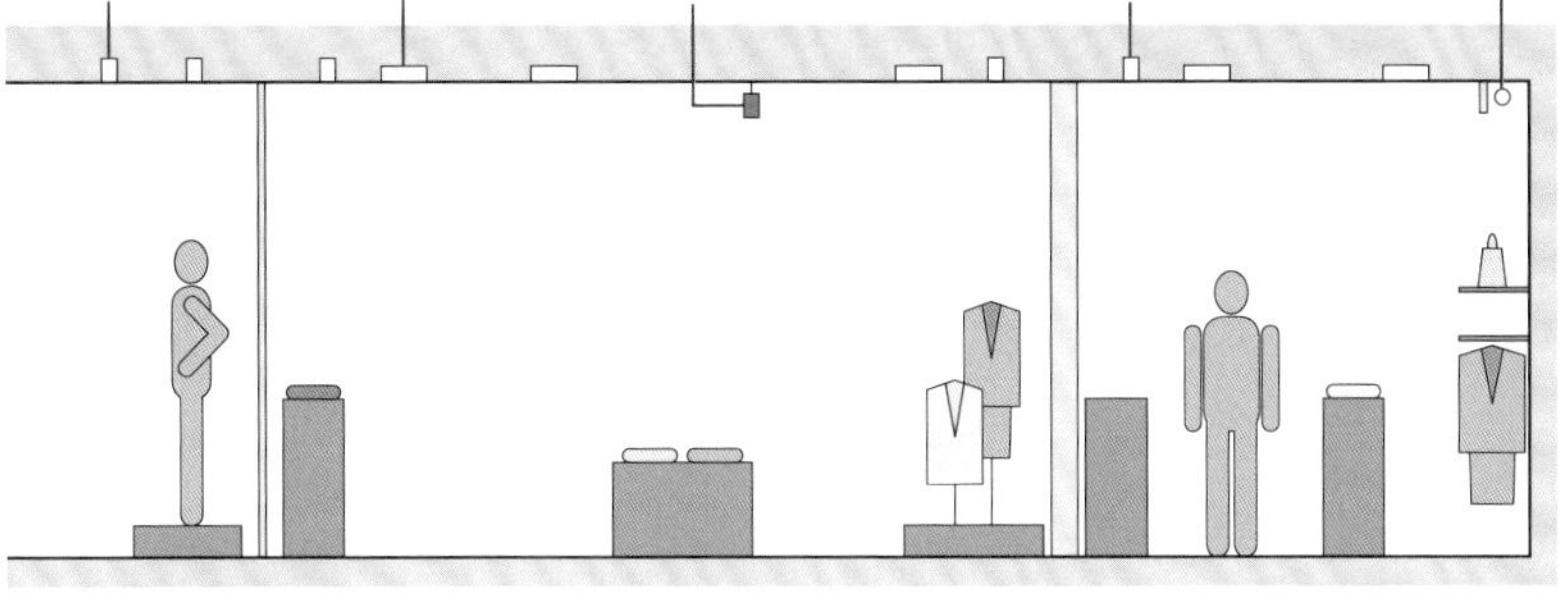

壁際にウォールウォッシャやコーニス照明を設けたり、商品ディスプレイと兼ねてスポットライトなどで演出すると、空間の奥行きを分かりやすく見せることができ、店内に人を誘導する効果がある

■ウォールウォッシャ照明の効果

●使用前　●使用後

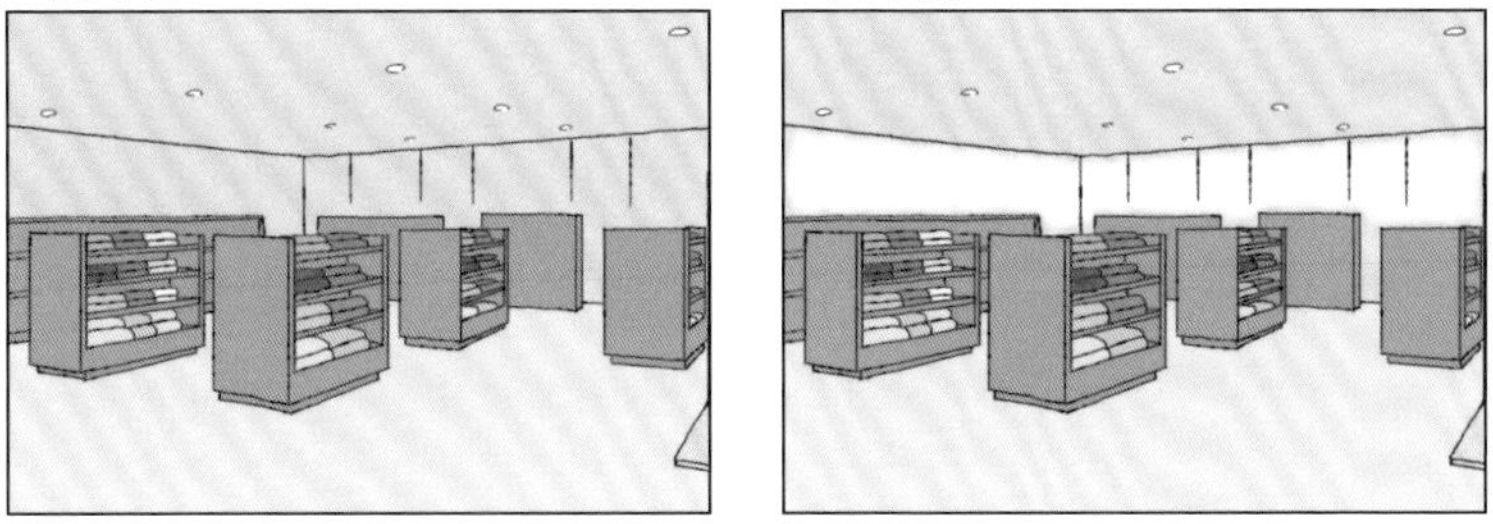

●空間の広がりと開放感が生まれるため、商品の量が多いカジュアルな店に適している

■ウォールウォッシャ照明のバリエーション

●専用型　●ベース照明兼用型　●スポット型

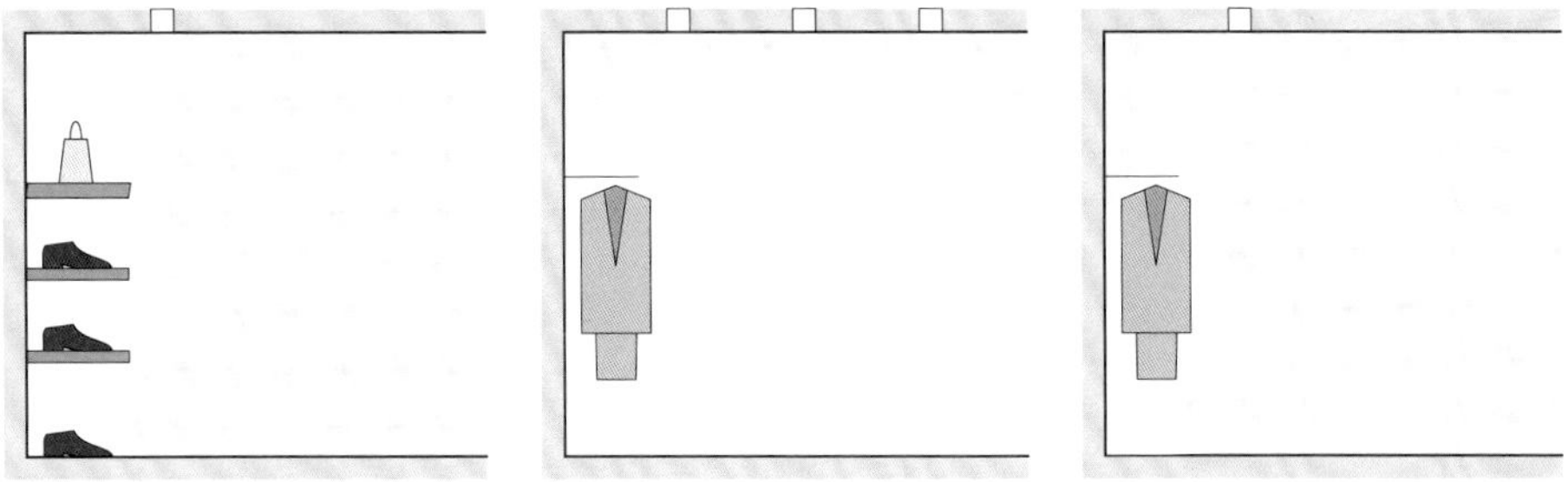

- 専用型：壁面の商品を広い範囲で明るく照らす
- ベース照明兼用型：床面を照らしつつ商品や壁面をさりげなく照らす。スポットライトなどを併用するとよい
- スポット型：商品などの狭い範囲を明るく照らす。周囲とのメリハリができる

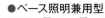

079

高級品を扱う店

point 器具が見えるように設置する場合は「インテリアとしての統一感」をもたせ、配置や見え方をデザインする

イメージづくりを重視

ブランド品や貴金属、宝飾品を扱う高級ブティックなどは、店の面積に対し、並べている商品の数が少ない。その分、さまざまなタイプの什器を置き、マネキンなどのディスプレイもゆとりをもって配置し、客が休憩できるソファなどが置かれていることもある。ディスプレイも、商品だけでなくオブジェや写真などが飾られていることも多い。こうした店では、客は商品を見るだけでなく、ディスプレイや内装なども見ながら、その店のブランドイメージを感じ取る。

高級品を扱う店の照明計画は、商品をきれいに見せることに加え、店内のイメージをつくるという意識が重要になる。特に高級ブランドのショップなどで器具が見えるように設置する場合は、インテリアの一部としての統一感をもたせ、配置や見え方をデザインする。間接照明を使用する場合は、光の効果のみを美しく見せ、器具やランプは一切見えないようにする。

高級感を演出

高級品を扱う店では、ベース照明は必ずしも必要ではなく、商品やディスプレイを照らす照明を基本に考える。これに、環境のあかりとしての間接照明や建築化照明、アクセントになる装飾照明、メリハリを利かせた重点照明などを組み合わせる。また、照明を内蔵した什器や、ディスプレイ棚の棚照明などでも、店内に明るさを加えることができる。これらを用いる際は、暗さと明るさのコントラストが強い照明にしたほうがドラマチックな雰囲気になり、より高級感が出る。

貴金属などをディスプレイするガラスのショーケースは、ショーケース内部に小型の器具を設置すると、商品の美しさがより際立つ。ランプはＬＥＤのなかで選択肢は十分ある。ＬＥＤであれば高価で繊細な商品に対しても紫外線や熱の影響はほとんど心配しなくてよい。

■高級品を扱う店の照明

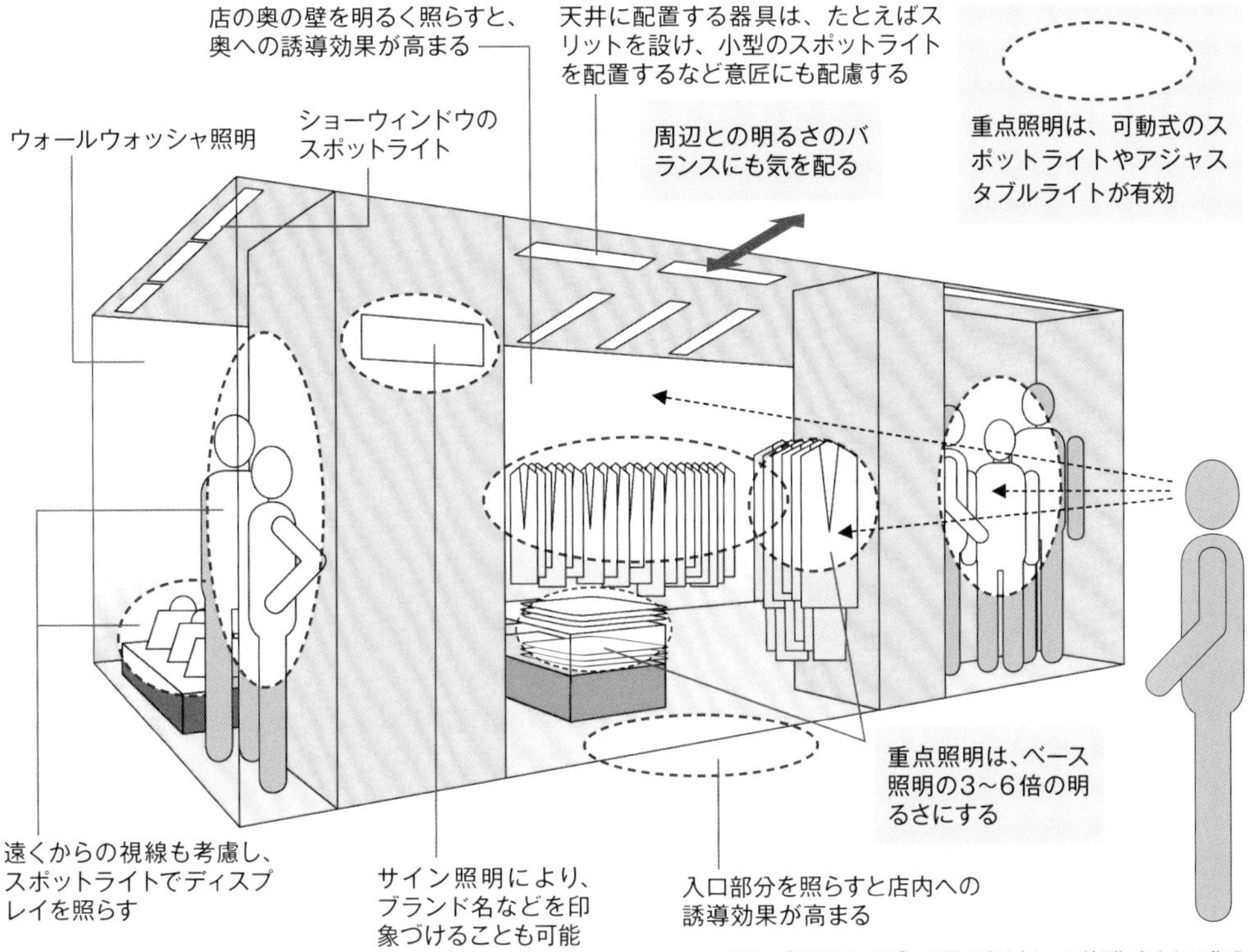

店の奥の壁を明るく照らすと、奥への誘導効果が高まる
天井に配置する器具は、たとえばスリットを設け、小型のスポットライトを配置するなど意匠にも配慮する
ウォールウォッシャ照明
ショーウィンドウのスポットライト
周辺との明るさのバランスにも気を配る
重点照明は、可動式のスポットライトやアジャスタブルライトが有効
重点照明は、ベース照明の3～6倍の明るさにする
遠くからの視線も考慮し、スポットライトでディスプレイを照らす
サイン照明により、ブランド名などを印象づけることも可能
入口部分を照らすと店内への誘導効果が高まる

出典：『照明ハンドブック第２版』（オーム社刊）をもとに作成

■天井の照明

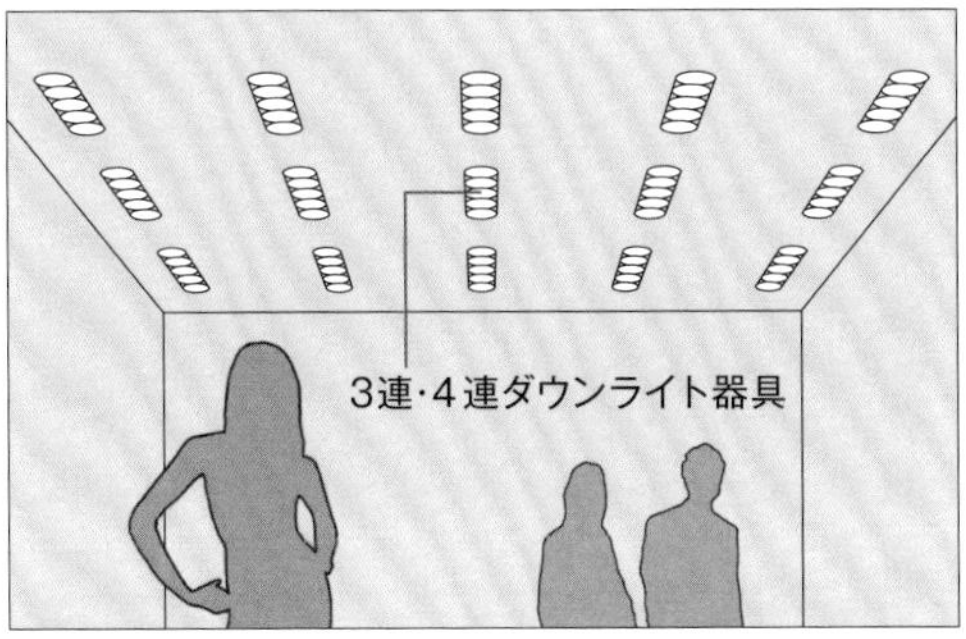

3連・4連ダウンライト器具

●高級ブランド店などでは、天井の照明も意匠の一部と考えて計画する

■ショーケースの照明

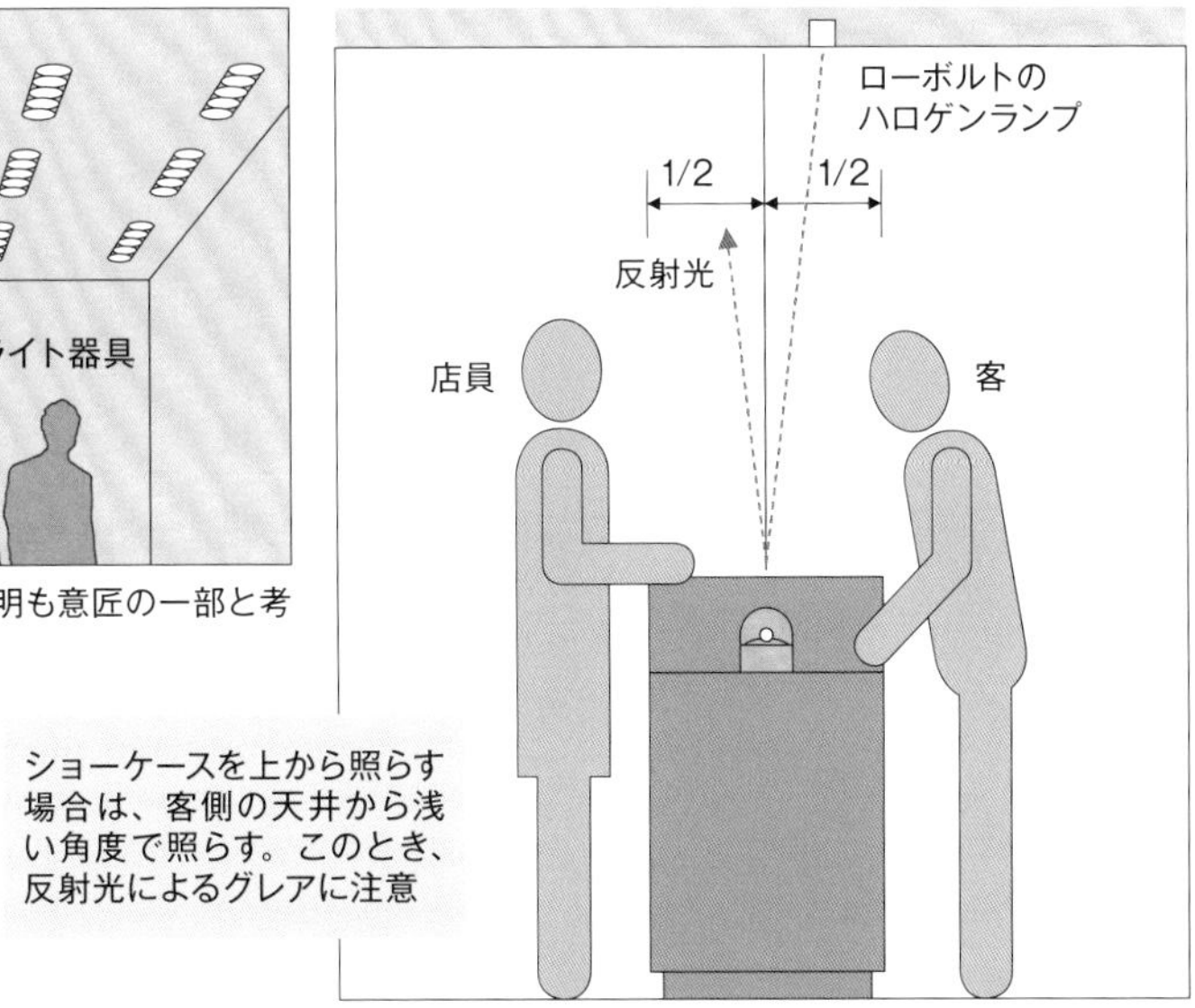

ローボルトのハロゲンランプ
1/2
1/2
反射光
店員
客
ショーケースを上から照らす場合は、客側の天井から浅い角度で照らす。このとき、反射光によるグレアに注意

飲食店の照明計画

point

「食事がおいしそうに見える」「テーブルを囲んだ人々の顔がよく見える」「空間の雰囲気を快適にする」の３つが重要

住宅のダイニングと同じ

飲食店の照明計画で重要なのは、①食べ物や飲み物がおいしそうに見えること、②テーブルを囲んだ人々の顔がよく見えること、③空間の雰囲気を快適にすること、の3つである。基本的な考え方は、住宅のダイニングと同じだ（78頁参照）。ただし、飲食店では和食や中華、フレンチ、イタリアンなど、料理の種類によって内装を特徴的に演出することもある。その場合は、照明も合わせて演出を工夫する。

テーブル上の演出

テーブル上の食事をおいしそうに見せるには、演色性のよいランプを選ぶことが基本である。なかでも平均演色評価数Ra100の白熱電球が最も適している。ＬＥＤの場合は、演色性のより高いRa97以上の製品などが望ましい。できれば調光と連動した調色もでき、調光も1％まで絞れる高性能の器具を選びたい。ファストフード店などでは電球色ＬＥＤの採用が増えているが、明るさ・色温度・演色性の組み合わせが不自然に見えることも少なくない。

最近の飲食店は、内装や食器などが各国の料理の伝統的な形式にとらわれないことが多く、照明の照らし方や演出方法なども一概にこうあるべきだといえなくなってきている。ただし、食事を照らすテーブル上のあかりが最も重要なことは共通している。

店内の雰囲気づくり

テーブル上のあかり以外は、店のコンセプトに合った演出ができる器具を自由に選べばよい。ただし、同じスペースにバラバラの色温度の光源が混在しないようにする。一般に、３０００K以下の低い色温度で店内のあかりを構成すると落ち着いた雰囲気になり、客にゆったりとした印象を与えやすい。高級感のある店も低い色温度で構成し、調光によって照度を繊細にコントロールすると、非常に居心地のよい雰囲気をつくりだすことができる。

■飲食店で使用される器具

●ダウンライト
白熱灯、ミニクリプトン球

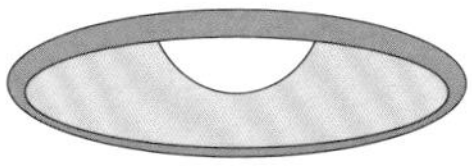

●ブラケット
白熱灯、ミニクリプトン球

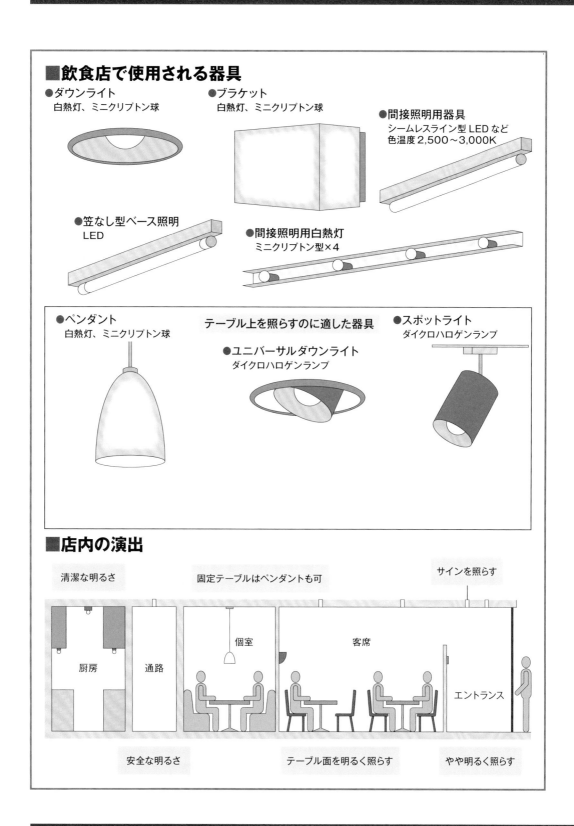

●間接照明用器具
シームレスライン型 LED など
色温度 2,500～3,000K

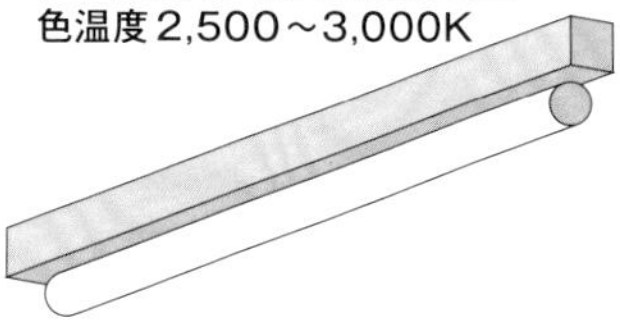

●笠なし型ベース照明
LED

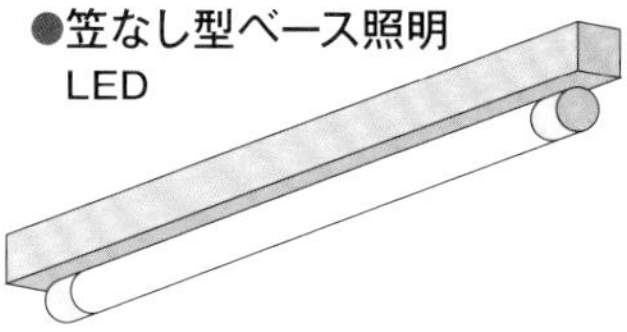

●間接照明用白熱灯
ミニクリプトン型×4

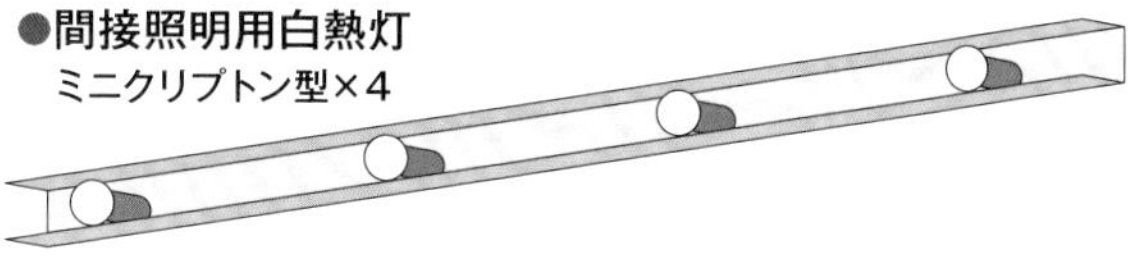

テーブル上を照らすのに適した器具

●ペンダント
白熱灯、ミニクリプトン球

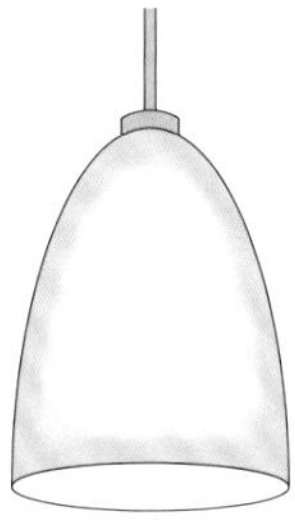

●ユニバーサルダウンライト
ダイクロハロゲンランプ

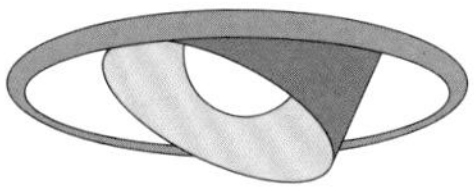

●スポットライト
ダイクロハロゲンランプ

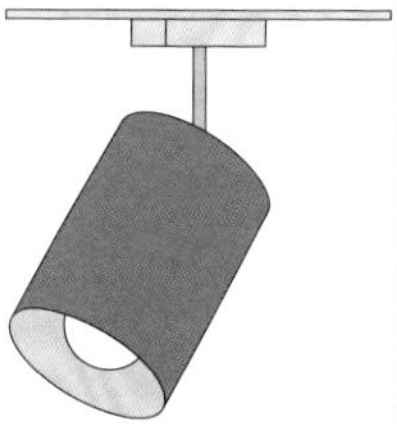

■店内の演出

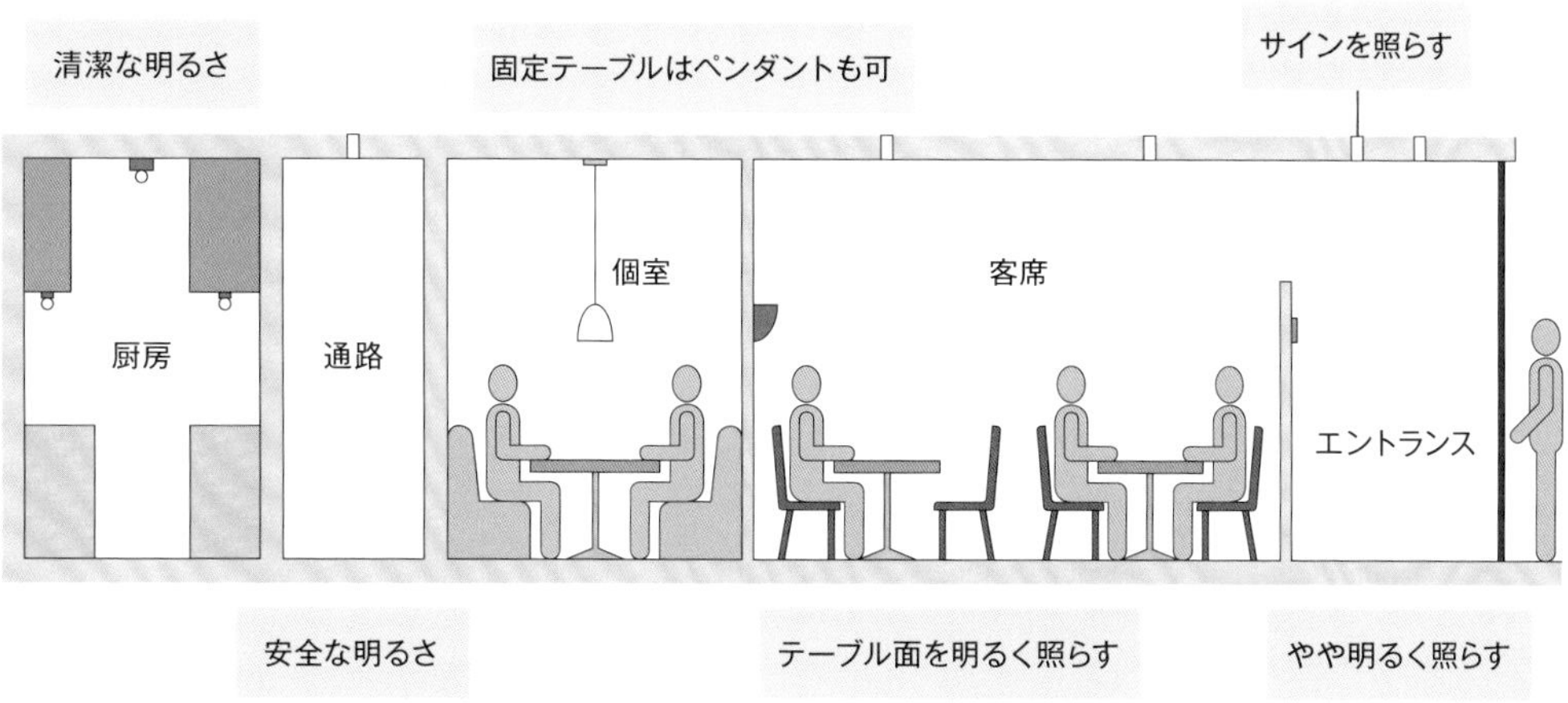

レストランの照明

point 客の滞在時間が長いので、「居心地のよい印象」をつくるとともに、視線の向く方向に「飽きさせない演出」をする

居心地のよさを重視

レストランは営業の中心が夜になるため、照明も夜のあかりを重視して計画する。レストランは客の滞在時間が長いので、居心地のよい印象をつくるとともに、店内の要所要所に変化をもたせて視線の向く方向に飽きさせない演出をすることが望ましい。

手法として、ダウンライトなどでテーブルを照らす場合は、配光の狭い器具のほうが空間演出のメリハリを利かせやすく、高級感などの特別な印象をつくりやすい。テーブルに当たった光の反射光で、テーブルを囲む人の顔をやわらかく照らすこともできる。一方、配光の広いダウンライトを使用すると、全体的に明るい雰囲気でカジュアルな印象になりやすい。

特別な食事の場として親密な雰囲気をつくるときは、テーブルをペンダントで照らすとよい。その場合は、テーブル位置の変更がない固定テーブルの上に、600〜800㎜の高さで取り付ける。テーブル位置の変更があると、ペンダントとテーブルの位置がずれ、器具が邪魔になるので注意する。

全般照明は必ずしも必要ではなく、特に落ち着いた雰囲気の店は、照度も抑えめのほうが好ましい。テーブル面や壁面、間接照明などのあかりだけでも十分である。また、それぞれの器具を調光できるようにしておくことも重要だ。昼は明るめに、夜は暗めに調節すると、時間の変化に対応しながら、より自然な雰囲気の演出ができる。

オープンキッチンの演出

オープンキッチンは、客の目を楽しませる舞台のような役割を果たす。そのため照明も明るくしがちだが、店内とかけ離れた明るさにしてしまうと、店内の雰囲気との食い違いが生じる。食材を魅力的に見せる部分や、キッチン内のディスプレイ、作業台の上などのポイントはしっかりと明るく照らしても、全体的な明るさは控えめにするとよい。

■レストランの照明手法

●ベース照明
間接照明のみで計画することもできる

●間接照明
明るさ感を確保しながら、
高級感も演出できる

●テーブル照明
ユニバーサルダウンライトなどを使い、テーブル上に光がしっかり当たるようにする

●ペンダント
親密な雰囲気づくりに役立つとともに、窓際のペンダントは外からのアイキャッチにもなる。テーブルの位置変更がないか確認する

●壁面照明
ブラケットやスポットライトなどで壁面にポイントをつくり、客を飽きさせない工夫をする

■テーブルの照明

●配光が狭い場合

ダウンライトやスポットライトで照らす。狭角のビーム配光の光でテーブル面を照らし、その反射光で人の顔が明るく見える

●配光が広い場合

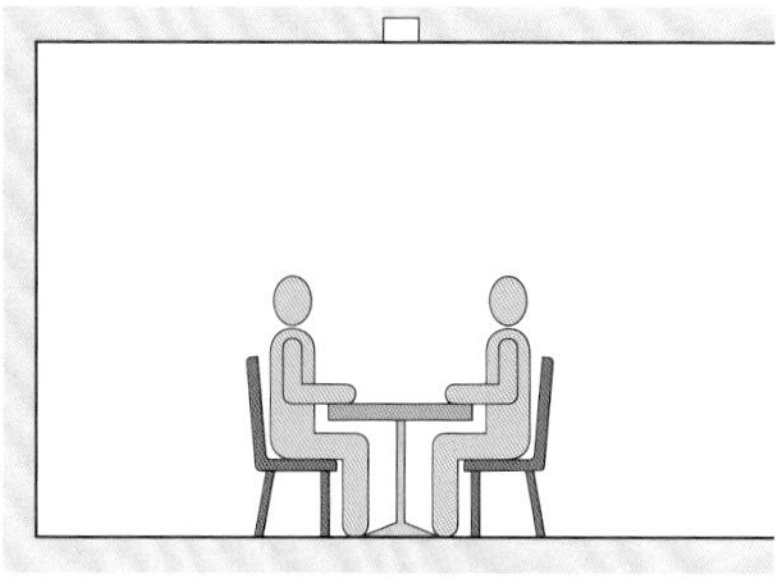

ダウンライトで照らす。配光が広いと、全体的に明るくカジュアルな雰囲気になる

■オープンキッチンの照明

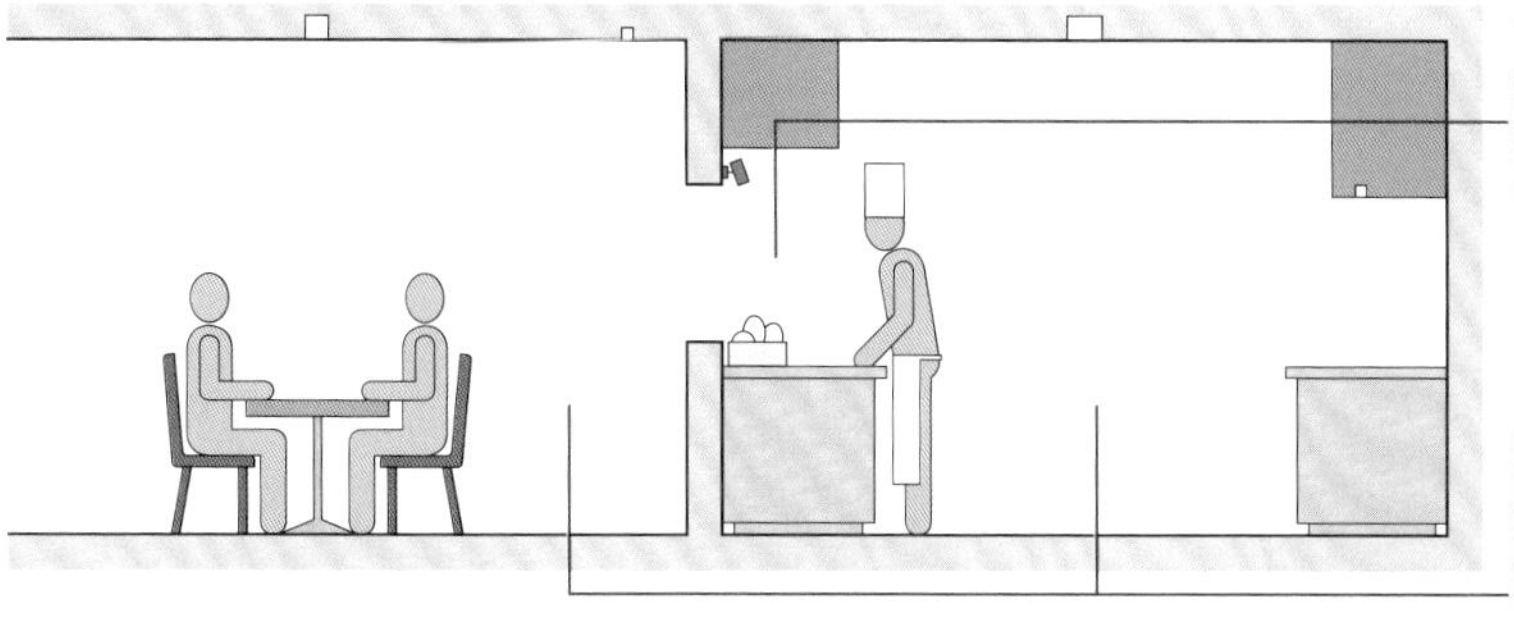

見せ場となる部分は明るく照らして強調する

店内と厨房とに明るさの差が出すぎないように、バランスを考えて計画する

カフェ・バーの照明

point カフェは「昼間の自然光」を取り込みながら計画する。バーは機能性より「空間の雰囲気を楽しむ」ことを重視

カフェの照明

カフェの照明は、カジュアルにくつろげる空間を目指すことが基本となる。営業時間は昼前から夜、店によっては深夜までと、途中の休みなく長時間営業することが多い。日中に窓から入る自然光は、人工照明に比べて圧倒的な明るさがあるため、自然光を取り込みながら心地よい空間をつくる。ただし、壁面の照明や、個性的なデザインのペンダントなどの発光する要素は、昼間の店内に明るさを与える方法として重要であり、適切に計画しないと薄暗い印象の入りづらい店になってしまう。

夜間の照明は、テーブル面や演出のポイントとなる壁面、ディスプレイ、動線上のポイントなどに器具を配置する。全般照明は必ずしも必要ではなく、テーブル面や壁面、ディスプレイなどに当てた光の反射光で十分な明るさを得ることができる。また、昼、夕方、夜など、それぞれの明るさの状況に対応する光環境にするため、調光でバランスがとれるようにしておくとよい。

バーの照明

バーの照明はカウンターをメインに演出し、カウンターに座ったときの視線と、テーブル席からカウンター側を眺める視線の2つを重視する。来店客も1～2人組の少人数を想定し、光と影の演出でプライベートな雰囲気をつくる。長時間滞在する場でもあるので、座ったときの視線から眺めるシーンを印象的にするなど、飽きさせない工夫をする。特にカウンターバックの棚やディスプレイは、間接照明を使った演出で見せ場をつくるのに最適である。また、バーは機能よりも遊び心を重視するので、インテリアの効果を高めるドラマチックな演出を思い切ってやったほうがよい。

手法としては間接照明やスタンド照明が有効だが、配光が狭いLEDスポットライトなどを使った演出も、明暗のコントラストを強め、非日常的な雰囲気をつくるのに適している。

■カフェの照明の例

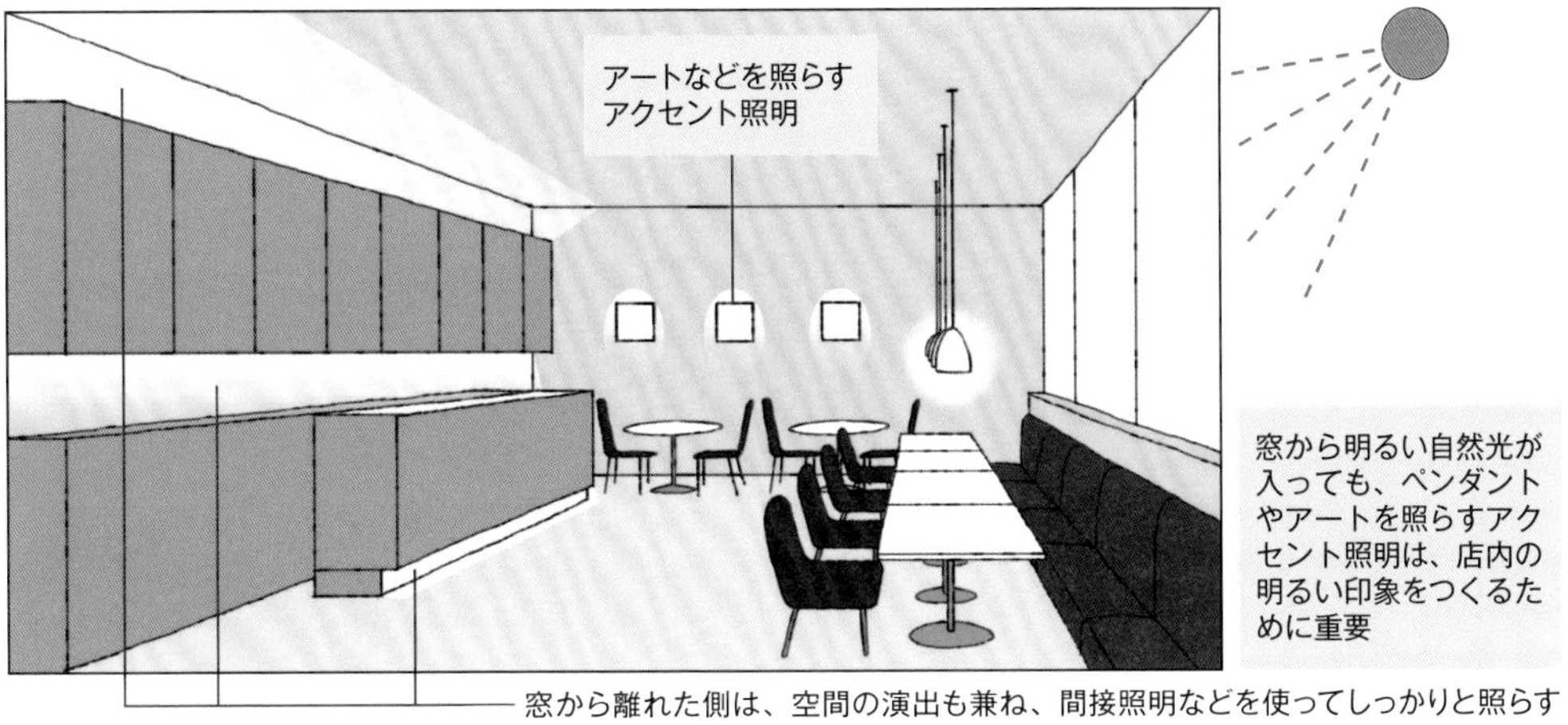
アートなどを照らす
アクセント照明
窓から明るい自然光が入っても、ペンダントやアートを照らすアクセント照明は、店内の明るい印象をつくるために重要
窓から離れた側は、空間の演出も兼ね、間接照明などを使ってしっかりと照らす

■バーの照明の例

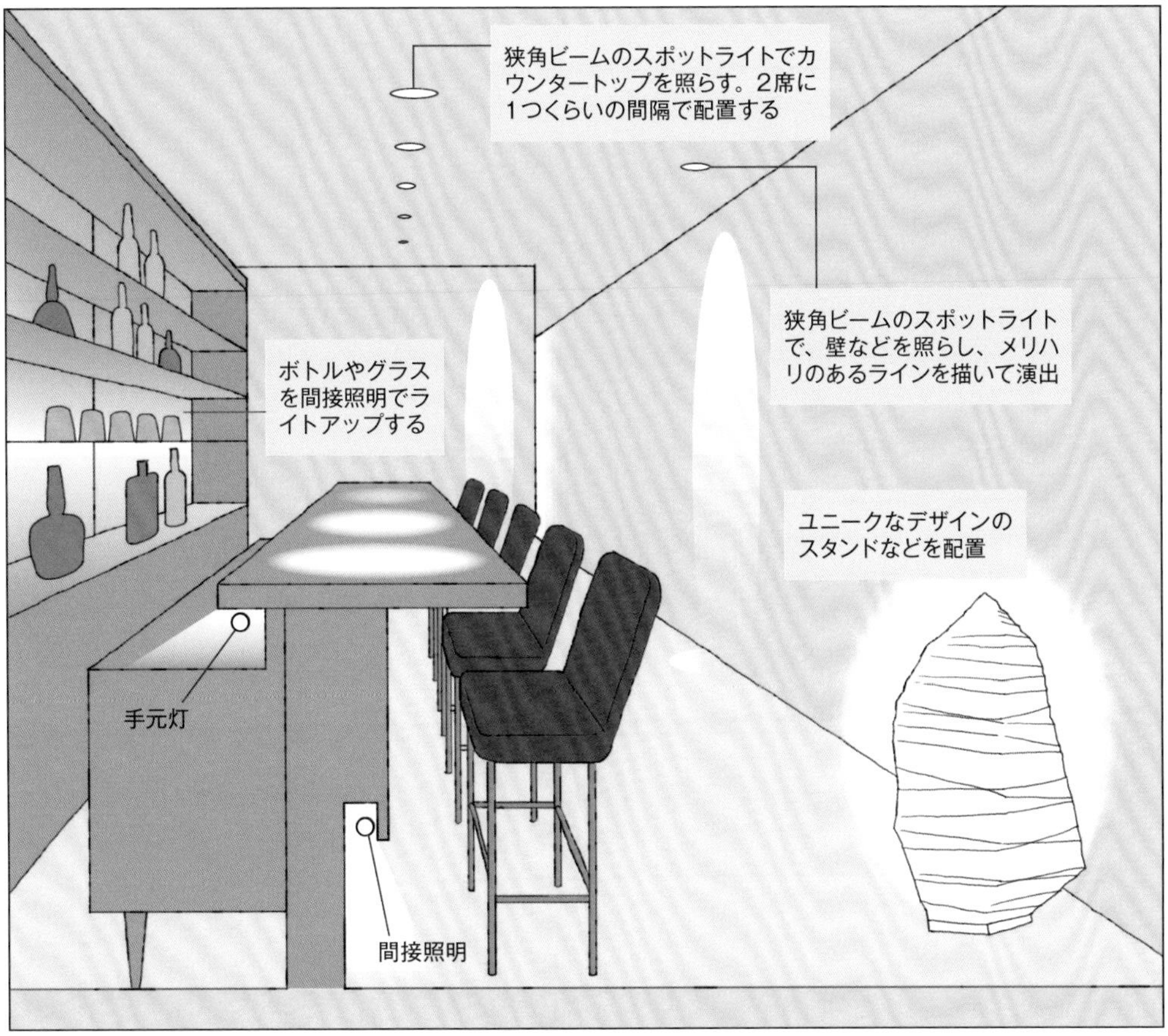
狭角ビームのスポットライトでカウンタートップを照らす。2席に1つくらいの間隔で配置する
狭角ビームのスポットライトで、壁などを照らし、メリハリのあるラインを描いて演出
ボトルやグラスを間接照明でライトアップする
ユニークなデザインのスタンドなどを配置
手元灯
間接照明

クリニックの照明

point 患者は来院時に不安を抱いていることが多いため、「癒しを感じさせる光の演出」を心がける

機能性と癒しを両立

クリニックには、患者を診察するという目的に合った機能的な照明が必要だ。その一方で、患者は来院時に不安を抱いていることが多いため、癒しを感じさせる光の演出も心がけたい。

屋内の照明は、光ムラや暗がりのコーナーができないように、配光の広い器具で床と垂直面を照らすことが基本となる。昼間の自然光が入る場合は、不快なまぶしさをブラインドなどで調整したうえで、必要な明るさを確保する。クリニックは高齢者が多く訪れるため、明るい印象を与えることは安全性の面からも重要である。

エントランスは、屋外から人が入って来たときに暗く感じないように、300〜750 lx程度の明るさにする。壁面もウォールウォッシャなどで明るく照らすとよい。受付や待合室は、床面と壁面を明るく照らして開放的に見せる。少し落ち着いた雰囲気にする場合は、電球色のランプを採用するのもよい。

診察室と病室の照明

診察室には、室内全体がまんべんなく明るくなるように蛍光灯のベース照明を設け、患者が仰向けになることを考慮して乳白パネルカバー付き器具でまぶしさを抑える。タスク照明と併用する場合は、コーブ照明などの間接照明を使用してもよい。病室は、患者がベッドに寝たり上半身を起こしたりするなど、さまざまな体勢になるほか、複数のベッドが並ぶこともある。これらを考慮し、機能的かつ不快なまぶしさを感じることがないように、最適な器具や配置を考える。

歯科や精神科の場合

歯科や精神科などは、待合室でよりリラックスすることに重点を置くことがある。その場合、住宅のようなやさしいあかりで安心感を演出する。電球色のLEDベース照明と白熱電球を併用し、スタンド照明なども使用してアットホームな雰囲気をつくるとよい。

■病室のブラケット照明

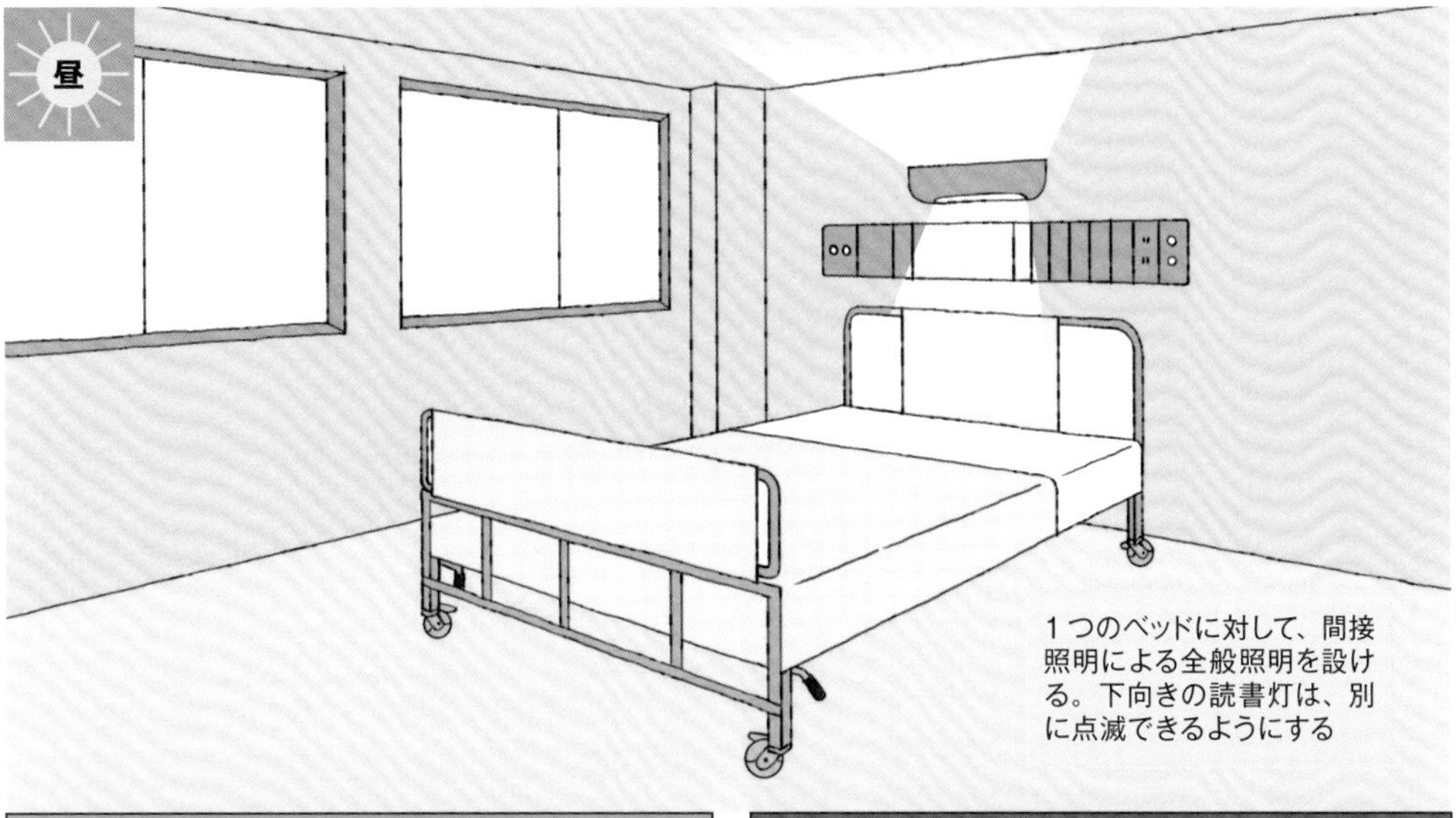
昼
1つのベッドに対して、間接照明による全般照明を設ける。下向きの読書灯は、別に点滅できるようにする

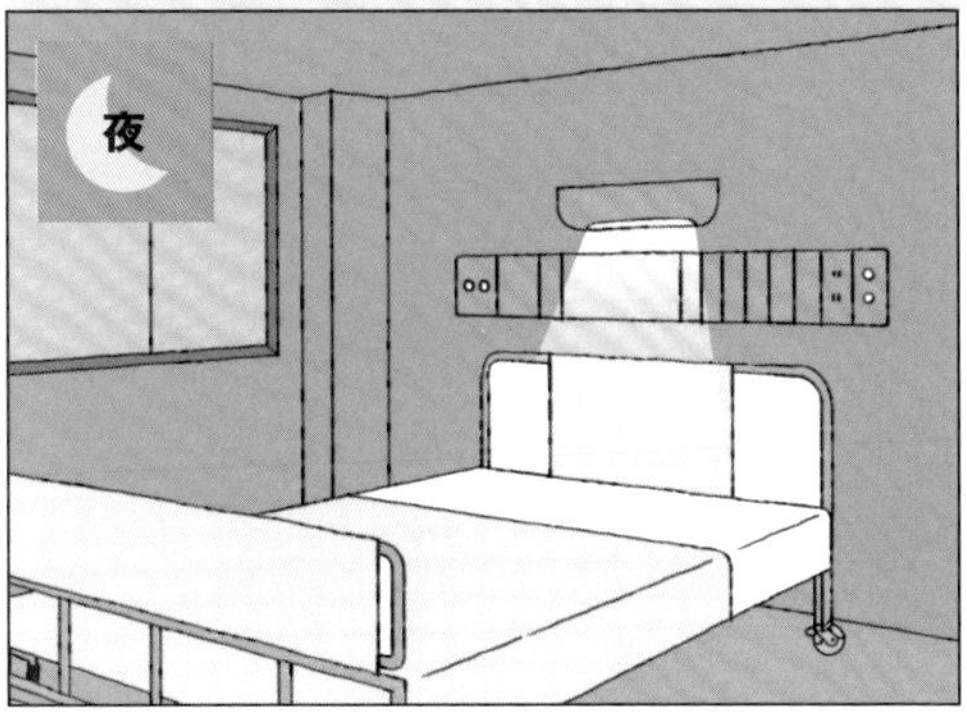
夜

●光があまり広がらない読書灯で、ほかの患者に配慮する

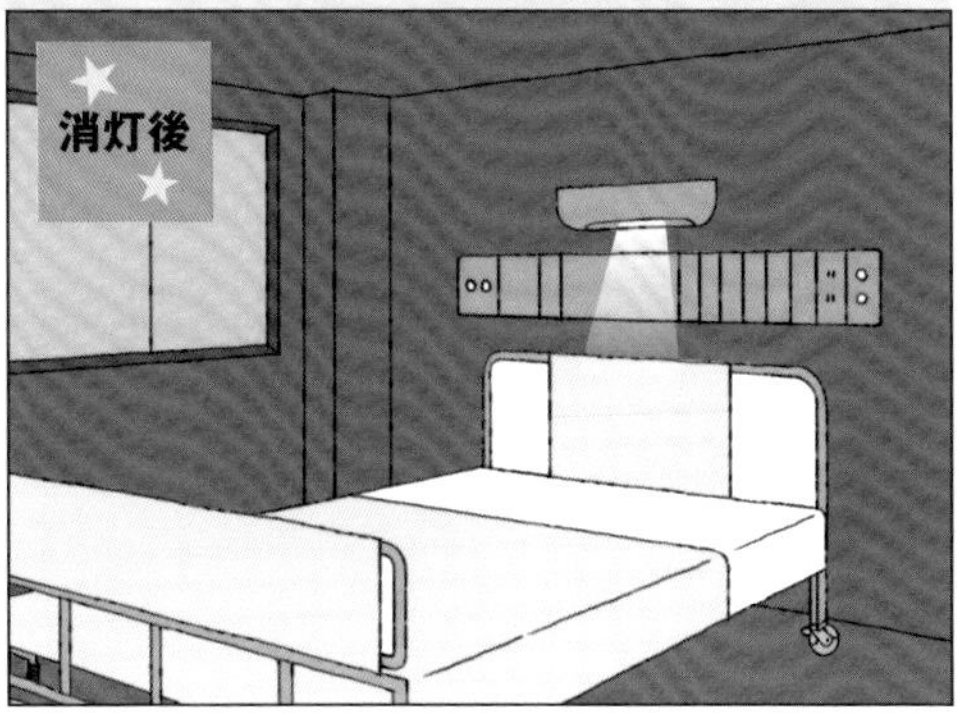
消灯後

●常夜灯として安全性を高める

■病室のベース照明の例

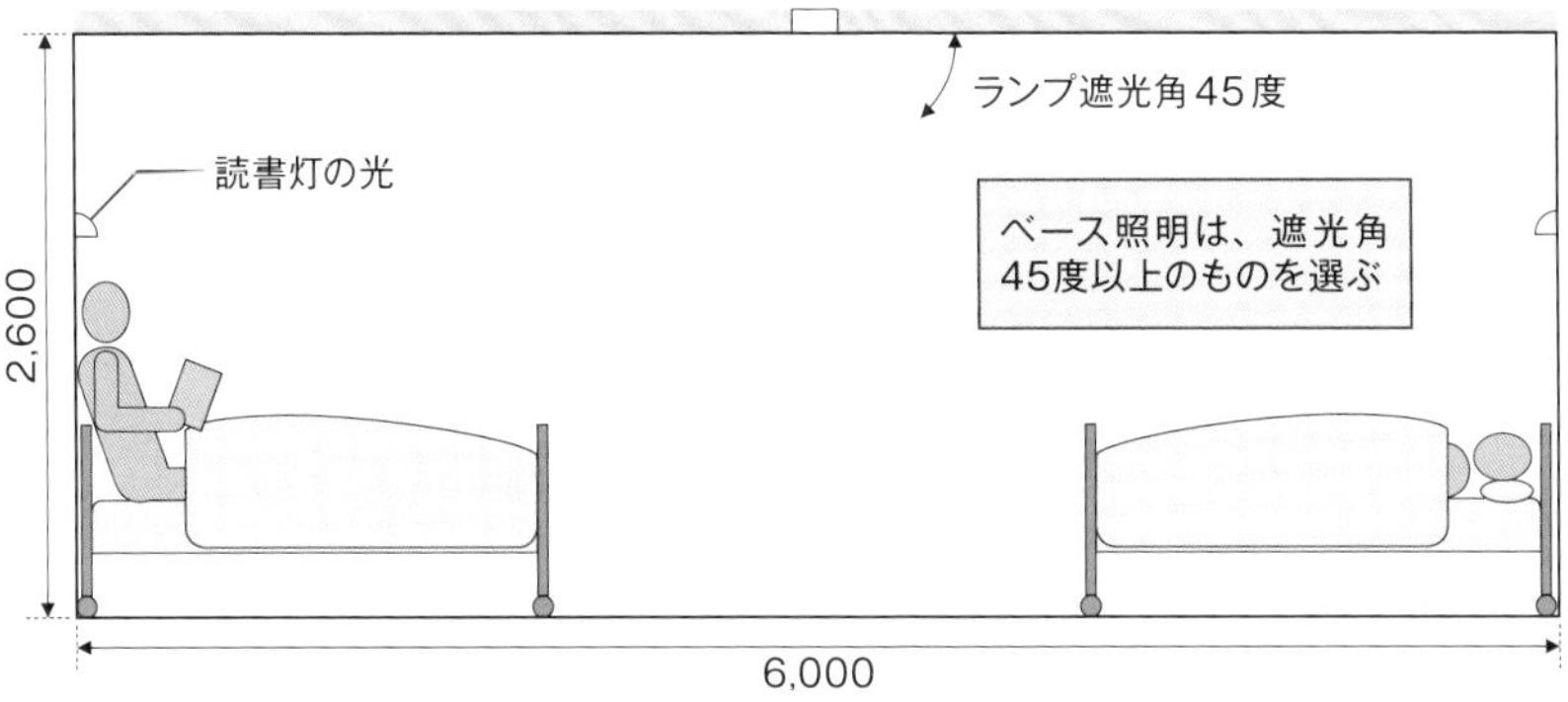
ランプ遮光角45度
読書灯の光
ベース照明は、遮光角45度以上のものを選ぶ
2,600
6,000

美術館の照明

point
展示する作品の「色」「素材感」「立体感」などを表現しつつ、ランプからの紫外線や赤外線の影響に気をつける

色や素材感を忠実に表現

美術館の照明は、展示作品の色や素材感を忠実に表現し、立体感をもって見えるようにする。色や素材感を忠実に表現するには、できるだけ演色性の高い光源を使用する。LED照明の場合でも、Ra97以上の平均演色評価数のある器具であれば適している。

紫外線と赤外線の照度規定

作品に損傷を与えないように、ランプから発する紫外線や赤外線の影響を考慮しなければならない。展示作品に対する紫外線と赤外線の影響は、JISなどの照度基準で確認できる。日本画などは特に影響を受けやすいので、照度を落とした展示とする。LEDの光は紫外線や赤外線もほとんど含まないので、作品を傷めにくく美術品の照明には適している。また、展示ケースや額縁のガラスなどにも、紫外線をある程度カットする製品を併用するとなおよい。

展示内容に柔軟に対応

美術館では、企画によって展示内容やレイアウトが変わるため、照明もフレキシブルに対応できるようにする。一般には、配線ダクトレール式を採用し、スポットライトやウォールウォッシャの器具を使うことが多い。最適な器具のタイプや光源、色温度などの設定も展示内容によって異なるため、さまざまな器具に対応できるシステムにしておく。また、照度のコントロールは重要なので、必ず調光装置を設ける。

新設の場合、回路は調光をなくし、LEDスポットライトでの個別調光とすることで、より精密な照度バランスをつくることができる。作品を効果的に照らすだけでなく、鑑賞者が見やすい照明にする必要がある。鑑賞者自身の影が展示物にかぶったり、光源のまぶしさが気になったりしないようにするほか、ガラスで隔てられた展示では、照明の反射で展示ケース内部が見えづらくなることがあるので注意する。

■展示物と照明の位置関係

●作品が直に展示されているとき

良い例

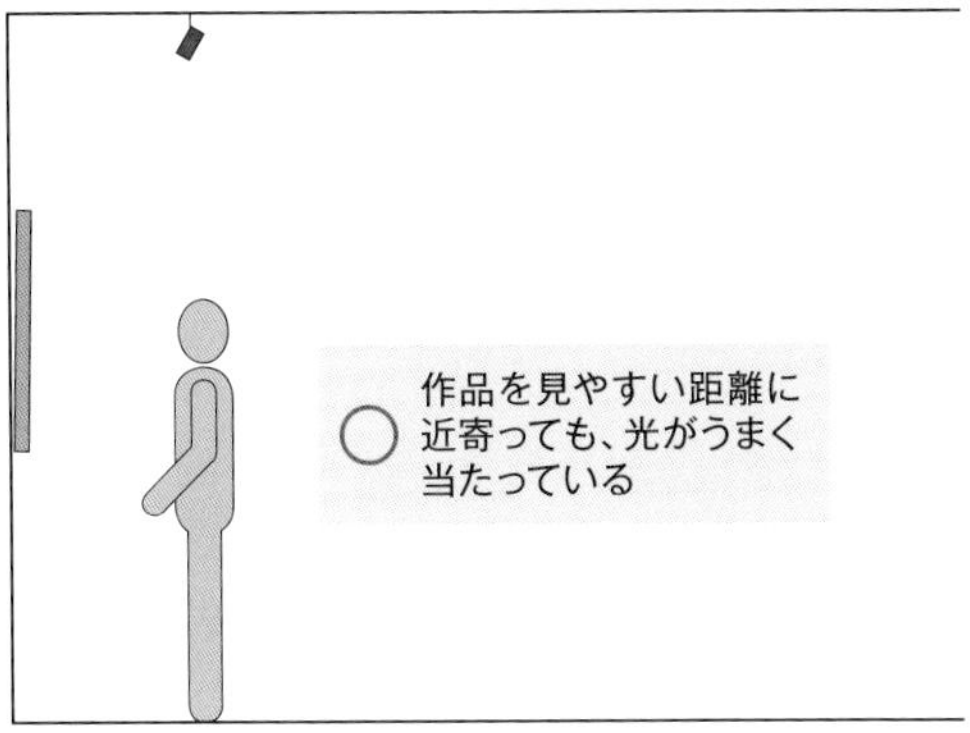
○
作品を見やすい距離に近寄っても、光がうまく当たっている

悪い例

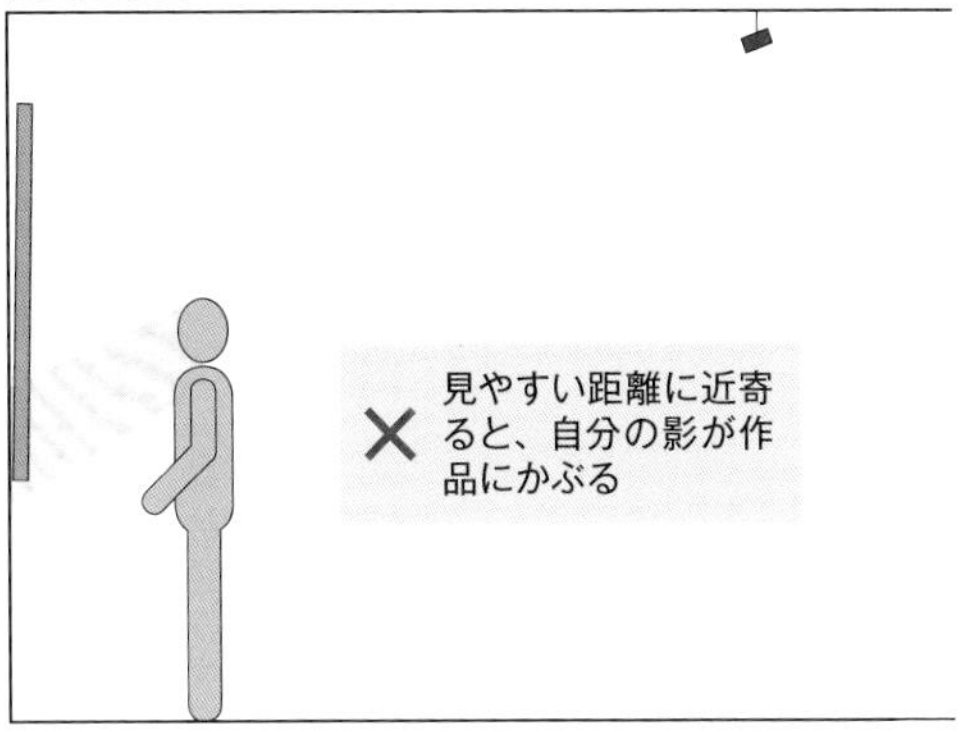
×
見やすい距離に近寄ると、自分の影が作品にかぶる

●作品がガラスで隔てられているとき

悪い例

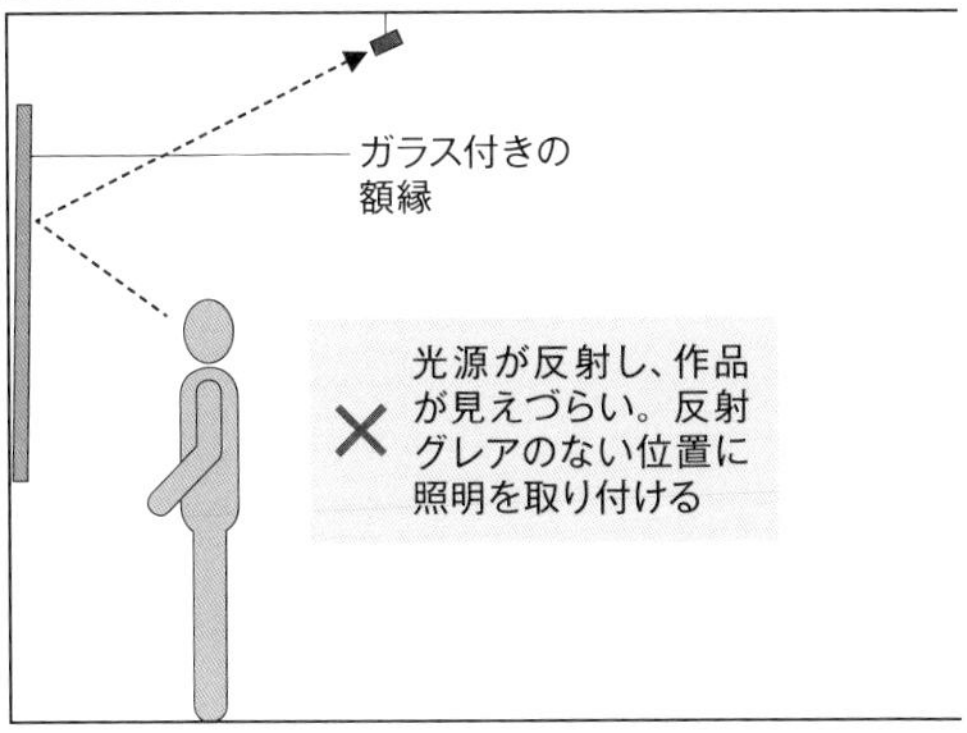
ガラス付きの額縁
×
光源が反射し、作品が見えづらい。反射グレアのない位置に照明を取り付ける

悪い例

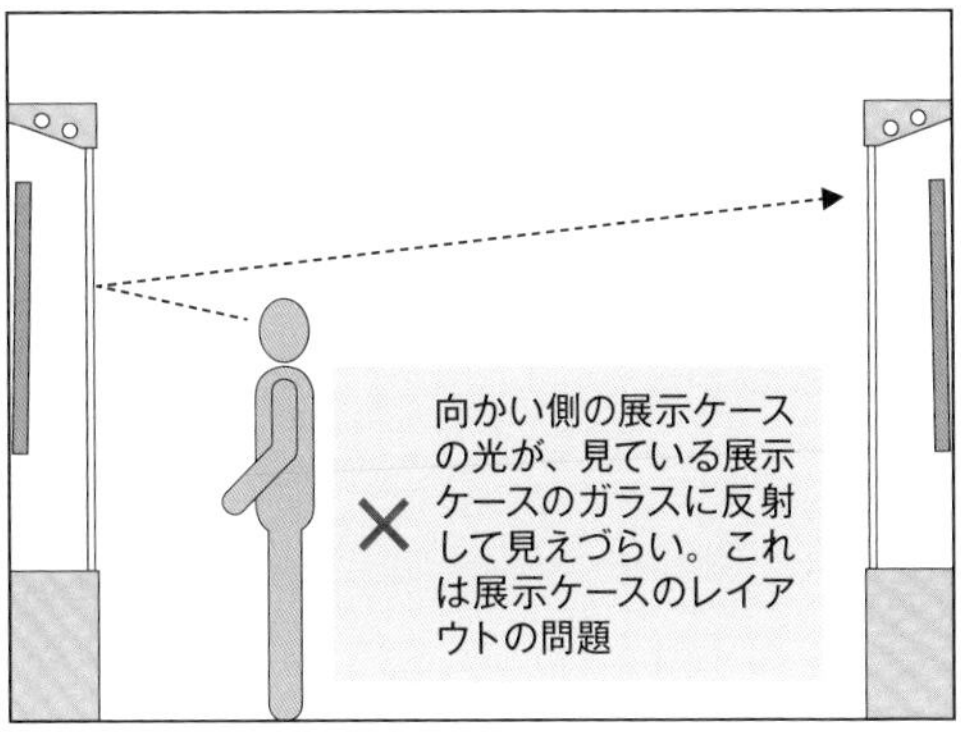
×
向かい側の展示ケースの光が、見ている展示ケースのガラスに反射して見えづらい。これは展示ケースのレイアウトの問題

■展示作品別のJISの照度基準

	照明による影響の受けやすさ		
	非常に受けやすい	受けやすい	受けにくい
絵画	水彩画、素描画、泥絵具で描いたもの	油絵、テンペラ絵	—
布	織物	—	—
紙	印刷、壁紙、切手	—	—
革	染織皮革	天然皮革	—
木	—	木製品、漆器	—
その他	—	角、象牙	石、宝石、金属、ガラス、陶磁器
照度[lx]	**150～300**	**300～750**	**750～1,000**

■スマホでリモートコントロールできるスポット照明

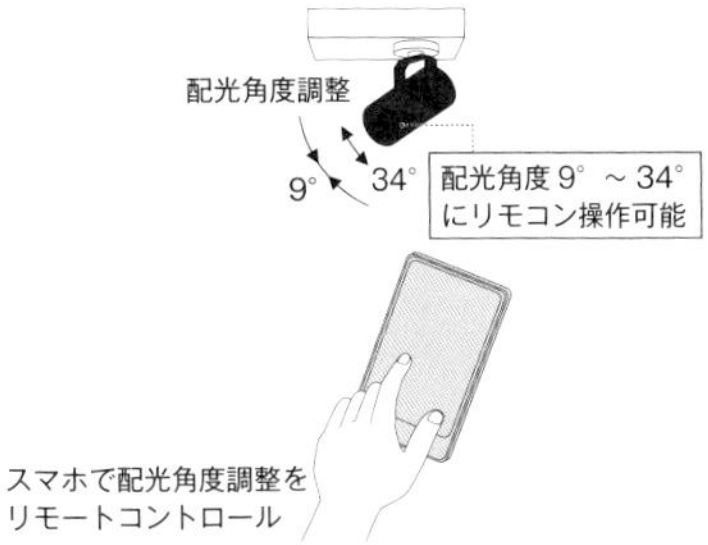
配光角度調整
9°
34°
配光角度9°～34°にリモコン操作可能
スマホで配光角度調整をリモートコントロール

工場の照明

point
「適正な照度」「均整度の高い照度分布」「不快なグレアの少なさ」「省エネ性」などを考慮して計画する

オフィスの事務スペースと同じ

工場の照明には、安全性の確保、快適な作業環境、生産性の向上などが求められる。照度を高くすると作業中の事故の減少につながり、疲労軽減にも役立つ。

工場の光環境のつくり方は、基本的にはオフィスの事務スペース（154頁参照）と同じと考えてよい。配慮すべきポイントは、適正な照度、均整度の高い照度分布、不快なグレアの少なさ、色温度と演色性、省エネ、自然光とのバランスなどである。照度の基準はＪＩＳで定められているので、それを参考にする。

工場は体育館のような大空間であることが多い。したがって、十分な照度を得ようとする場合、高輝度でハイパワーな照明を多数取り付けなくてはいけない。その場合、当然、消費電力量が多くなり、電気代もかかってしまう。作業内容に合わせて照明を変えるなどの工夫を考えるとよいだろう。

ハイパワーLEDが主流

使用する光源は、かつては高効率蛍光灯や４００Ｗ以上のＨＩＤランプなどが多かった。現在ではハイパワーのＬＥＤ照明の採用が多くなっている。工場では脚立に乗っても届かない６ｍ以上の高さに取り付けられることが多く、ランプ交換などのメンテナンスに手間がかかる。また、ＨＩＤランプはランプ自体のコストも高いので、ランニングコストはかなりの額になる。これらの面から長寿命のＬＥＤの使用は大いにメリットがある。

ＬＥＤ導入により、ランプ交換の手間が大幅に減るだけでなく、消費電力を大きく削減できる。さらに、紫外線・赤外線の放射量が少ないため、商品の劣化や変色を抑え、発熱量が少なく空調にかかる経費を節約できるメリットがある。ただし、ハイパワーＬＥＤの器具は比較的高価であり、交換の場合は既存器具との総合的なコスト比較が必要である。

■工場に適した照明と照度

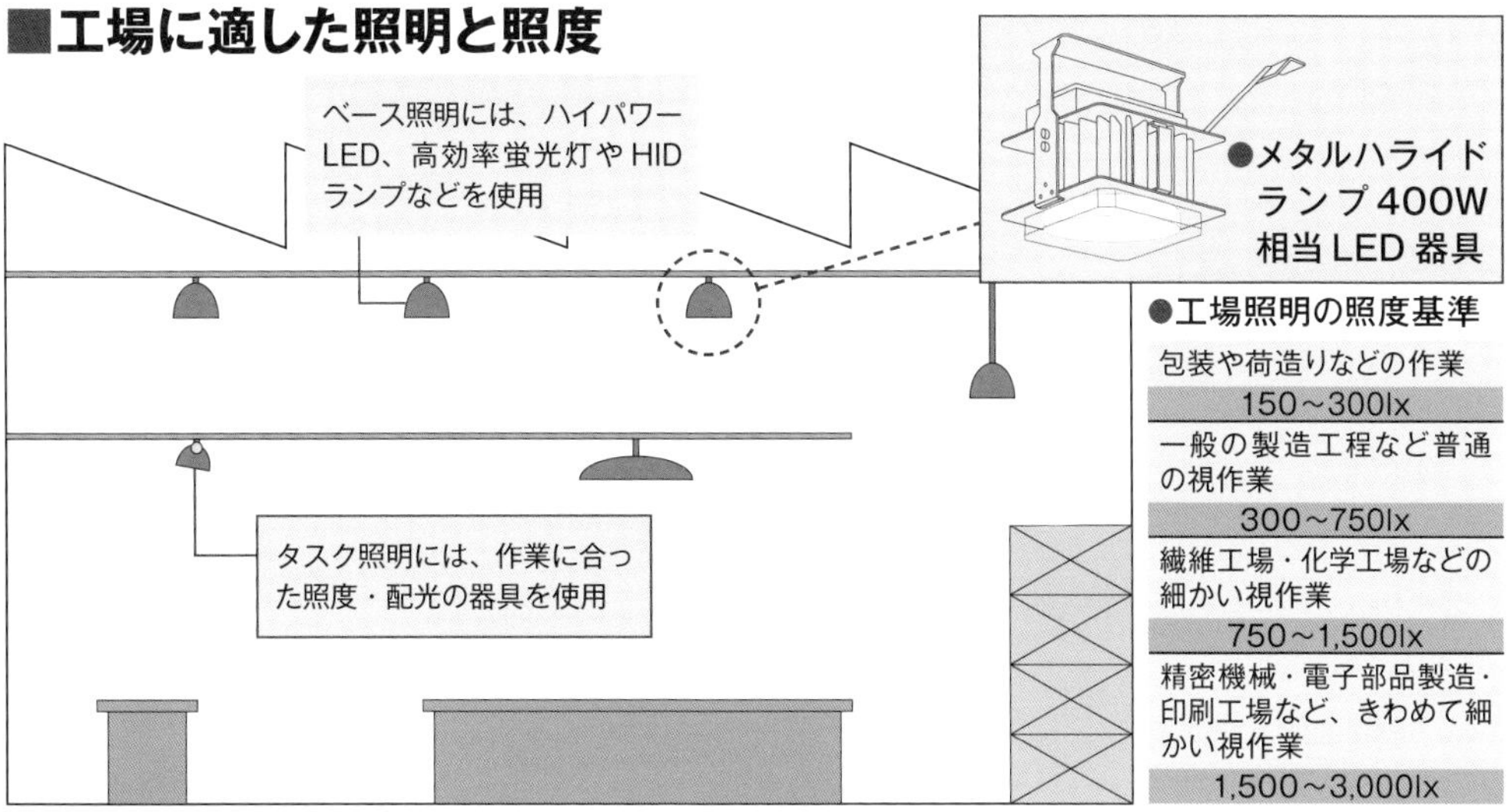

●工場照明の照度基準
包装や荷造りなどの作業
150～300lx
一般の製造工程など普通の視作業
300～750lx
繊維工場・化学工場などの細かい視作業
750～1,500lx
精密機械・電子部品製造・印刷工場など、きわめて細かい視作業
1,500～3,000lx

出典：JIS Z9110-1979（抜粋）

■照明の省エネ化

空間全体を均一の明るさで照らす

作業内容に合わせ、照明を変える

●ベース照明　●ベース照明＋タスク照明　●ベース照明＋タスク照明

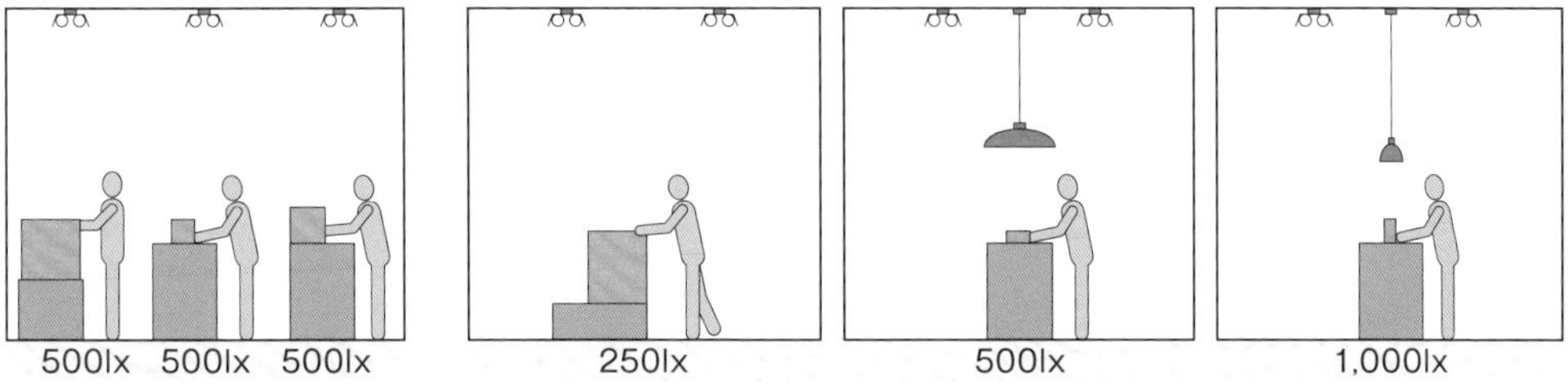

●一般的な倉庫や資材置場などで使用

●一般的な倉庫や資材置場などで使用

●コンベアや組み立てなど比較的広い作業場で使用

●検査など、狭い作業場で高照度が必要なとき使用

出典：パナソニック電工の製品カタログより抜粋

■光源の種類と特徴

天井高さ別光束の目安

分類	工場の種類	天井高さ	目安となる光束
高天井	鉄鋼、大型機械工場など	10m以上	40,000lm以上
中天井	自動車、造船工場など	8～10m	20,000～40,000lm
		6～8m	10,000～20,000lm
一般天井	精密機械、家電工場など	6m以下	10,000lm未満

工場用照明の最低基準照度

作業の区分	精密な作業	普通の作業	粗な作業
基準	300lx以上	150lx以上	70lx以上

推奨照度

照度［lx］	場所	作業
1500	制御室などの計器盤・制御盤	精密機械・電子部品の製造、印刷工場などでのきわめて細かい視作業
750	設計室・製図室・事務室	繊維工場での選別・検査、印刷工場での校正、化学工場での分析などでの細かい視作業
500	制御室・会議室	一般の製造工程などでの普通の視作業
200	電気室・空調機械室	粗な視作業
100	出入口・通路・作業を伴う倉庫	ごく粗な視作業

出典：『照明基礎講座テキスト』（（社）照明学会）をもとに作成

集合住宅のエントランス

point
エントランスは「不安な印象を与える暗がり」をなくす。外構を演出すると、「建物のグレード感」をアップできる

エントランスの照明

集合住宅のエントランスは共用部であり、住人が使用する公共的なスペースである。外出時や帰宅時などに住人が毎日通り、不特定多数の人が出入りするため、安心感や清潔感が求められる。照明計画においては、不安な印象を与える暗がりをなくすことが重要である。

また、最近のエントランスは、マンションなどのグレード感を表現する顔のような位置づけとなり、間接照明やシャンデリア、アートワークを照らすあかりを採用するなど、照明の演出やデザインに凝った集合住宅が増えている。

エントランスの照明手法としては、全般照明とアクセント照明を併用すると、暗がりのない、安心感のあるスペースをつくりやすい。また、壁、床、天井それぞれに光を配置するように計画すると、グレード感が増す。天井高のあるエントランスホールの場合は、天井や壁面に思い切った間接照明を設けると、より開放的でリッチな雰囲気になる。反対に、天井が低く狭い場合は、壁に重点をおき、奥行きを強調するとよい。

外構の照明

外構の照明に適度な演出をすると、建物の質をグレードアップさせる要素になる。そのため、集合住宅のサイン看板、植栽、アプローチ、彫刻、池などの外構要素に加え、エントランス付近の壁面や軒など、照明を当てて雰囲気をよくできる要素に対しては、照明手法を幅広く検討する。

計画の際は、住戸の窓に面した側に影響を与える演出をしないように注意する。たとえば、バルコニーのある壁をライトアップした場合、軒を照らしたあかりの明るさが各住戸の室内に影響を与え、クレームになることがある。近隣の建物にも配慮し、光が不用意に漏れて、住人や通行人に不快な思いをさせないようにする。

■集合住宅のエントランス廻りの照明

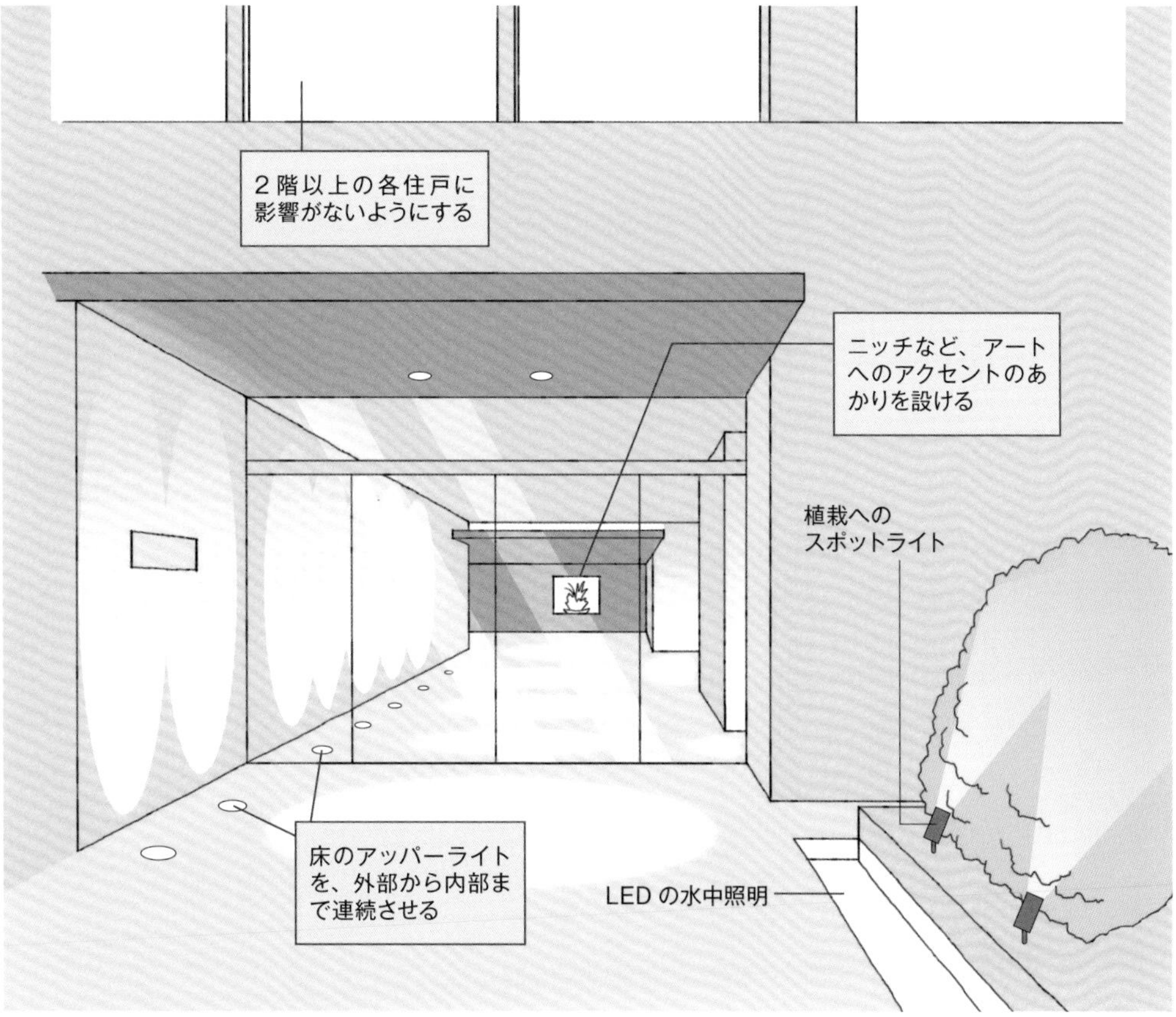

■外構の照明の注意

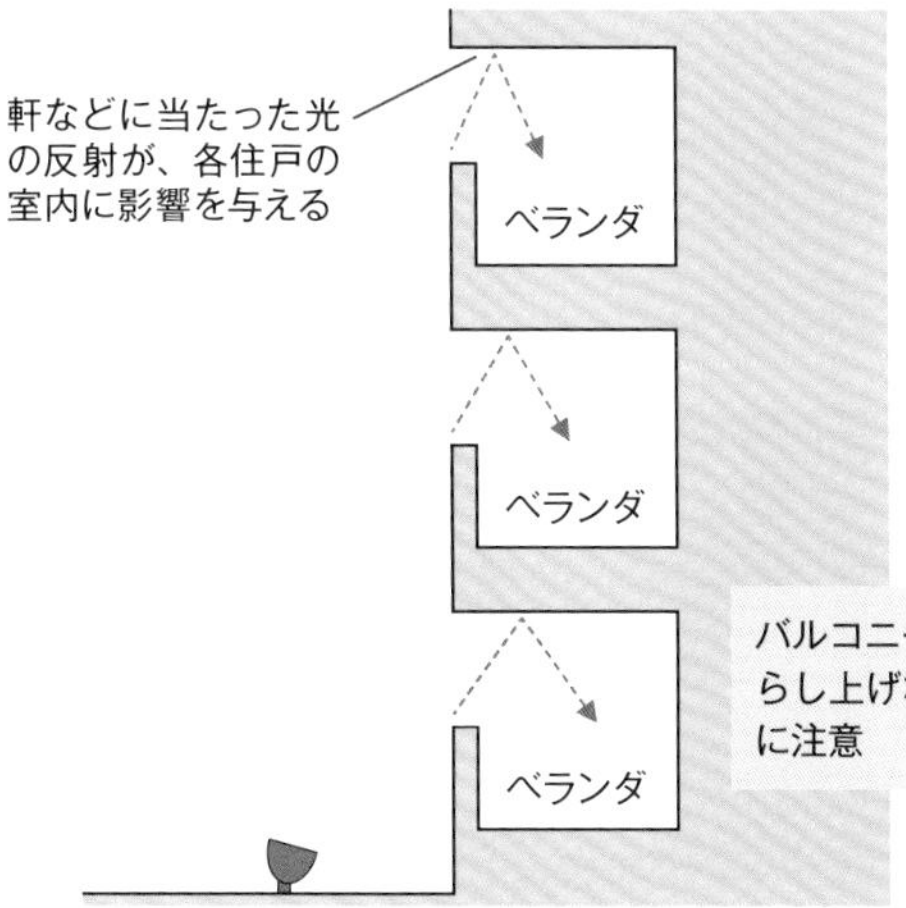
バルコニー側は照
らし上げないよう

●エントランス上部の演出

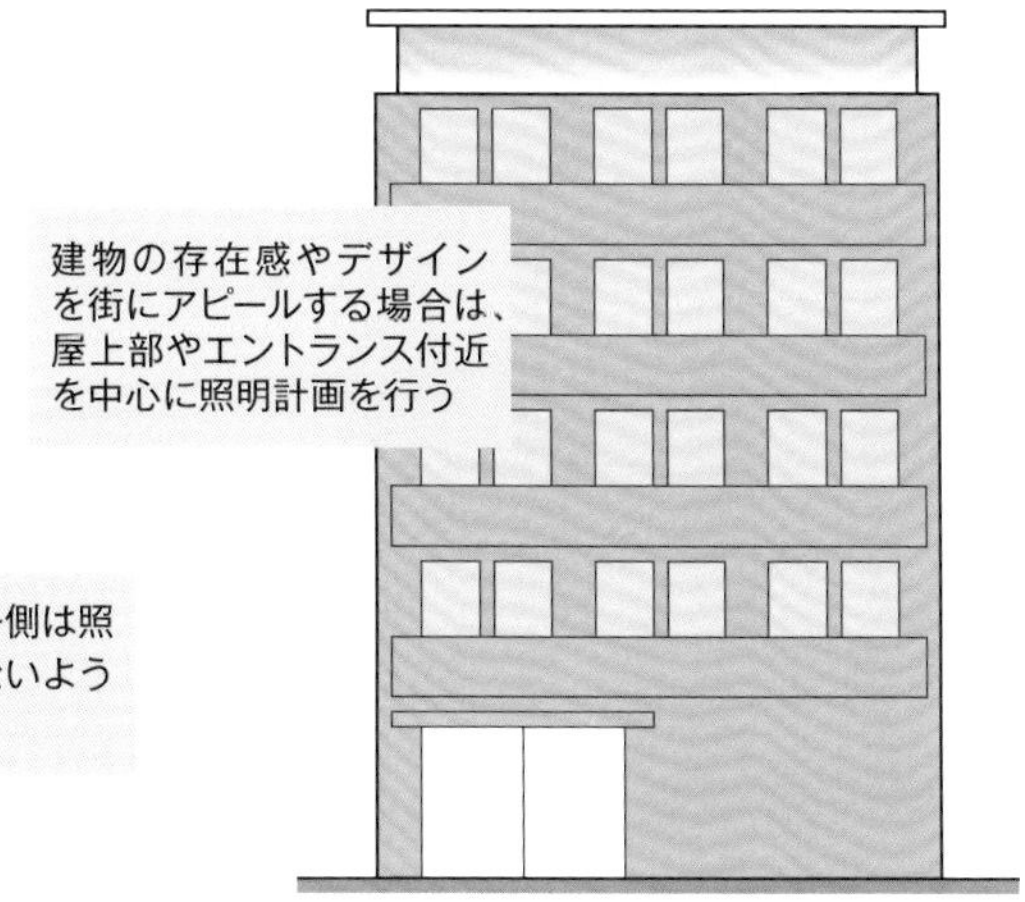

087

非常用照明と階段誘導灯

point 停電時の点灯時間は、「非常用照明は30分以上」「誘導灯は20分以上」が原則

非常用照明器具を設置

集合住宅や不特定多数が使用する施設などの共用廊下は、安心して通行できる明るさを確保するとともに、非常用の照明器具を設置する必要がある。非常用照明器具は、建築基準法の基準を満たした製品の使用が義務づけられている（建築基準法施行令126条の5および昭45建告１８３０号に適合）。直接照明の明るさは、床面で１lx（蛍光灯およびＬＥＤは２lx）以上とし、非常用照明装置の電気配線はほかの照明用回路とは別系統とする。また30分以上点灯できる予備電源が必要である。

器具の種類

非常用照明器具の種類には、常時点灯する通路灯との兼用型と、非常用のみの専用型がある。いずれも器具の内部に内蔵蓄電池などの非常用電源をもち、停電時に自動で点灯して避難ルートを照らし、避難の安全性を確保する。

器具のタイプには、蛍光灯の露出型トラフや埋込み型、ダウンライト型、ミニクリプトン電球ダウンライト型、防湿型、防雨型、ブラケット型などがある。専用型には、非常用照明専用ハロゲンランプを使ったタイプなどがある。ＬＥＤ器具も増えており、ランプの長寿命と小型化がメリットである。

階段誘導灯

集合住宅の避難階段も、消防法に従って階段誘導灯を設置する必要がある。これも、常時点灯との兼用型と専用型があり、停電時に内部蓄電池で20分以上点灯（建物によっては60分以上点灯）できなくてはならない。また、人を感知して調光や点灯ができる、省エネを考慮したセンサー付きの器具もある。

屋外避難階段の場合、誘導灯の配列がそのまま建物の夜の景観となってしまう。経済性は重要だが、景観の一部になることも考慮し、器具やランプのタイプ、台数、配列などを考えたい。こちらも、省エネ性能と寿命の長さからＬＥＤ器具が主流になっている。

■非常用照明器具の種類

●白熱灯（ハロゲンランプ）専用型

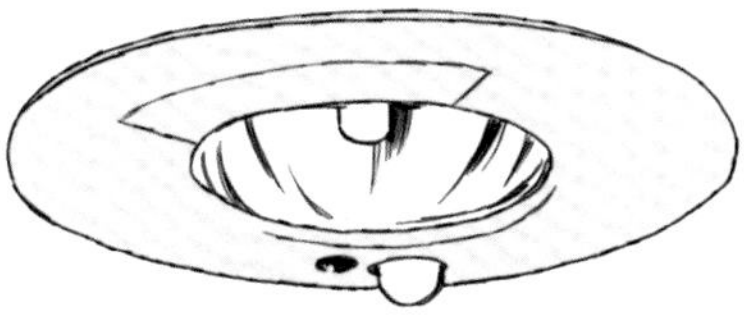

常　時：点灯なし
非常時：非常用電球（内蔵蓄電池）
●ニッケル水素蓄電池使用
●自動充電装置内蔵
●点検スイッチ付き

●白熱灯兼用型

常　時：白熱灯
非常時：非常灯用電球（内蔵蓄電池）
●ニッケルカドミウム蓄電池使用
●自動充電装置内蔵
●点検スイッチ付き

●蛍光灯兼用型

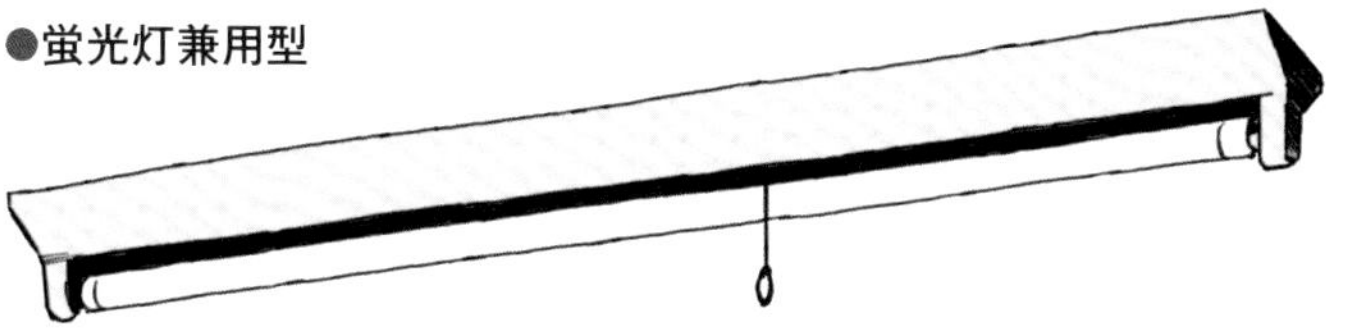

常　時：蛍光灯
非常時：蛍光灯（内蔵蓄電池）
●ニッケル水素蓄電池使用
●自動充電装置内蔵
●点検スイッチ付き
●充電モニタ付き

■センサー付き階段誘導灯

●調光タイプ

●人がいるときは100%点灯

●人がいないときは30%に調光

センサーで調光や点灯ができる器具は、電力消費量を抑えて省エネに役立つ。また、CO_2削減効果もある

●点灯タイプ

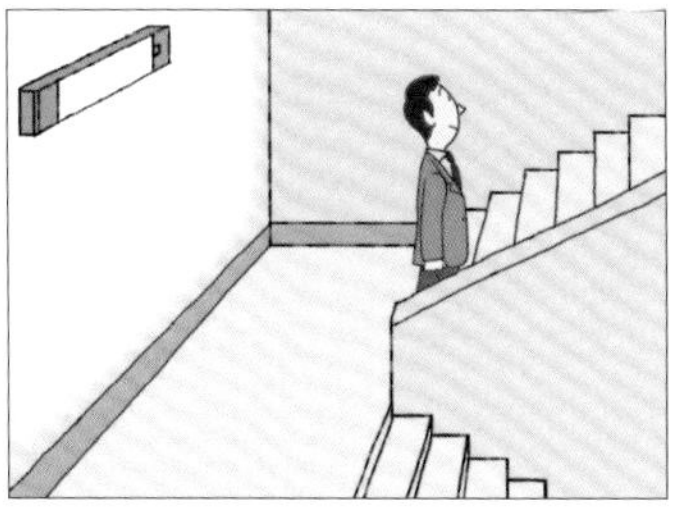

●人がいるときは100%点灯

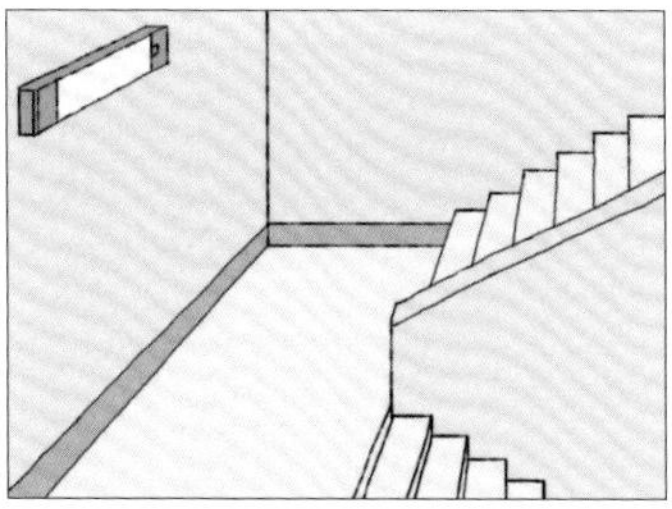

●人がいないときは消灯

オフィスのタスク・アンビエント照明

作業を行う机上面や床面への明るさは、一般的な天井設置の全般照明で十分得られるが、空間としては薄暗く見えてスペースの快適さが物足りない場合がある（写真 1）。タスク・アンビエント照明を導入すると、天井面の視覚的な明るさ感がより高まり、全体的な照度（平均照度）が十分でなくても快適な環境となる（写真 2）。机上面には必要な場所に応じてタスク照明を補うことにより、トータルで省エネを図ることができる

クリニックの待ち合いスペースの照明

3

リビングルームにいるかのように、リラックスして快適に過ごせる雰囲気をつくる、というコンセプトで照明計画を行う。コーニス照明とスタンドで壁面側に明るさを与えて広がりを強調し、ダウンライトでさりげなく座る場所を示しつつ全般的な明るさを確保している

病院の病室の照明

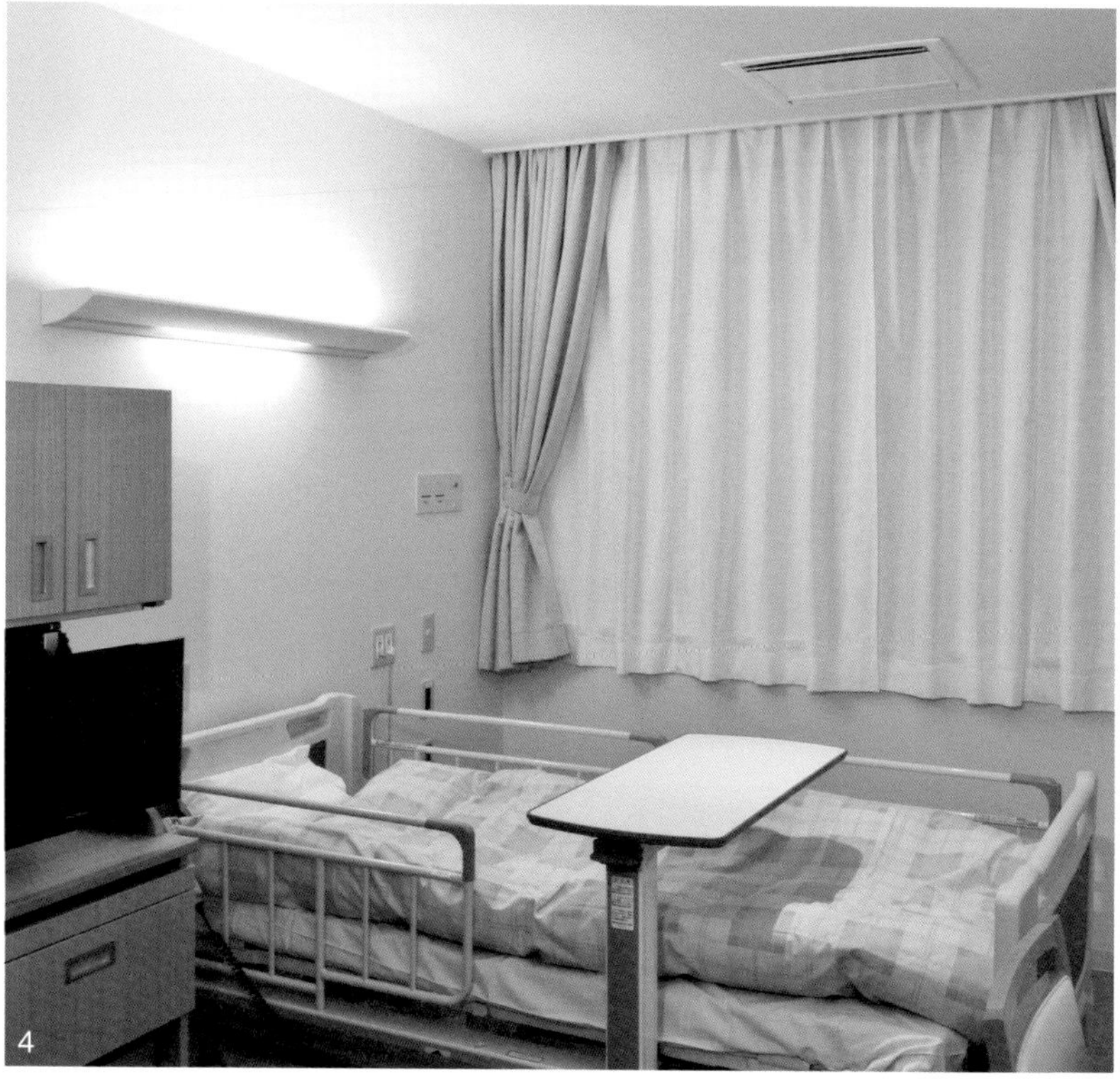
4

天井側に向けた間接照明、手元を照らすタスク照明、配光を狭く抑えた天井照明により、ベッドで寝ている姿勢と上半身を起こした姿勢の両方への配慮と、同室者への配慮がなされ、機能的で快適な照明環境を実現している

写真 〈1・2〉提供：山田照明 〈3〉提供：著者 〈4〉事例：調布東山病院、提供：山田照明

和食店の照明

5

テーブル面はダウンライトで照らし、空間の明るさは通路を中心とした全般照明と壁面のコーニス照明およびブラケット照明でつくり出している。壁面や天井面の仕上げ材を強調した演出としている

バーの照明

6

非日常的な空間であることを求められるので、ドラマチックでかつ落ち着く雰囲気を目指す。カウンター越しのボトル棚などは演出の要なので、華やかに照明で演出し、テーブル面はさりげなくしっかりと照らす

7

ラウンジ席はかなり暗くてもよいが、壁面のアートなどは演出のポイントなので、スポットライトやピクチャーライトなどで照らす。スタンドの存在も重要

宴会場の照明

8

9

宴会場では演出が多様なので、すべての照明を調光でコントロールできるようにする。パーティションによる部屋の分割に対応し、雰囲気を変えられるように回路分けがなされている必要がある。コーブ照明は空間の高さや奥行きを強調し、華やかさを演出する

写真　〈5 ~ 9〉事例・提供：ホテル ニューオータニ熊本

column 照明業界の省エネ目標値

「暗さも楽しむ」など照明への意識を変えて省エネを推進

　地球温暖化の防止が世界的に注目されているなか、さまざまな分野でCO_2の排出削減目標が掲げられている。オフィスや家庭でも、省エネを通じ、一人ひとりがCO_2削減を考える時代となった。

　照明の分野ではどうだろうか。建物で消費されるエネルギーのうち、照明用として消費されるのは、オフィスビルでは夏約24％、冬約33％、一般家庭では約13・4％である。この割合を大きいと見るか、小さいと見るかは議論の分かれるところだが、今後はさらに照明の消費電力を下げ、エネルギーを減らしていく工夫が求められるだろう。

　政府は地球温暖化対策の重要な施策として、2030年度までに、家庭やオフィスなど全ての照明をLED化することを掲げている。国内のすべての照明器具がLED照明に置き換わると、消費電力が50％削減できるという試算もある。

　照明計画を行う側から見ても、LED化に伴う省エネ化、長寿命化の重要性それ自体には異論をはさむ余地は無い。しかし、こうした技術的進歩に頼るだけでなく、「過剰な明るさを求めない」「暗さも楽しむ」「夜型の生活を改める」といった、生活する側、照明を使う側の意識を変えていくことも重要ではないだろうか。

家庭における機器別電気使用量の内訳

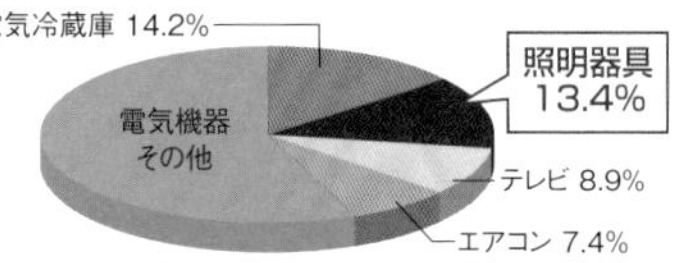

*世帯当たり電気使用量：約4,618kWh/年（2009年）
出典：資源エネルギー庁平成21年度民生部門エネルギー消費実態調査および機器の使用に関する補足調査より日本エネルギー経済研究所が試算。（エアコンは2009年の日本の冷夏・暖冬の影響含む）

一般的なオフィスビルにおける用途別電力消費比率（冬）

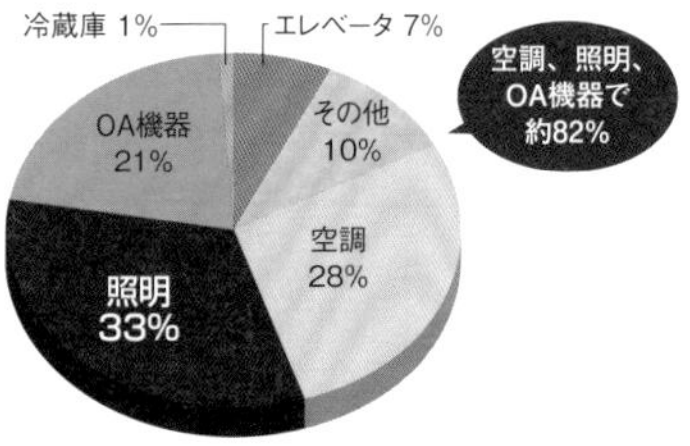

一般的なオフィスビルにおける用途別電力消費比率（夏）

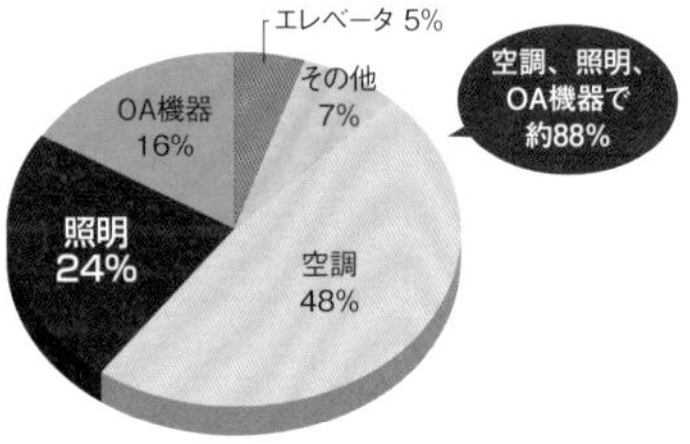

日本照明工業会　照明器具カエルBOOK 2020より

照明器具の国内消費電力量削減シミュレーション

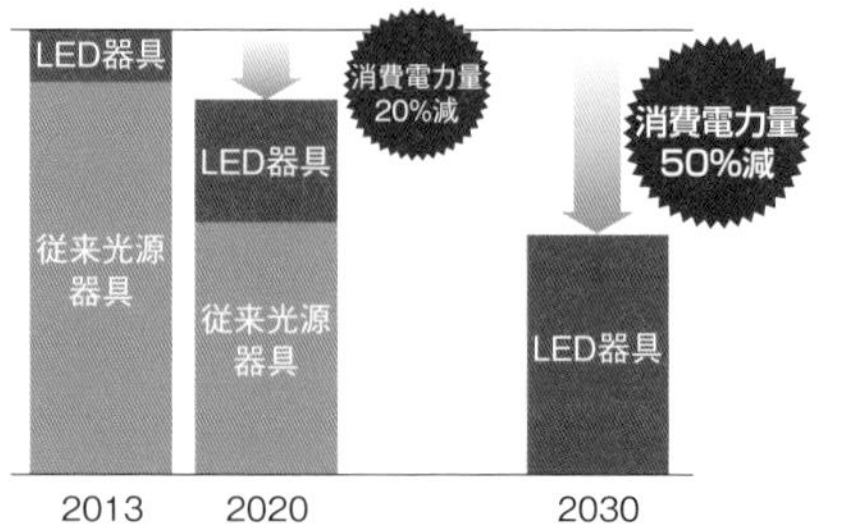

*2013年に照明器具を17億台と推定し、2020年に半分、2030年にすべての照明器具がLED照明器具に置き換わった場合の試算。
【備考】上記のグラフは［Lighting Vision 2030］2019年3月制定（一社）日本照明工業会の資料を基に「あかりの日」委員会にて作成しています。

日本照明工業会　「あかりの日」委員会2020パンフレットより

Chapter

6

ランプと器具

LED（発光ダイオード）

point
LEDはほかの光源と比較して総合的にベストな光源・器具である。性能は今後さらに進化していくことも予想される

半導体の一種

LEDはLight Emitting Diode（発光ダイオード）の略で、電流を流すと発光する半導体の一種である。LEDに電圧を加えると、＋と－が結合するときに発生するエネルギーが直接光になるので、効率がよい。蛍光灯は廃材から水銀などの有毒物質が発生する恐れがあるが、LEDはこの心配もない。

LED導入のメリット

●**省エネ性能が高効率**　ランプ効率はほかのどのランプよりも優位である。高効率のHf蛍光灯が110lm／W程度に対し、ライン型またはスクエア型全般照明の高効率なLED製品は160～190lm／W。また、FHT蛍光灯32Wベースダウンライトが65Lm／W程度に対し、鏡面のFHTW型LEDベースダウンライトは100lm／W程度である。

●**ランプ寿命は4万時間超**　Hf蛍光灯の寿命が1万2，000時間に対し、LEDランプ4万時間程度。一部、2万時間や3万時間のものもある。

●**オン・オフ点滅に強い**　スイッチのオン・オフ点滅による光源劣化がなく、特にトイレや廊下（人感センサー付き）など頻繁に点滅する場所に適する。

●**コンパクトに設置できる**　光源が小型なので、間接照明やフットライト、手摺照明、棚下照明、小型演出用スポットライトなどへ活用しやすい。

●**火傷するほどの高温にならない**　火傷するほど高温にはならないので、植栽照明、床埋込みインジケーター照明など手で触れる部位の照明にも適する。

●**商品や美術品が劣化しない**　紫外線と赤外線をほとんど発しないので、美術品や繊細な対象物への照射用に向く。紫外線が虫を寄せ集める心配もないので、屋外用にも適する。

●**防災用にもお薦め**　消費電力が少ないLED照明は、ソーラー電源や非常用バッテリーからの電源でも十分な明るさが得られ、比較的長時間使用できるので、災害時にで役立つ。キャンプなど屋外活動の際の照明にも適する。

■LEDのしくみ

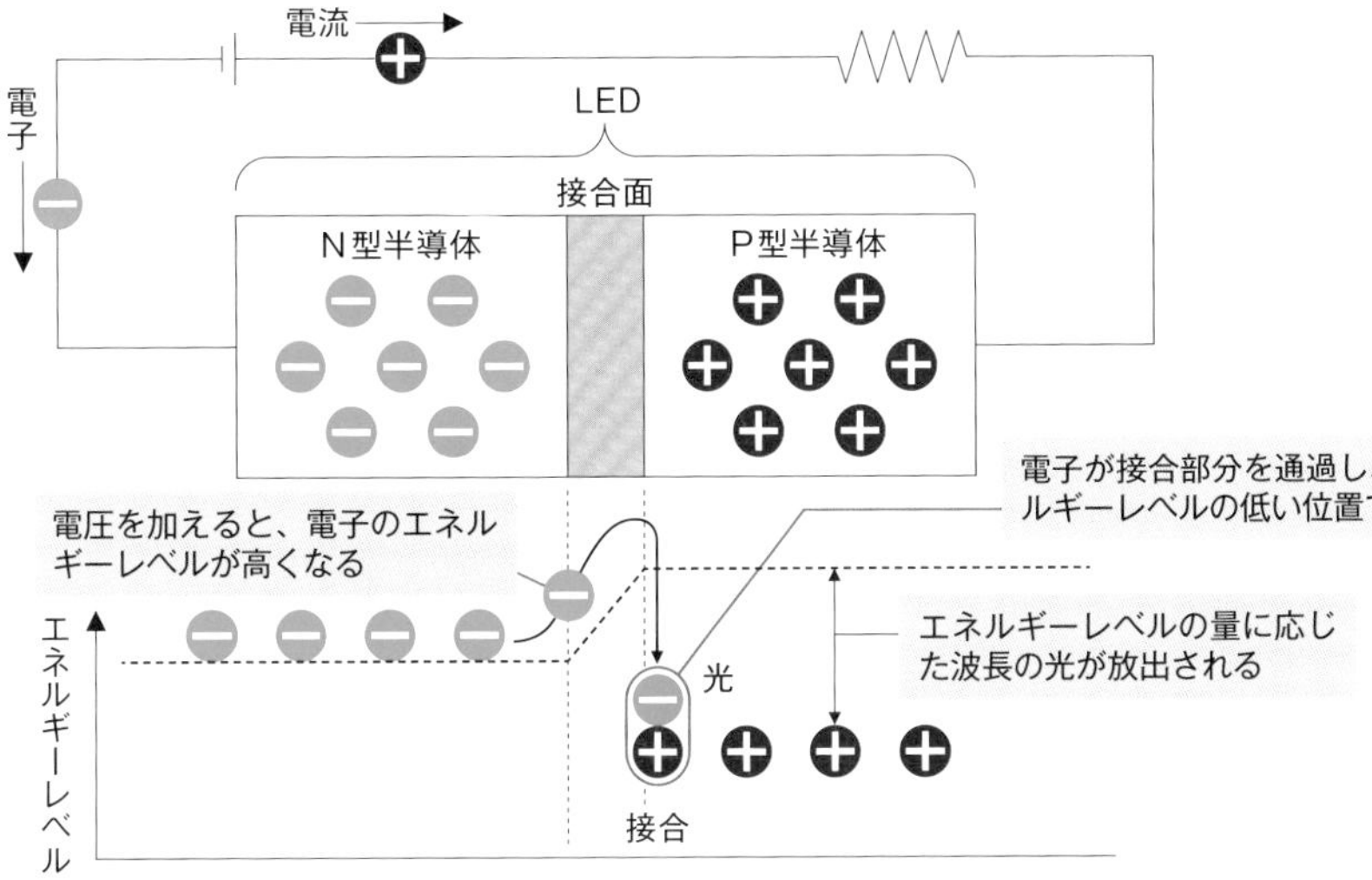
電子が接合部分を通過し、エネルギーレベルの低い位置で結合

■コンパクトな器具

●間接照明

ランプ交換がしづらい位置に設置できる。高い照度は必要ない

●ステップライト

周囲が真っ暗でも明るくなりすぎず安全な歩行を助ける効果があるほか、消費電力が少ないため常夜灯としても使える

●ミニスポット

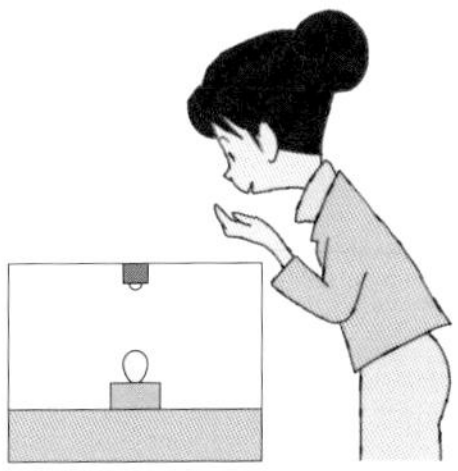

貴金属類などを照らすミニスポット。小型なのでショーケースに納まりやすく、紫外線・赤外線および熱で商品を傷めにくい

●インテリアとして魅力的なデザイン

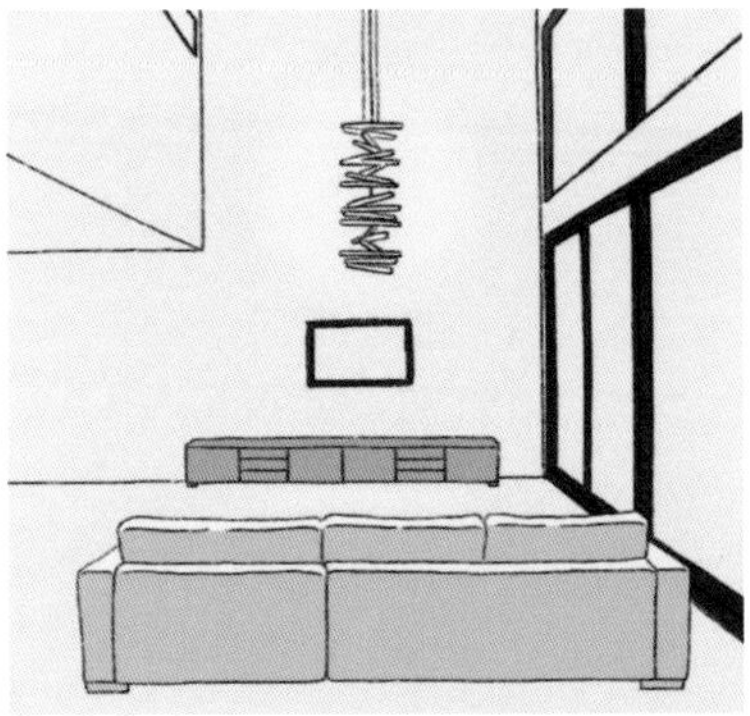

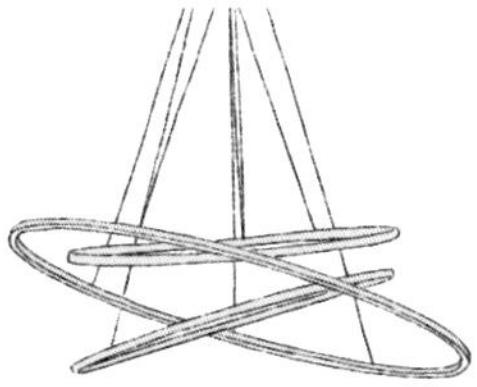

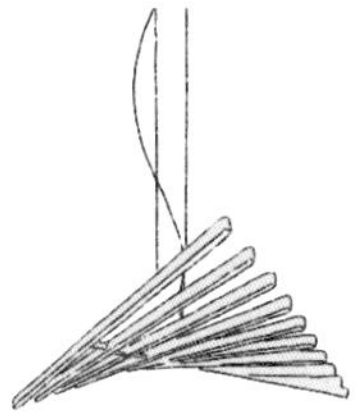

特にヨーロッパのメーカーから、LEDの素子の小ささを活かした、洗練されたデザインの器具が発売されている。ごく薄い、線状の発光面をアレンジし、明るさを確保すると同時に斬新な造形を生み出している

LEDによる演出

point 演出照明としての性能がよいことも大きな特徴。LED照明で建築やインテリアのほぼあらゆる箇所を計画できる

演色性に優れるLED

LEDランプはもともと家電のインジケーターや電光表示板などに利用されていた。2009年頃から技術進歩がめざましく、青色発光ダイオードの開発や多色化、高輝度化が進み、さらに色温度や演色性、LEDチップのばらつきや、コストも改善され、今や蛍光灯に替わる省エネ光源となった。

初期のLEDランプの平均演色評価数はRa82程度だったが、全体的に性能は向上しており、Ra90前後の製品が増えている。Ra98の製品もあり、これは美術品や高価な商品などを照らすのに適している。

演色性を保ったまま、繊細に自由に、色温度と明るさをコントロールすることもできる。特に、カラーチェンジができるカラー照明はほかのランプとは大きく異なるLEDランプ特徴であり、演出照明の分野で活用されている。最近は照射の向きや配光まで微調整できる器具もつくられている。

スマートフォンで調光コントロール

調光する場合、かつてはPWM方式や位相制御方式の配線工事が必要であった。あるいは、通常のオン・オフ電気回路のまま、手動ダイヤルで調光できる器具を用いていた。しかし、最近はWi-Fiを経由してスマートフォンなどでコントロールできる器具も販売されている。設置した器具を操作端末で設定することで、個別調光やグループ分け、シーン設定、タイマー設定などをすべてその操作端末から行うことが可能である。住宅用のなかには、操作が簡単にできる従来の壁付けスイッチの製品もある。

調色対応製品は限られる

調光できるLED製品は多いが、調色できるものはまだ少なく、価格も高価である。大手照明メーカーから出ている、調色範囲は限定的となるが比較的廉価な製品であれば、住宅で採用しやすい。

■スマホでコントロール

調色・調光可能な LED ランプは、ダウンロードしたアプリでコントロールする。IoT デバイスを介して、音声でコントロールできるものもある。これらは電気工事が必要ない

演色性の優れた光で、多様な色温度をコントロール

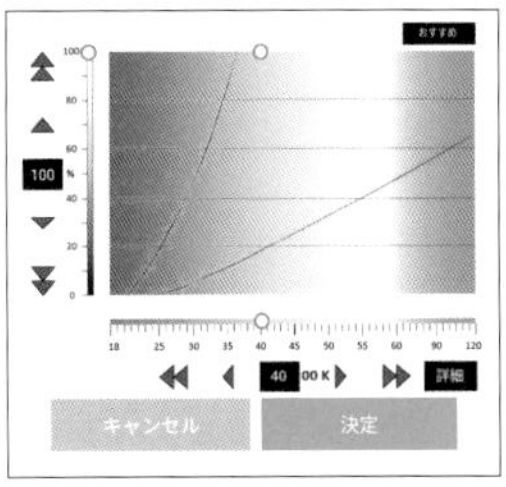

2,700 ~ 5,600 K 程度の範囲で調色できる LED ランプが増えている。1,800 ~ 12,000K の範囲で調色できるものもある

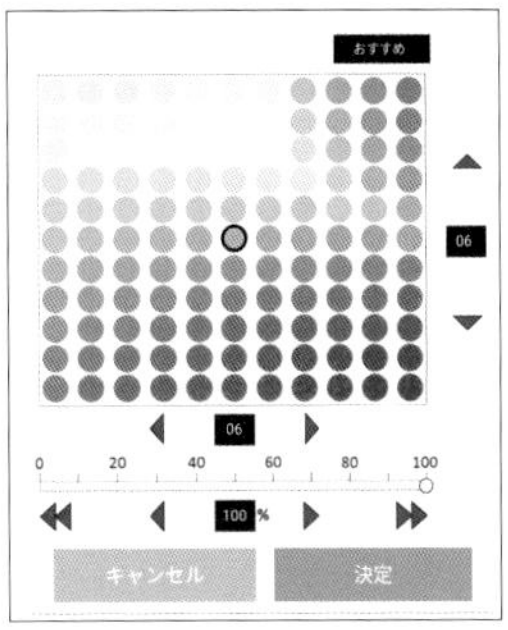

レッド、ブルー、グリーンなどのカラー照明が可能なランプもある

■お手軽コントロールスイッチ

●調色

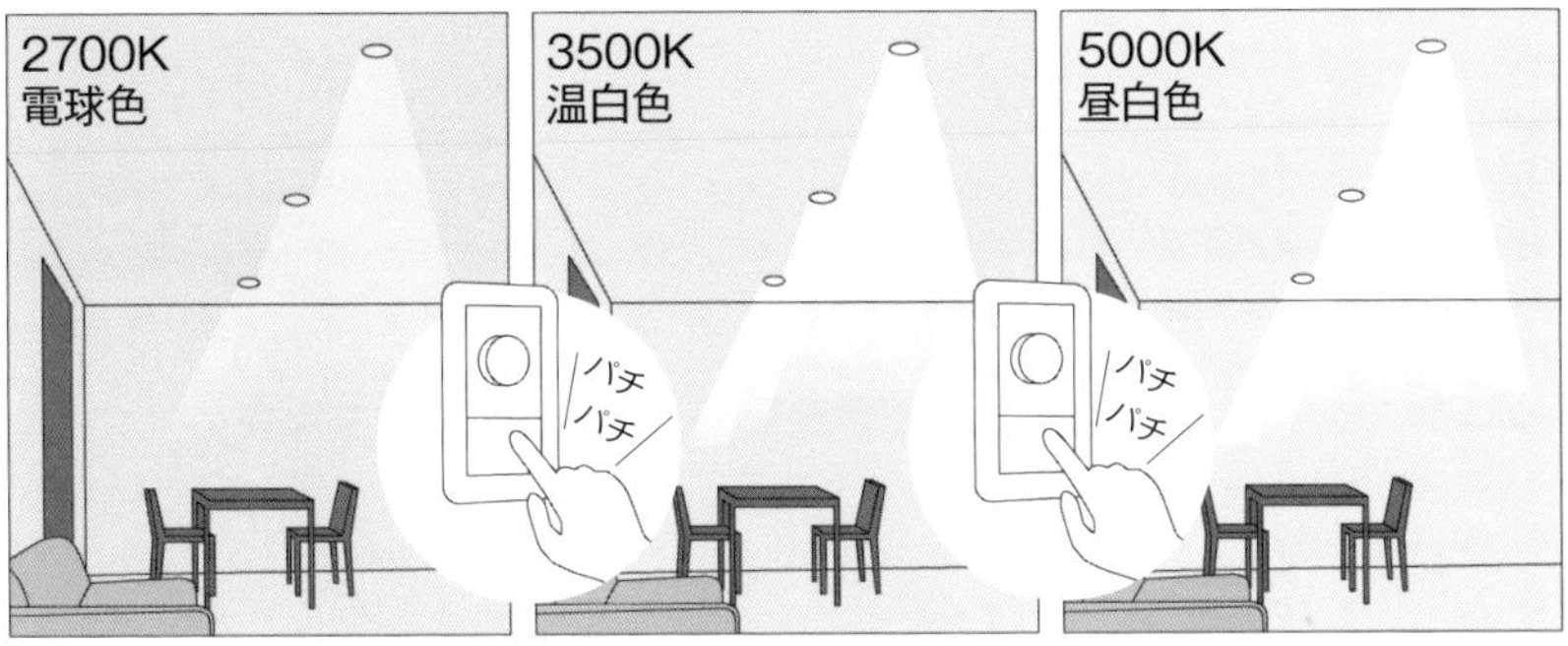

プルレススイッチで色温度を切替え

●調光

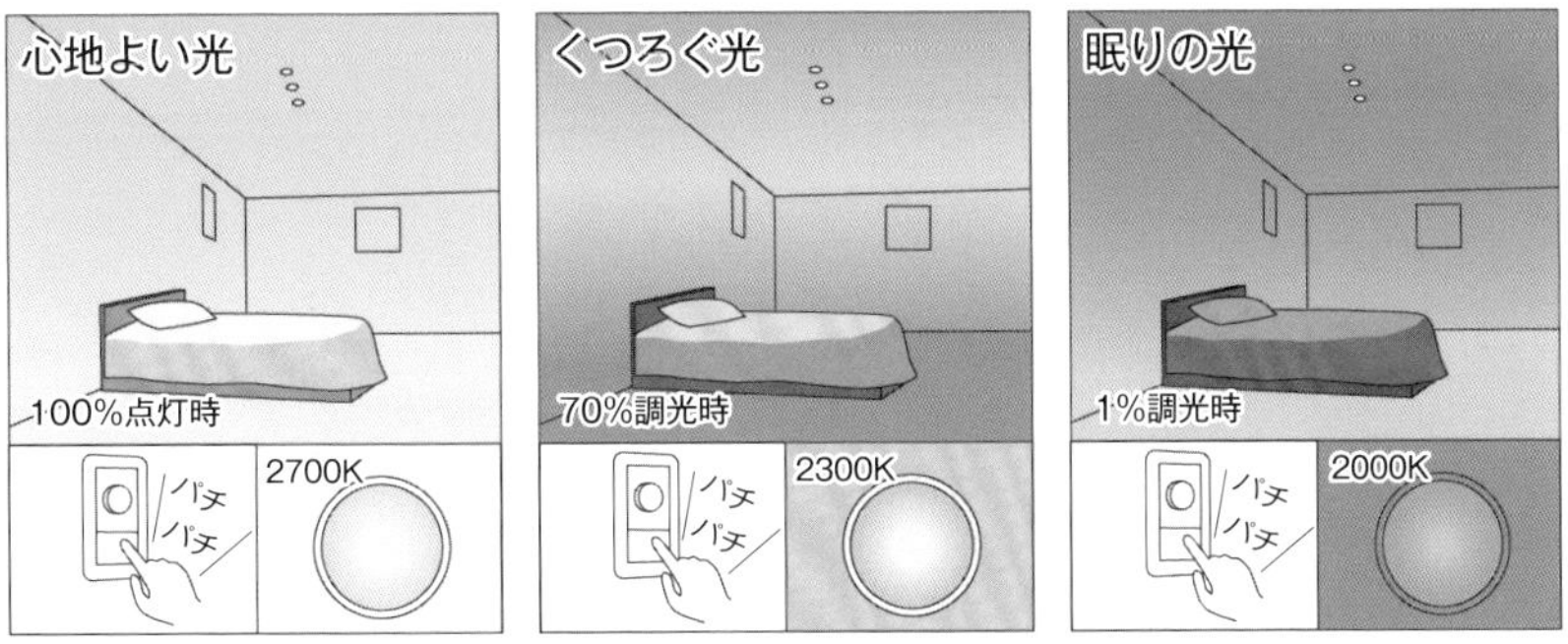

プルレススイッチで明るさを切替え。下限 1%程度まで絞ることができる

LED導入の注意点

point LEDに明らかなデメリットは思い当たらないが、「よりよい照明環境の実現」という観点から注意すべきこともある

選ぶ際のポイント

●**故障はあり得る**　ランプが長寿命とはいえ、器具・ランプの故障は起こりうる。特にランプ一体型器具の場合、器具ごと交換が必要になるとコストや時間がかかる。製品の修理保証も確認しておきたい。

●**交換は専門会社に**　ユニット式器具ならランプのみ交換できるが、メーカーごとに異なる規格は一般の人にはわかりづらい。電気工事の専門会社に依頼するほうが安心である。

●**性能の陳腐化が早い**　LED製品の改善は進行中で、今後もさらに高性能で廉価になると思われる。数年前の機種が陳腐化して劣って見える可能性も。

●**廉価品は光の質が劣る**　廉価な電球型LEDランプは、白熱電球に比べて演色性や色味の自然さなどは劣ることが多い。

●**グレアカットが不十分**　廉価でランプ効率のよいLEDダウンライトなどは使いやすいが、薄型のSB型高気密タイプはグレアカットが不十分で、光源がまぶしく見えるものが多い。

旧型ランプをLEDランプに

主要なE26またはE17口金白熱電球やE11口金ダイクロハロゲンランプなどは、LEDランプに置き換えられるケースが多い。置き換えに対応したLEDランプ・器具はレトロフィットと呼ばれる。

一方、LEDランプは安定器が不要なので、安定器付き蛍光灯（管型・リング型・コンパクト型蛍光灯）やHIDランプとは置き換えられない。安定器がないE26またはE17口金電球型蛍光灯や水銀灯とならば可能である。

また、調光対応のLEDランプは調光回路に取り付けないと機能しない。オン・オフ回路に取り付けてしまうと、点灯しなかったり故障したりすることがある。LEDランプは従来型のランプよりも部分的に大きい場合があるので、そもそもLEDランプが既存器具に納まるかどうか、注意して確認する。

■長寿命といっても交換前提で設置

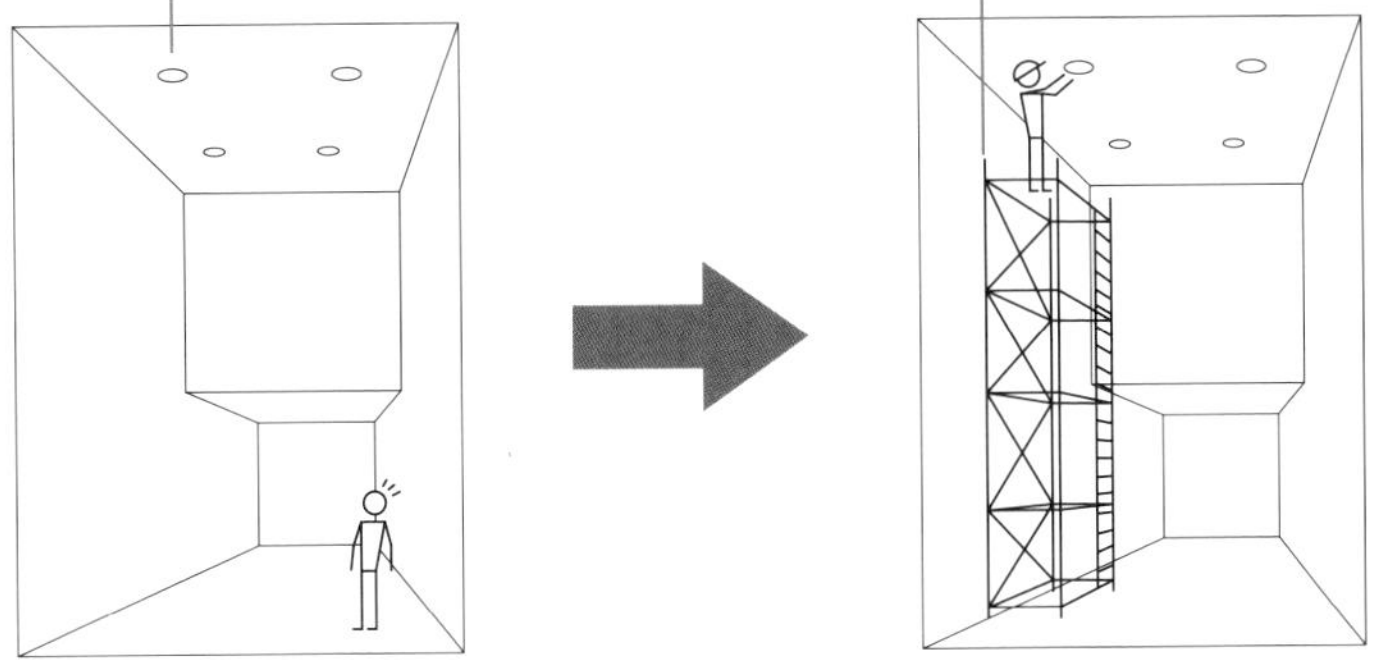
吹き抜けの高い天井の
照明が故障
足場を組んで電気工事業者に修理
依頼が必要になる可能性も…

■従来型照明のランプをLEDに更新

●カタログの見方

JDRランプ品番XXXXXX

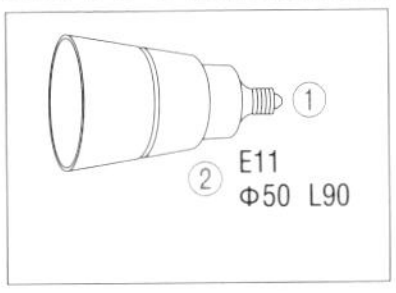

6500K–2700K相当 Ra82 ⑥

③ 従来ランプ相関：12V Φ50ダイクロハロゲン球75W形50W

④ 仕様 ⑦ 適合器具

配光	型番	口金	色温度	定格電圧	消費電力	全光束(5000K時)	固有エネルギー消費能率	価格	⑤
中角	XXX-XXXX	E11	6500-2700K相当	100V	8.6W	695lm	80.8lm／W	¥8,200	・ダウンライト ・スポットライト
広角	XXX-XXXX					709lm	82.4lm／W		
超広角	XXX-XXXX					653lm	75.9lm／W		

①取り付け口金タイプを確認
②器具本体の大きさを確認(このランプの場合、通常のJDRランプよりかなり長いので、既存器具に入るか要確認)
③同等の明るさの旧型ランプのタイプを確認
④配光角度を確認(数値が無い場合は配光曲線データを探す)
⑤取り付け可能な器具タイプを確認
⑥色温度や演色評価数Raを確認
⑦省エネ効率(lm/W)を確認

●グレアスタイプの断面形状

薄型SB型高気密タイプ	グレアレスタイプ

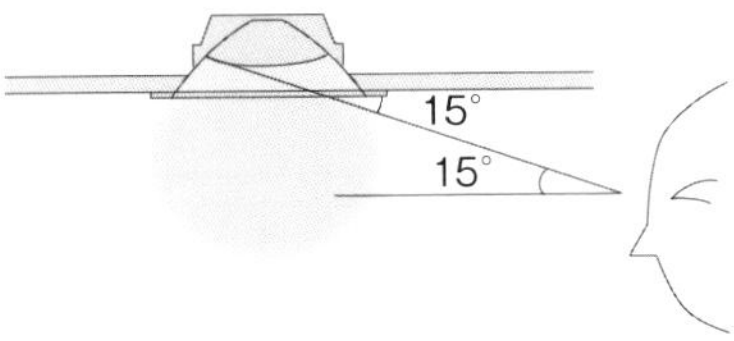

真横を向いても光源が視線に入る

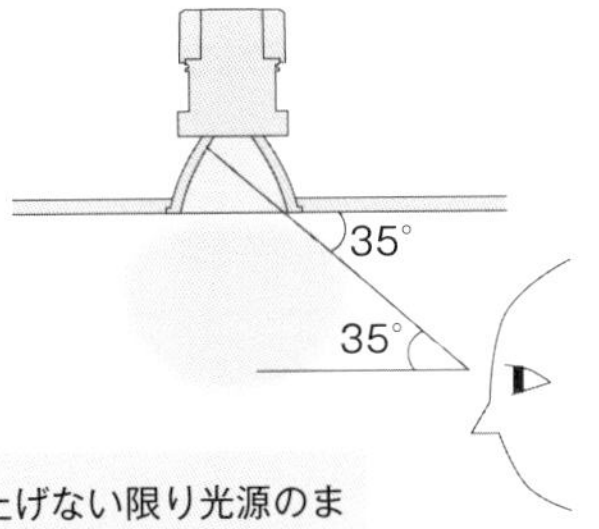

見上げない限り光源のまぶしさは気にならない

蛍光ランプ

point
ランプ効率が高く、種類の多さや価格面などLED主流前は総合的な性能が最も優れ、普及しているランプ

蛍光ランプの特徴

蛍光ランプのメリットは、①ランプ効率が高い、②長寿命（6000～1万2000時間）、③比較的安価、④輝度が低く、まぶしさが少ない、⑤ランプの表面温度が低い、⑥色温度が選べる、⑦連続調光が可能なものもある、などである。デメリットは、①安定器が必要、②ランプがやや大きく、繊細な配光制御には不向き、③周囲の温度に影響を受ける、などである。

温度の影響としては、特に低温で点灯状態が安定しないため、屋外や寒冷地はランプの保温を考慮して器具を選ぶ。また、演色性は白熱電球に劣るが、高演色型にはRa84以上のものもある。

LEDへのランプ交換対応

蛍光灯は演色性と調光性能以外は白熱電球より優れた点が多く、特に省エネの観点から以前より電球型蛍光灯が白熱電球の代わりに使用されてきた。しかしLED電球が低価格になり、長寿命のため今はLEDが主流である。蛍光灯の点灯の遅さに対してLEDはすぐに点灯し、また低温下での使用の安定性も優れている。白熱電球や電球型の安定器内蔵蛍光灯ランプからのLEDへの交換は口金が適正であれば基本は可能だが、電球の形状や大きさが合わずに取り付けられない場合もある。

管型蛍光灯器具からのランプ交換については、LEDでは安定器は不要であり、ランプ交換のためにそのランプに合わせた照明器具設置の電気工事が必要となる。工事を行うとメーカーからの保証からも外れる。大手メーカーからこれらの代替用LEDランプが発売されておらず、安全性や信頼性にも不安が残る。ランプ効率についても改善の程度にばらつきがある。管型蛍光灯器具やコンパクト型蛍光灯器具の場合は、ランプ自体の価格も下がっているので、そのままランプ交換しながら使用を続け、器具の寿命が近づいたとき（10年以上）器具ごとLED器具に交換（工事必要）する方がお勧めである。

■蛍光ランプの構造

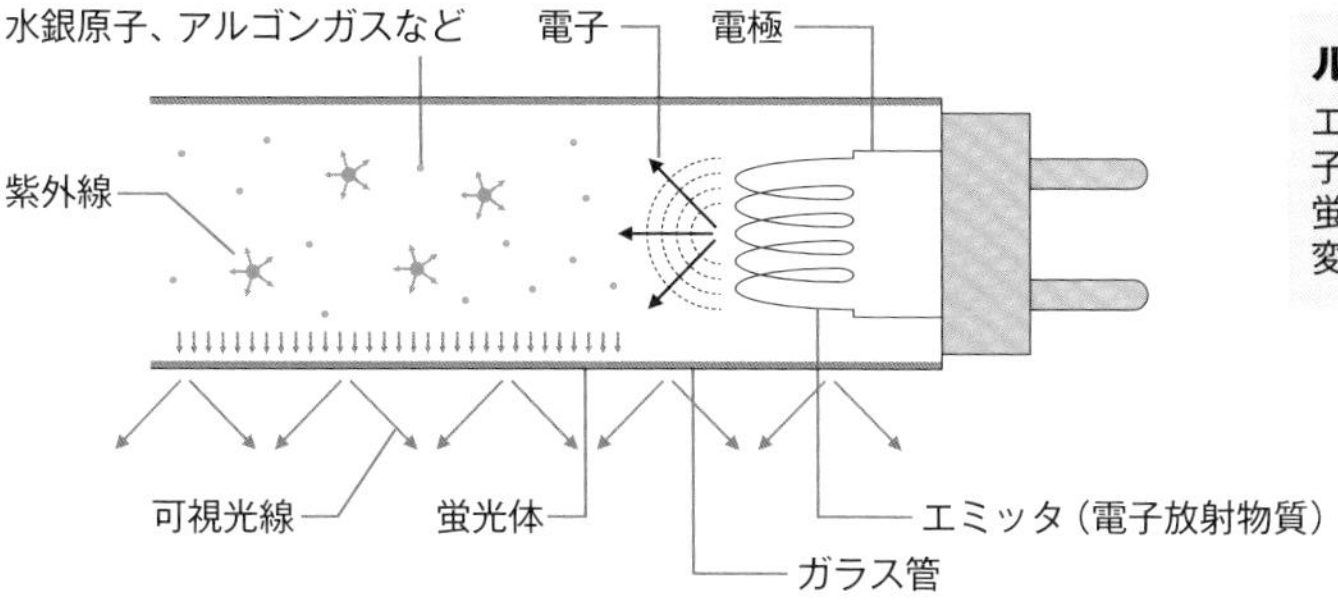

ルミネセンス

エミッタから放出された電子が水銀原子に衝突し、紫外線が発生。紫外線が蛍光体に当たり、紫外線を可視光線に変え、ガラス管表面から発光する

■蛍光ランプの形状

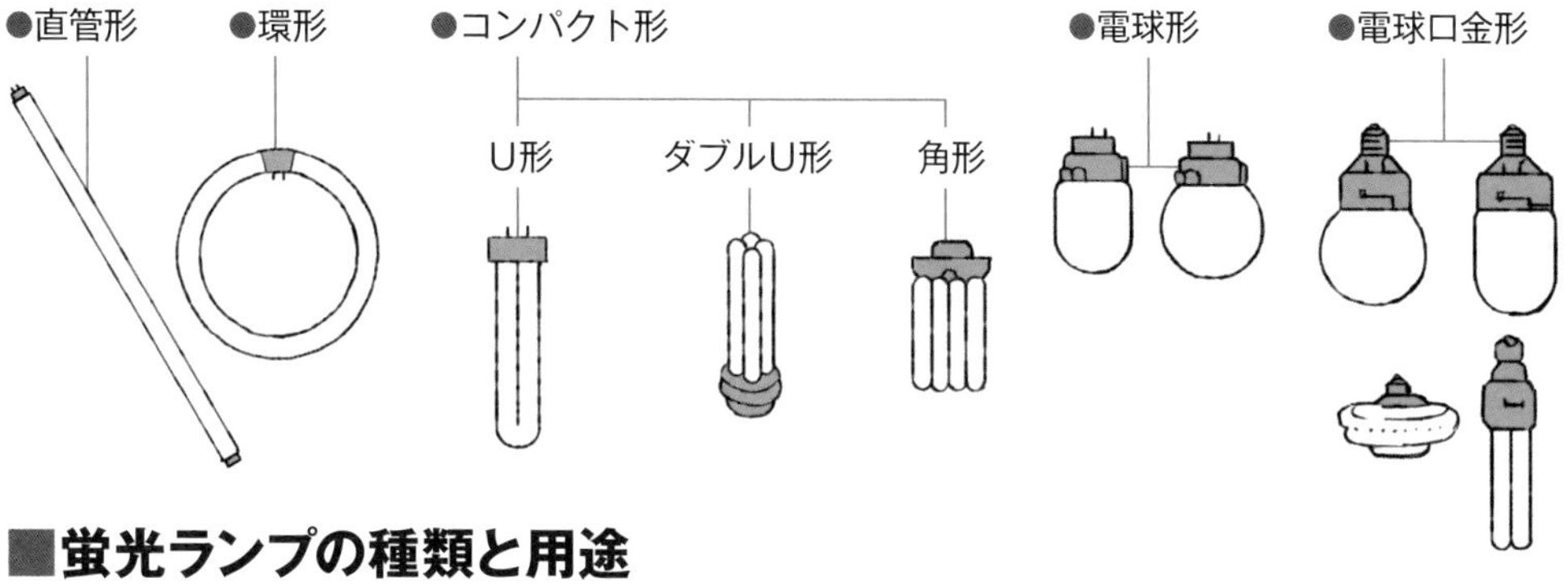

■蛍光ランプの種類と用途

		定格電力[W]	ランプ効率[lm/W]	色温度[K]	平均演色評価数[Ra]	寿命[時間]	ワット数[W]	特徴	用途	LED代替ランプ
スタータ形電球	昼光色	38	71	6,500	77	12,000	4～40	明るさと経済性に優れる。演色性がやや劣る。光色の種類が多い	事務所、工場、住宅などの一般照明 昼光色　涼しい印象になる 昼白色・白色　中間の印象になる 温白色・電球色　暖かい印象になる	×
	昼白色	38	78	5,000	74	12,000	10～40			
	白色	38	82	4,200	64	12,000	4～40			
	温白色	38	79	3,500	59	12,000	20～40			
	電球色	38	75	3,000	65	12,000	20～40			
3波長域発光形（昼白色）		38	88	5,000	84	12,000	10～40	明るさと演色性に優れ、物の色が鮮やかに見える	快適な雰囲気が求められる住宅、事務所、店舗などの照明	×
環形（昼白色）		28	79	5,000	84	5,000	20～40	丸型や角形の器具に適している	住宅、工場などの一般照明	×
ラピッドスタート形直管（白色）		36	83	4,200	64	12,000	20～220	明るさと経済性に優れ、即時点灯や調光ができる	事務所、工場などの一般照明	×
電球形	昼白色	17	45	5,000	83	6,000	13～17	白熱灯と取り替え、そのまま点灯できる。電球よりランプ効率が3倍よく、瞬時点灯できるものもある	店舗、住宅、ホテル、レストランなどの一般照明	○
	電球色	17	45	2,800	82	6,000	13～21			
コンパクト形（U形・安定器分離・昼白色）		27	57	5,000	83	6,000	18～38	小型で、片口金（GX10g、G10g）、3波長域発光形（電球色、昼白色）である	住宅、店舗の一般照明（小ワットのものは街灯、常夜灯など）	×

白熱電球

point 安価で小型・軽量、配線方法も単純なので、器具のデザインがしやすく、連続調光も可能

白熱電球のしくみと種類

白熱電球は、人工照明としては古くからあり、私たちになじみの深い電球である。普通電球、一般電球、シリカ電球などと呼ばれることもあるが、正確には「タングステンフィラメント電球」という。直径66㎜ほどの白色の電球が一般的で、主にバルブ、フィラメント、口金から構成され、ランプのなかでは最も単純な構造である。発光原理は、バルブ内のタングステンフィラメントに通電し、それが高温になり、白熱することで発光する。フィラメントは大気中では燃えてしまうため、バルブ内はアルゴンと窒素の混合ガスを封入し、ランプの寿命を長くしている。

ガラス球をバルブといい、この部分が透明なものをクリア球という。バルブにはさまざまな形状があり、ボール型や扁平型のほか、バルブ自体が小型のミニクリプトンランプなどもある。

ソケットに差し込む部分は口金といい、普通サイズの口金はねじ込み式で、直径が26㎜あることからE26と呼ばれる。ミニクリプトンランプは直径17㎜のため、E17と呼ばれる。口金の形状はねじ込み式だけでなく、ピン式など数種類ある。

空間の雰囲気づくりに有効

白熱電球は住宅や店舗などで使われている。安価で、小型・軽量、配線方法も単純なので、器具のデザインがしやすく、連続調光（0〜100％）が可能なため、空間の雰囲気づくりに有効である。また、演色性もよく、レストランなどで料理や食材をおいしく見せたいときにも適している。

デメリットはランプ効率が低いこと。発熱量が多いため空調負荷が高く、短寿命のためランプ交換が頻繁となり、省エネや省コストの観点は見劣りする。

白熱電球型のLED電球に置き換えられることが多いが、LEDの色温度や明るさを示すのに「電球色」「白熱電球60W相当」と記載されるなど、性能表示の指標になっている。

■白熱電球の構造（E26）

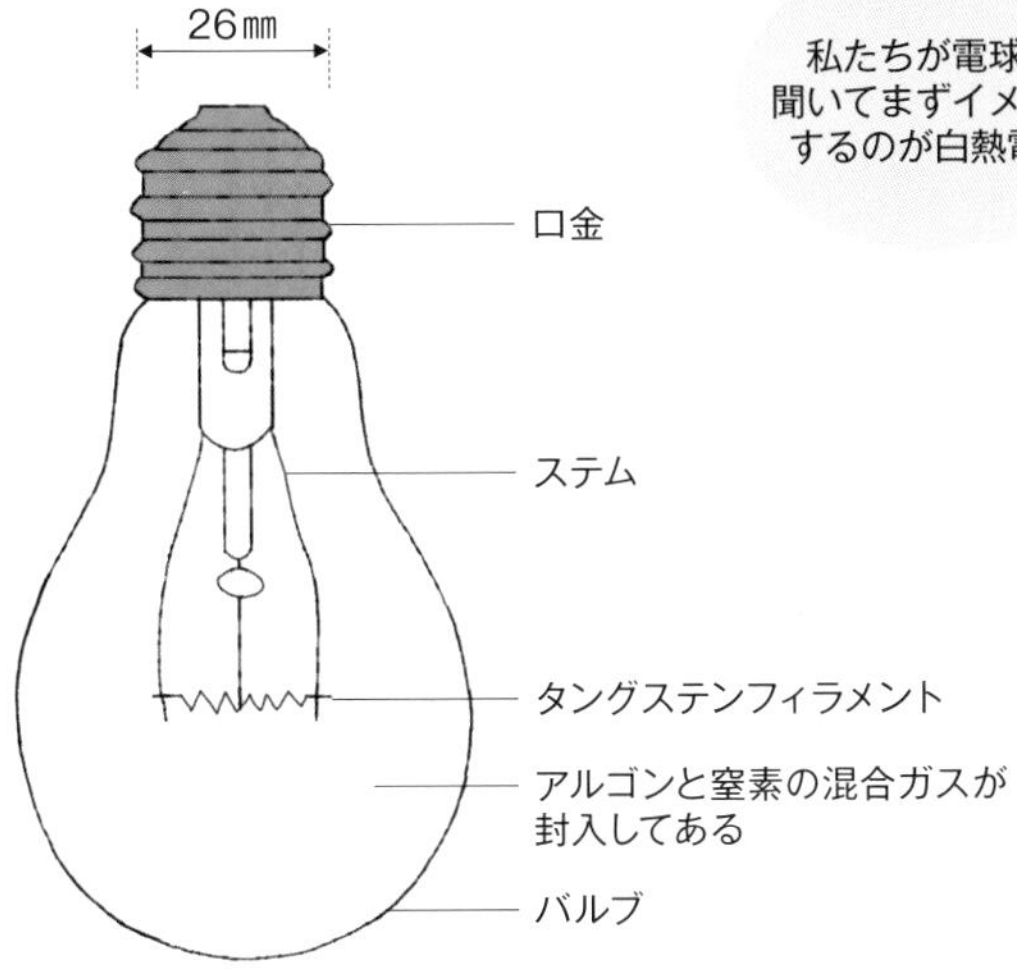

■白熱電球の特徴

○ 演色性がよく、暖かい光色
○ 点光源に近く、光を集めやすい
○ 調光が連続的にできる
○ 点灯が簡単で、すぐにあかりがつく
○ 寿命までの光の減少が少ない
× ランプ効率が低く、寿命が短い
× 熱線の放射が多い

■白熱電球の種類と特徴

			特徴	主な用途	LED代替ランプ
一般照明用	一般照明用電球		ガラス球は白色塗装形と透明形がある。ガラス球を青色にコーティングした昼光電球もある	住宅や店舗などの一般照明	○
一般照明用	ボール型電球		ガラス球は球形で、拡散形と透明形がある	住宅や店舗などの雰囲気づくりの照明	○
装飾用	シャンデリア電球		小型電球で、ガラス球は透明形と拡散形がある。E17、E26口金がある	飲食店などのシャンデリア	○
反射形	レフ型電球	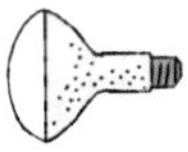	ガラス球頭部以外はアルミ反射鏡となり、背面への光を反射する	店舗、工場、看板照明などの投光照明	○
反射形	PAR型電球（ビーム電球）	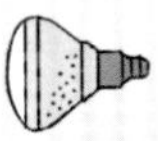	集光性に優れる。熱線をカットしたシールドビーム電球もある	住宅、店舗、工場、看板照明などのスポット照明	○
ハロゲン電球	小型ハロゲン電球	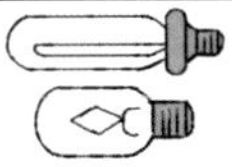	小型･軽量で、光をコントロールしやすい。ガラス球は、石英または硬質ガラスで透明。口金はE11または2-pin	店頭のスポット照明やホールのダウンライト	
ハロゲン電球	ダイクロハロゲンランプ（ミラー付小型ハロゲン電球）	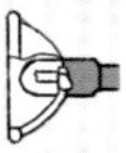	小型・軽量で、集光性に優れる。ガラス球は石英、口金はミラー付き2-pin、E11、EZ10	店頭のスポット照明やダウンライト	○
ハロゲン電球	投光用ハロゲン電球	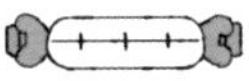	細長い石英の外管で、両口金（R7小）	屋外競技場、体育館、高天井の工場などの天井照明	

ワンポイント 社会全体の省エネ化の推進により、E26口金の白熱電球は、大手メーカーが製造を取りやめている

ハロゲン電球

point ハロゲン電球は白熱電球より「寿命が長く小型」である。ダイクロハロゲンランプは「配光性能に優れる」

ハロゲン電球のしくみと特徴

　ハロゲン電球は大きな分類上、白熱電球に含まれる。タングステンフィラメントだが、バルブ内にハロゲンガスが封入されていることが一般的な白熱電球との違いである。白熱電球は、フィラメントが発光するとタングステンという元素が蒸発し、バルブ内に付着して黒くなる。しかし、ハロゲン電球はタングステンをフィラメントに戻す働きがあり、バルブ内が黒くならない。このことでフィラメントが細くならず、寿命も長くなる。一般的な白熱電球の寿命が１０００～１５００時間なのに対し、ハロゲン電球は約３０００時間である。このほか、ランプが小型であることや、高温になりやすいため取扱いに注意が必要などの特徴がある。

ダイクロハロゲンランプ

　ハロゲン電球の一種で、小型で配光性能に優れた投光用ランプとして、ダイクロイックミラー付ハロゲンランプ（ダイクロハロゲンランプ）がある。お椀型の反射板にはダイクロイックという多層反射膜が蒸着されハロゲンランプから発する、主に可視光線を反射し、赤外線の80％を透過させる。こうしてハロゲンランプの高熱のほとんどが背後に放出され、制御された可視光線が前に出る。そのため、照射物への熱の悪影響が少なくなる。

　また、ダイクロイックミラーは光の広がる角度が主に3種類あり［※］、10度はスポット照明、30度は全般照明、20度はその中間の照明に適する。ダイクロハロゲンランプは、物販店や飲食店など、幅広く使用されている。

　ダイクロハロゲンランプ器具に対応したＬＥＤランプも多数製造されている。ダイクロハロゲンランプは、もともと調光に使用されている場合が多く、ＬＥＤランプは調光タイプかの確認が必要である。また演色性は多くのＬＥＤランプがダイクロハロゲンランプに劣る。必要な明るさを得られるか、照度などのデータを見て確認する。

※　メーカによって異なる

■ハロゲンサイクルのしくみ

●一般的な白熱電球の場合　　●ハロゲン電球の場合

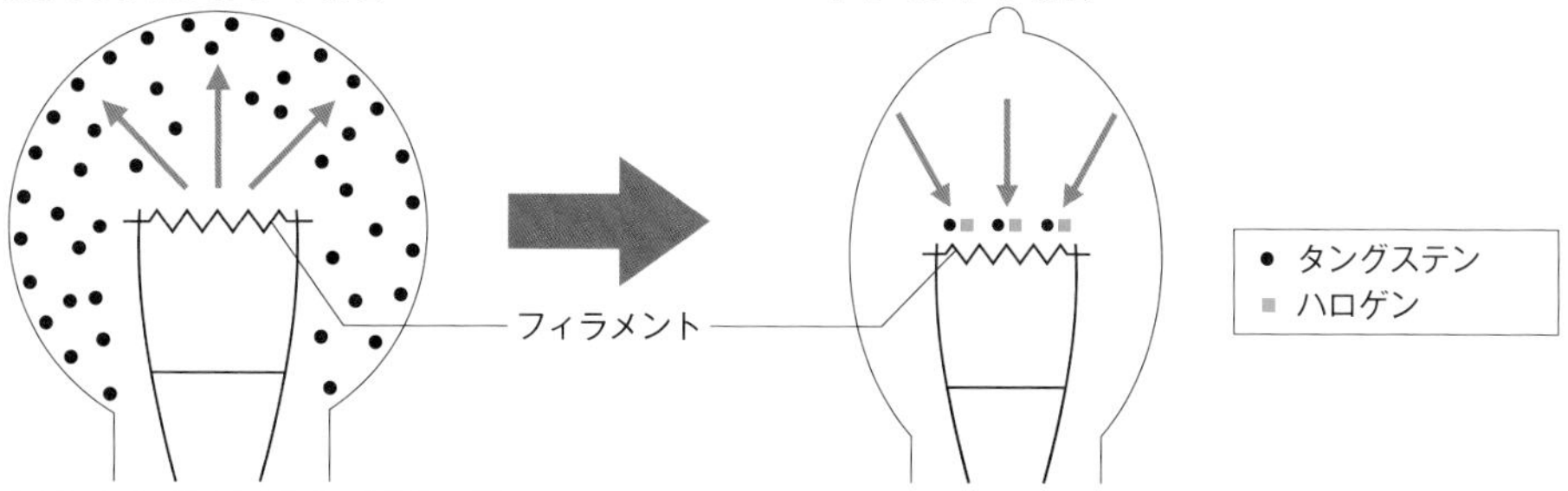

フィラメントが発光すると、タングステンが蒸発し、バルブ内に付着。バルブ内が黒くなり、明るさが失われる

蒸発したタングステンを、ハロゲンがフィラメントに戻す。これにより、バルブ内が黒くならず、明るさが保たれる。また、フィラメントが細くならないため、寿命が長くなる

■ダイクロハロゲンランプ

●構造

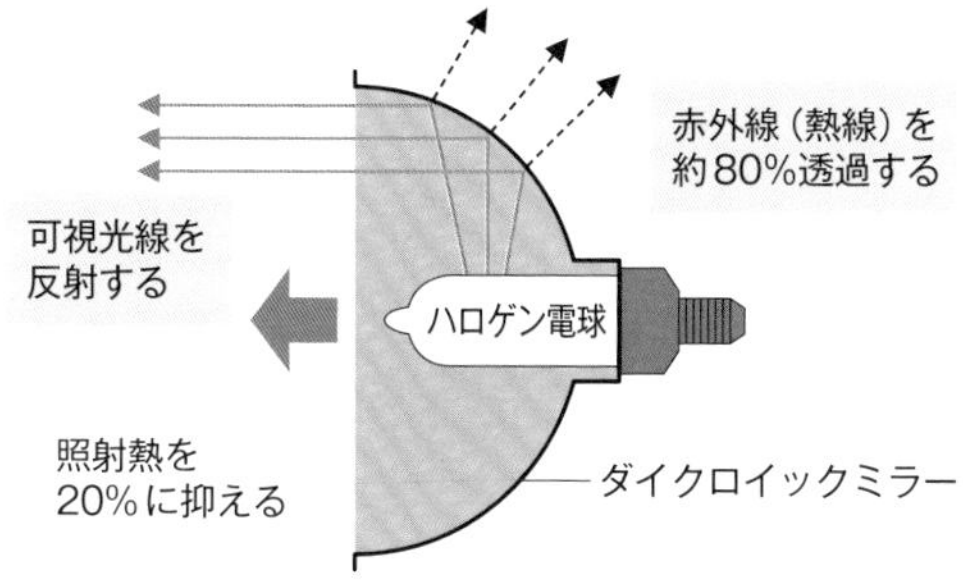

●種類

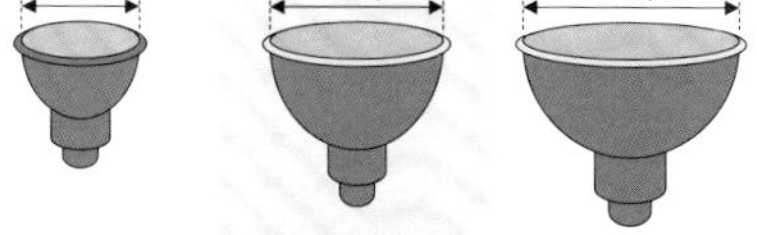

サイズ［mm］	35φ	50φ	70φ
ワット数［W］	20～35	35～75	65～150
電圧［V］	110 12	110 12	110
口金	E11 GZ4	E11 E17 EZ10 Gu5.3	E11

サイズやワット数にバリエーションがあり、直径35㎜のものは器具自体も非常に小型で目立たない

●ビーム角（光の広がる角度）

100V 40W（50型）ダイクロハロゲンランプの場合

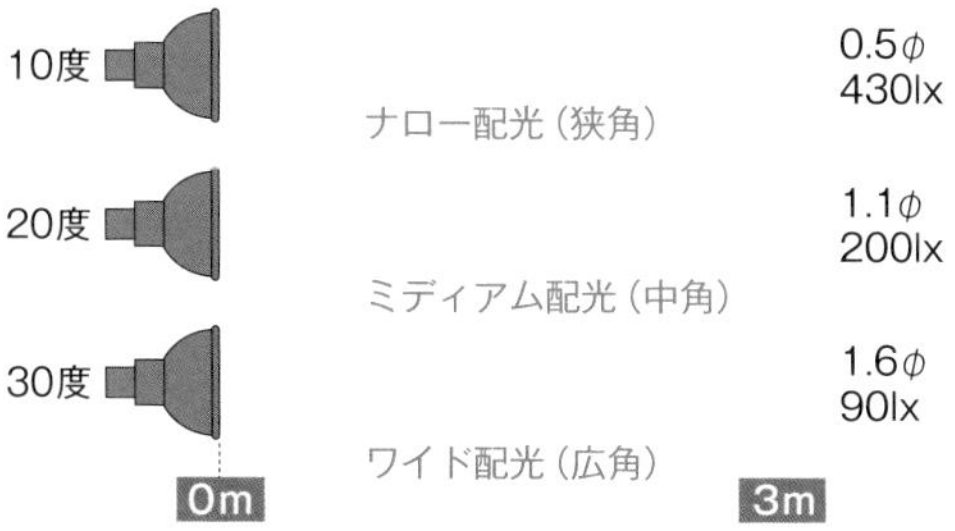

12V 50W ダイクロハロゲンランプの場合

10度のナロー配光はスポット効果が高く、30度のワイド配光は全般照明としても使用でき、20度のミディアム配光はその中間となる

12Vハロゲンランプのほうが明るく、陰影もシャープになるため、貴金属やガラス製品などを照らすと、きらめきや反射などをより効果的に表現できる

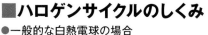

Chapter 6 ランプと器具 094

HIDランプ

point 「小型で高輝度」のため、街路を照らす屋外用の照明や、スポーツ施設、工場など大空間の照明に使用されている

ＨＩＤランプの種類と特徴

ＨＩＤランプは、高輝度放電灯とも呼ばれ、高圧水銀ランプ、メタルハライドランプなどの総称である。ガラスの外管、発光管である内管、口金で構成され、石英やセラミックでできた真空状態の内管にガスが入り、高い電圧をかけることで放電し、発光する。

ワット数が高い割にランプが小さく、高い輝度が得られるメリットがある。光の方向を調節しやすいことも魅力である。デメリットは器具のつくりによってまぶしく感じること、安定した点灯まで時間がかかり、消灯すると再点灯に時間がかかることである。屋外用の照明や、スポーツ施設、工場など大空間の照明によく使用される。

各ランプの特徴

●高圧水銀ランプ

光色が安定し、寿命が長いが演色性はやや劣る、ワット数の種類が多く、調光は段階的にできる。

●メタルハライドランプ

高演色性のものもあり、ランプ効率や演色性に優れる。光色の種類も多い[※]。ほかのＨＩＤランプより短寿命だが、一般的なランプよりも長い。調光は不可。発光管にセラミックを使用したものをセラミックメタルハライドランプという。70Ｗ、35Ｗ、20Ｗなどの低ワット用で、ダイクロハロゲンと同程度の大きさの器具があり、使い勝手のよい小型・高輝度のランプとして店舗照明などに採用されている。

●高圧ナトリウムランプ

ランプ効率が非常によく、長寿命。オレンジ色の光色で、高演色のものもある。段階的に調光できる。

ＬＥＤランプに交換する場合、ランプだけでなく工事をして安定器もＬＥＤ専用器に変える必要がある。一体型で安定器交換できないものもある。器具自体も高価なため、ＬＥＤ器具としてまるごと交換する方がよい場合が多い。バラストレス水銀ランプは工事なしにＬＥＤランプに交換できる。

※　色温度 3000K～6500K

■HIDランプの種類と性能

	高圧水銀ランプ	メタルハライドランプ		高圧ナトリウムランプ（高演色型）
		一般的なメタルハライドランプ	セラミックメタルハライドランプ	
ランプ形状	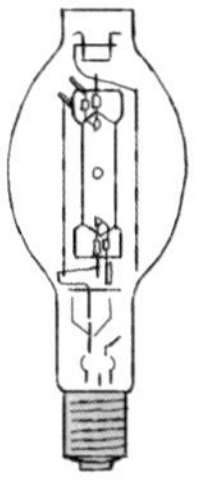	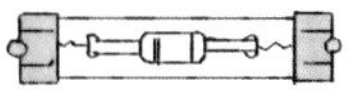 HQI-TS	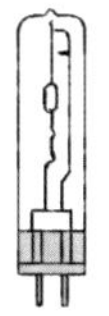 CDM-T	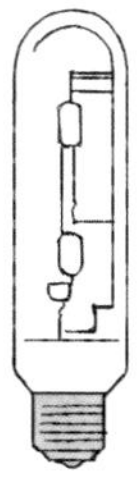
主なワット数［W］	40、80、100、250、400、1,000	70、150、250	35、70、150	140、250、400
代表的なランプの光束［lm］	100W	70W	70W	140W
	4,200	5,500	6,600	7,000
ランプ効率［lm／W］	42	78	94	50
ランプ寿命［時間］	12,000	6,000	12,000	9,000
演色性［Ra］	14～40	80～93	81～96	85
色温度［K］	3,900 5,800	3,000 4,200 5,200	3,000 4,200	2,500
調光	段階的	不可	不可	段階的
コスト	3,000～1万5,000円	8,000～1万2,000円	1万円前後	2万～3万円
その他	●演色性が劣る ●寿命が長い	●高演色	●高演色 ●ランプ効率もよい ●寿命が長い	●暖かみのある雰囲気 ●高演色
LED代替ランプ	△	×	×	×

■ほかのランプとの比較

種類	HIDランプ	白熱電球（ハロゲン電球）	蛍光灯
ランプ効率	高い	低い	高い
寿命	長い	短い	長い
光色・演色性	ランプの種類によって異なる	約3,000Kで、演色性が非常によい	さまざまな色温度・演色性のものがそろっている
輝度	高い	高い	低い
配光制御	容易にできる	比較的容易にできる（ハロゲン電球は非常に容易）	比較的難しい

そのほかの光源

point
ELは薄いシート状の「面発光の光源」であり、一般照明用として今後のさらなる研究開発が期待されている

有機ELと無機EL

白熱電球や蛍光ランプ、HIDランプなどのほかにも、さまざまな光源がある。なかでも新しい光源として注目されているのが、EL（エレクトロルミネセンス）である。ELは薄いシート状の面発光する光源で、壁や天井に貼り付ければ、壁や天井自体が発光しているように見える。

ELには、有機化合物に電圧をかけて発光させる有機ELと、無機化合物に電圧をかけて発光させる無機ELがある。有機ELは発光原理がLEDと似ており、無機ELに比べてランプ効率がよいため、今後の研究開発により、一般照明用の光源のほか、ディスプレイ画面用としても期待されている。

一方、無機ELは大きな発光面が得られるが、明るさや色温度の種類などが不十分で、寿命も短い。そのためサイン照明や店舗の装飾照明など、現時点では限られた範囲で使用されているが、有機EL同様、今後の開発次第ではさまざまな可能性がある。

無電極蛍光ランプ

無電極蛍光ランプは、放電空間内に電極をもたない、新しい点灯方式の放電ランプである。電極やフィラメントがないので、長時間の点灯・点滅による消耗がなく、3万〜6万時間の長寿命で、蛍光灯並みの高効率・省エネ性能をもつ。高天井などのランプ交換が困難な場所への取付けに適しており、器具と一体になったタイプや、白熱電球と同じE26の口金のタイプがある。

低圧ナトリウムランプ

低圧ナトリウムランプは、低圧放電によりナトリウムを発光させる。ランプ効率は175lm／Wで、光源のなかで最も効率がよく、省エネ性も高い。黄色のみの単色光であり、物の色がほとんど識別できないため一般照明用には向かないが、霧や煙のなかでの透視性が優れているので、道路やトンネルに使用されている。

■EL（エレクトロルミネセンス）

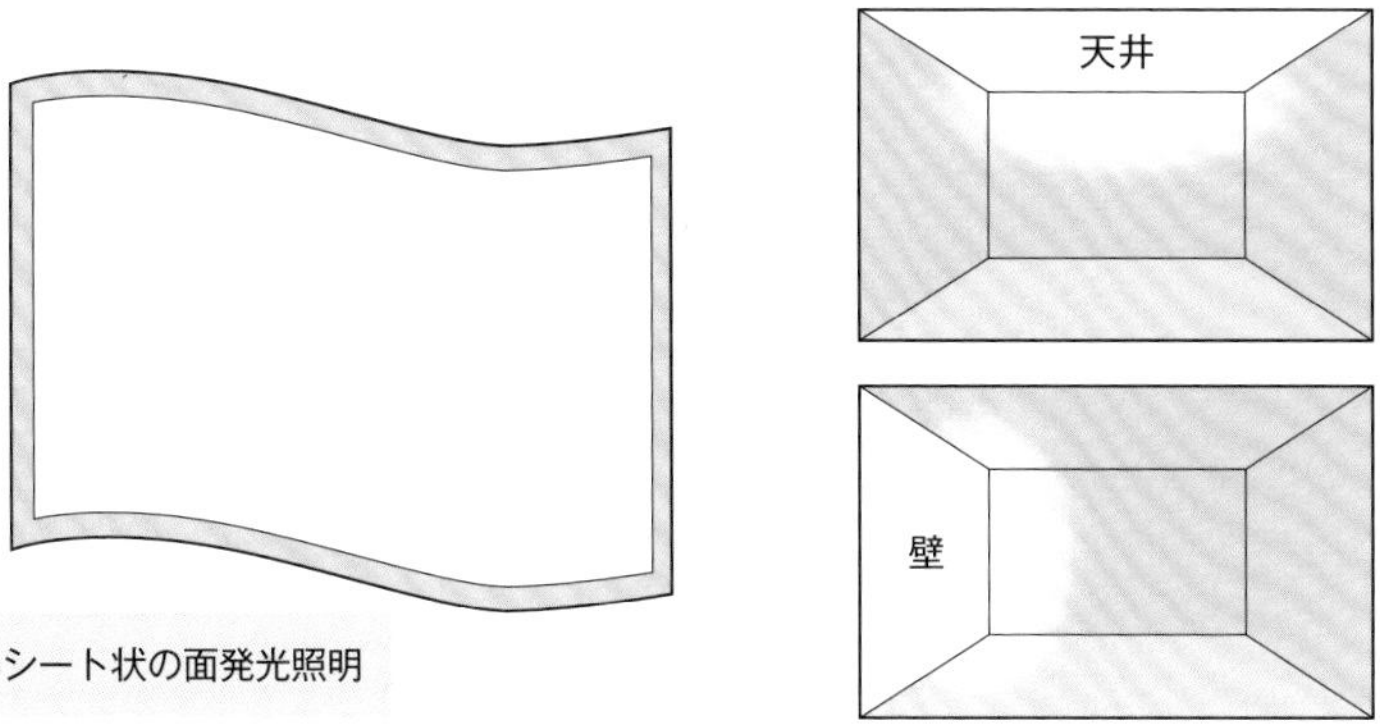

薄いシート状の面発光照明

将来的には、天井面全体や壁面全体を光らせることができるかもしれない

■無電極蛍光ランプのしくみ

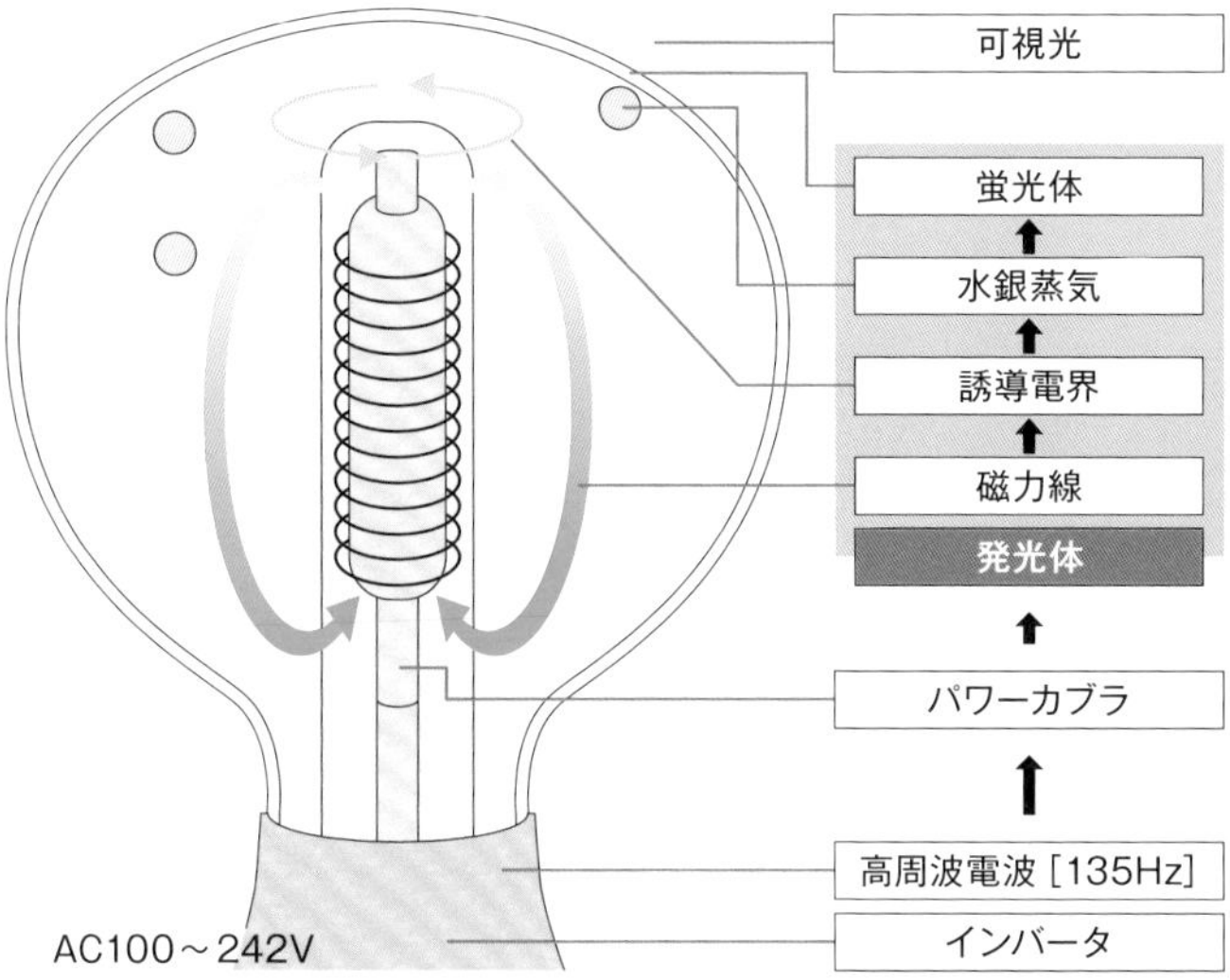

水銀蒸気を封入したガラス球に高周波の磁界を与え、発生する誘導電界が内部の水銀蒸気を励起させる。紫外線がガラス球内面に塗布した蛍光体に当たり、可視光に変換される

注　エバーライト（Panasonic）の場合

■低圧ナトリウムランプ

●構造

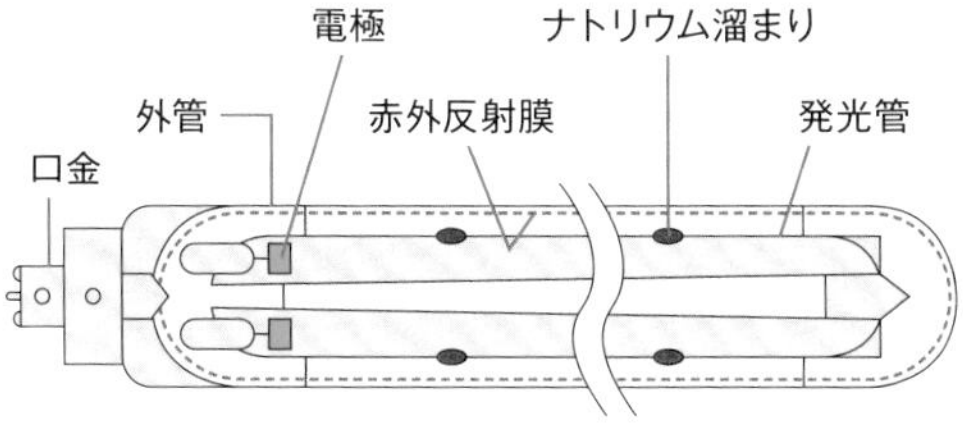

低圧放電のため、黄色の単色光を放射する。この放射光が比視感度のピークに近い波長のため、効率が各種光源のなかで最も高くなる

●分光分布

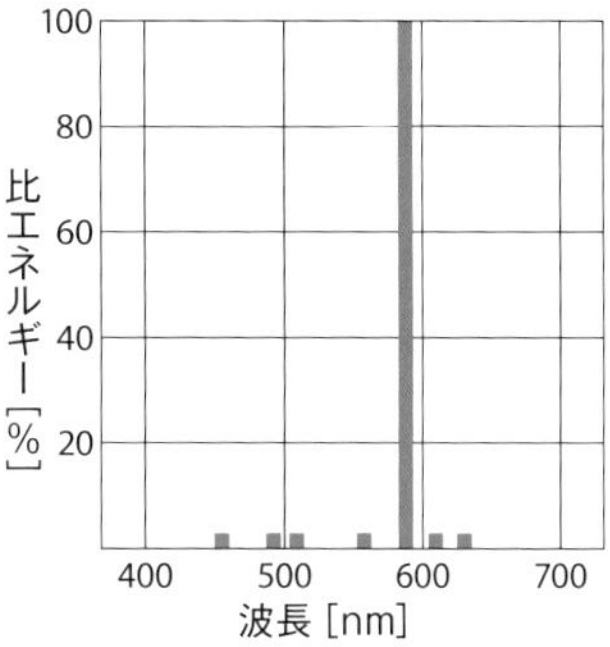

黄色の波長のみが突出している

変圧器と安定器

point 変圧器は、100Vの電圧を下げるときに使う装置。安定器は、蛍光ランプの点灯に必要な装置

変圧器とは

日本の電圧の規格は100Vであり、多くのランプや器具はこれに合わせて製造されている。しかし、キセノンランプや電飾用の照明などのなかには12Vや24Vのものがある。これらを使用するときには、100Vの電圧を12Vや24Vに下げる変圧器（ダウントランス）が必要になる。

小さな点光源という特性をもつハロゲンランプには、12Vのローボルトタイプが多い。変圧器は一般に別売り・別置きだが、ローボルトハロゲンランプを使ったスポットライトなどの配線ダクトタイプの場合は、取付け部付近に小さな箱型の変圧器が付き、器具と一体になっていることがほとんどである。また、ダウンライトタイプの場合は、天井内部に変圧器を別置きすることが多い。

安定器とは

安定器は、蛍光ランプやHIDランプの点灯に必要な装置である。ランプ内で放電を開始すると、電流が急激に増える。そのままでは電流が増え続け、ランプが壊れたり、電線が溶けてしまうため、電流を一定にするための回路＝安定器を設ける。安定器はランプの点灯を開始させる機能も兼ね備えていることが多いので、一般に点灯回路と呼ばれる。

安定器は通常、器具に内蔵されており、安定器の種類によって器具の点灯にかかる時間が変わる。最近は、すぐに点灯でき、さらに効率を高めて小型・軽量化した高周波点灯回路（インバーター式点灯回路）が主流となっている。また、Hf蛍光ランプと組み合わせる高周波専用器具が開発され、省エネ性が増したことで、採用が増えている。

このほか、電球形蛍光灯は本体内部に安定器が内蔵されているため、白熱電球用の器具にも取り付けることが可能である。HIDランプの場合には、ほとんどのランプに安定器が必要となる。

■変圧器と安定器

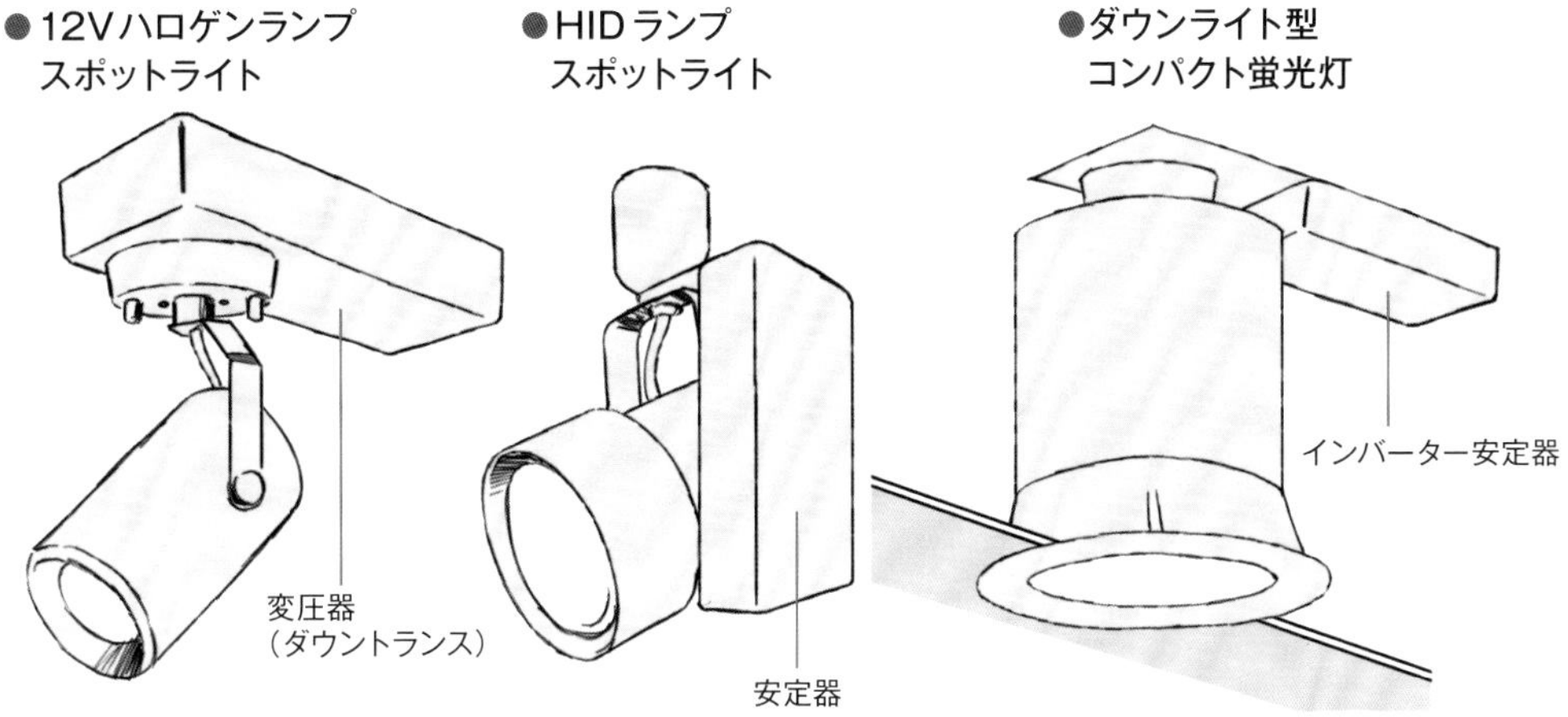

■安定器の働き

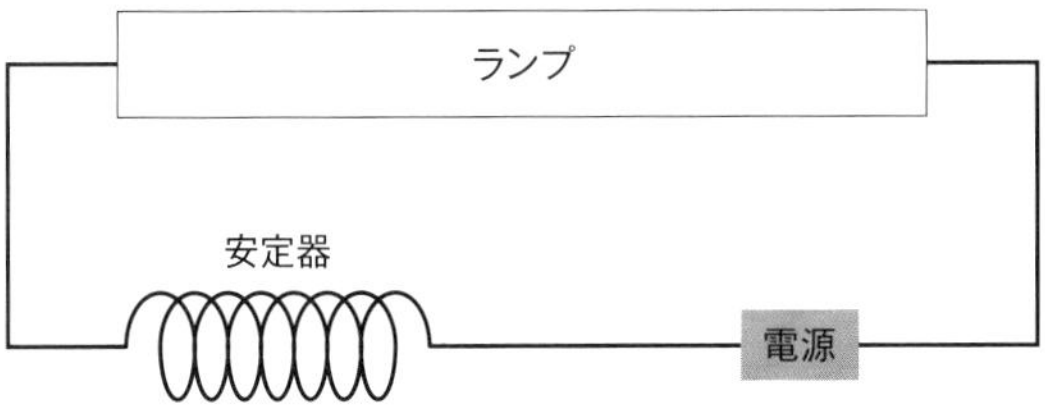

ランプ内で放電が始まると、電流が急激に増える。そのまま増え続けるとランプが壊れ、電線が溶けてしまう。安定器を使うと、電流が増えすぎないように抵抗し、電流を一定の値にできる

■電球型蛍光灯のしくみ

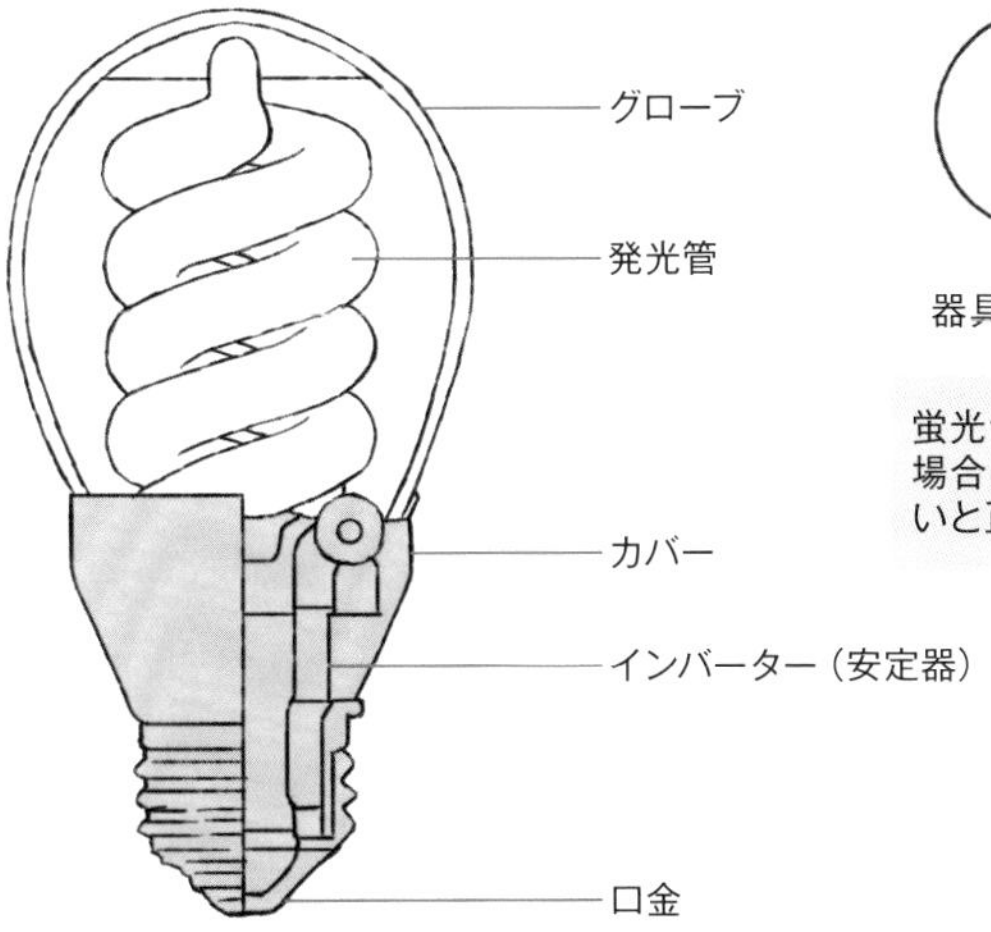

■Hf蛍光灯のマーク

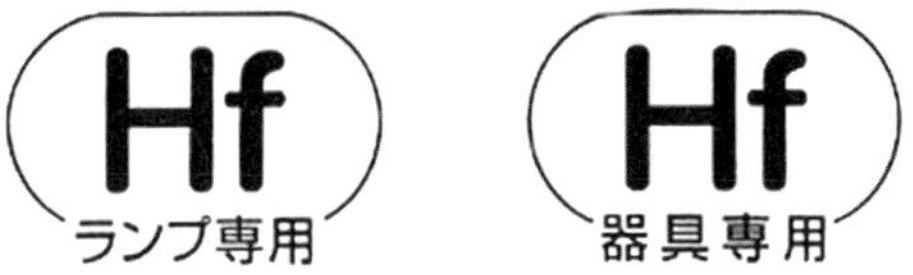

器具に付いているマーク　　ランプに付いているマーク

蛍光ランプの交換の際に、器具に左のマークが付いている場合は、右のマークが付いているランプを選ぶ。そうしないと正しい機能が発揮されなくなる

照明器具の選び方

point 照明器具は、「配光」までイメージして選ぶ

照明器具の種類

照明器具は、形に目立った特徴があり、光の広がりや向きとともに、その器具の存在感やデザイン自体が重要なものと、器具から発する光の量や向き、質が重要なものとに分かれる。

前者は装飾照明と呼ばれ、シャンデリアやペンダント、シーリングライト、ブラケット、スタンドなどが挙げられる。後者はテクニカル照明と呼ばれ、ダウンライトやスポットライト、全般照明用の蛍光灯などが挙げられる。それ以外に、使用する場所や用途でも分類されている。メーカーのカタログでは、屋外用、ディスプレイ用、水中用、街路灯、投光器などで分けられていることが多い。

器具の構造は、ランプ、ソケット、電源コード、シェードなどの本体部品と、取付け部品などで構成される。ランプの熱に耐え、通常の使用で変形や破損、故障などが起きないつくりになっており、製品として販売される前に、温度や電気回路、配線、防水性能など、安全性や耐久性の試験が行われる。器具を使用する際は、製品の取扱説明書に従い、発光部と照射対象物の距離の制限など、安全面に注意する。

配光曲線をチェック

光の広がり方のことを配光といい、器具ごとに特徴がある。器具を選ぶ際は、配光までイメージすることが重要である。配光は配光曲線という図で表され、特に鉛直面の配光曲線を見ると器具の特徴が理解できる。対象物への照度も想定しやすいため、照明計画を行ううえで重要なデータとなる。

ダウンライトやスポットライト、全般照明用の照明器具などは、配光曲線を確認したうえで選定しないと、必要な照度が確保できない。スタンドやペンダントなども配光曲線を確認するが、使用するランプはLEDや白熱電球、蛍光灯が多く、照度などを判断しやすいため、メーカーでも詳細なデータを出していない場合が多い。

■照明器具の種類

●装飾照明

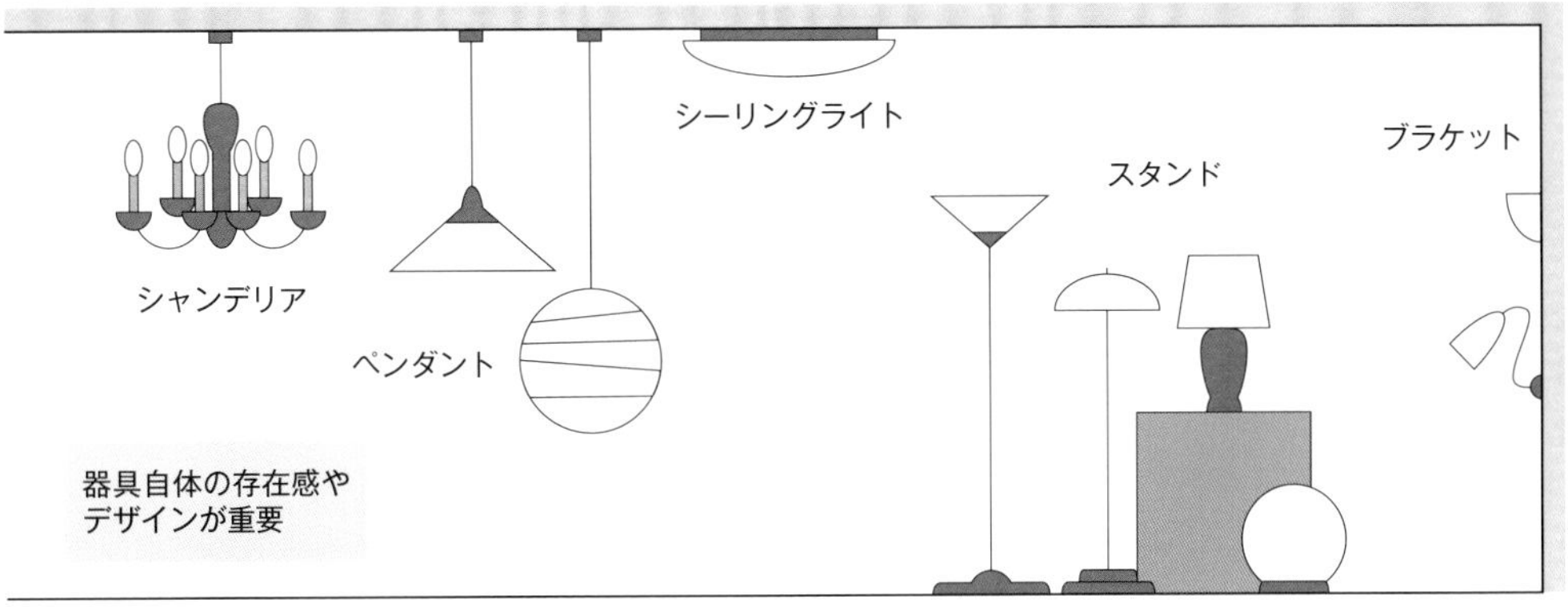

●テクニカル照明

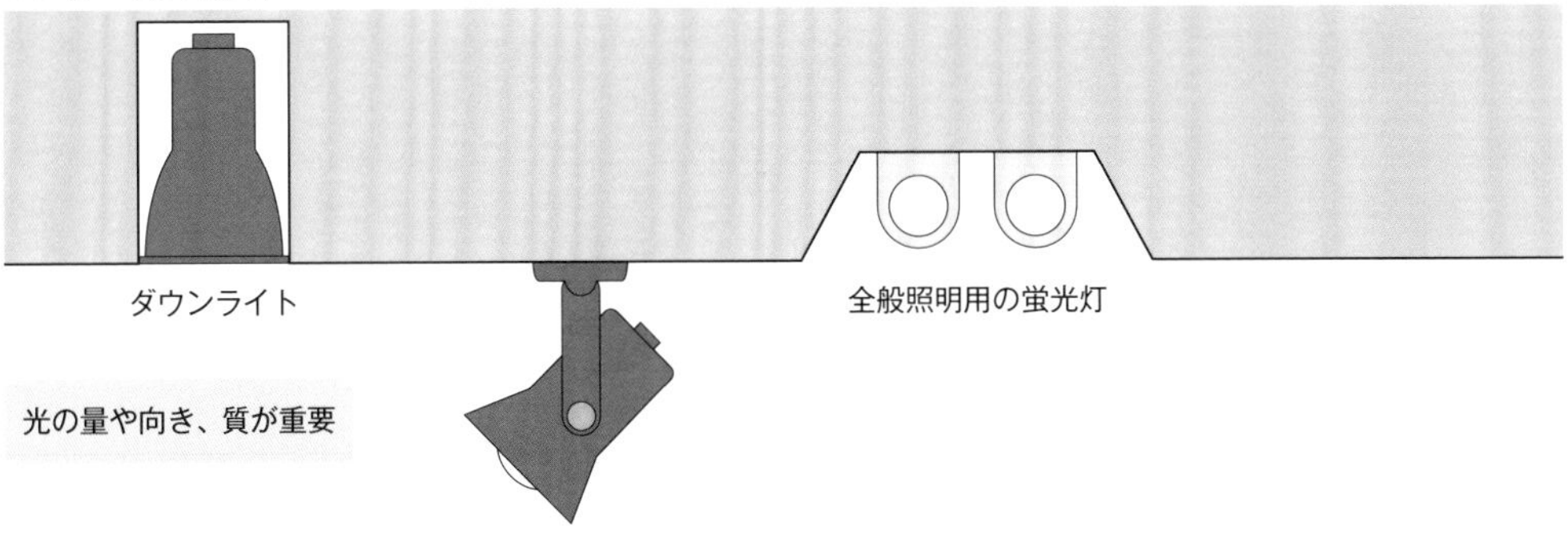

■照明器具の配光曲線

分類	直接照明	半直接照明	全般拡散照明	半間接照明	間接照明
上方光束[%]	0～10	10～40	40～60	60～90	90～100
下方光束[%]	90～100	60～90	40～60	10～40	0～10
配光曲線	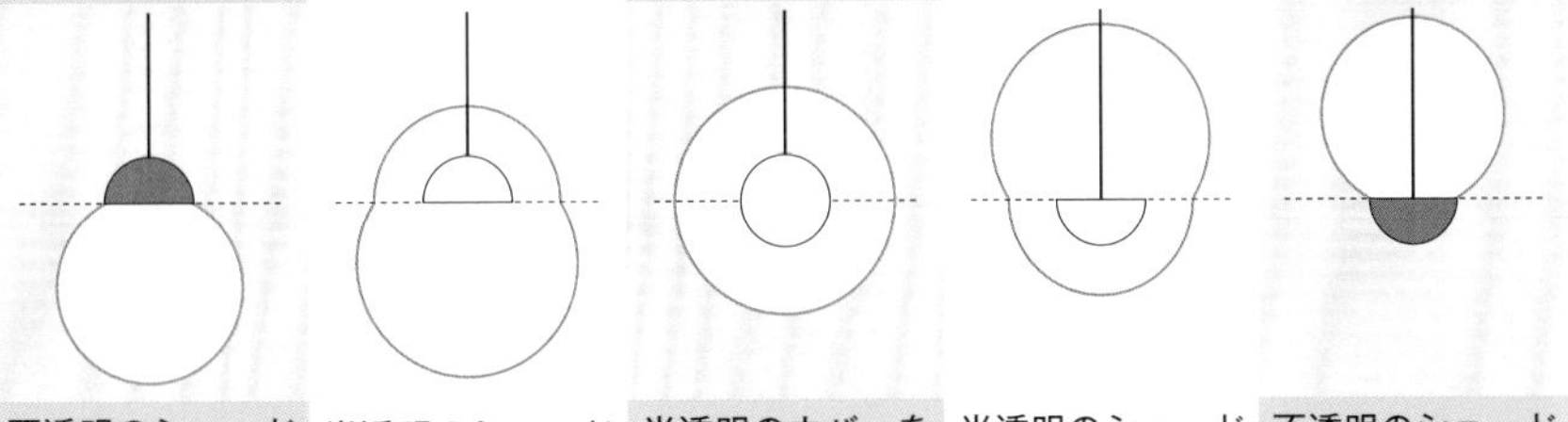				
特徴	不透明のシェードを使用。光を直接、対象物に当て、物をはっきりと照らすことができるが、その分、強い影もできる	半透明のシェードを使用し、直接光とシェード越しの光の両方を当てる。光の広がりを表現しやすい	半透明のカバーを使用。暖かみのある光が、全方向に広がる。ソフトなあかりでまぶしさがなく、影も出ない	半透明のシェードを使用。シェード越しの光と、壁や天井の反射光を組み合わせ、ムードのあるあかりを演出できる	不透明のシェードを使用し、光を壁や天井に反射させる。まぶしさはないが、明るさの効果は低い

ダウンライトの種類

point 見た目よりも、「配光」「効率」などの光学機能を重視する

ダウンライトの特徴

天井に小さな穴をあけ、天井内に埋込み、床や壁方向を照らす器具をダウンライトという。光源はLEDのほかに白熱電球やコンパクト蛍光灯、電球型蛍光灯、HIDランプなど幅広い。

本体（ハウジング）、反射板、トリム、ソケット、電源、ランプなどで構成され、ランプからの光を反射板で反射させて床側を照らす。反射板には、シングルコーン型やダブルコーン型、バッフル型などがあり、点灯時と消灯時の見え方が異なる。LEDが主となりフラット型の光源が多くなってからは、シングルコーン型に樹脂製のレンズを組み合わせたものが増えている。シングルコーン型やダブルコーン型は反射板がアルミで、点灯時は器具自体が目立たないが、消灯時は金属の質感が目立つ。一方、バッフル型は、反射板に白や黒の塗装がされ、点灯時は白く光って器具の存在感が強いが、消灯時は天井と一体になって目立たない。

形状は、直径75〜250㎜の円形か四角形で、見た目より配光や効率などの光学機能が重要になる。器具の形はほぼ同じでも、反射板や本体のつくり、光源によって配光が異なり、用途も変わる。

配光の種類と効率

配光の種類は、全般照明用、ウォールウォッシャ照明用、スポット照明用などがある。全般照明用は、配光が広く、床面に対して照度の均整度が高い。これをバットウイング型配光といい、ダブルコーン型に多い。また、配光が広めで壁面の上の方まで明るく、比較的均整度が高いものもある。これらは、シングルコーン型やバッフル型に多い。ウォールウォッシャ照明用は、配光が壁面に偏り、明るさ感が増し、専用の器具がある。スポット照明用は、配光が狭く、シングルコーン型に多い。グレアカット30度以上のグレアレス性能をもつ器具が多く、特にダブルコーン型はランプの取付け位置が深く、不快なグレアを軽減できる。

■ダウンライト器具の構造

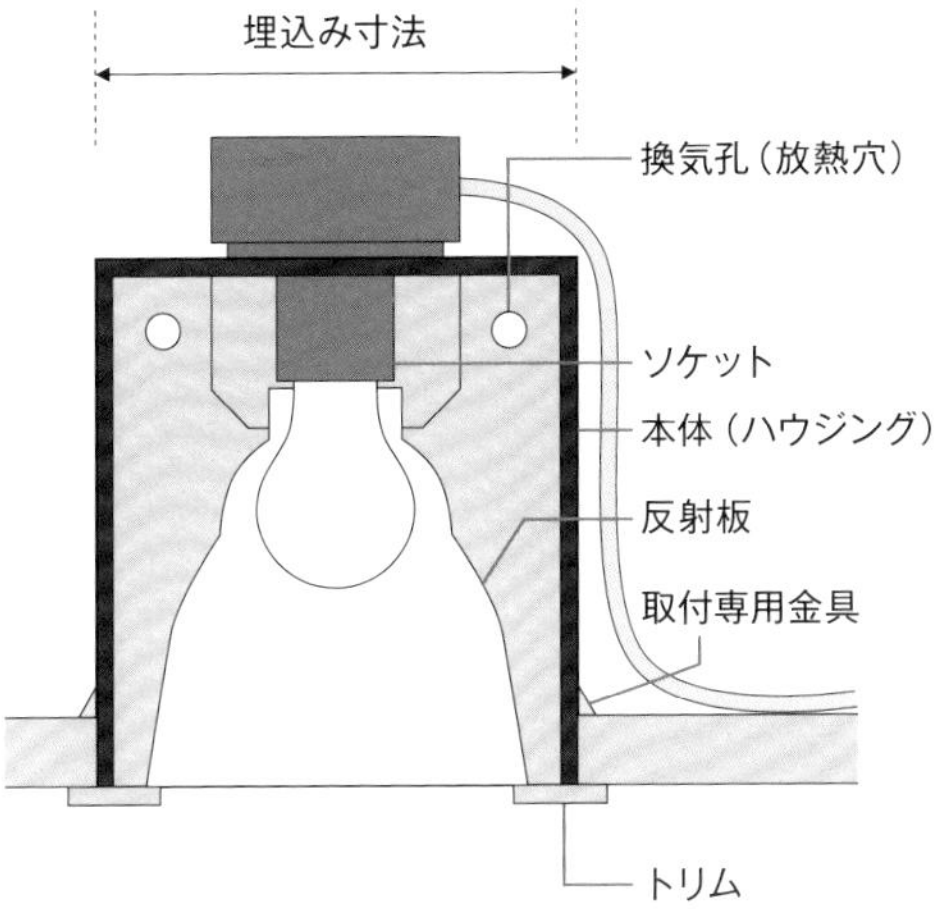

■全般照明用ダウンライトの種類

●シングルコーン型

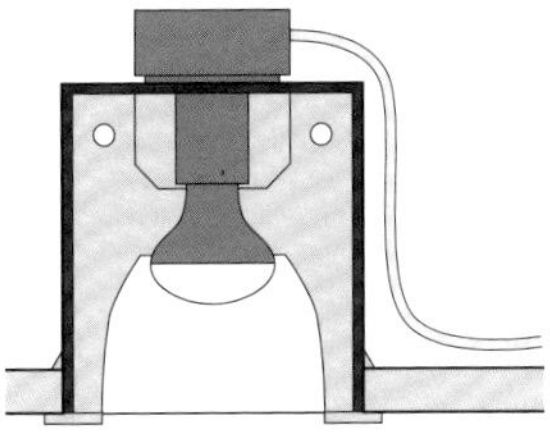

●ダブルコーン型

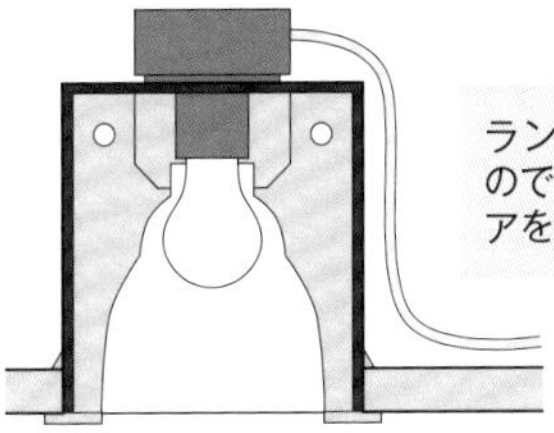

ランプの取付け位置が深いので、器具を見たときのグレアを軽減できる

●バッフル型

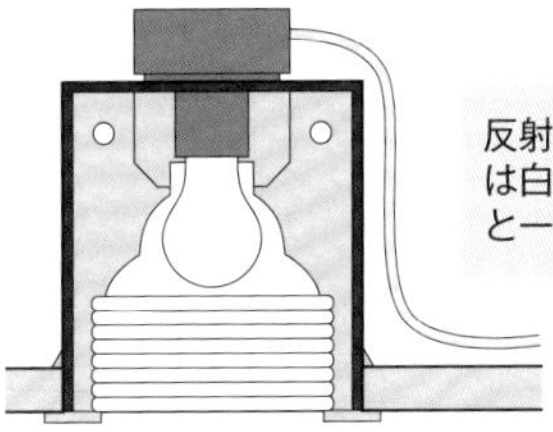

反射板に塗装がされ、点灯時は白く光るが、消灯時は天井と一体になって目立たない

■配光の種類

●全般照明用①

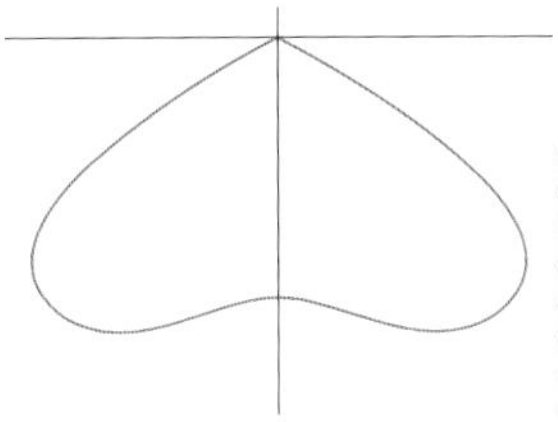

バットウイング型配光という。配光が広めで、床面に対する照度の均整度が高い。ダブルコーン型に多い

●全般照明用②

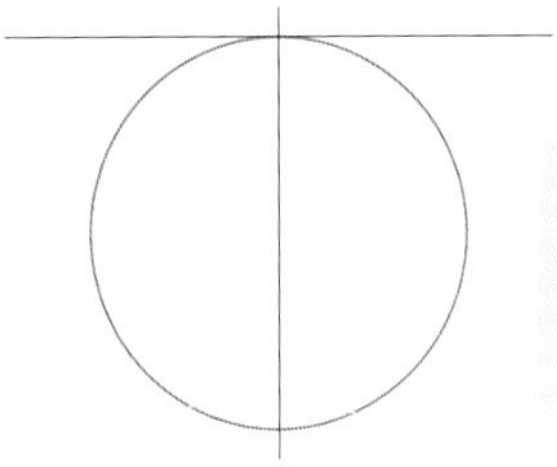

配光が広めで、壁面の上の方まで明るく、比較的均整度が高い。シングルコーン型やバッフル型に多い

●ウォールウォッシャ照明用

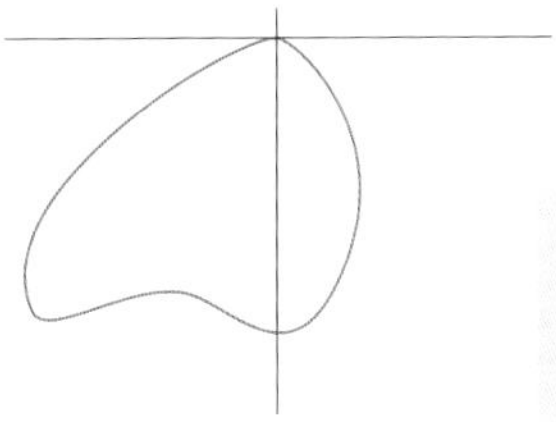

配光が壁面に偏り、明るさ感が増す。ウォールウォッシャ照明用の専用器具がある

●スポット照明用

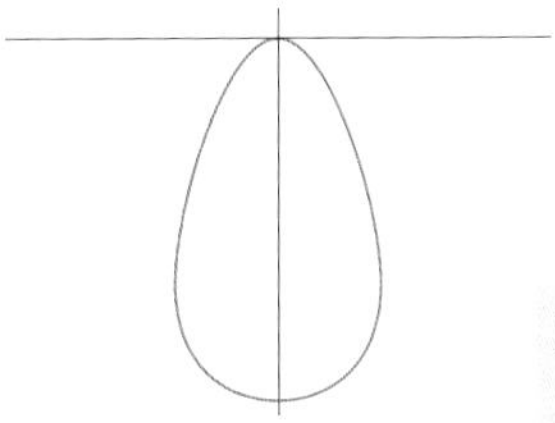

配光が狭く、シングルコーン型に多い

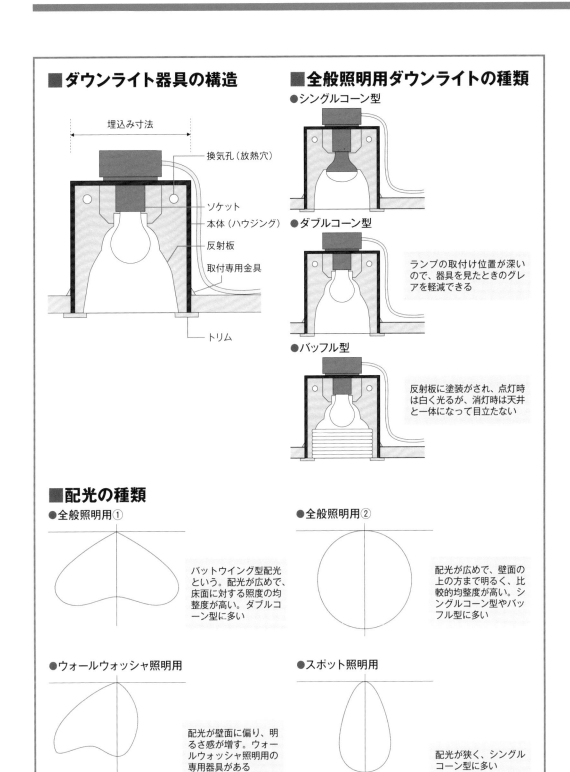

Chapter 6
ランプと器具
099

ダウンライトの演出

point ウォールウォッシャダウンライトは、壁からの設置距離と器具間隔が「1：1～2」になるように設置する

ウォールウォッシャダウンライト

ウォールウォッシャは、その名の通り、光で壁（ウォール）を洗う（ウォッシュ）ように照らす照明手法であり、視覚的な明るさ感を増し、空間の広がりやリッチさを強調できる。その効果を高めるために反射板が特別に設計されたダウンライトを、ウォールウォッシャダウンライトという。

この器具の特徴は、壁からの設置距離と器具間隔が器具ごとに設定され、壁の天井付近から床面までを綺麗にムラなく照らせることだ。多くの場合、壁からの設置距離と器具間隔は1：1～2がよい。

また、全般照明用やスポットライト用のダウンライトを使用して、ウォールウォッシャダウンライトと同様の効果を得ることもできる。その手法は、壁面と天井面が接する天井各部に、器具開口より幅のあるスリットを設け、そこにダウンライトを200㎜以下［※］の細かいピッチで配置する。

ユニバーサルダウンライト

ユニバーサルダウンライトは、スポットライト器具が天井内に完全にあるいは半分ほど埋め込まれたような照明器具であり、アジャスタブルダウンライトとも呼ばれる。壁面や室内の一部を際立って明るく照らしながら、器具は天井内に納まっているので、非常にすっきりと見せることができる。特に、開口径が小さく、グレアレス性能が高い器具を使うと、光源の存在に気づかれずに目的の場所をスポットで照らし、高級感のある雰囲気を演出できる。光源には、配光角度が15度から30度程度の狭いビーム角の、光をコントロールしやすいものを使う。

器具の一部が出っ張ったタイプのユニバーサルダウンライトは、光を振り向けられる角度が大きく、自由度も高い。ただし、器具が完全に天井内に納まったタイプは、振り向けられる角度が30度程度なので、照らす位置と設定位置との関係を十分に検討する。

※　ダイクロハロゲン型器具など配光の狭いタイプを用いた場合

ウォールウォッシャダウンライト

●種類

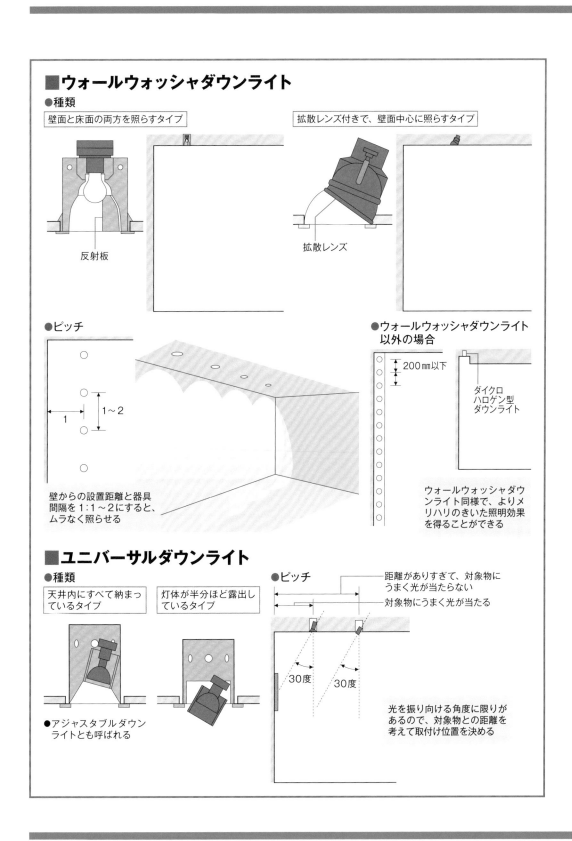

壁面と床面の両方を照らすタイプ

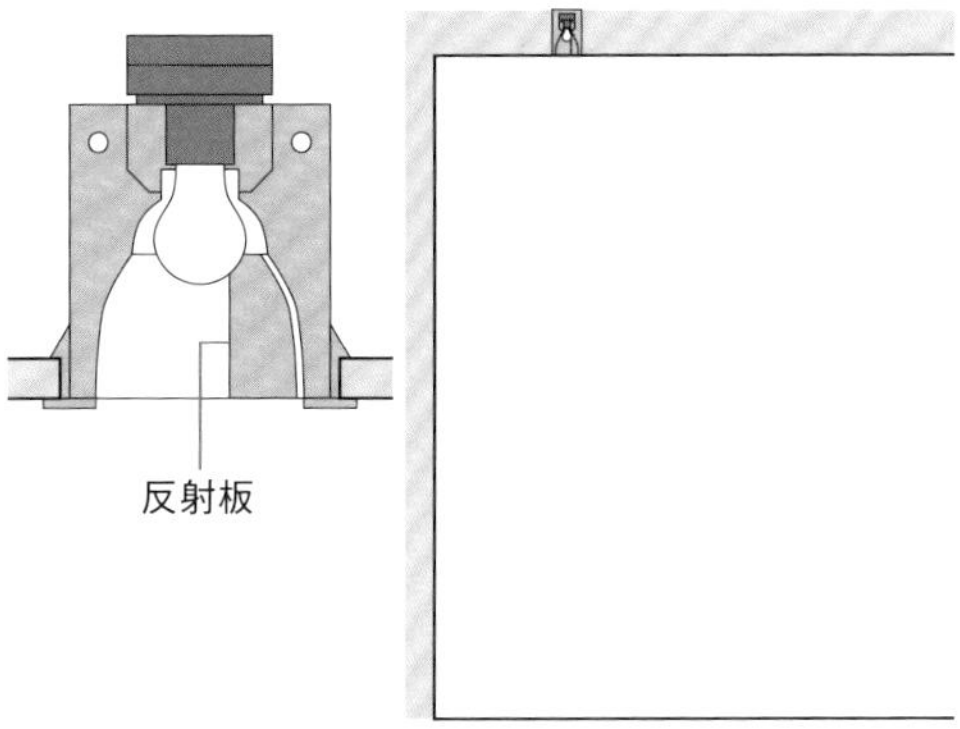
反射板

拡散レンズ付きで、壁面中心に照らすタイプ

拡散レンズ

●ピッチ

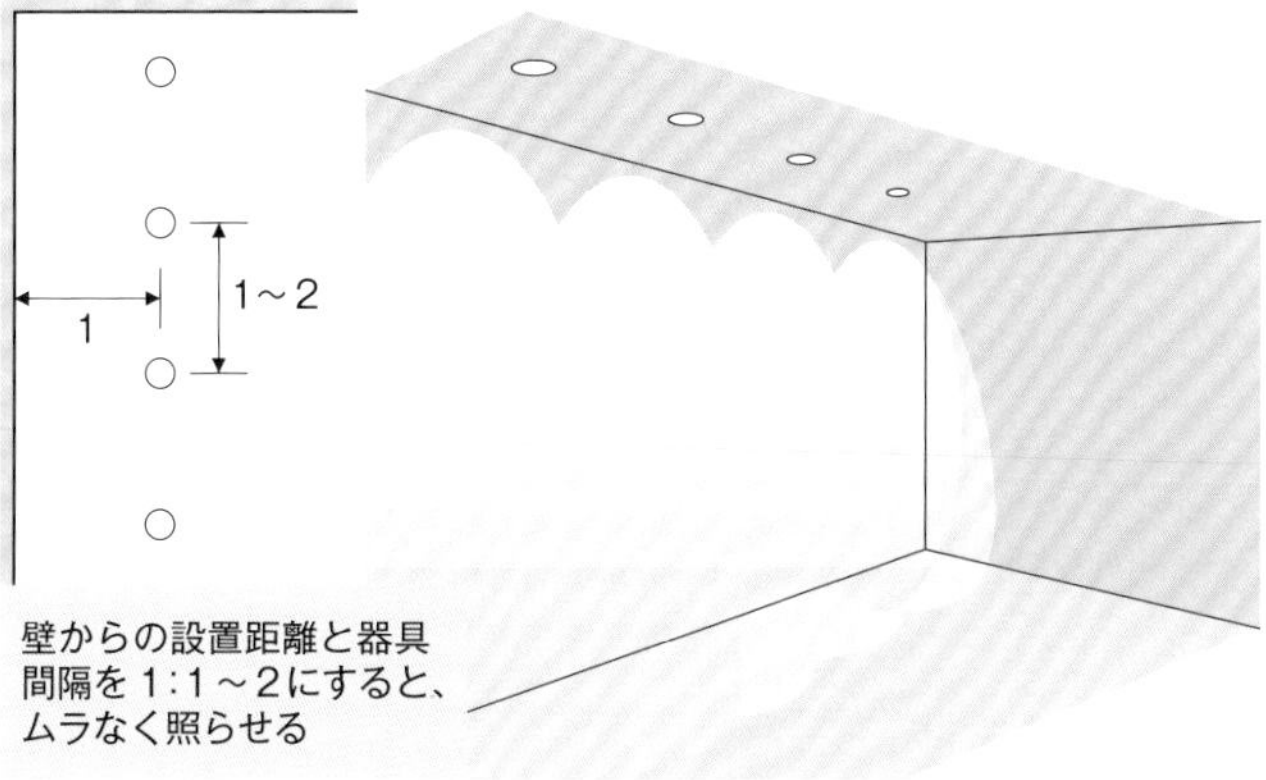
1
1～2
壁からの設置距離と器具間隔を1:1～2にすると、ムラなく照らせる

●ウォールウォッシャダウンライト以外の場合

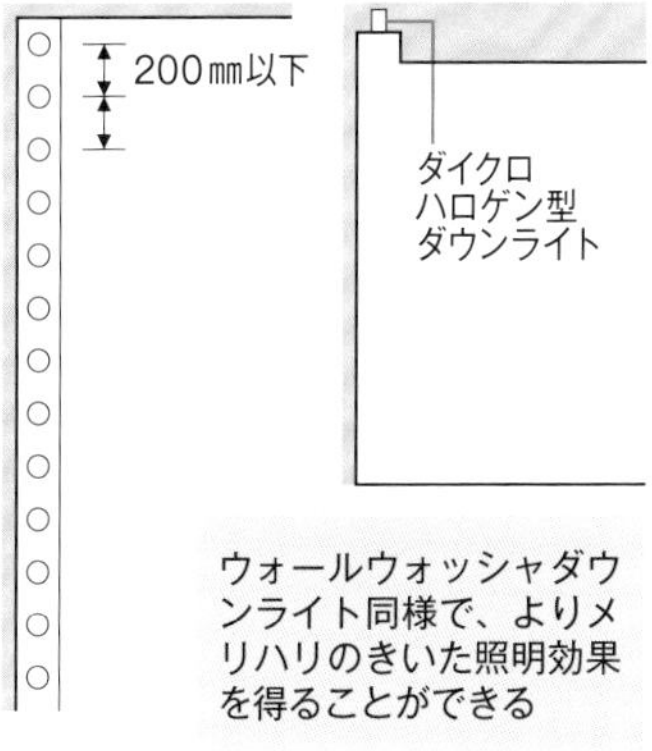
200㎜以下
ダイクロハロゲン型ダウンライト
ウォールウォッシャダウンライト同様で、よりメリハリのきいた照明効果を得ることができる

ユニバーサルダウンライト

●種類

天井内にすべて納まっているタイプ

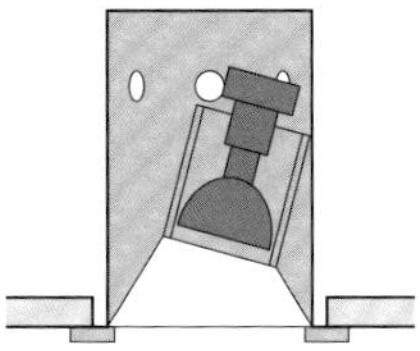

灯体が半分ほど露出しているタイプ

●アジャスタブルダウンライトとも呼ばれる

●ピッチ

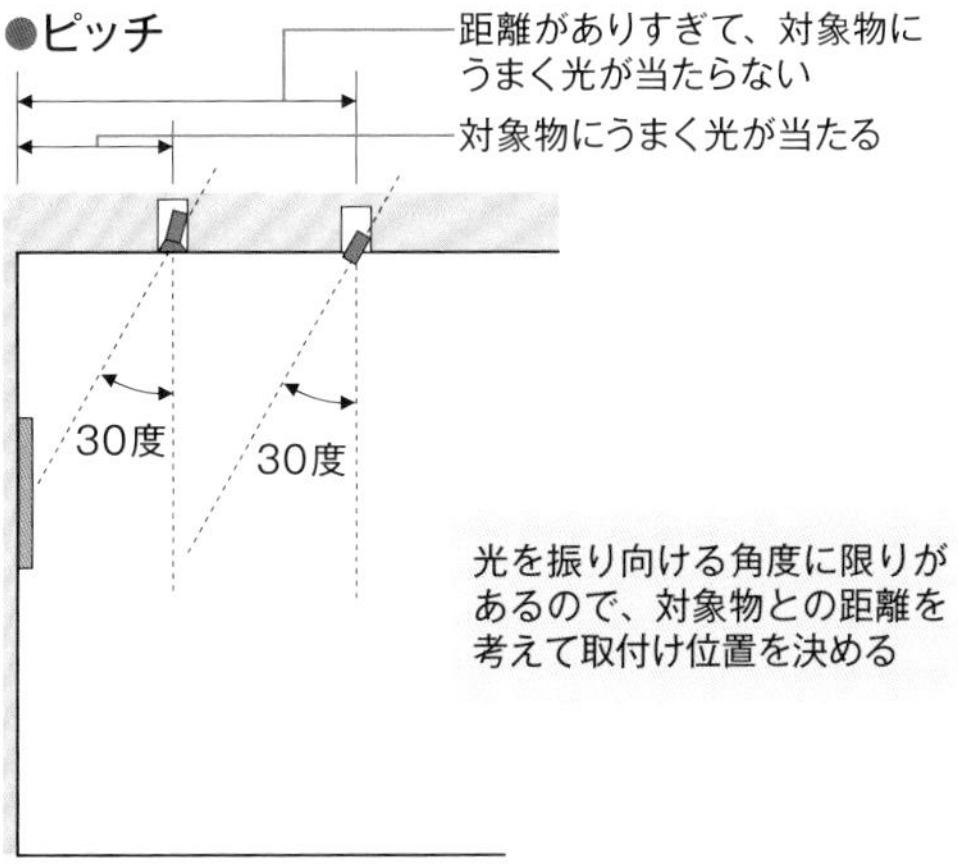
距離がありすぎて、対象物にうまく光が当たらない
対象物にうまく光が当たる
30度
30度
光を振り向ける角度に限りがあるので、対象物との距離を考えて取付け位置を決める

Chapter 6
ランプと器具
100

シーリングライト

point 部屋の大きさに応じて、器具サイズや明るさを選ぶ。6～12畳の部屋では、1台で部屋全体を明るくできる

シーリングライトの特徴

シーリングライトは、発光面が大きいのでくっきりとした陰影ができにくく、のっぺりとして平板な印象の光と影を生み出す。和紙貼りの器具と光の印象が似ており、それが日本人に好まれる理由かもしれない。

シーリングライトは全般照明として使われ、部屋の大きさに応じて器具サイズや明るさを選ぶ。6～12畳の部屋では、天井の中央に1台設置すれば部屋全体を明るくできる。最近のシーリングライトには、リモコンでオン・オフや調光ができるタイプや、電動で上下し、ペンダントのように使用できるタイプなどがある。光源は、旧型のものは蛍光灯や白熱灯で、現在の製品はほぼLED光源である。

引っ掛けシーリングの種類

設置の際は、一般的な住宅の天井部に付いている引っ掛けシーリングや引っ掛けローゼットと呼ばれる電源設備に、容易に取り付けることができる。引っ掛けシーリングや引っ掛けローゼットには、次の種類がある。

●角型引っ掛けシーリング　和室での採用が多く、小型のペンダントやシーリングライトに向いている。取付けネジの間隔が25㎜と小さいので、重量のある器具は取り付けられないが、和室の竿縁に設置できる。

●丸型引っ掛けシーリング／埋込みローゼット（引っ掛けシーリングローゼット）　洋室の天井や、和室の目透かし天井に向いている。ネジの取付けピッチが広く（46㎜）、通線孔との距離がとれるので、取付け強度が高く、大型の器具でも設置できる。器具取付け孔が回転するので、器具の取付け向きが自由になる。

なお、2005年10月以降、器具の重さが5kgを超えるもの（10kg以下）は、電気的接続部に荷重が加わらない施工をすることが義務づけられ、住宅では耐熱型引っ掛けシーリングローゼットが推奨されている。

■シーリングライト

●種類

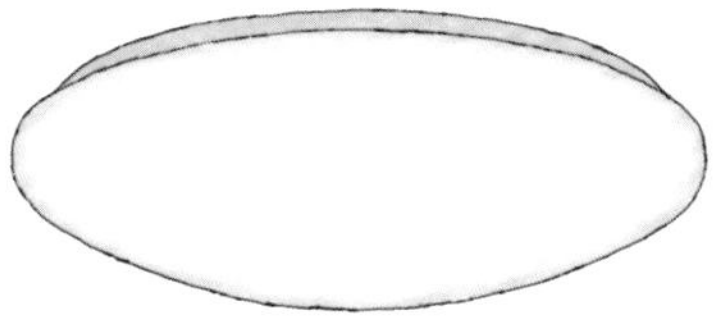

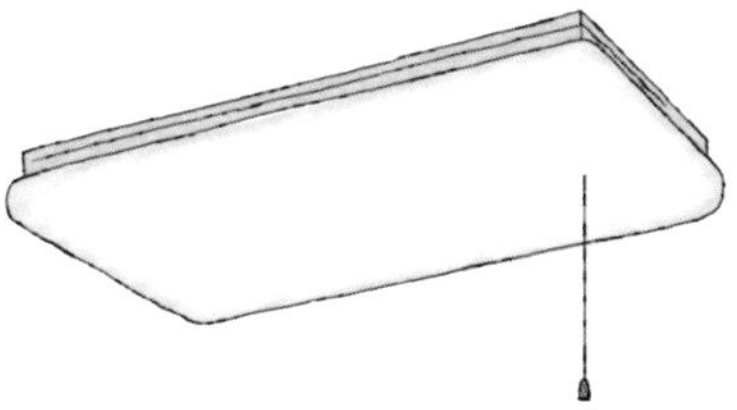

最も一般的な照明器具。発光面が大きいことが特徴

●設置のポイント

天井の中央に設置　　　　補助的照明と併用

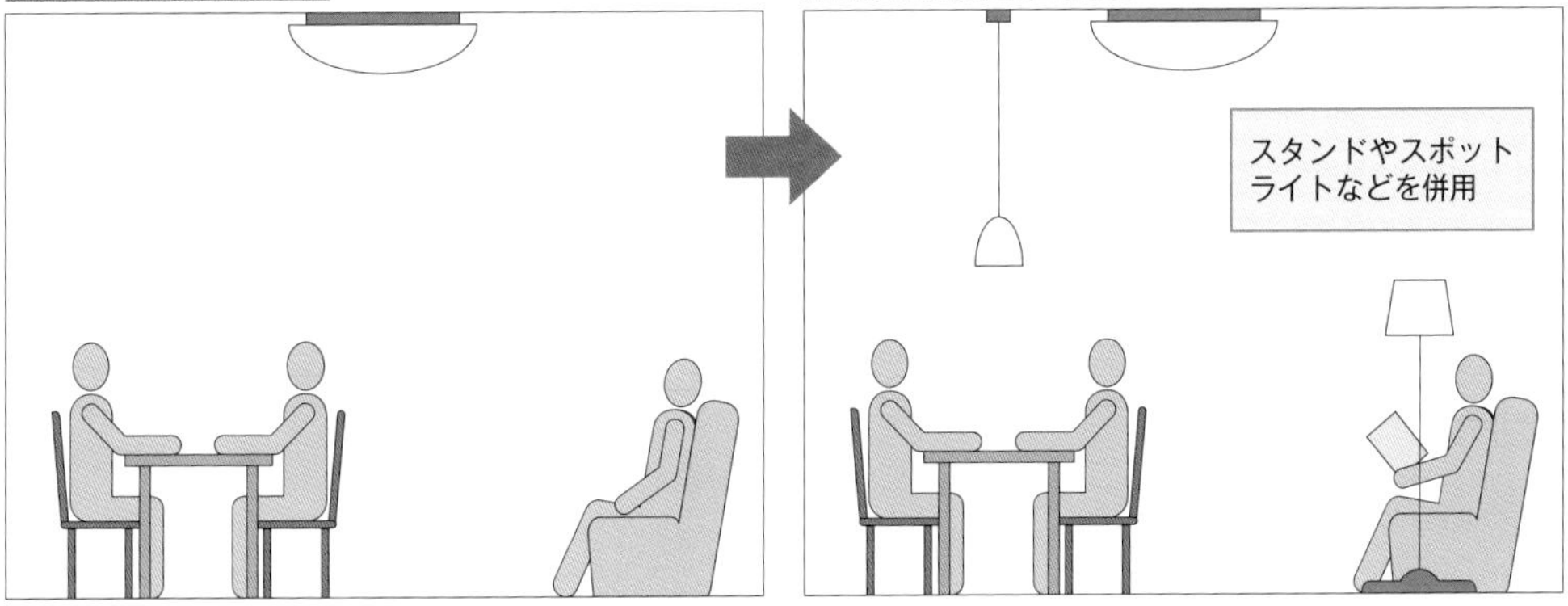

部屋がまんべんなく明るくなり、生活に大きな支障はないが…

食事や読書をするときなどに、手元を照らすことで作業もしやすくなる

■引っ掛けシーリングの種類

●角型引っ掛けシーリング

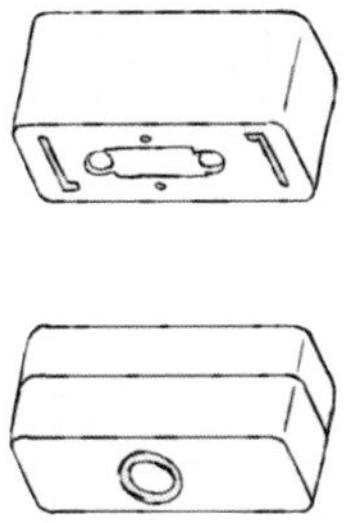

●丸型引っ掛けシーリング

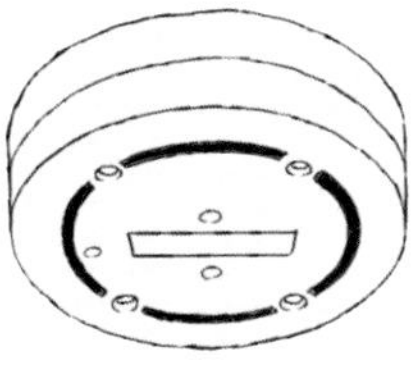

●埋込みローゼット

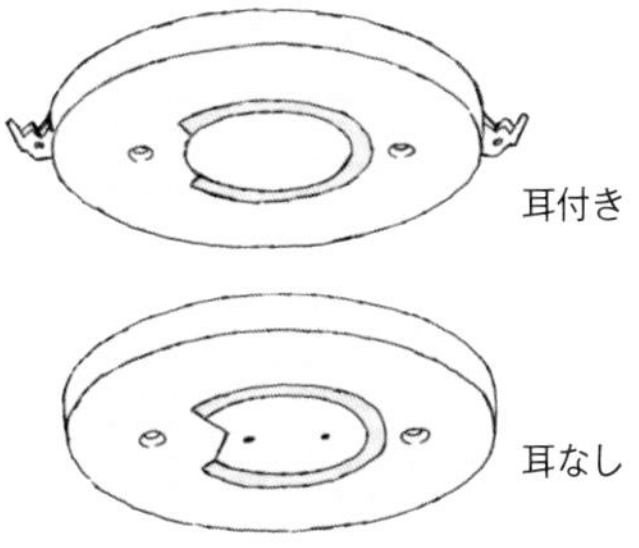

ペンダント・シャンデリア

point ペンダントは、ランプを覆うシェードにデザイン性の高いものが多く、家具のような多様性がある

ペンダント照明の使い方

コードやワイヤー、チェーンなどで天井から吊り下げる照明器具をペンダントという。ランプは1灯から3灯が多く、さまざまな大きさがあり、比較的軽量で吊り下げたコードなどでバランスをとることができる。

ペンダントは人の視線に入りやすいので、ランプを覆うシェードはデザイン性の高いものが多い。シェードの素材も多岐にわたり、家具のような多様性があるため、昔からインテリアのデザイン要素としても重視され、建築家やデザイナーによる名作も数多い。器具の構造も、基本的には電球型ランプ1個とソケットというシンプルなつくりなので、オリジナルデザインの器具もつくりやすい。

用途と設置のポイント

ペンダントは食卓の上に吊り下げることが多い。器具を選ぶ際は、デザインがインテリアに合っていることはもちろん、部屋の大きさやテーブルの大きさとのバランスも考慮する（78頁参照）。また、テーブルの椅子に座ったとき、ランプが直接目に入るとまぶしさを感じるので、ランプがシェードに隠れるデザインの器具を使うか、調光でまぶしくないようにする。

設置の際は、住宅の天井中央部に付いている引っ掛けシーリング（222頁参照）などに取り付けるほか、配線ダクトレールに取付け可能なタイプもある。

シャンデリアの使い方

ペンダントより大型で、多灯の照明器具をシャンデリアという。シャンデリアの原点はキャンドルの多灯照明なので、クラシックなデザインで存在感があり、印象的なものが多い。

設置の際は、器具の高さ寸法が大きいので、部屋の広さや天井高さが十分にあるスペースに取り付ける。また、重量がある場合が多いので、天井の下地が荷重に耐えられるかどうかを確認し、必要に応じて補強する。

■ペンダントとシャンデリアの種類

●ペンダント

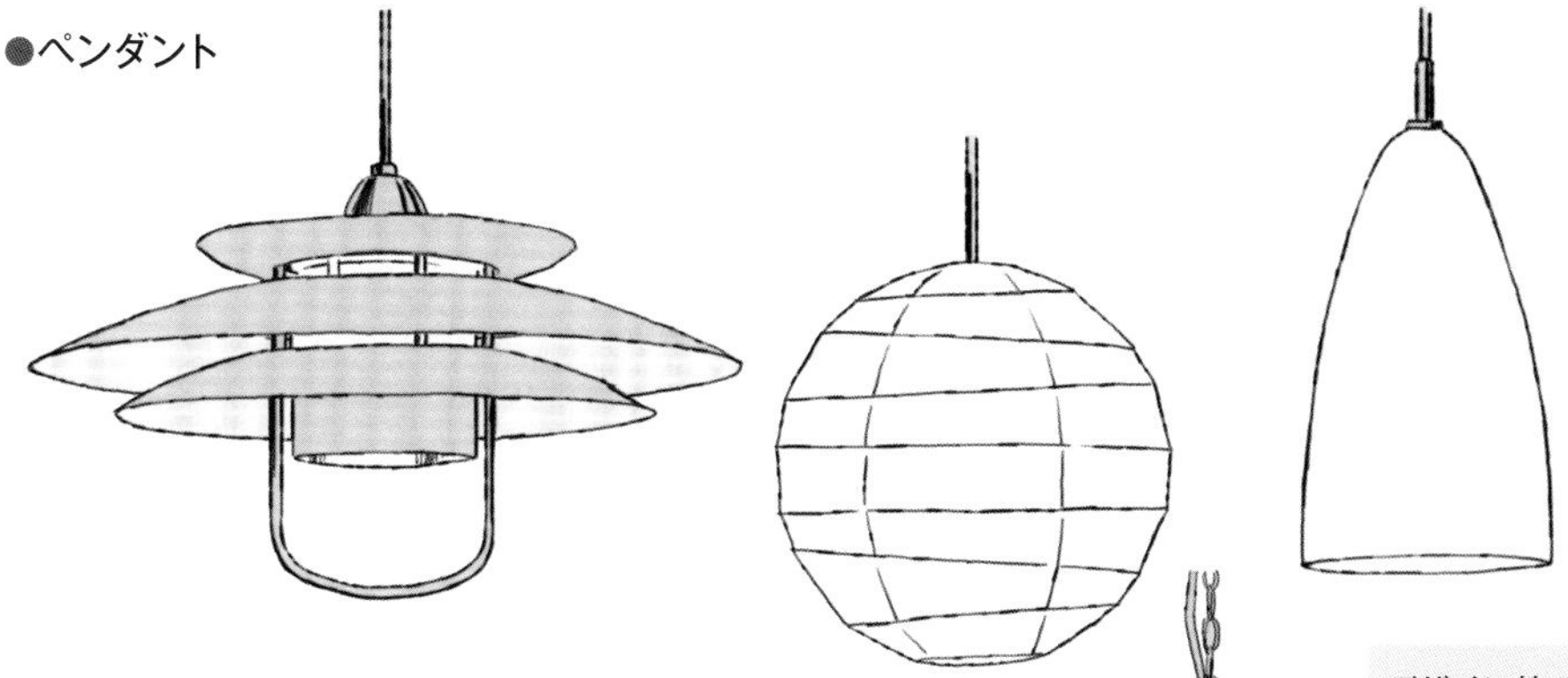

デザイン性の高いものが多く、インテリアの一部として、さまざまな演出が楽しめる

●シャンデリア

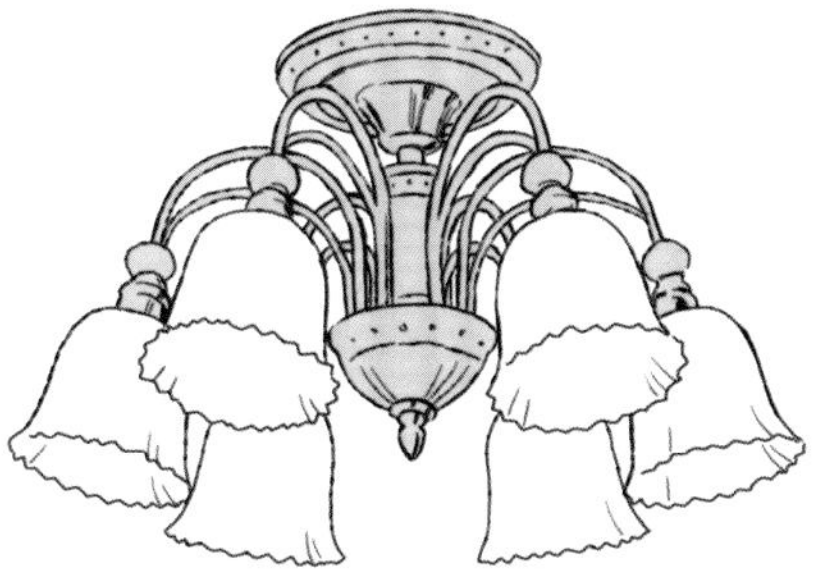

■配線ダクトレール取付けのペンダント

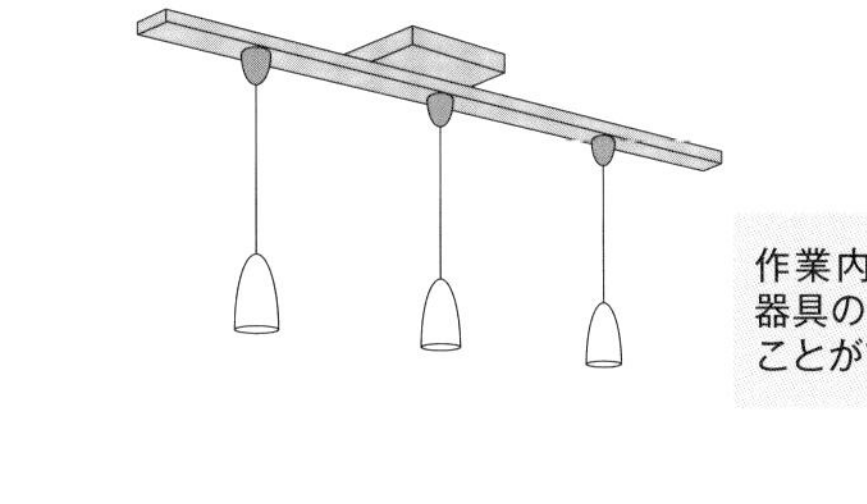

作業内容に合わせ、器具の位置を変えることができる

■シャンデリアの設置

部屋の大きさと、天井の高さを考慮して設置する。人がさわれる高さだと危ない場合もあるので注意！

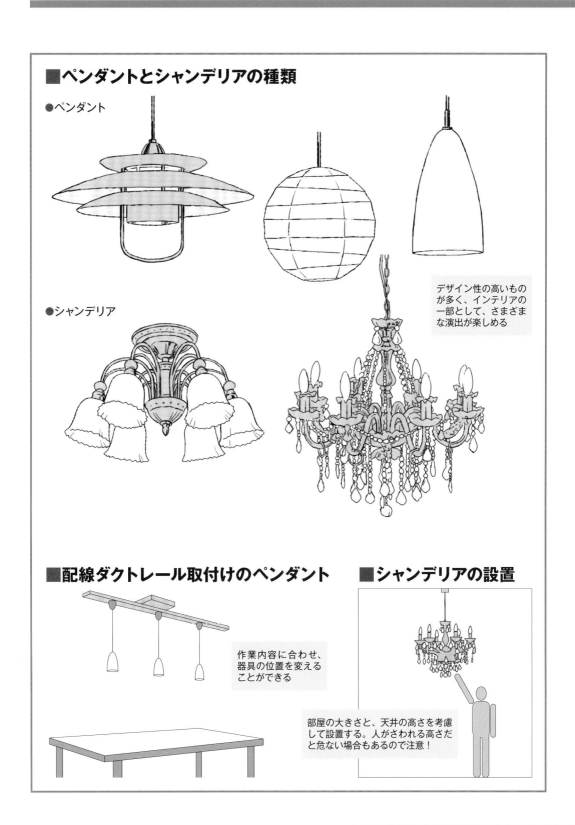

スポットライト

point
スポットライトは「指向性のある光」で、向きを自由に調節できることが特徴

スポットライトの種類

スポットライトは指向性のある光で、向きを自由に調節できる直接照明の器具である。正確には、30度以下の狭い配光の器具をスポットライト、それより広い配光の器具をフラッドライトというが、この2つの総称としてスポットライトと呼ぶことも多い。

器具の特徴は、展示物や商品などを、ほかの部分より際立って明るく照らせること。天井や壁への取付けが一般的だが、床に取り付けることもできる。

構造としては、光源、反射板、本体、取付け部で構成され、取付け部は固定式のフランジタイプと、取外しや位置変更の容易な配線ダクトレールタイプのほか、仮設的に使用できるクリップタイプもある。

小型のLEDスポットライトは、器具自体も小さくて目立たず、配光の種類が多く、色温度も選べ、器具光束も幅広く選べるため使い勝手がよい。

反射板やレンズを使って横長や縦長の配光にしたウォールウォッシャ用の器具や、全般照明にも使えるほど広い配光をもつ器具のほか、光源の前面にレンズを付け、光のエッジをくっきりとさせたレンズスポットやカッタースポットなどもある。これらの器具は、物販店の商品、美術館の展示物、飲食店のテーブル面など幅広い用途に対応できる。

オプションパーツを活用

スポットライトは、光の色や印象を変える、さまざまなオプションパーツがある。光をぼんやりと拡散させるディフュージョンレンズ、楕円の配光にするスプレッドレンズをはじめ、色を変えるカラーフィルタ、色温度を変える色温度フィルタ、光源付近のまぶしさを抑えるハニカムルーバー、ロングスヌートフード、グレアカットフードなどがある。用途や目的に合わせ、これらをうまく使いこなすことで、ワンランク上の上質なあかりをつくりだすことができる。

■スポットライトの種類と配光

●直付フランジタイプ

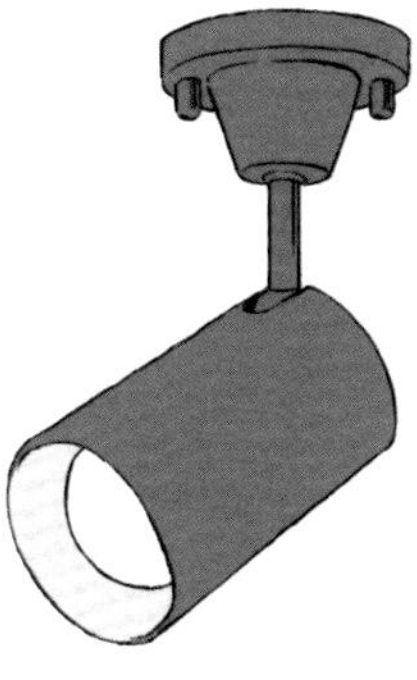

●配線ダクトレールタイプ

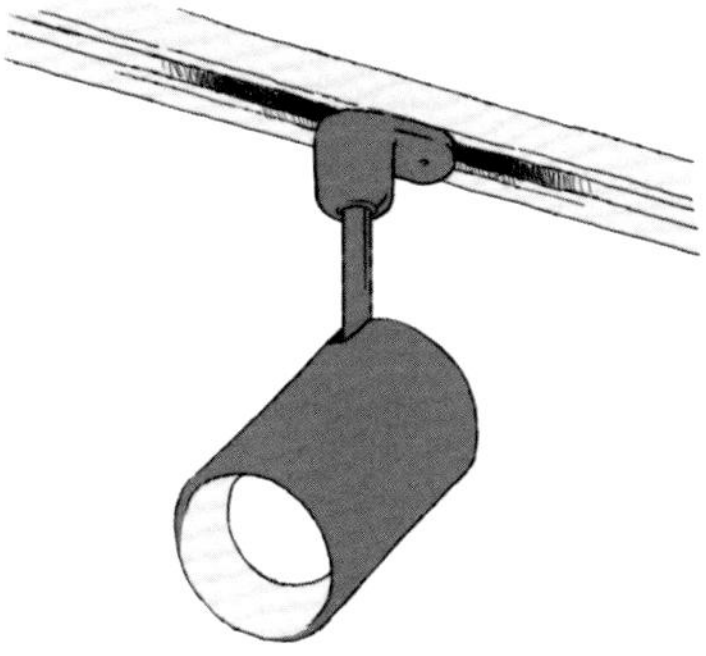

●クリップタイプ

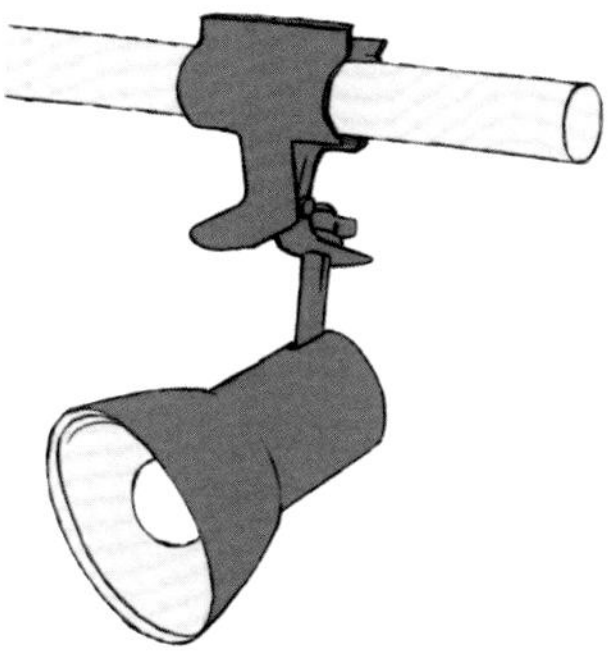

●配光

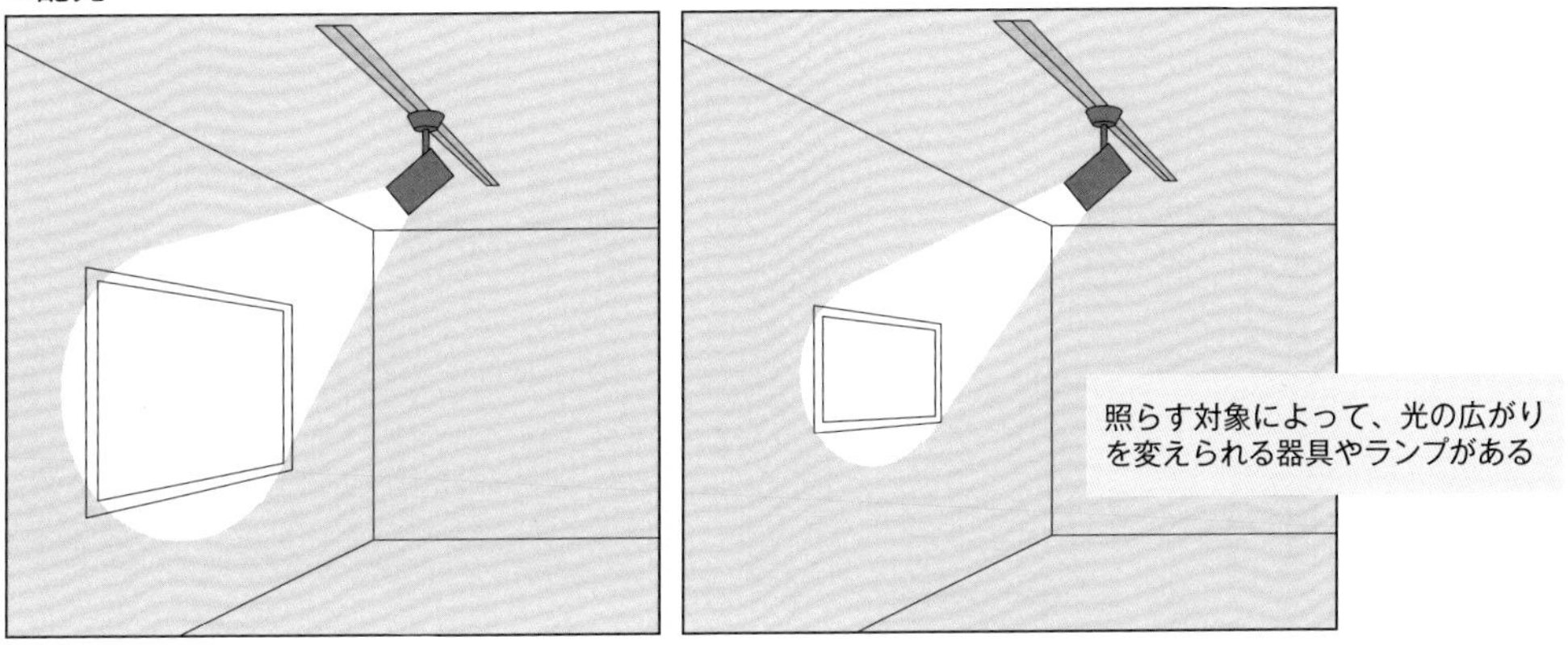

照らす対象によって、光の広がりを変えられる器具やランプがある

■オプションパーツ

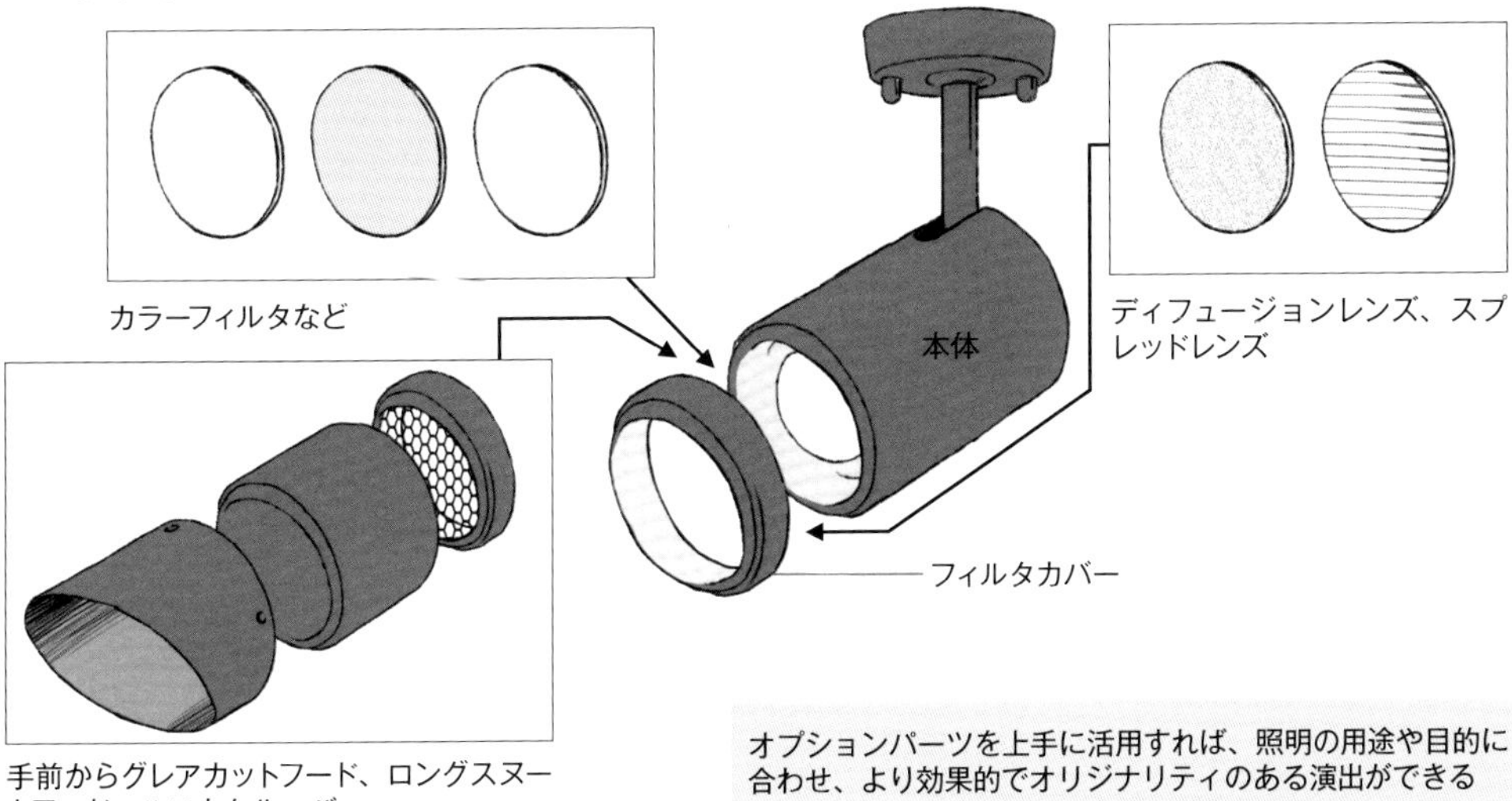

手前からグレアカットフード、ロングスヌートフード、ハニカムルーバー

オプションパーツを上手に活用すれば、照明の用途や目的に合わせ、より効果的でオリジナリティのある演出ができる

ブラケット・スタンド

point

ブラケットは「取付け位置への配慮」が大事。スタンドは「配置の自由度」が高く、明るさを容易に調節できる

ブラケットの使い方

壁に直付けする照明器具をブラケットと呼ぶ。住宅では、玄関の外や階段室、洗面室、浴室など、天井がない場所や、あっても取付けやメンテナンスがしにくい場所に使用し、明るさの確保だけでなく、装飾目的で取り付けることも多い。取り付ける高さは、人の身長よりやや上の比較的低い位置となるため、ペンダントと同様に視界に入りやすい。そのため、まぶしく見えない器具や、壁面に光を当てて間接照明のように使う器具が多い。

設置の際は、ブラケットは壁面から出っ張るので、廊下などの狭いスペースでは人にぶつからない位置に取り付ける。洗面室に取り付ける場合は、ミラーの左右や上に取り付け、人の顔色がしっかりと見えるようにする。浴室や屋外に取り付ける場合は、防水や防湿性能のある専用の器具を選び、取付け部にある水抜き孔が下向きになるように取り付ける。

スタンドの使い方

床やテーブルなどに置く独立した照明器具をスタンドといい、床置きはフロアスタンド、テーブルなどの台の上に置くものはデスクスタンド（卓上スタンド）と呼ぶ。スタンドは、ペンダントと同じように存在感があり、デザインも個性的で楽しく、インテリアや装飾の要素としても重要である。また、配置の自由度が高く、台数や位置を変えて明るさもコントロールできる。

最も一般的なのは、布などのシェードが付いたシェード型である。デスクスタンドには、金属やプラスチックのシェードが付いたリフレクター型が多く、デスク上での読書や作業などのタスク照明として使いやすい。このほか、トーチ型は光を天井に向け、間接照明の効果を得ることができ、乳白色のガラスやプラスチックのシェードが付いたグローブ型は、床付近に置くと室内のあかりの重心を下げ、リラックスした雰囲気をつくりだす。

■ブラケット

●屋外

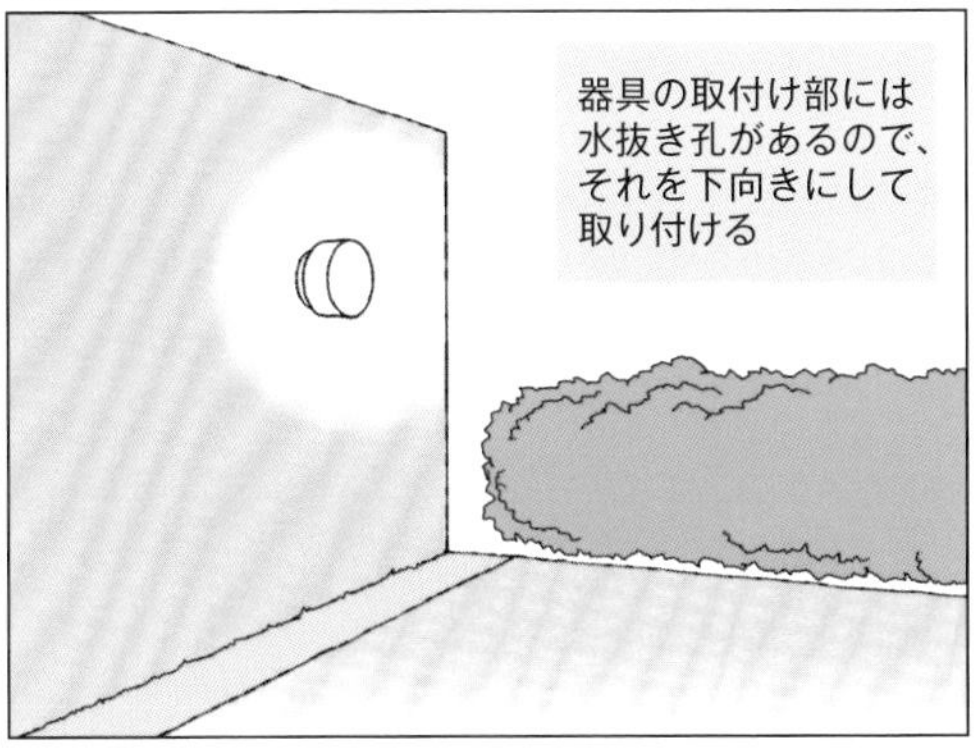
器具の取付け部には
水抜き孔があるので、
それを下向きにして
取り付ける

●洗面室

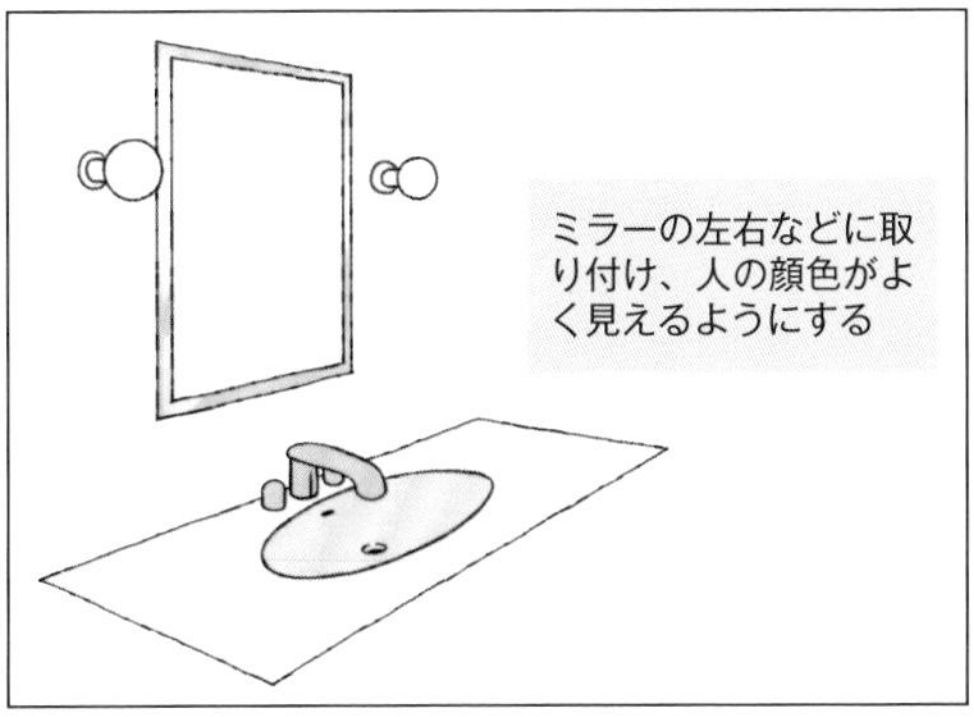
ミラーの左右などに取
り付け、人の顔色がよ
く見えるようにする

●階段室

取付けが難しく、メン
テナンスに気を使う場
所での使用も多い
寸法
取付け高さを展
開図などに記載
して、取付けミ
スがないように

■スタンド

●シェード型

布などのシェー
ドが付いたシェ
ード型スタンド
が最も一般的

●リフレクター型

デスク上での作
業時のタスク照
明として有効

●トーチ型

天井に光を向
け、間接照明
のように使用

●グローブ型

床付近に置くと、室内の明
るさの重心を下げ、リラッ
クスした雰囲気を演出

建築化照明・全般照明

point
全般照明器具は「机上面の明るさ」が重要。より明るくするには乳白アクリル拡散板が付いた器具などを使用する

建築化照明器具

建築化照明器具は、コーブ照明やコーニス照明などに使いやすいようにつくられた間接照明用器具である。さまざまなタイプのものがあるが、光源は現在ほぼ全てLED器具である。

これらの器具を設置する際は、ランプの特性、器具本体の大きさに加え、器具の取付け方法、故障時のメンテナンスやランプ交換の方法などを確認し、器具を納めるスペースの寸法やディテールを検討する。また、光の色味や明るさ、調光できるかどうかなども、より完成度の高い建築化照明を実現するポイントになるため、十分に確認する。

全般照明器具

オフィスや学校などの広いスペースを均一に、機能的かつ経済的に照らす照明器具を、全般照明器具という。前は管型蛍光灯を複数台セットした器具が主流だったが、現在ではLEDのライン型と正方形などのスクエア型が主流である。設置タイプは天井面に直付けする直付型や、取付けベースの断面が山の形をした富士型などと、天井に埋込んで設置する埋込型がある。蛍光灯のようなLEDランプが露出したもの、下面に乳白色のアクリル拡散板が付いているもの、プラスチックや鏡面アルミなどのルーバーが付いているものなどがある。

全般照明器具は、机上面の明るさが重要だが、明るさ感をより重視する場合は、乳白アクリル拡散板やプラスチックルーバーが付いたタイプや、露出タイプを使用する。また、モニター画面への映り込みに配慮し、光源のまぶしさ感をカットしたい場合は、アルミルーバー付きでグレアカット角度が30度程度のものを選ぶとよい。

最近は、よりスリム型で高照度のベース照明器具が増え、天井面をよりシャープにすっきりとデザインできる。長寿命のLEDだが故障などでの交換も必要なので、工事なしで発光部のみ交換できるタイプが増えている。

■建築化照明器具（間接照明器具）

●シームレスライン（LED、蛍光ランプ）

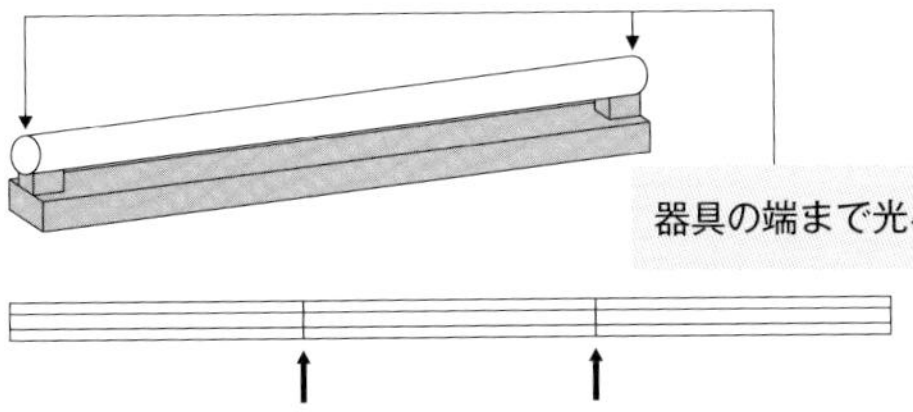
器具をピッタリとくっつけて、光を連続させる

●白熱灯器具

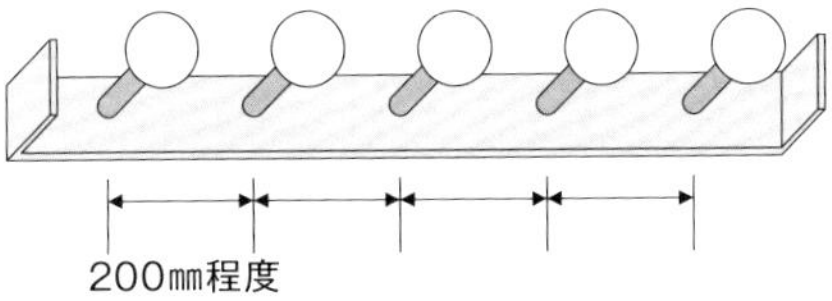

等間隔で白熱灯を並べることが容易

●キセノンランプ

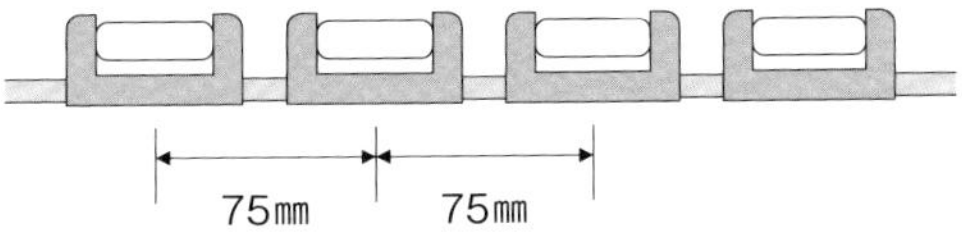

小型で小さいスペースに入る。暖かいオレンジ色の光

●間接照明用 LED

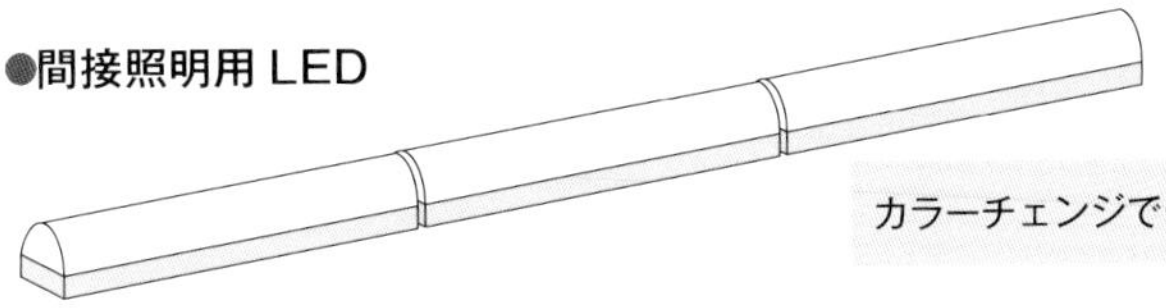

カラーチェンジできる。小型で放熱が少ない

■全般照明蛍光灯器具

直付型

●笠なし直付型

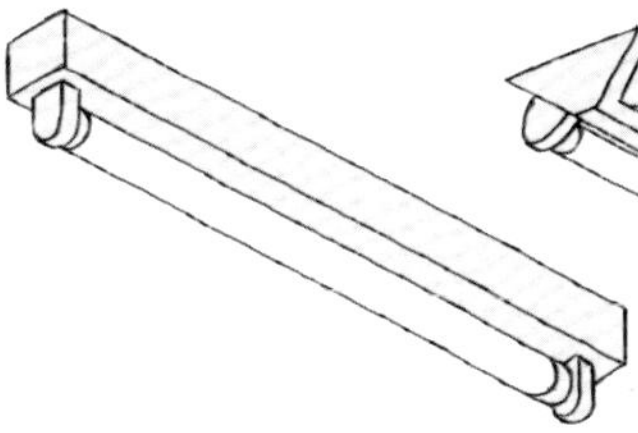

●富士型

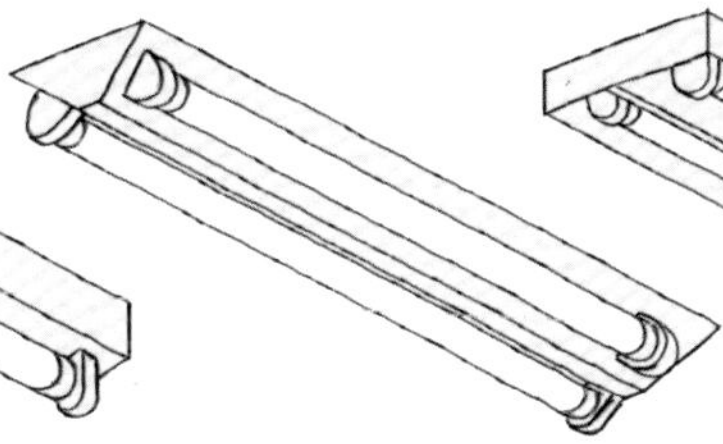

●直付型

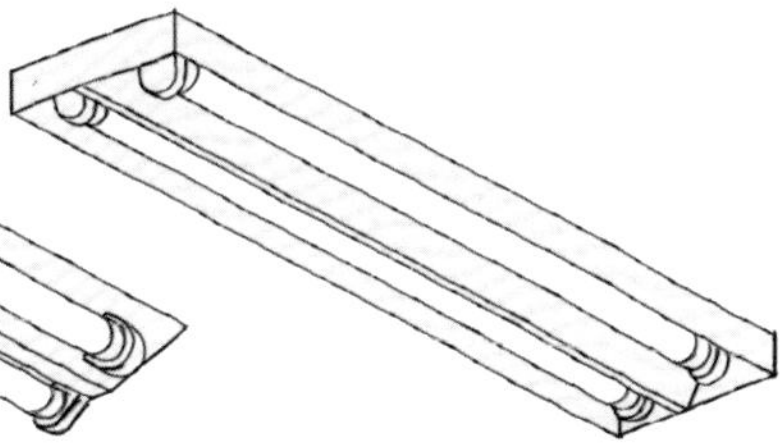

埋込型

●露出型（下面開放型）

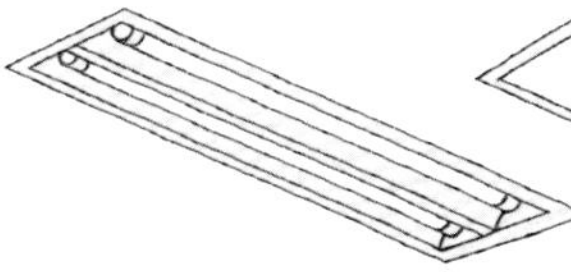

●乳白アクリル拡散板付き（明るさ感が強い）

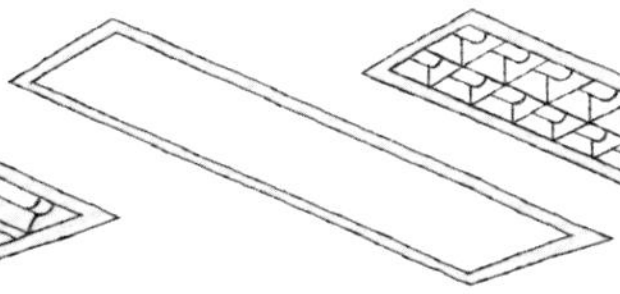

●ルーバー付き（グレアカット対応）

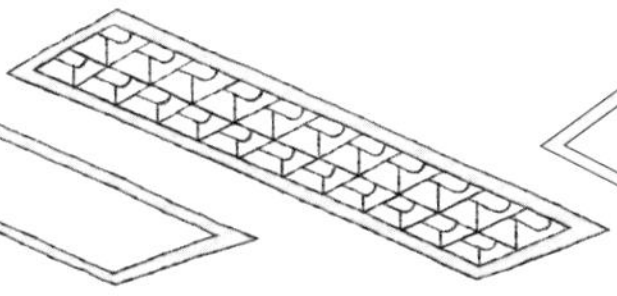

●スクエア型乳白アクリル拡散板付き

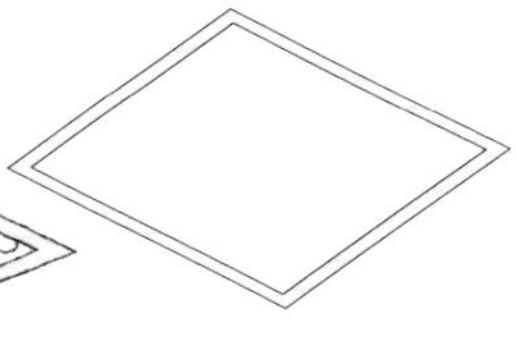

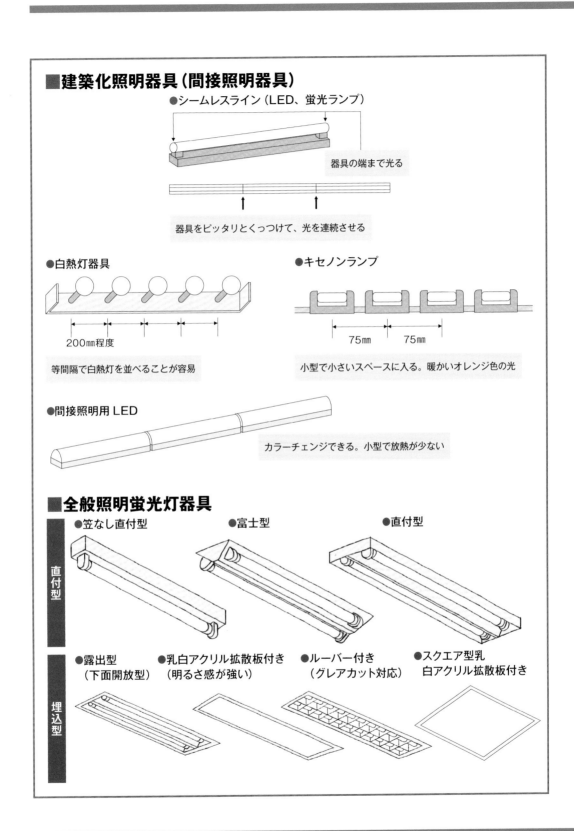

屋外用照明器具

point 防水性や防塵性の性能を示す国際基準として「IP コード」があり、推奨値が定められている

IPコードとは

屋外照明器具は、雨に直接さらされるなど、室内よりも厳しい環境で使用される。こうした防水性や防塵性の性能を示す国際基準として「IPコード」があり、2つの数字の組み合わせで推奨値が定められ、この数字が大きいほど高い性能となる。また、屋外照明器具は人や物が上に乗ることがあるため、それに耐えられる堅牢さも求められる。さらに、太陽光線や気温の変化も製品の劣化を促し、海に近いエリアでは塩害も考慮する。

器具の種類と光源

器具の種類は幅広く、軒下のダウンライトなどの全般照明器具、スポットライト、ブラケット、足元照明、階段のステップライト、ポール照明、植栽用のスポットライト、樹木や建物を照らし上げる床埋込み照明、床に埋込むインジケーター照明、街路灯、投光照明などがある。また、これらとは別にプールや池で使う水中照明もある。光源は、ランプ交換が手間になる場合が多いので、蛍光灯やHIDランプ、LEDなどランプ寿命が長いものを使うことが一般的である。最近ではほぼLED器具で対応できる。

■屋外照明器具のIPコード

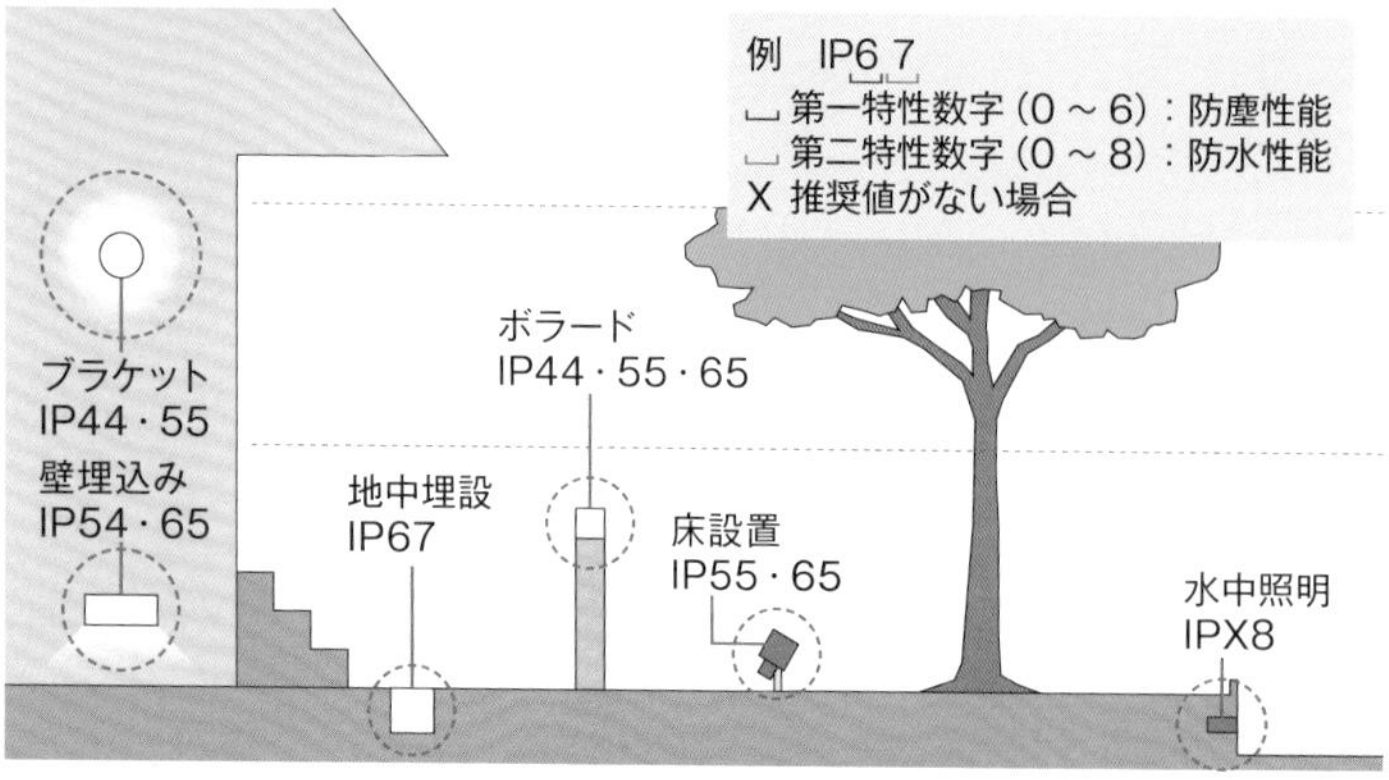

Chapter

7

図書類と参考資料

図書と照明器具リスト

point 照明器具リストは、器具の姿やタイプ、メーカー名、品番、色、素材、器具寸法などの必要な情報を網羅する

照明計画に必要な図書類

照明計画に必要な図書は、初期のプレゼンテーション用の図面と、設計図書として主に施工で使う図面とに分かれる。プレゼンテーション用としては、周辺環境リサーチ資料、アイデアを表現したスケッチ、光のレイアウト図、イメージ写真、ＣＧ、ディテール検討図、照明ボード、照明模型の写真、実物大モックアップの写真、平均照度計算書、照度分布図などがある。これらは建築主と設計者、施工者のコミュニケーションツールとして適宜作成し、提出する書類である。いわゆる図面ではないが、デザインの意図を伝える資料という点で重要な役割を果たす。

設計図書には、照明配置計画図、照明配線計画図、照明器具リストがある。照明配置計画図は、照明器具の配置をなるべく正確に天井伏図や平面図に記載したもので、位置寸法も必要に応じて入れる。照明配線計画図には、照明器具の配置に加え、スイッチの位置、タイプ、スイッチで点滅できる器具のまとまりなどを分かりやすく描く。

照明器具リストとは

照明器具リストは、器具の姿やタイプ、メーカー名、品番、色、素材、器具寸法、天井開口寸法、ランプの種類、色温度指定、配光指定、安定器の有無、オプションパーツ、金額など、選定した器具についての必要な情報を漏らさずに記載した書類である。

形式はさまざまだが、マス目に器具記号を付け、姿図を線画で描いたものを1枚か2枚程度の図面にまとめたものが一般的である。照明デザイナーが器具リストを作成する際は、Ａ４のシート1枚に、器具1タイプの情報をすべて記載したスペックシート形式が多い。カタログやメーカーのホームページなどから情報を取り込み、分かりやすい姿図（写真）などを記載し、書類のサイズやフォーマットを統一するなど、まとめ方を工夫するとより使いやすくなる。

■照明器具リストの例

● CAD の姿図を使った照明器具リスト

ダウンライト
EFD15W × 1

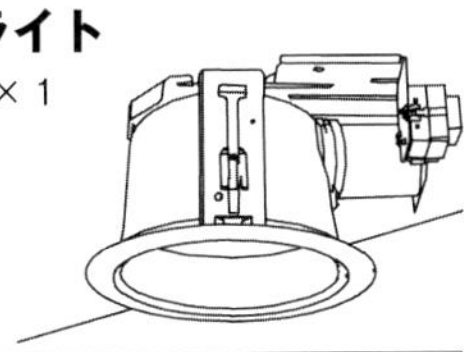

反射板：アルミ（銀蒸着仕上）
枠：アルミダイカスト
埋込穴Φ 100　埋込高 H ＝ 113

スポットライト
LED E17
60W 相当

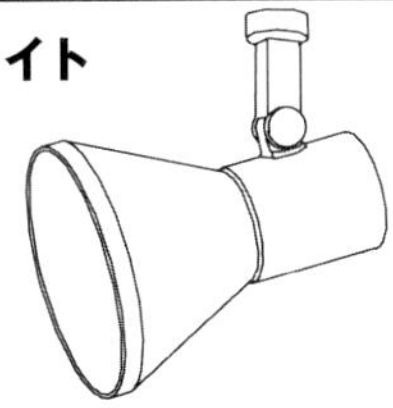

シェード：アルミダイカスト（ホワイト）
反射板（銀色仕上）

スポットライト
JDR80W × 1

防雨型　本体：アルミダイカスト
前面パネル：強化ガラス（透明）

ブラケット
LED E26
60W 相当

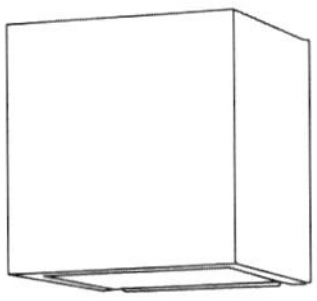

照射方向可変型　カバー（ホワイト）
W＝ 350　H＝ 130　出しろ 122

ブラケット
FHF24W × 1

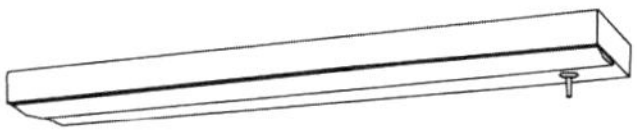

ステンレス（ヘアライン仕上）
W＝ 120　L＝ 634　H＝ 31

ブラケット
LED E17
60W 相当

防雨型　電球色
カバー：下面ポリカーボネート

スタンド
IL100W × 1

シェード：布（アイボリー・プリーツ加工）
クローム仕上

ライン型ベース器具
LED5.2W

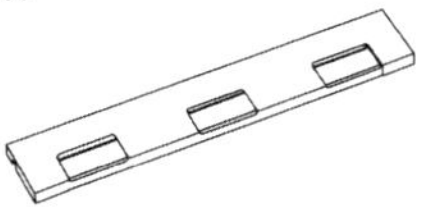

電球色 LED（3 個）
光束維持率 70％推定 4,000 時間
本体：アルミ　最大 75 台まで連結可能

浴室灯
EFD15W × 1

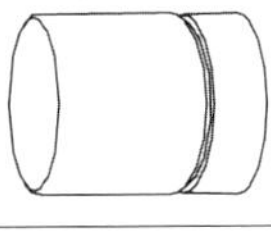

防湿型・防雨型　電球色
カバー：ガラス（乳白つや消し）
壁面・天井面取付専用

●スペックシート形式の照明器具リスト

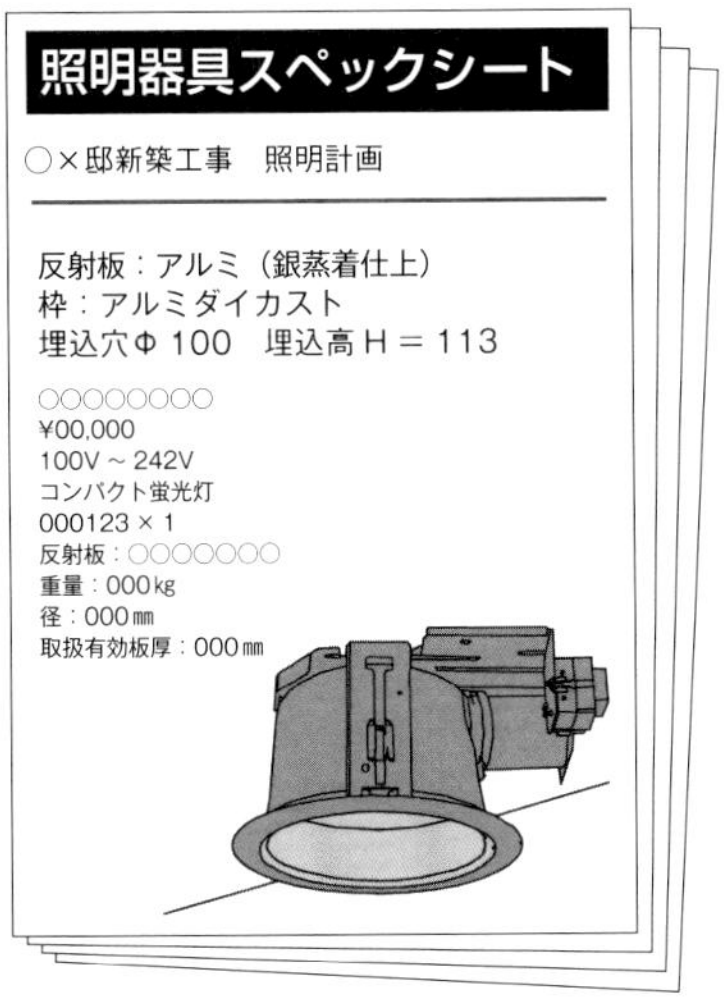

■ランプの略称（形名）

IL	白熱灯を幅広く示す（普通電球、クリア電球、ミニクリプトン球、ボール球、シャンデリア球など）
LW	普通電球（シリカ電球）
JDR	2 重コイル（110V）型ダイクロイックミラー付ハロゲン電球
JR	12V 型ダイクロイックミラー付ハロゲンランプ
FL	直管形蛍光灯
FLR	直管形ラピッドスタータ蛍光灯
FHF	高周波点灯専用形蛍光灯
EFA	A 型（一般電球タイプ）電球形蛍光灯
EFD	D 型（グローブレスタイプ）電球形蛍光灯
LED	LED 照明

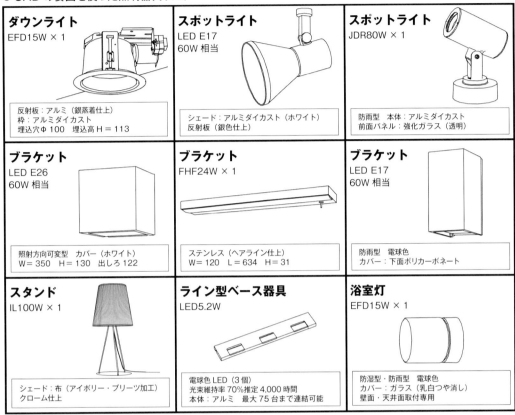

照明器具配置図

point 天井伏図や平面図に照明器具の配置をなるべく正確に記載し、位置寸法も必要に応じて入れる

■照明器具配置図（1F）

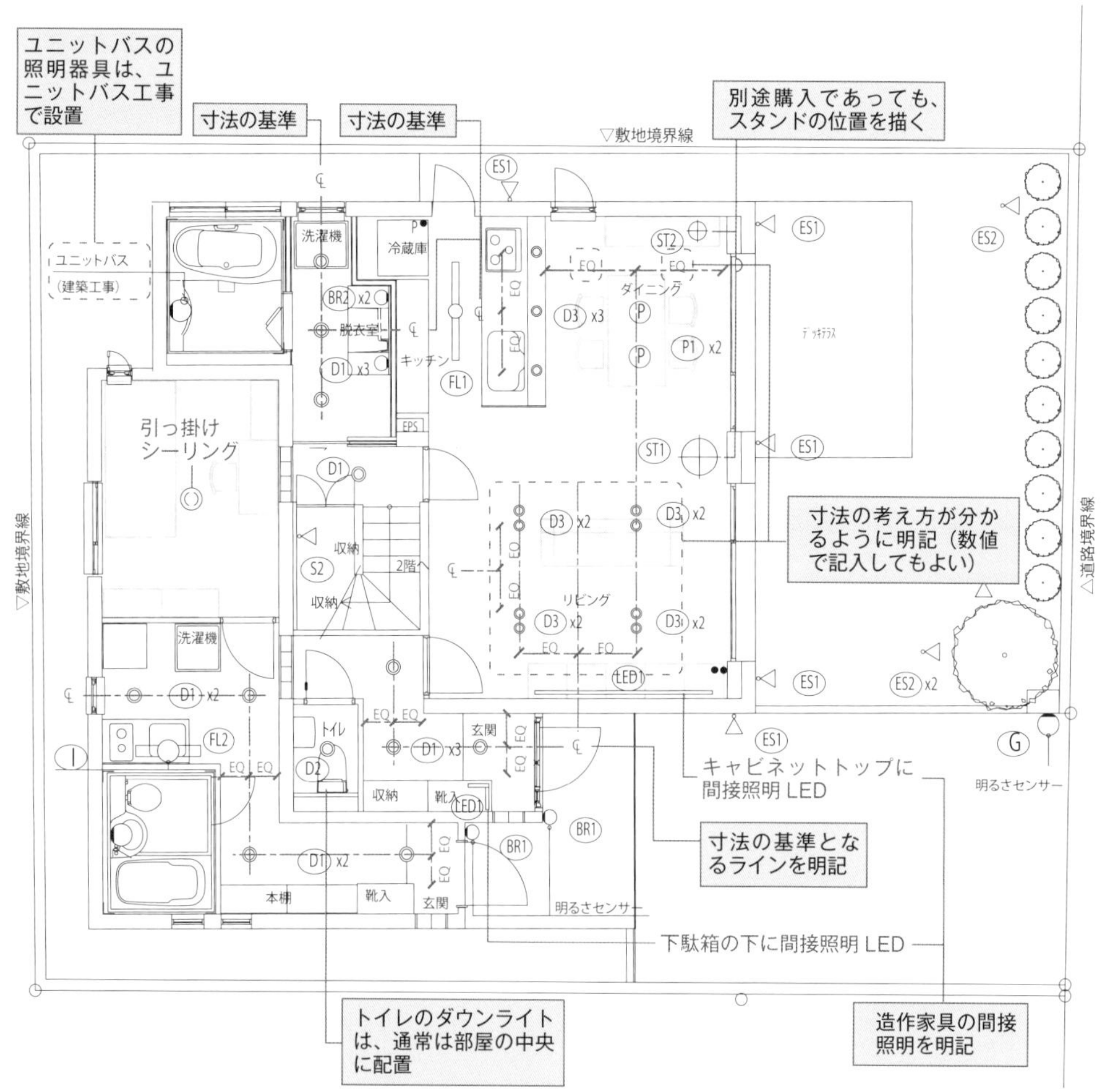

■照明器具の凡例

記号	器具タイプ	ランプ	V	W	器具 メーカー	器具 品番	備考
D1	ベース照明ダウンライト	E26 電球形LED 60W形	100	6.9	A社	XXX-XXXX	電球色（2,800K）
D2	ベース照明ダウンライト	E17 電球形LED 40W形	100	3.9	A社	XXX-XXXX	
D3	アジャスタブルダウンライト	LED ダイクロハイゲン 50W形相当	100	5.7	B社	XXX-XXXX	中角（ビーム角）
S1	ライティングレール用スポットライト	LED ダイクロハイゲン 50W形相当	100	8.3	C社	XXX-XXXX	広角（ビーム角）
S2	スポットライト	LED ダイクロハイゲン 40W形相当	100	6.3	C社	XXX-XXXX	中角（ビーム角）
L1	ライン形ベース照明	LED Hf蛍光灯 32W×2相当	100	44.2	A社	XXX-XXXX	電球色（3,000K）
L2	ライン形ベース照明	LED Hf蛍光灯 32W相当	100	17.9	A社	XXX-XXXX	電球色（3,000K）
L3	棚下用ライン形ベース照明	LED 棚下用 L1500	100	28.3	B社	XXX-XXXX	電球色（3,000K）
L4	間接照明ライン形	LED シームレス形（調光）L1200	100	16.3	B社	XXX-XXXX	電球色（3,000K）
BR1	ブラケット（屋外用）	E26 電球形LED 60W形	100	6.9	C社	XXX-XXXX	電球色（3,000K）

備考欄に、色温度やビーム角を明記

■照明器具配置図（2F）

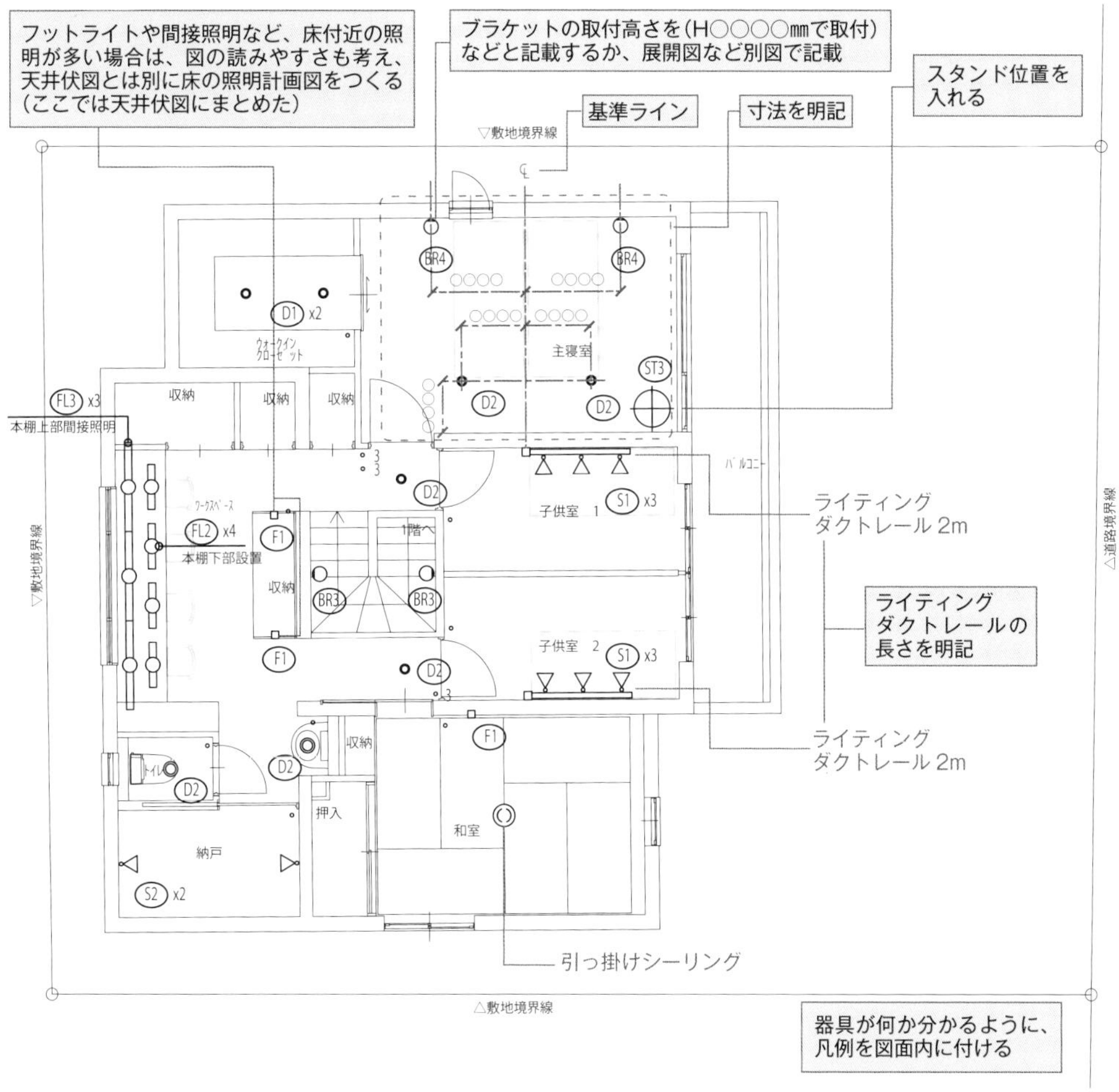

照明配線計画図

point 照明器具の配置に加え、スイッチの位置、タイプ、点滅できる器具のまとまりなどを分かりやすく描く

■照明配線計画図（1F）

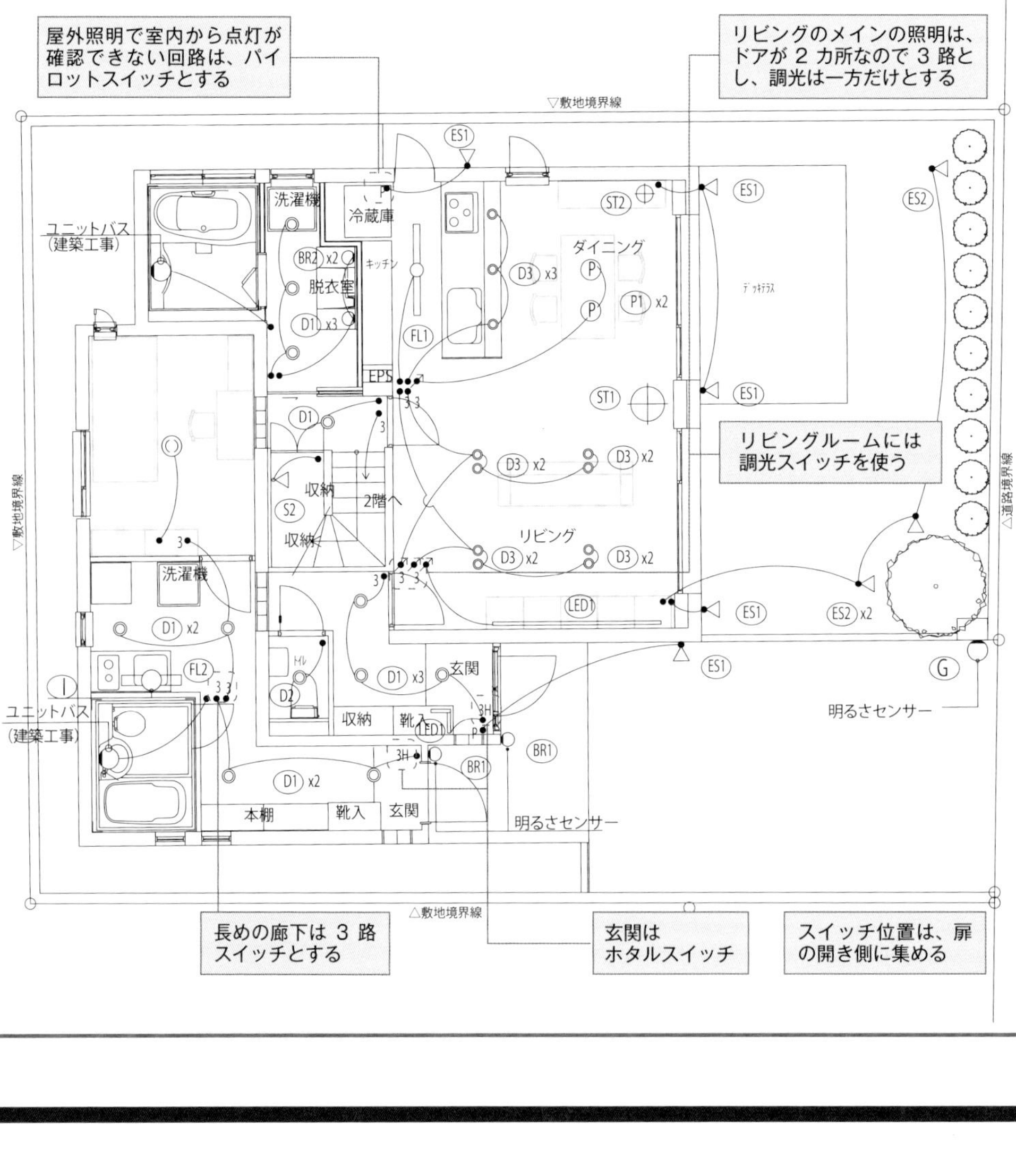

■凡例

●	スイッチ
●↗	調光スイッチ
3●	3路スイッチ
P●	パイロットスイッチ
3H●	ホタルスイッチ

■照明配線計画図（2F）

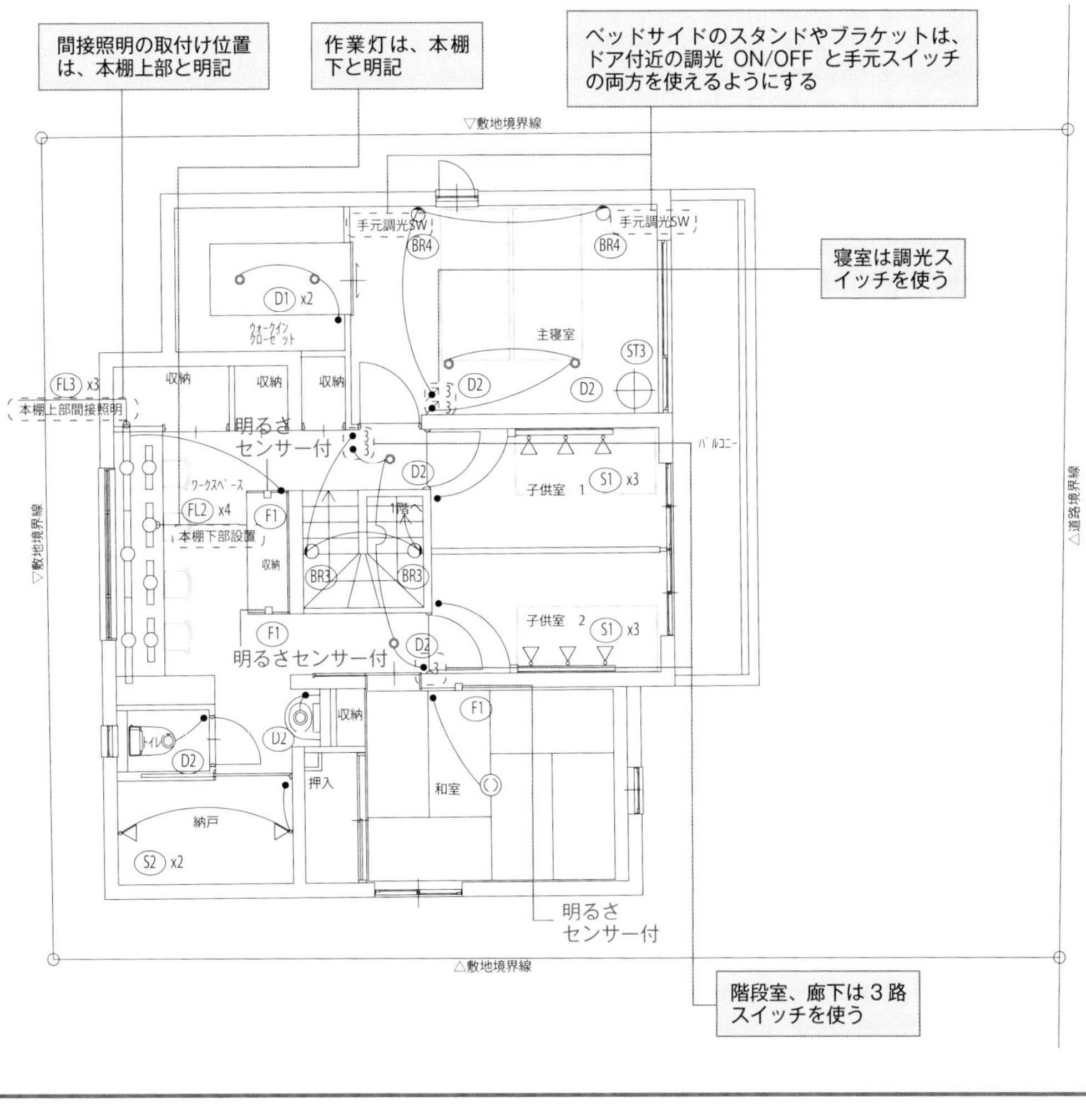

安全チェックシート

point 住宅用照明器具、施設用照明器具ともに、安全で快適な光環境を維持するため、1年に1回は点検を行う

■住宅用照明器具　安全チェックシート

●1年に1回は点検を行い、次の項目をチェックする。異常が見つかった場合は、適切な処置を行う

LED器具	白熱・蛍光灯	安全点検項目	処置手順
□	□	スイッチを入れても、時々点灯しないときがある	該当項目がある場合は、危険な状態になっている。事故防止のため、すぐに使用を中止し、新しい照明器具に交換する
□	□	プラグ、コードまたは本体を動かすと点滅する	
□	□	プラグ、コードなどが異常に熱い	
□	□	こげ臭いにおいがする	
□	□	点灯時にブレーカーが動作することがある	
□	□	コード・ソケットおよび配線部品に傷み、ひび割れ、変形がある	
□	□	購入後、10年以上経過している	該当項目がある場合は、危険な状態になっていることがある。事故防止のため、すぐに使用を中止し、新しい照明器具に交換するか、継続的な点検を行う　※ランプ使用器具の場合はランプを交換してご確認ください
□	□	点灯するまで時間がかかる※	
□	□	極端に明るさが低下している。※	
□	□	ちらつきが頻繁に生じる。※	
□	□	カバー、パネルなどに変色、変形、ひび割れなどがある※	
□	□	塗装面にふくれ、ひび割れがある。または、さびが出ている	
□	□	器具取付け部に変形、がたつき、ゆるみなどがある	
□		点灯しているLEDの色味が変化してきた。※	
	□	ランプの端部が極端に黒化している	該当項目がある場合は、新しい照明器具に交換する
	□	グロースターター（点灯管）が点滅を繰り返す	
□	□	照明器具の近傍に燃えやすいものがある。	該当する場合、直ちに取り除いてください

■施設用照明器具　安全チェックシート

●1年に1回は点検を行い、次の項目をチェックする。異常が見つかった場合は、適切な処置を行う

LED 器具	LED 以外	安全点検項目	処置手順
□	□	累積点灯時間が 40,000 時間以上である。	該当する場合は危険な状態になっています。事故防止のため直ちに使用を中止し、新しい照明器具にお取り替えください。
□	□	使用期間が 15 年以上である。	
□	□	こげくさい臭いがする。	
□	□	照明器具に発煙、油漏れなどの形跡がある。	
□	□	電線類に変色、硬化、ひび割れ、芯線露出などがある。	
□	□	配線部品などに変色、変形、ひび割れ、ガタツキ、破損などがある。	
□	□	・LED 照明器具でランプへ電源給電コネクタがある場合、その部位も確認。	
□	□	使用期間が 10 年以上である。	該当する場合は危険な状態になっています。事故防止のため速やかに、新しい照明器具にお取り替えください。詳細版によるチェックをお勧めします。 ※指定のランプにお取替えください。
□	□	ランプを交換しても他のランプより極端に早く寿命になる。	
□	□	・蛍光灯器具の場合、黒化についても確認。	
□	□	ランプを交換しても点灯までに時間が長くかかる	
□	□	・蛍光灯器具の場合、グロースタータも交換して確認。	
□	□	ランプを交換してもちらつきが止まらないものがある。	
□	□	・蛍光灯器具の場合、グロースタータも交換して確認。	
□	□	他のランプより極端に暗いものや色味の変化がある。	
□	□	・蛍光灯器具の場合、ランプも交換して確認。	
□	□	・LED 照明器具の場合、光源の一部又は全体に暗い部分や色味の変化があるかを確認。	
□	□	点灯時にブレーカが動作することがある	
□	□	可動部分（開閉箇所、調節箇所など）の動きが鈍い。	
□	□	器具取付部及びランプ取り付け部に変形、ガタツキ、ゆるみなどがある。	
□	□	ここ2、3年、故障による取替台数が増えている。	
□	□	本体、反射板などに極端な汚れ、又は変色がある。	
□	□	カバー・パネルなどに変色、変形、ひび割れなどがある。	
□	□	塗装面にふくれ、ひび割れがある、又はさびが出ている。	
□	□	ねじなどに変色、さび、ひび割れ、破損などがある。	
□	□	指定外のランプを使用している。※	該当する場合、新しいものに交換してください。
□	□	グロースタータ（点灯管）が点滅を繰り返す。	
□	□	照明器具の近傍に燃えやすいものがある。	該当する場合、直ちに取り除いてください。

出典：『照明器具リニューアルのおすすめ』（㈳日本照明器具工業会）

関連法規

point 各省庁では、省エネにかかわる多様な措置を実施。また、誘導灯や非常灯は、定期点検が義務づけられている

■照明機器に関する省エネ関連法規制の概要

●温暖化ガスの排出削減、環境改善、安全確保を目的に、各省庁では下記のような行政措置を実施

2021 年 3 月 1 日現在

	法規制（任意規制を含む）	規制の概要	対象品目
経済産業省	「省エネ法」（工場・事業場）	・特定基準の改正　工場・事業場単位から事業者単位へ ・特定連鎖化事業者が新たに対象に追加 ・報告等の提出単位の変更 ・エネルギー管理統括者等の創設	照明器具
	「省エネ法」（特定機器） （トップランナー方式） 1999.4 月施行	・6 カテゴリーに区分し 2012 年度目標基準（lm/W）を設定 ★ 2009 年度以降に新基準が設定される予定	・蛍光灯器具 ・電球形蛍光ランプ
	「省エネラベリング制度」 JIS C 9901（2000.8 月） （省エネ性マーク）	・省エネ基準達成率（%） ・エネルギー消費効率（lm/W） ・省エネ性マークを表示（省エネ性マーク：＝達成、＝未達成）	・家庭用蛍光灯器具
	小売業者における表示制度 「統一省エネラベル」	・店頭陳列商品に多段階評価や電気料金などを表示	・照明器具
	省エネ性能カタログ （省エネルギーセンター）	・点畳数別に分けて各社の代表商品を掲載	・家庭用蛍光灯器具
環境省	「グリーン購入法」 （2001.4 月施行）	・特定調達物品を指定、品目及び判断の基準を制定 ・品目ごとの「判断基準」「配慮事項」を満たすこと	・照明器具　蛍光灯照明器具 LED 照明器具 LED 光源の表示灯 ・ランプ　蛍光ランプ（40 形） 電球形状のランプ ・公共工事　環境配慮型道路照明 照明制御システム
	「商品環境情報提供システム」 （2005.6 月 試験運用） （2007.2 月 使用再開）	・LCA の観点から環境情報を開示 ・地球温暖化、資源消費、有害物質の 3 軸で評価 ・各社の比較が可能	・蛍光ランプ
	グリーン購入ネットワーク （GPN）	「照明」購入のガイドライン ・照明計画　照度、昼光、センサ、調光、制御システムなどの導入 ・照明器具　Hf 器具、調光、初期照度補正、センサ、高輝度誘導灯、高効率ランプ使用＋リサイクル容易、有害物質少	・照明器具 （グリーン購入法適合品）
国土交通省	「NETIS」 新技術情報提供システム	・民間における技術開発の促進や、優れた新技術の活用による公共工事の品質の確保、コスト縮減等のための情報提供システム	・道路照明器具など
	省エネ法（建築物） 「CEC/L」（性能基準） 「ポイント法」（仕様基準）	・大規模な住宅・建物に係る担保措置の強化（対象：床面積 2,000 ㎡以上の建築主） ・一定の中小規模の住宅・建築物も届出義務の対象に追加（対象：床面積 300 ㎡以上 2000 ㎡未満の建築主） ・住宅を建築し販売する事業者に対し省エネルギー性能工場を促す措置を導入（対象：年間 150 戸以上の戸建建売住宅を供給する事業主） ・住宅・建築物の省エネルギー性能の表示などを推進（すべての住宅）	・照明設備
	CASBEE 建築物総合環境性能評価システム	・国交省支援のもと産官学共同で開発した評価システム ・名古屋・大阪・横浜などでは届出を義務付けると共に評価結果を公表 ・照明関係では、光害防止や昼光利用などが含まれている	・照明全般
その他	エネ革税制	・対象設備を取得した場合に特別控除ができる制度	・照明設備 （既定の項目を満たす場合に限る）
	電気用品安全法	・国による電気用品の安全規制（PSE マーク制度）	・照明設備
	消費生活用製品安全法	・国による消費生活用製品の安全規制	・照明設備
	東京都省エネ促進税制	・中小企業が導入推奨機器・設備を導入した場合に適用	・Hf 照明器具

■誘導灯、非常灯の設置・保守点検に関する関連法令

●誘導灯は消防法、非常灯は建築基準法により、定期点検が義務づけられている

2021年3月1日現在

		誘導灯 消防法及び関連法令	非常灯 建築基準法及び関連法令
設備の設置、維持義務		防火対象物の関係者※は政令が定める基準に従った消防用設備等を設置し、維持しなければならない。(消防法17条1項) ※:所有者、管理者、占有者がこれに相当する。	建築物の所有者、管理者又は占有者は、その建築物の敷地、構造及び建築設備を常時適法な状態に維持するように努めなければならない。(建築基準法8条1項)
設備の設置届出及び検査		特定防火対象物の関係者は政令・条例が定める基準に従って消防用設備等を設置したときは、その旨を届け出て検査を受けなければならない。(法17条の3の2)	
設備の点検及び報告義務		防火対象物の関係者は消防用設備等について総務省令の定めるところにより定期的に点検し、その結果を報告しなければならない。 (法17条の3の3)	建築物の所有者、管理者又は占有者は、その建築物の昇降機以外の建築設備について、定期に、資格を有する者に検査(当該建築設備についての損傷、腐食その他の劣化の状況の点検を含む)をさせて、その結果を報告しなければならない。(法12条3項)
点検資格者		消防設備士 消防設備点検資格者(法17条3の3)	一級又は二級建築士、建築基準適合判定資格者建築設備検査資格者(法12条3項)
定期点検		機器点検:6ヶ月に1回 (昭和50年消防庁告示2号)	6ヶ月から1年の間隔で特定行政庁が定める時期(施行規則6条)
定期報告		特定防火対象物:1年に1回 その他の防火対象物:3年に1回(施行規則31条の6)	
届出先及び報告先		消防長又は消防署長(施行規則31条の6)	特定行政庁(法12条3項)
勧告・措置・是正・改善命令など		立ち入り検査の後に有り 消防設備等に対する措置命令(法17条の4)	保安上危険な建築物等に対する措置 (法10条)
点検報告義務違反	管理者	関係者:30万円以下の罰金(法44条) 法　人:30万円以下の罰金(法45条)	50万円以下の罰金(法101条)
是正・改善命令違反	違反者	関係者:30万円以下の罰金(法44条) 法　人:30万円以下の罰金(法45条)	懲役1年以下・罰金300万円以下 法人:300万円以下の罰金(法98条)
命令内容の公表		有り(法5条)	有り(法10条)
非常点灯確認		20分間又は60分間(各階ごとに1/10の台数以下とならない範囲で)	30分間又は60分間

注1　非常灯とは非常用の照明装置及び非常用の照明器具のことをいう。消防設備等に対しての点検・報告義務があり、誘導灯のみの点検報告ではない。
　　建築設備等に対しての点検・報告義務があり、非常灯のみの点検報告ではない。
注2　法令については改正される場合があるため、最新のもので確認する。

出典:『照明器具リニューアルのおすすめ』(㈳日本照明器具工業会)

著者プロフィール

安齋　哲（あんざい・てつ）

1967 年東京生まれ。一級建築士、照明士。’92 年筑波大学芸術専門学群建築デザイン専攻卒業。’97 年ロンドン、AA スクール、ディプロマスクール修了（AA Dipl）。設計事務所勤務、照明デザイン事務所ワークテクト勤務、その後、照明とインテリアを中心にデザイン実務多数。現在は九州産業大学芸術学部生活環境デザイン学科空間演出デザイン専攻教授。空間デザインの教育活動を中心としながら九州各地で照明やインテリアデザインプロジェクトを実施。

参考文献

『照明「あかり」の設計　住空間の Lighting Design』中島龍興（建築資料研究社刊）
『カラー図解　照明のことがわかる本』中島龍興（日本実業出版社刊）
『カラーコーディネーター入門／色彩　改訂版』日本色研事業部
『Panasonic HomeArchi 09-10 カタログ』パナソニック電工株式会社
『National Expart TEXTBOOK 2008-2009』松下電工株式会社
『住まいの照明』サリー・ストーリー／鈴木宏子訳（産調出版刊）
『光と色の環境デザイン』社団法人　日本建築学会編（オーム社刊）
『新・照明教室　照明の基礎知識（初級編）』社団法人　照明学会　普及部
『高木英敏の美しい住まいのあかり』高木英敏（日経ＢＰ社刊）
『照明デザイン入門』中島龍興・近田玲子・面出薫（彰国社刊）
『Delicious Lighting　デリシャスライティング』東海林弘靖（ＴＯＴＯ出版刊）
『照明基礎講座テキスト』社団法人　照明学会
『照明専門講座テキスト』社団法人　照明学会
『照明ハンドブック　第２版』社団法人　照明学会編（オーム社刊）
『照明器具リニューアルのおすすめ』社団法人　日本照明器具工業会

『建築知識 2008 年７月』（エクスナレッジ刊）
『iA06 照明デザイン入門』（エクスナレッジ刊）

写真提供・撮影協力（五十音順）

オーデリック
大光電機
調布東山病院
　東山会
　東畑建築事務所
　ライズ
　清水建設
　山田照明
トキ・コーポレーション
日建設計
ひまわり
ホテル エルセラーン大阪
ホテル ニューオータニ熊本

世界で一番やさしい　照明
改訂版

2023年3月2日　初版第1刷発行

著　者　安齋哲
発行者　澤井聖一
発行所　株式会社エクスナレッジ
〒106-0032
東京都港区六本木7-2-26
https://www.xknowledge.co.jp/

問合せ先
編集　TEL：03-3403-1381　FAX：03-3403-1345
MAIL：info@xknowledge.co.jp
販売　TEL：03-3403-1321　FAX：03-3403-1829